문화교육총서 03

한국어교육자를 위한 현대 한국사회의 이해

문화
교육
총서
03

한국어교육자를 위한 현대 한국사회의 이해

MODERN KOREAN SOCIETY

김영순 · 안진숙 · 어경준 · 정경희 · 최수안

COMPREHENSION

한국문화사

문화교육총서 03

한국어교육자를 위한 현대 한국사회의 이해

1판 1쇄 발행 2025년 11월 5일

지 은 이 | 김영순 · 안진숙 · 어경준 · 정경희 · 최수안
펴 낸 이 | 김진수
펴 낸 곳 | 한국문화사
등 록 | 제1994-9호
주 소 | 서울시 성동구 아차산로49, 404호(성수동1가, 서울숲코오롱디지털타워3차)
전 화 | 02-464-7708
팩 스 | 02-499-0846
이 메 일 | hkm7708@daum.net
홈페이지 | http://hph.co.kr

ISBN 979-11-6919-340-5 93370

서문

한국어교육자의 사회·문화 리터러시를 위하여

무엇 때문에 언어교수자들이 해당 사회와 문화에 대한 지식을 확보해야 하는가?

이 질문에 대한 대답은 사회언어학에 대해 조금이라도 식견이 있다면 이 서문을 읽을 필요 없이 본문에 들어가도 될 것이다. 이 책은 바로 한국어교육자들이 사회언어학적 지식의 함양과 사회문화 리터러시 역량 강화를 위해 집필되었다.

사회언어학은 언어 현상을 사회 배경과 관련지어 연구하는 학문이다. 사회언어학은 어떤 언어사회의 사회문화적인 차이가 언어에 반영된다는 점을 전제로 한다. 언어를 다양한 변이형들의 복합체로 보고 언어의 변이와 사회적인 요인들 사이의 상관관계를 규명하는 것이 목표이다. 언어문화에 영향을 미치는 사회적인 요인으로는 사회계층, 연령, 성별, 인종, 종교 등이 있다. 우리나라에서도 반촌과 민촌 사이의 언어 차이, 농촌과 어촌 사이의 언어 차이 등이 사회언어학적인 관점에서 연구되기 시작하였다. 한 언어 공동체 안의 세대별, 성별의 차이에 의해 나타나는 사회방언에 대한 연구도 계속되고 있다. 이런 연구는 한국어교육자가 한국의 사회문화현상을 이해할 수 있는 지식과 실천 차원의 역량을 함양하게 한다. 따라서 한국어 교수자가 지녀야 하는 사회언어학적 지식은 곧 사회·

문화 리터러시 역량과 결부된다.

한국연구재단의 학문 분류에 따르면 한국어교육 전공 영역은 어문학 분야로 분류되지 않고 '사회과학–교육학' 영역으로 분류된다. 그래서 한국어교육자가 되기 위한 필기시험 과목에 한국어, 일반 언어학 및 응용 언어학, 한국문화, 외국어로서의 한국어교육론 이렇게 총 4과목이다. 또한 면접시험에서는 전문지식의 응용능력, 한국어능력, 교사의 적성 및 교직관, 인성 및 소양 등을 종합적으로 평가한다. 다시 말해 한국어교원은 언어학, 한국어학, 한국문화 등의 교과내용학적 지식과 한국어교육학의 영역, 즉 교육과정론, 교수학습론, 평가론 등 교과교육론 영역의 학습 내용을 습득한다. 이 들 중 언어학적 영역에서의 사회언어학 요소와 한국의 사회·문화 영역의 세부 요소들은 사회학적 교과 지식을 포함한다.

이 책은 바로 한국어교육자들이 갖추어야 할 사회학적 교과 지식을 담은 교과서가 필요하다는 데서 출발한다. 따라서 이 책은 한국어교육자를 목표로 하는 한국어교육 전공자들을 위해 한 학기 13주차 주제를 13개의 장으로 구성했다.

1장 '현대 사회와 사회 변동'은 현대 사회의 특징을 이해하고, 사회와 문화 현상이 어떻게 상호작용하며 변동하는지를 탐구한다. 특히 한국 사회가 겪어온 역사적·구조적 변동 과정을 통해 사회 변동의 원리와 의미를 분석한다.

2장 '한국 사회의 정체성'은 정체성의 형성과 개념을 바탕으로 한국인의 정체성을 이해하는 데 초점을 맞춘다. 또한 시대적 변화 속에서 한국인의 정체성이 전환되는 과정을 살펴보며, 한국 사회 정체성의 역사적·문화적 맥락을 고찰한다.

3장 '한국의 문화'는 문화의 본질과 변동 원리를 설명하고, 한국 문화의 특수성과 보편성을 이해하는 데 중점을 둔다. 나아가 한국 문화의 통합적 특성을 살펴보고, 세계화 과정 속에서 나타난 문화 변동의 양상을 논의한다.

4장 '한국의 종교와 사상'은 삶과 제도로서의 종교 현상을 분석하고, 한국 종교사상의 역사적 흐름과 특징을 고찰한다. 아울러 종교가 현대 한국 사회에서 수행하는 현실적 역할과 사회적 의미를 탐구한다.

5장 '한국의 정치와 경제'는 정치와 경제 제도의 기본 구조를 설명하며, 한국 정치의 특성과 경제 발전 과정을 개괄한다. 이를 통해 현대 한국 사회의 정치·경제적 토대를 이해하고, 사회 발전의 배경을 분석한다.

6장 '한국의 생활 문화와 의식주'는 한국 생활 문화와 의식주의 변화와 지속성을 탐구하고, 그 사회적 의미와 상징성을 해석한다. 또한 한국 생활 문화와 의식주가 미래 한국 사회에서 어떤 방향으로 전개될지 전망한다.

7장 '한국의 복지, 교육, 의료'는 복지제도의 기본 틀을 소개하고, 한국의 교육제도와 의료제도를 분석한다. 이를 통해 복지국가의 틀 속에서 교육과 의료가 갖는 사회적 의미와 기능을 살펴본다.

8장 '한국의 대중 문화와 한류'는 대중 문화와 대중 매체의 관계를 설명하고, 한국 대중 문화의 형성과 발전 과정을 탐구한다. 특히 한류의 확산을 통해 문화 산업이 갖는 사회·경제적 파급 효과를 분석한다.

9장 '한국의 4차 산업혁명과 미래 변화'는 과학기술의 발전과 사회 변화의 연관성을 살펴보고, 4차 산업혁명과 정보화 사회의 특징을 설명한다. 나아가 인공지능 등 미래 기술이 한국 사회에 미칠 영향과 가능성을 전망한다.

10장 '한국의 다문화와 세계화'는 다문화와 세계화의 개념을 개괄하고, 한국 사회의 다문화 현상을 분석한다. 또한 세계화 속에서 한국 사회가 직면한 과제를 검토하고, 앞으로 나아가야 할 방향을 모색한다.

11장 '한국 사회의 불평등과 갈등'은 사회 계층과 불평등 문제를 중심으로 젠더 갈등과 사회적 소수자의 문제를 탐구한다. 이를 통해 한국 사회 내 갈등의 원인을 이해하고, 극복을 위한 대안을 모색한다.

12장 '한국 사회의 구조적 문제'는 저출산·고령화, 양극화, 남북 분단과 이념 갈등 등 한국 사회가 직면한 구조적 문제를 분석한다. 이를 통해 사회통합을 위한 정책적·제도적 과제를 살펴본다.

13장 '한국 사회의 미래와 지속가능한 발전'은 한국 사회의 미래를 전망하며, 민족적 과제인 남북 통일과 사회통합의 필요성을 논의한다. 또한 지속가능한 발전을 위한 실천 과제를 제시하며, 한국 사회가 지향해야 할 미래상을 탐색한다.

이 책은 한국어교육 관련학과 학부 3~4학년을 대상으로 〈현대 한국사회의 이해〉 에서 2년간 사용한 매뉴스크립 형태의 교재 내용을 체계화하고 보완한 것이다. 이 작업을 위해 집필진들은 교재 내용을 토대로 성취 기준을 재설정하였고, 플립러닝이 가능할 수 있도록 내용의 난이도를 조정하였다. 전공 분야 개론서 수준의 학습 내용을 되도록 교양 수준에 맞추었다. 또한 모든 개별 장은 하위 3개의 하위 장으로 구성되어 3학점 강의시 3개의 차시로 활용할 수 있도록 하였다. 각 장의 끝부분에 학습 활동을 두어 학습내용을 체화할 수 있게 하였다. 이 책을 교재로 선택한 교수자들은 활동 과제를 토론 혹은 에세이 쓰기 과제로도 활용할 수 있을 것이다.

끝으로 저자들은 이 책이 관련 학과 학부생은 물론 일반인들의 교양 서적으로도 활용될 것으로 기대하며, 부디 이 책을 통해 예비 한국어교육자 및 독자들의 사회문화적 역량에 기여할 수 있길 기대한다.

2025년 10월

집필자 대표 김영순, 안진숙

목차

1장

현대 사회와 사회 변동

1. 사회·문화 현상의 탐구

1) 사회·문화 현상의 특징

(1) 사회·문화 현상과 자연 현상

우리는 의식하지 못하는 사이 하루에도 수천 번의 결정을 내린다. 이 모든 결정을 단지 개인적인 결정이라고만 볼 수 있을까? 잘 살펴보면, 일상 속에서 이루어지는 결정 대부분은 사회 규범, 사회 제도, 사회 구조에 의해 영향을 받는다고 해도 과언이 아니다. 이처럼 사회 규범, 사회 제도, 사회 구조의 영향을 받으며 이루어지는 인간 간의 상호작용 과정과 그로 인해 나타나는 여러 현상들을 사회·문화 현상이라고 부른다.

사회·문화 현상과 자연 현상을 탐구할 때는 과학적이고 체계적인 접근이 필요하다. 하지만 사회·문화 현상을 제대로 탐구하기 위해서는 자연 현상과는 구별되는 사회·문화 현상의 특징을 이해할 필요가 있다. 그렇다면 사회·문화 현상은 구체적으로 어떤 특징을 가지고 있을까?

첫째, 사회·문화 현상은 개인이나 집단의 내면적 가치와 의도가 반영된 본질적으로 가치 함의적인 특성을 가진다. 눈을 주기적으로 깜빡거리는 것은 인간이 의도하지 않아도 발생하는 자연 현상이다. 그러나 윙크를 하기 위해 눈을 깜빡인다면 이는 사회·문화 현상이다. 눈을 깜빡인다는 것은 같지만 윙크에는 행위자의 의도와 가치가 담겨 있기 때문이다. 한편 자연 현상은 의도나 가치 판단 없이 일어나는 현상이므로 가치 중립적인 것으로 간주된다.

둘째, 사회·문화 현상은 시·공간적 특수성을 지닌다. 어떤 사회에서는 부모가 자식을 교육하는 과정에서 매를 드는 행위를 엄격히 금지하지만 다른 사회에서는 오히려 권장하기도 한다. 하지만 사회·문화 현상이 항상 특수성만 지니는 것은 아니다. 부모가 자식에게 매를 드느냐 아니냐는 사회마다 다를 수 있지만 부모가 자식을 보호하고 교육하는 것은 보편적으로 나타나는 현상이다. 따라서 사회·문화 현상은 보편적인 요소와 함께 사회나 집단에 따라 달라지는 특수한 성격도 함께 갖는다. 반면 자연 현상은 일정한 물리적 조건이 충족되면 항상 동일하게 반복되는 보편성을 지닌다.

셋째, 사회·문화 현상은 개연성과 확률에 기반하여 발생한다. 이는 하나의 현상이 여러 요인이 얽힌 복잡한 상호작용 속에서 나타나기 때문이다. 예를 들어 폭동의 발생은 경제적 파국이나 정치적 억압이라는 몇 가지 요인들로만 설명하기에는 한계가 있다. 이처럼 사회·문화 현상이 발생하는 데에는 많은 요인이 영향을 주므로 이를 정확히 예측하기는 매우 어렵다. 반대로 자연 현상은 사회·문화 현상에 비해 인과관계가 명확하게 드러나며, 확실성의 원리에 따라 움직이기 때문에 상대적으로 예측이 용이하다.

(2) 사회과학의 성립과 분화

르네상스와 계몽주의 시대를 거치며 자연과학이 급속히 발전하자 사회·문화 현상 역시 과학적 방법으로 탐구할 수 있다는 인식이 형성되었다. 사회 질서를 유지하거나 변화시키는 원리를 탐구하려는 시도는 사회과학의 탄생으로 이어졌다. 또한 산업혁명과 시민혁명 이후 인구, 빈곤, 계급 등 다양한 사회 문제가 대두되면서 사회과학의 형성을 더욱 촉진하게 되었다. 새로이 등장한 사회 문제를 해결하고 새로운 사회 질서를 구축하기 위해서는 사회 구조와 그 변화 과정을 과학적으로 분석할 필요가 있었다.

사회과학의 발전과 함께 사회·문화 현상에 대한 지식이 점차 축적되면서, 사회과학은 더욱 전문적이고 세분화된 방향으로 전개되기 시작했다. 또한 사회·문화 현상이 복잡해지고 다양해진 것도 사회과학의 세분화를 가져온 중요한 요인이다. 전근대 사회에서는 인간의 삶이 대부분 지역 공동체 안에서 이루어졌기 때문에 경제 활동, 가족 생활, 여가 활동 등이 뚜렷하게 구분되지 않았다. 하지만 현대사회에 들어서면서 이러한 활동들이 독립된 생활 영역으로 분화됨에 따라 각 영역을 이해하고 다루기 위한 전문적인 지식이 요구되었다.

(3) 다양한 학문으로 발전하게 된 사회과학

사회의 분화가 진행됨에 따라 사회과학은 정치학, 경제학, 사회학, 문화인류학 등 여러 세부 학문으로 분리되었다. 각 학문 분야는 자신만의 연구 대상, 이론, 방법론을 발전시켜 왔으며, 이를 통해 사회·문화 현상에 대한 전문적인 지식을 축적해왔다. 그렇다면 사회과학의 각 분야에서 다루는 핵심적인 연구 주제에는 어떤 것이 있는지 알아보자.

정치학은 정치 체계와 정치적 과정 및 그 결과를 탐구하는 학문으로 국가 권력의 획득과 유지, 분배와 같은 정치 행위들, 정부 및 국제기구를 포함한 지배 구조의 구성과 기능, 그리고 공공정책의 형성과 실행 과정을 주요 연구 대상으로 한다. 경제학은 제한된 자원을 활용하여 재화와 서비스를 어떻게 효율적으로 생산하고 분배하며 소비할 것인가를 탐구하는 학문으로 시장, 교환, 수요와 공급, 가격 등의 개념을 핵심으로 다룬다. 사회학은 인간의 사회적 행동과 집단 간의 상호작용을 바탕으로 형성되는 사회 구조와 그 변화 양상을 연구하는 학문으로 사회화, 상호작용, 사회적 불평등, 일탈, 사회 문제 등이 주요 연구 주제에 해당한다. 한편 문화인류학은 서로 다른 사회의 문화와 생활 양식을 비교·분석하여 문화가 인간의 삶과 사회 집단의 유지에 어떠한 영향을 미치는지를 연구하며, 일상적 행동에서부터 가족, 종교, 예술, 언어에 이르기까지 인간 생활 전반을 그 연구 대상으로 삼는다.

사회·문화 현상을 심층적으로 이해하기 위해 사회과학의 세분화·전문화는 꼭 필요하다. 하지만 사회가 점점 더 복잡하고 다층적으로 변화함에 따라 단일 학문만으로는 사회·문화 현상을 충분히 이해하기 어려워졌다.

2) 사회·문화 현상의 다양한 관점

우리가 어떤 지역의 지형을 조사한다고 생각해 보자. 어떤 방법이 있을까? 우선은 그 지역에서 가장 높은 곳에 올라가 지역 전체를 내려다보며 전체적으로 지형을 파악하는 방법이 있다. 또 다른 방법은 그 지역 곳곳을 돌아다니며 구체적으로 지형을 파악하는 것이다. 사회·문화 현상을 이해하는 방식은 분석 수준에 따라 거시적 관점과 미시적 관점으로 나눌 수 있다.

거시적 관점은 사회 전체의 체계 수준에서 사회 제도, 구조, 그리고 사회 변화 등을 분석하는 시각으로, 기능론과 갈등론이 이에 포함된다. 반면 미시적 관점은 사회나 집단의 전체적인 구조보다는 그 구성원인 개인과 그들 간의 상호작용 과정을 중심으로 사회를 이해하려는 접근 방식이며, 상징적 상호작용론과 교환이론이 이에 속한다.

(1) 기능론

우리 몸의 각 기관은 생명 유지에 필수적인 역할을 수행하며, 이러한 기관들이 유기적으로 연결되어야만 그 기능을 효과적으로 발휘할 수 있다. 기능론은 사회를 하나의 살아있는 유기체로 보고, 그 구성 요소들이 사회의 유지와 존속을 위해 각기 고유한 기능을 수행한다고 설명하는 이론이다. 산업과 시장은 사회 유지에 필수적인 자원의 생산과 분배를 담당하며, 법과 규범은 사회 질서를 유지하는 역할을 수행한다. 기능론의 관점에서는 이러한 사회의 구성 요소들이 서로 밀접하게 연결되어 상호의존적인 관계를 이루고 있다고 본다. 하나의 요소에 문제가 생겨도 사회 전체가 급격히 붕괴하는 일은 거의 일어나지 않는다.

이는 기능적으로 상호 의존하는 요소들이 불균형 상황을 조정하며 새로운 균형 상태를 회복하기 때문이다. 따라서 사회는 갈등이나 분열보다는 안정성과 조화, 균형을 주요한 특징으로 지닌다고 볼 수 있다. 또한 기능론은 사회 내 모든 역할이 구성원 간의 합의에 따라 분배된다고 본다. 그러나 현재의 사회 상태를 조화롭고 안정된 것으로 간주하기 때문에 사회 변동을 충분히 설명하지 못하는 한계를 지니며, 현상 유지에 치우친 보수적 관점이라는 비판을 받기도 한다.

(2) 갈등론

갈등론은 상이한 이해관계를 가진 집단들 사이에서 발생하는 지속적인 갈등에 주목하는 이론이다. 경제적 부, 사회적 명예, 정치적 권력과 같은 사회적 희소가치는 모든 사람이 충분히 나누어 가질 수 없다는 한계를 지닌다. 따라서 개인과 집단은 제한된 희소가치를 더 많이 확보하기 위해 경쟁하게 된다. 갈등론은 이러한 경쟁이 본질적으로 공정할 수 없으며, 실현되기도 어렵다고 본다. 왜냐하면 희소가치를 더 많이 소유한 집단이 그렇지 않은 집단을 지배하고 착취하기 위해 기존의 불평등한 구조와 지배 체계를 유지하려 하기 때문이다. 갈등론의 관점에서는 지배 계층이 하위 계층을, 대규모 자본이 소규모 기업을, 엘리트가 일반 대중을 지배하고 착취함으로써 보다 많은 희소 자원을 획득한다고 본다. 갈등론은 기능론이 간과한 갈등, 억압, 지배, 착취 등의 요소를 핵심적으로 조명한다. 특히 갈등을 사회 발전의 원동력으로 간주하고, 사회적 역할의 분배가 합의가 아닌 강제에 의해 이루어진다고 보는 점에서 갈등론은 기능론과 뚜렷한 차이를 보인다. 갈등론은 사회 변동과 갈등을 과도하게 강조한 나머지 집단 간 협력이나 합의의 중요성을 간과한다는 비판을 받기도 한다.

(3) 상징적 상호작용론

사회 제도와 구조에 초점을 맞추는 기능론이나 갈등론과는 달리 개인들 간의 일상적인 상호작용을 중심으로 사회·문화 현상을 해석하려는 관점이 있는데, 그 대표적인 관점이 상징적 상호작용론이다. 예를 들어 친구의 생일에 정성껏 그린 그림을 선물했는데 친구가 선물을 받고 감동어린 표정으로 고맙다고 했다고 하자. 친구가 감동한 이유는 그림 자체 때문이 아니라 그 그림에 내포된 우정과 정성 때문일 것이다. 상징적 상호작용론은 언어, 몸짓, 기호와 같은 상징을 매개로 한 상호작용을 통해 사회 구성원 간의 의미가 형성되고, 이러한 과정을 통해 사회 질서가 이루어진다고 본다. 따라서 사회적 행위에는 상대방의 의도와 의미를 이해하고 해석하는 '상황 정의' 과정을 수반해야만 가능하다고 여겨진다. 이 관점에 따르면 상징을 매개로 한 상호작용을 통해 개인은 자아를 형성하고, 사회가 자신에게 요구하는 역할과 행동을 습득하게 된다. 한편 상징적 상호작용론은 개인 간의 일상적 상호작용과 같은 미시적 행위에 집중하기 때문에, 사회 구조나 제도와 같은 거시적 차원을 충분히 설명하지 못한다는 한계를 지닌다.

(4) 교환 이론

개인들 간의 미시적 행위에 초점을 맞추는 또 다른 관점으로는 교환 이론이 있다. 예를 들어 영희가 수학 문제를 풀지 못해 힘들어 할 때 철수가 영희를 도와주었다고 하자. 영희는 도움을 준 철수에게 고마움을 표시하고 철수의 수학 실력을 칭찬했다. 철수는 기분이 좋아서 영희가 수학 문제를 풀지 못할 때마다 도움을 주게 되었다. 이 예에서 보듯이 철수와 영희는 도움과 칭찬을 교환하면서 상호작용을 한 셈이다. 이처럼 교환 이론은 사회·문화 현상을 이해하기 위해서는 이러한 보상과 비용의 교환 관계에 주목해야 한다고 본다. 이 이론에 따르면 무엇이 교환되느냐에 따라 사회적 관계의 형태와 내용이 크게 달라진다. 즉 개인은 보상을 얻는 행동은 반복하게 되고, 반대로 처벌이 따르는 행동은 억제하게 된다는 것이다. 그러나 교환 이론은 인간의 복잡한 사회적 행위를 단순화해 동물의 행동처럼 단순화시켜 본다는 점에서 비판을 받는다. 보상 없이 이루어지는 봉사활동처럼 교환이 이루어지지 않는 행위는 교환이론으로 설명하기 힘들기 때문이다.

3) 사회·문화 현상의 과학적 탐구

사회과학적인 탐구의 핵심은 경험적 증거에 바탕을 둔 체계적인 탐구 방법에 있다. 공인된 엄격한 절차와 방법에 따라 체계적으로 검증되지 않는다면 과학적 지식이라고 보기 어렵다. 물론 과학적 지식이 항상 옳은 것은 아니다. 때에 따라 과학적 지식이라고 여겨졌던 것이 사라지거나 수정되는 예도 얼마든지 있기 때문이다.

사회·문화 현상을 과학적으로 탐구하기 위해서는 기존의 지식을 당연하게 받아들이기보다는 지속적으로 의문을 제기하고, 보다 타당한 근거를 찾기 위한 노력이 필요하다. 소수의 사례만을 근거로 무리하게 일반화하거나, 논리적 근거 없이 결론을 도출하는 태도는 과학적 탐구의 올바른 자세라고 보기 어렵다.

(1) 양적 방법론

사회·문화 현상을 과학적으로 탐구하기 위한 방법은 크게 양적 방법론과 질적 방법론으로 나눌 수 있다. 양적 방법론에서는 사회·문화 현상 역시 자연 현상처럼 객관적인 수치로 측정하고 계량화할 수 있다고 전제한다. 따라서 양적 방법론에서는 많은 사례를 분석하여 집계하는 통계적 방법을 선호한다. 이처럼 양적 방법론은 계량화와 통계적 기법을 활용하여 사회·문화 현상을 설명하는 인과 관계의 법칙을 발견하는 것을 궁극적인 목표로 한다.

하지만 계량화가 어려운 다소 추상적인 사회·문화 현상도 얼마든지 존재한다. 양적 방법론에서는 그러한 추상적인 사회·문화 현상조차도 개념의 조작적 정의 과정을 거쳐 관찰이 가능한 구체적인 개념으로 바꿀 수 있다고 본다. 예를 들어 남학생과 여학생의 교유 관계를 비교한다고 하자. 교우 관계의 정도는 비교적 추상적인 개념으로 이를 수치로 표현하는 것은 쉽지 않다. 하지만 만약 교유 관계의 정도를 '비밀을 털어놓을 수 있는 교내 친구의 수'로 측정한다면 구체적인 수치로 표현하는 것이 가능해진다. 이처럼 양적 방법론에서는 개념이 명확하게 조작적 정의를 통해 설정되기만 한다면 연구자의 가치 판단이나 선입견에서 벗어나 객관적인 관찰이 가능하다고 본다.

(2) 질적 방법론

질적 방법론에서는 사회·문화 현상이 자연현상과는 본질적으로 구별된다는 점을 중요하게 강조한다.이는 사회·문화 현상이 행위자의 주관적인 동기와 의미에 의해 형성되기 때문이다. 따라서 이러한 현상을 올바르게 이해하기 위해서는 행위자의 주관을 사회적 맥락 속에서 깊이 있게 해석할 필요가 있다. 이러한 이유로 질적 방법론에서는 연구자의 경험, 지식, 가치관 등이 사회·문화 현상을 해석하는 데 있어 중요한 자원으로 활용될 수 있다고 본다.

예를 들어 교우 관계는 교내 친구가 몇 명인지와 같이 단순한 수치로 표현될 수 없는 복잡한 측면을 포함하고 있다. 어떤 동기로 교우 관계를 맺는지, 실제 친구와의 관계에서 어떤 의미를 주고받으면서 관계를 형성하고 유지하는지를 이해하는 것이 더 중요하다는 것이다. 따라서 교우관계를 이해하려면 친구의 수를 단순히 세는 것보다 학생들의 일상생활을 관찰하고 직접 대화를 통해 그 안에 담긴 의미를 파악하는 것이 보다 적절한 접근이라고 할 수 있다.

질적 방법론에서는 연구자의 직관적인 통찰이 중요하다고 보지만 최근에는 객관적인 자료를 확보하고 이를 과학적으로 분석하기 위한 다양한 방법이 개발되고 있다.

(3) 양적 방법론과 질적 방법론의 상호 보완적 활용

양적 방법론이나 질적 방법론은 각각 장점과 단점을 가지고 있다. 양적 방법론은 통계적 분석을 통해 사회·문화 현상의 인과 관계를 규명할 수 있다는 강점을 지니지만, 행위자의 주관적 동기나 현상에 담긴 의미를 간과하는 한계를 갖는다. 반면 질적 방법론은 개별 사례에 대한 깊이 있는 이해를 통해 사회·문화 현상의 발생 배경과 맥락을 파악하는 데에는 강점을 지니지만, 인과관계를 명확히 규명하는 데는 한계가 있다. 따라서 양적 방법과 질적 방법을 서로 대립적인 것으로 간주하기보다는 상호 보완적인 관점에서 활용하려는 태도가 필요하다. 이러한 자세를 연구설계에 반영한 것을 혼합 방법론이라고 한다. 혼합 방법론은 양적 연구와 질적 연구의 각기 다른 한계를 보완하고자 두 방법을 통합하여 활용하는 연구 접근 방식이다. 따라서 혼합 방법론은 보다 풍부한 정보를 수집하고 분석할 수 있기 때문에, 연구 결과의 정확성과 타당성을 높일 수 있는 장점이 있다.

4) 사회 조사의 과정

(1) 사회 조사의 과정

사회·문화 현상에 대한 과학적 탐구는 엄밀하고 체계화된 사회 조사 과정을 거쳐야 한다. 사회 조사 과정은 탐구의 방법이 양적 방법론이냐 질적 방법론이냐에 따라 다소 차이가 나지만 대체로 연구 주제의 선정, 가설 설정, 자료 수집, 자료 분석 및 해석, 결론 도출 및 일반화의 단계를 거친다. 이론에서 출발하여 경험적 관찰과 자료 분석으로 나아가는 과정을 연역적 접근이라고 하며, 반대로 경험적 사실에서 일반화를 통해 이론을 도출하는 과정을 귀납적 접근이라고 한다. 연역적 방법의 출발점은 일반화된 명제, 공리, 혹은 이미 검증된 이론이다. 이로부터 경험적으로 관찰 가능하고 논리적으로 일관된 가설을 도출한 뒤 경험적 관찰을 통해 가설을 검증하게 된다. 한편 귀납적 방법은 다양한 사례에 대한 경험적 관찰을 통해 모든 사례에 일반적으로 적용될 수 있는 이론을 정립하는 과정을 거친다.

(2) 사회·문화 현상 탐구의 태도와 윤리

사회·문화 현상을 탐구하기 위한 좋은 방법을 가지고 있다 하더라도 이를 활용하는 사람이 잘못된 태도를 가지고 있다면 문제가 발생할 수 있다. 이는 아무리 훌륭한 법이 존재하더라도 재판관이 편견이나 선입견에 사로잡혀 있다면 공정한 판결이 어려운 것과 같은 이치다. 사회·문화 현상을 탐구하는 연구자는 객관적 태도, 개방적 태도, 상대주의적 태도, 성찰적 태도를 갖추고 있어야 한다.

① 객관적 태도

객관적 태도란 연구자의 개인적인 가치관이나 주관, 더 나아가 집단의 편견이나 선입견이 연구 과정에 개입되지 않도록 하는 태도를 의미하며, 어떠한 이해관계에도 영향을 받지 않고 사회·문화 현상을 탐구하는 것이다. 연구자 또한 특정한 사회·문화적 환경 속에서 살아가는 구성원이기 때문에 본인도 인식하지 못한 채 편견이나 선입견을 지닐 가능성이 크다. 그러나 연구자가 자신의 주관이나 가치관을 탐구 과정에 개입시키게 되면 연구 결과가 왜곡되거나 특정 방향으로 편향될 우려가 있다. 따라서 사회·문화 현상을 올바르게 이해하기 위해서는 개인적 편견을 배제하고, 현상을 객관적인 시각에서 바라보려는 태도가 요구된다.

② 개방적 태도

사회·문화적 현상은 다양한 요소가 얽혀 있기 때문에 관점의 차이에 따라 그 이해 방식과 해석의 방향이 달라질 수 있다. 따라서 사회·문화 현상에 대한 다양한 해석과 시각이 공존할 수 있음을 수용하고, 자신의 입장에 대한 타인의 비판을 열린 마음으로 받아들이는 태도를 개방적 태도라고 한다. 예를 들어 특정 지역 개발이 지역 경제에 긍정적 영향을 미친다고 주장하는 연구자라 하더라도, 개발이 지역사회 갈등을 촉발하거나 빈부격차를 심화시킨다는 연구 결과가 도출된다면 이를 수용할 수 있는 태도를 지녀야 한다. 그러나 모든 주장을 무비판적으로 수용하는 것이 개방적 태도를 의미하는 것은 아니다. 아무리 논리적으로 타당해 보이는 주장일지라도 경험적 검증이 이루어지기 전까지는 하나의 가설로 간주하는 신중한 태도가 필요하다.

③ 상대주의적 태도

사회·문화 현상은 사회의 고유한 역사적·문화적 배경과 불가분의 관계에 있다. 어떤 사회에서는 야만적이라고 여겨지는 현상도 다른 사회에서는 당연한 관습으로 받아들여질 수 있다. 연구자는 사회·문화적 특수성을 고려하여 사회·문화 현상을 절대적인 기준이 아닌 상대적인 관점에서 이해하고 탐구해야 하며, 이러한 자세를 상대주의적 태도라고 한다. 따라서 한 사회에서 나타나는 사회·문화 현상이 다른 사회에서도 동일하게 나타날 것이라고 단정해서는 안 되며, 특히 특정 문화의 기준으로 타 사회의 풍습이나 문화를 판단해서도 안 된다. 서로 다른 관습과 제도를 편견 없이 이해하기 위해서는 그 사회의 역사적·문화적 맥락을 반드시 고려해야 한다.

④ 성찰적 태도

성찰적 태도란 사회·문화 현상에 대해 수동적으로 받아들이기보다는 적극적이고 능동적으로 접근하며, 그것이 자신의 삶에 어떤 의미를 가지는지를 끊임없이 고찰하는 태도를 말한다. 동일한 사회·문화 현상을 보더라도 어떤 사람은 의심 없이 수용하는 반면 다른 사람은 그 배경과 원인에 대해 질문을 던진다. 사회·문화 현상의 원인과 의미를 발견하고 새로운 사실을 밝혀내기 위해서는 연구 대상에 대해서 항상 문제 의식을 갖는 성찰적 태도가 필요하다. 이와 같은 태도를 지닌다면 타인이 당연하게 여기는 사회·문화 현상도 새로운 시각에서 재해석할 수 있는 안목을 기를 수 있다.

2. 현대 사회와 사회 변동

1) 현대 사회의 형성과 발전

(1) 산업혁명으로 인한 사회 변화

근대 산업 사회는 시민 혁명과 산업화를 기반으로 등장했으며, 자본주의와 과학의 발전, 그리고 이를 통한 개인주의와 합리주의의 확산으로 특징지어진다. 이러한 근대 사회는 중세의 전통적인 가치관을 대체하고, 인간의 이성과 자유를 중시하는 새로운 사회적 구조와 문화를 만들어 냈다. 근대 산업 사회가 발전함에 따라 오늘날 우리가 경험하고 있는 현대 사회의 모습이 형성되었으며, 이는 우리의 생활 양식, 사회 구조, 문화에 깊이 영향을 미치고 있다.

근대 사회, 곧 현대 사회의 등장은 일반적으로 17~18세기 서유럽에서 시작된 자본주의의 성립과 시민 사회의 발전으로부터 비롯된 것으로 본다. 이 시기는 산업혁명과 시민 혁명이라는 두 가지 주요 혁명이 동시에 진행된 시기로, 이로 인해 전통적인 사회 구조가 무너지고 새로운 사회적 가치와 제도가 나타나게 되었다.

중세 시대는 왕권과 종교가 중심이 되는 사회였다. 사회적, 정치적 권위는 군주와 교회에 의해 형성되었으며, 이와 같은 전통적 가치관은 일상 생활과 사회 질서의 기본을 이루었다. 그러나 17~18세기에 들어서면서 인간의 '이성'이 새로운 중심 가치로 자리 잡게 되었다. 계몽사상은 이러한 변화의 중심에 있었으며, 합리적이고 과학적인 사고가 강조되기 시작했다. 이로 인해 중세의 권위주의적 사회 구조가 무너지고, 개인의 이성과 합리적 사고가 존중되는 사회로 변화하게 되었다.

근대 사회에서는 기존의 봉건적 신분 질서가 점차 해체되었다. 특히 시민 혁명을 통해 새로운 자유민주주의가 확산되면서, 상인 계층을 중심으로 형성된 시민 사회가 등장하게 된다. 초기에는 부유층, 특히 남성만이 투표권을 가질 수 있었지만, 점차 평민 남성, 여성에게도 투표권이 확대되면서 민주주의 제도가 더욱 발전하게 되었다. 이러한 자유민주주의의 확산은 현대 사회가 시민의 권리와 자유를 중심으로 발전하는 중요한 계기가 되었다.

(2) 현대 산업 사회의 형성

현대 사회의 형성 과정은 전통 사회에서 산업 사회로, 그리고 후기 산업 사회로 이어진다. 전통 사회는 농업 중심의 자급자족적 경제 구조를 가졌지만, 산업혁명으로 산업 사회로 전환되었다. 산업 사회는 대규모 기계 생산과 도시화, 자본주의 경제 체제가 핵심이다. 이후 후기 산업 사회로의 이행은 지식과 정보가 중요한 자원이 되는 정보화 사회로 진입하게 된다.

현대 사회의 특징을 정리하면 다음과 같다.

첫째, 공업화이다. 과학 기술의 발달로 인해 대규모 생산과 소비가 이루어지는 사회로 변화했다. 특히 대량 생산·대량 소비 체제는 산업 사회의 핵심 특징으로, 공업화는 경제 성장을 주도하는 핵심 요소였다.

둘째, 도시화이다. 산업화는 도시로의 인구 집중을 가져왔으며, 도시적 생활 양식이 확산되었다. 도시는 다양한 경제 활동이 이루어졌으며, 인프라와 생활 수준이 크게 개선되었다.

셋째, 전문화 및 분업화이다. 산업 사회는 조직의 체계화와 거대화로 인해 관료제가 등장했다. 이를 통해 경제 활동이 효율적으로 조직되었으며, 분업과 전문화가 촉진되었다.

넷째, 대중 사회화이다. 대중매체의 발달과 함께 대중문화가 확산되었으며, 대중교육이 보편화되었다. 또한 대중 민주주의가 등장하면서 정치 참여의 기회가 확대되었다.

다섯째, 후기 산업 사회이다. 후기 산업 사회에서는 서비스업과 지식산업이 경제의 주축이 된다. 정보화 사회로의 전환과 함께 전문가 집단의 영향력이 커지고 있으며, 다품종 소량생산 체제가 도입되어 생산 체계가 변화하고 있다.

(3) 산업 사회에서 정보 사회로의 변화

산업 사회는 대규모 제조업과 공업이 중심이 되었지만, 현대 사회는 서비스 산업과 정보 산업이 부상하고 있다. 선진국을 중심으로 3차 산업(서비스업)의 비중이 커지면서 보건, 교육, 여가와 같은 삶의 질과 관련된 서비스업이 빠르게 발달하고 있다.

정보 사회의 특징을 정리하면 다음과 같다.

첫째, 지식과 정보의 중요성이다. 공업 사회에서 자본과 노동이 주된 생산 요소였다면, 정보화 사회에서는 지식과 정보가 경제 가치 창출의 핵심 요소로 등장했다. 이는 전문 지식과 정보를 다루는 화이트칼라 직업군이 중요해지는 계기가 되었다.

둘째, 생산 방식의 변화이다. 현대 사회는 다품종 소량생산 체제로 전환되어 대규모 표준화된 생산 방식에서 벗어나고 있다. 기업의 생산과정은 탈규격화되고, 유연성과 다양성이 강조된다.

셋째, 지식 기반 산업의 성장이다. 지식 기반 산업은 지식을 활용해 상품과 서비스의 부가가치를 크게 높이는 산업을 의미한다. 이는 통신 기술의 발달과 함께 등장했으며, 정보와 기술의 활용이 새로운 가치를 창출하는 데 중요한 역할을 한다. 통신 기술과 인터넷의 발전은 공간의 제약을 허물었으며, 산업 사회에서 자본의 가치가 하락하고 정보와 지식이 경제 성장을 주도하게 되었다. 컴퓨터 관련 산업, 통신 산업, 신소재 및 신기술의 개발이 활발히 이루어지면서 지식 산업의 가치가 확대되었다.

넷째, 새로운 기업 환경과 산업 구조의 탄생이다. 사이버 공간을 통한 기업의 생산 및 판매 활동이 증가하면서 인터넷 쇼핑몰, 전자상거래가 주요 상업 활동의 형태로 자리 잡게 되었다. 다국적 기업은 이러한 변화에 맞추어 인터넷을 적극 활용하며, 글로벌화된 경제 활동을 전개하고 있다.

(4) 현대 사회의 특징과 영향

현대 사회는 기술과 문화, 경제, 환경 등 다양한 영역에서 급격한 변화와 복잡성을 보여주며, 이를 통해 독특한 사회적 특징들을 형성하고 있다. 이러한 특징들은 현대인의 삶과 사회 구조 전반에 깊숙이 자리 잡고 있으며, 새로운 문화적, 경제적, 환경적 양상을 지속적으로 만들어가고 있다. 이를 정리하면 다음과 같다.

첫째, 글로벌화와 다문화주의이다. 현대 사회는 글로벌화의 진행으로 세계가 하나의 거대한 네트워크로 연결되어 있다. 기술의 발전은 세계 경제와 문화의 긴밀한 연계를 가능하게 했으며, 정보와 자원의 실시간 교류가 이루어지고 있다. 이러한 글로벌화는 각국의 문화가 상호 교류하면서 혼합되는 문화적 양상을 만들어 냈다. 다문화적 사회는 다양한 민족과 문화가 공존하는 환경을 제공하지만 동시에 상호 이해와 존중을 요구하며, 때로는 사회적 갈등을 초래하기도 한다. 그러나 다문화적 환경은 새로운 문화를 경험하고 수용할 수 있는 기회를 제공하며, 이는 사회적 다양성을 촉진하는 중요한 요소로 작용한다.

둘째, 기술 발전과 정보화이다. 현대 사회는 기술 발전과 함께 정보화 사회로의 전환을 경험하고 있다. 4차 산업혁명으로 대표되는 인공지능(AI), 빅데이터, 사물인터넷(IoT) 등의 기술은 일상생활과 경제의 중요한 요소로 자리 잡았다. 스마트폰, 인터넷, 소셜 미디어 등 디지털 기술은 현대인의 삶에서 필수적인 역할을 하고 있으며, 디지털 의존도가 증가하고 있다. 또한, 물리적 제품에서 데이터와 지식, 소프트웨어로 생산의 중심이 이동하면서 무형 자산이 경제 성장의 핵심 요소로 떠오르고 있다.

셋째, 개인주의와 자율성의 강조이다. 현대 사회는 개인의 권리와 자율성을 중시하는 경향이 강하다. 전통적인 집단 중심의 가치에서 벗어나 개인의 선택과 개성을 존중하는 분위기가 형성되었으며, 이는 다양한 라이프스타일과 맞춤형 서비스, 소비자 중심 경제의 부상으로 나타나고 있다. 소비는 개인의 정체성을 표현하는 수단으로 자리 잡았으며, 특정 브랜드와 제품을 통해 사회적 지위를 드러내는 문화가 확산되고 있다.

넷째, 소비문화와 물질주의이다. 현대 사회는 대량 생산과 대량 소비를 기반으로 하는 소비문화를 특징으로 한다. 소비를 통해 자신의 정체성을 표현하려는 현대인의 경향은 특정 브랜드와 제품에 대한 선호로 이어진다. 광고와 마케팅은 사람들의 소비 욕구를 자극하며, 이는 과도한 소비와 물질주의로 이어지고 있다. 이러한 경향은 현대 사회의 문화적 특징을 대표하는 요소 중 하나이다.

다섯째, 사회적 불평등과 양극화이다. 현대 사회는 경제적 성장에도 불구하고 불평등과 양극화 문제가 심화되고 있다. 경제적 격차는 교육, 직업, 주거 등 다양한 분야에서 기회의 불평등을 초래하며, 이는 사회적 갈등의 원인으로 작용한다. 불평등 문제를 해결하기 위한 정책적 노력과 사회적 변화가 요구되는 상황이다.

여섯째, 환경 문제와 지속 가능성이다. 현대 사회는 기후 변화와 환경 오염 등으로 인한 지속 가능한 발전의 필요성이 강조되고 있다. 환경 보호와 자원의 효율적 사용은 중요한 사회적 목표로 자리 잡았으며, 친환경 에너지 사용과 자원 절약은 미래 세대를 위한 필수적인 과제로 부상하고 있다. 지속 가능한 발전은 현대 사회의 가장 중요한 의제 중 하나이다.

일곱째, 심리적·정서적 변화이다. 현대 사회는 빠르게 변화하는 환경과 치열한 경쟁 속에서 정신 건강 문제가 증가하고 있다. 스트레스와 우울증 같은 정서적 문제는 개인과 사회 전반에 영향을 미치고 있으며, 이에 따라 개인의 행복과 웰빙에 대한 관심이 높아지고 있다. 이러한 변화는 현대인의 삶의 질을 향상시키기 위한 정책적, 사회적 노력이 필요함을 시사한다.

2) 사회 변동을 바라보는 관점

(1) 진화론

진화론은 사회가 점진적이고 직선적인 방식으로 발전한다고 보는 관점이다. 이는 자연과학의 진화 개념에 근거하여 사회도 생명체처럼 끊임없이 변화하고 발전하며 더 복잡하고 조직화된 형태로 진화한다고 설명한다. 사회는 초기의 단순한 상태에서 점차 복잡한 상태로 나아가며, 발전 과정에서 퇴보나 정체는 일시적인 현상일 뿐 궁극적으로 진보한다는 낙관적 시각을 갖는다.

허버트 스펜서(Herbert Spencer)는 생물학적 진화 개념을 사회로 확장하여 사회도 생물학적 유기체처럼 변화한다고 보았다. 그는 사회가 단순하고 동질적인 상태에서 복잡하고 이질적인 상태로 발전한다고 주장했다. 예를 들어 초기 사회는 가족을 중심으로 형성되지만, 점차 정치, 경제, 종교 등 다양한 제도가 등장하며 이들 간의 상호작용이 더욱 정교해진다고 보았다. 오귀스트 콩트(Auguste Comte)는 사회의 발전을 신학적, 형이상학적, 과학적 단계로 설명하며, 사회가 점진적으로 발전한다고 주장했다.

진화론은 사회가 원시적 상태에서 문명화된 상태로 진보한다고 설명한다. 이는 기술 발전, 정치적 조직, 경제 구조의 변화 등을 포함하며, 이 과정에서 사회는 점점 더 복잡하고 정교한 체계를 갖추게 된다. 진화론은 사회 변동을 필연적이고 자연스러운 과정으로 간주하며, 시간의 흐름에 따라 사회가 진보한다는 낙관적 시각을 지닌다.

진화론은 모든 사회가 동일한 발전 경로를 따른다고 가정함으로써 사회적 다양성을 간과할 수 있다. 또한 사회 변동 과정에서 발생할 수 있는 갈등이나 퇴보 가능성을 충분히 설명하지 못하며, 변화의 역동성과 불연속성을 과소평가하는 경향이 있다.

(2) 순환론

순환론은 사회 변동을 직선적 발전이나 단순한 퇴보가 아닌, 주기적으로 반복되는 과정으로 이해한다. 사회는 흥성과 번영, 쇠퇴와 몰락의 단계를 거치며, 일정한 패턴 속에서 변동한다. 이 관점에서 변동은 자연적이고 필연적인 과정으로 간주되며, 자연의 법칙처럼 사회에도 반복적인 주기가 적용된다고 본다.

지암바티스타 비코(Giambattista Vico)는 사회가 신권 시대, 영웅 시대, 인간 시대로 발전하며 이 단계를 반복한다고 보았고, 오스발트 슈펭글러(Oswald Spengler)는 문명이 탄생, 성장, 성숙, 쇠퇴, 소멸의 단계를 거친다고 주장했다. 이러한 관점은 사회 변동의 주기성을 강조하며, 특정 단계에서 다음 단계로 자연스럽게 이어지는 과정을 설명한다.

순환론은 변동의 주기성과 예측 가능성을 제공하지만 구체적인 변화의 원인과 방향성을 명확히 설명하지 못한다는 한계가 있다. 또한 쇠퇴와 몰락을 필연적으로 보아 사회 발전에 대한 낙관적 전망을 제한하며, 현대 사회의 복잡성을 충분히 포착하지 못한다.

결론적으로 순환론은 사회 변동을 반복적인 과정으로 이해하며, 사회의 흥망성쇠를 설명하는 데 유용하다. 그러나 변화의 다양한 양상을 이해하기 위해서는 다른 이론들과 함께 보완적으로 활용할 필요가 있다.

(3) 균형론

균형론은 사회를 하나의 유기체로 보고, 사회 내 각 부분이 상호작용하여 전체 사회의 균형을 유지한다고 주장한다. 균형론적 관점에서는 사회 변동이 사회 시스템의 특정 부분에서 문제가 발생할 때 이를 해결하기 위해 다른 부분이 적응하고 변동함으로써 사회적 안정과 질서를 유지하려 한다고 본다. 즉 사회 변동은 사회가 균형을 되찾기 위한 과정으로 해석된다.

에밀 뒤르켐(Émile Durkheim)은 사회를 유기체로 보고, 사회의 각 부분이 전체 사회의 안정을 위해 기능한다고 주장했다. 그는 사회적 연대(social solidarity) 개념을 통해 사회가 변화하더라도 새로운 균형 상태를 찾아 사회적 연대를 유지한다고 보았다. 탈콧 파슨스(Talcott Parsons)는 사회 변동을 사회 구조의 적응적 변화로 보았으며, 외부 환경이나 내부 요구에 따라 사회가 균형을 유지하기 위해 변화하는 과정이라고 설명했다.

균형론은 사회 변동을 안정성을 위협하는 요소로 인식하면서도 변동이 일어났을 때 사회는 균형을 회복하려는 경향이 있다고 본다. 변동은 불가피하지만 사회는 이를 해결하려는 자기 조정 메커니즘을 통해 균형을 회복하게 된다. 경제적 변화나 기술 혁신이 발생하면 사회 구조나 제도는 이에 맞춰 변화하고 적응하여 사회적 질서를 유지한다.

균형론은 사회 변동을 지나치게 안정 지향적으로 해석해 사회 내부의 갈등과 불평등을 충분히 설명하지 못하는 한계가 있다. 또한 변동을 균형을 깨뜨리는 부정적 요소로 다루어 변화의 창조적 측면을 간과할 수 있다.

(4) 기능론

기능론은 사회를 하나의 유기체로 보고, 각 구성 요소가 상호작용하며 균형과 안정을 유지한다고 본다. 사회 변동은 구조적 문제나 환경 변화에 대한 적응과정이며, 사회가 새로운 균형 상태를 찾아가는 필연적이고 자연스러운 과정으로 해석된다.

기능론에 따르면 사회의 각 구성 요소는 특정 기능을 수행하며 전체 사회의 안정을 유지한다. 예컨대 가족은 구성원의 양육과 사회화를, 교육은 지식과 기술의 전달을 담당한다. 한 요소의 변화는 다른 요소의 적응을 유도하며, 사회는 안정성을 되찾는다.

에밀 뒤르켐은 사회적 연대를 통해 사회 변동과 균형 회복을 설명하며, 새로운 규범과 가치의 형성을 통해 사회가 안정성을 확보한다고 보았다. 탈콧 파슨스는 사회 변동을 외부 환경 변화나 내부 요구에 따른 적응 과정으로 보고, 제도와 구조가 변화에 맞춰 발전한다고 설명했다.

기능론은 사회 변동을 안정과 효율성을 추구하는 자기 조정 메커니즘으로 보지만 갈등이나 불평등의 역할을 간과하는 한계가 있다. 변화의 창조적이고 혁신적인 측면을 충분히 설명하지 못하기 때문에, 다른 관점과의 보완적 접근이 필요하다.

(5) 갈등론

갈등론은 사회가 불평등과 대립을 바탕으로 끊임없이 변화한다고 보는 관점이다. 갈등론에 따르면 사회는 다양한 집단이 자원을 두고 경쟁하는 장이며, 사회 변동은 이러한 경쟁과 갈등의 결과로 발생한다. 권력, 부, 지위 등의 자원을 두고 집단 간 갈등이 발생하며, 이는 사회 구조의 변화를 이끄는 주요 원동력으로 작용한다.

카를 마르크스(Karl Marx)는 사회 변동을 계급 갈등의 결과로 설명했다. 그는 자본주의 사회에서 자본가 계급과 노동자 계급 간의 갈등이 필연적으로 발생하며, 이러한 갈등은 혁명을 통해 새로운 사회 체제를 만드는 동력이 된다고 주장했다. 막스 베버(Max Weber)는 마르크스의 경제적 계급 갈등 외에도 정치적 권력과 사회적 지위에 따른 갈등을 강조했다.

갈등론은 사회 변동을 갈등과 불평등의 결과로 본다. 지배 계급은 권력을 유지하기 위해 사회 구조를 고수하려 하나, 피지배 계급은 기존 구조에 저항하며 변화를 추구한다. 이러한 갈등은 혁명이나 급격한 사회 변화를 통해 사회 변동을 일으킨다. 갈등론에 따르면 변화는 필연적이며 지속적으로 발생하는 과정이다.

갈등론은 사회 변동의 원동력을 주로 갈등에 한정하여 설명하기 때문에, 사회적 협력이나 상호 의존 관계를 간과할 수 있다. 또한 모든 사회 변동을 갈등의 산물로 해석함으로써 자발적이거나 평화적인 변화를 충분히 설명하지 못할 수 있다.

3. 한국 사회의 변동 과정

1) 한국 사회 변동의 과정

현대 한국 사회는 지난 수십 년간 급격한 사회적, 경제적, 정치적 변동을 겪어왔다. 이러한 변화는 정치 체제의 전환, 경제 구조의 재편, 그리고 사회적 가치관의 변화 등 다양한 측면에서 나타났다. 한국 사회의 변화를 이해하기 위해 크게 세 가지 축을 중심으로 살펴볼 수 있다. 권위주의 사회에서 민주사회로의 전환, 봉건 경제에서 시장 경제로의 변환, 그리고 닫힌 사회에서 열린 사회로의 변화이다.

(1) 권위주의 사회에서 민주사회로의 전환

한국은 20세기 중반까지 권위주의적 정치 체제하에서 시민의 자유와 권리가 상당히 제한되었던 사회였다. 특히 1960년대부터 1980년대까지 군부 정권이 장기 집권하면서 정치적 자유는 억압되었고, 표현의 자유, 집회의 자유 등 기본적 시민권이 크게 제한되었다. 정부는 강력한 국가 통제하에 사회를 운영하며 시민들의 참여보다는 국가의 발전을 우선시 했다.

그러나 1980년대 후반에 이르러 시민들은 점차 자신들의 정치적 권리와 사회적 책임에 대해 자각하기 시작했다. 특히 1987년 6월 항쟁을 통해 한국 사회는 민주주의로의 전환점을 맞이하게 되었고, 시민들은 정치적 참여에 대한 욕구와 주인의식을 강하게 표출하였다. 이러한 변화는 이후 한국의 정치 체제가 민주주의로 이행하는 중요한 기틀을 마련하였고, 오늘날 한국 사회는 시민의 권리가 보호되고 민주적 절차가 존중되는 사회로 발전해왔다.

(2) 봉건 경제에서 시장 경제로의 변환

한국의 경제는 오랜 기간 동안 농업과 같은 1차 산업과 제조업에 의존하는 구조였으며, 국가 주도의 경제 성장 전략이 중심이 되었다. 1950년대 한국 전쟁 이후 경제 재건을 위해 정부는 중앙 통제를 통해 자원을 효율적으로 배분하고 경제 성장을 도모했다. 이 시기에는 자본과 기술의 부족으로 인해 대규모 산업화가 어렵고, 상업보다는 농업과 같은 기초 산업이 중시되었다.

한국의 경제는 전후 복구 과정에서 매우 열악한 조건에 놓여 있었다. 외국의 자본과 기술에 크게 의존했으며, 상업은 발전하지 못하고 천시되는 경향이 있었다. 이러한 경제 구조하에서 빈곤이 세대 간에 대물림되는 문제가 발생하였고, 많은 국민이 경제적 불평등과 빈곤 속에 살아갔다.

그러나 1970년대 이후 급속한 산업화와 함께 한국 경제는 3차, 4차 산업으로 전환하며 민간 주도 자본주의 경제 체제가 자리 잡았다. 특히 1990년대 이후 정보통신기술(ICT)의 발전과 함께 4차 산업혁명이 도래하면서 한국은 기술 기반의 경제 구조로 전환되었다. 재벌 중심의 경제 구조에서 벤처 기업의 성장이 두드러지기 시작했고, 이는 한국 경제의 다각화와 혁신을 이끌었다.

경제 발전과 함께 부의 축적이 가속화되면서 배금주의적 가치관도 함께 퍼지기 시작했다. 그러나 동시에 경제적 불평등에 대한 문제의식도 커졌고, 부의 재분배를 통해 보다 공정한 경제 구조를 만들기 위한 정책들이 점차 도입되었다. 오늘날 한국 사회는 시장 경제의 자유와 효율성을 강조하면서도 사회적 안전망과 복지제도를 통해 불평등을 해소하려는 노력을 기울이고 있다.

(3) 닫힌 사회에서 열린 사회로의 변화

과거 한국 사회는 전통적으로 공동체 중심의 가치관을 중시하는 사회였다. 가족과 지역 사회, 그리고 국가라는 큰 틀 안에서 개인의 자유보다는 공동체의 조화와 질서가 우선시되었다. 정치 체제도 중앙집권적인 구조를 지니고 있었으며, 지방자치제보다는 중앙 정부의 통제력이 강하게 작용했다.

이와 함께 전통적인 성 역할에 기반하여 여성의 사회적 지위는 매우 제한적이었다. 여성들은 가정 내 역할에 국한되었으며, 사회적 진출 기회는 남성에 비해 현저히 부족했다. 또한 경제적·사회적 계층에 따른 차별이 존재했으며, 계급 사회의 특징을 띠고 있었다.

현대 한국 사회는 개인의 자유와 권리를 더욱 중시하는 방향으로 변화해왔다. 특히 1995년 지방자치제가 도입되면서 지역 주민들이 지방

정부에 직접 참여하고 자율적으로 지역 문제를 해결할 수 있는 체계가 마련되었다. 이는 정치적 다양성과 민주주의의 심화를 이끄는 중요한 계기가 되었다.

여성의 사회적 지위 또한 크게 향상되었다. 교육 기회와 고용에서의 차별이 점차 줄어들면서 여성들은 정치, 경제, 문화 등 다양한 분야에서 중요한 역할을 담당하고 있다. 이는 성평등을 기반으로 한 보다 자유롭고 평등한 사회로의 전환을 의미하며, 한국 사회는 점차 성별과 계층에 관계없이 개인의 능력과 자유를 존중하는 사회로 나아가고 있다.

2) 한국 사회 변동의 특징

현대 한국 사회의 변동은 전 세계적으로도 그 속도와 규모 면에서 주목받고 있다. 한국은 짧은 시간 안에 정치, 경제, 사회 전반에서 급격한 변화를 겪으면서도 지속적인 성장을 이루어냈다. 이러한 변동 과정에는 급격한 사회적 변화로 인한 갈등, 정부 주도의 산업화, 그리고 전통 사회와 현대 사회 간의 단절과 같은 중요한 특징들이 나타난다. 이를 중심으로 현대 한국 사회 변동의 특징을 살펴보면 다음과 같다.

(1) 급격한 사회 변동과 성장의 불균형

한국은 20세기 중반 이후부터 급격한 산업화를 통해 경제 성장을 이루어왔다. 1960년대부터 시작된 경제 개발 5개년 계획을 통해 한국은 고도성장을 이루었으며, 짧은 시간 안에 개발도상국에서 선진국으로 도약하는 데 성공했다. 1980년대 후반부터는 정보통신기술을 기반으로 하는 산업들이 급성장하면서 세계 경제에서 중요한 위치를 차지하게 되었다.

그러나 이러한 급격한 성장 과정에서 사회적 불균형과 갈등이 심화되었다. 산업화 초기에는 대기업, 즉 재벌들이 중심이 되어 경제 발전을 이끌었지만, 그 과정에서 중소기업과 농촌 지역은 상대적으로 소외되었다. 또한 급속한 도시화와 함께 지역 간 경제적 격차가 확대되었으며, 빈부격차 역시 큰 사회적 문제로 대두되었다. 이러한 불균형 성장은 한국 사회 내에서 계층 간 갈등과 지역 간 갈등을 초래하게 되었으며, 이를 해결하기 위한 다양한 사회적 정책들이 도입되었으나 여전히 갈등은 해소되지 않은 상태이다.

특히 최근 들어 청년 실업, 주거 문제, 교육 기회의 불평등 등으로 인해 젊은 세대가 느끼는 상대적 박탈감과 좌절감이 커지고 있다. 이러한 문제들은 사회적 갈등을 더욱 심화시키고 있으며, 한국 사회 내에서 세대 간 갈등, 계층 간 갈등을 유발하고 있다. 이와 같은 사회적 갈등은 현대 한국 사회의 주요 과제로 남아 있다.

(2) 정부 주도의 사회 변동

한국 사회 변동의 또 다른 중요한 특징은 정부 주도로 이루어진 산업화이다. 1960년대 이후 박정희 정권하에서 한국은 중앙 정부가 주도하는 경제 개발 계획을 통해 산업화를 추진하였다. 정부는 대규모 공업화와 수출 중심의 경제 전략을 추진하면서 자원을 집중적으로 투자하였고, 이를 통해 고속 경제 성장을 이룩하였다.

정부는 산업화를 추진하면서 재벌이라 불리는 대기업을 중심으로 자본을 집중시켰다. 이러한 전략은 경제 성장을 가속화하는 데 중요한 역할을 했지만 동시에 경제 구조의 불균형을 초래했다. 재벌들은 국가의 전폭적인 지원을 받으며 경제 전반에서 지배적인 역할을 하게 되었고,

이로 인해 경제 권력이 소수 대기업에 집중되는 현상이 나타났다.

한국 사회의 변동은 경제적 변화에 그치지 않고 정치적·사회적 변화로도 이어졌다. 정부가 주도한 산업화와 경제 성장은 민주화 운동의 동력이 되기도 했다. 경제 성장과 교육 확대는 시민들의 의식 변화를 가져왔으며, 1980년대 민주화 운동을 통해 권위주의 정권에서 민주주의로의 정치 체제 변동이 이루어졌다. 따라서 정부 주도의 사회 변동은 경제적, 정치적, 사회적 차원에서 큰 영향을 미쳤다.

(3) 전통 사회와 현대 사회의 단절

현대 한국 사회는 서구의 제도와 문물을 빠르게 수용하면서 전통 사회와의 단절을 겪었다. 한국 전쟁 이후 미국의 경제적·정치적 영향을 크게 받으면서 서구의 자본주의, 민주주의 제도, 문화 등이 급격히 한국 사회에 도입되었다. 이는 근대화를 촉진하고 경제 발전을 이루는 데 기여했지만, 동시에 한국의 전통적 가치와 사회 구조가 급속히 붕괴되는 결과를 가져왔다.

서구의 제도와 문물을 수용하는 과정에서 한국 사회는 때로는 무분별한 수용으로 인해 사회적 혼란을 겪기도 했다. 전통적 공동체 중심의 사회 구조가 붕괴되고, 서구식 개인주의와 소비주의가 확산되면서 한국 사회는 가치관의 혼란과 사회적 분열을 경험하게 되었다. 특히 가족 제도, 공동체 생활, 윤리적 가치 등에서 전통과 현대적 가치 사이의 충돌이 빈번하게 나타나고 있다.

그러나 최근에는 전통과 현대를 조화롭게 융합하려는 시도도 이어지고 있다. 한편으로는 전통문화를 복원하고 계승하려는 노력과 함께 현대 사회에서의 역할을 재정립하려는 움직임도 활발하다. 예를 들어 한국 전통의 가족 중심적 가치관은 여전히 중요한 사회적 자산으로 남아 있지만, 그 형태는 현대적인 방식으로 변모하고 있다. 이러한 노력들은 전통과 현대가 공존할 수 있는 새로운 사회적 모델을 제시하고 있다.

3) 현대 한국 사회의 특징

(1) 세계화와 한국 사회의 정체성

현대 한국 사회는 세계화 과정에서 상품과 자본, 노동력, 기술이 국경을 넘어 활발하게 이동하며 세계 경제와 깊이 통합되었다. 한국은 수출 주도형 경제 구조를 바탕으로 세계 시장에서 성장했으며, 이를 통해 경제적으로 급속한 발전을 이루었다. 자유무역 협정(FTA)과 같은 국제 경제 협력 체계는 한국 경제의 글로벌화를 가속화했다.

세계화는 경제적 영역을 넘어서 문화적인 영역으로까지 확장되었다. 한류(K-culture)로 대표되는 한국의 대중문화는 전 세계로 확산되었으며, 한국은 문화적 영향력을 넓혀가고 있다. 이는 한국 국민들이 자국의 문화적 정체성에 대한 자부심을 느끼게 하는 동시에 한국 문화의 글로벌 정체성을 형성하는 중요한 기반이 되었다.

세계화는 민족 국가에 기반한 경제 장벽을 허무는 데 그치지 않고, 민족 문화와 정체성의 해체 또는 수정을 요구하게 되었다. 전통적인 생활 양식과 문화는 세계화된 문화와의 접촉을 통해 변동을 겪었으며, 이는 민족 문화의 재구성과 함께 세계시민으로서의 새로운 정체성에 대한 요구를 증가시켰다.

한국은 이민자의 증가와 함께 다문화사회로 진입하고 있으며, 이는 단일 민족 국가였던 한국의 정체성에 큰 변화를 가져왔다. 다문화사회에서는 한국 사회 구성원들이 서로 다른 문화적 배경을 수용하고, 세계시민으로서의 정체성을 형성해야 하는 과제가 주어졌다.

한류는 한국의 문화적 영향력을 전 세계적으로 확산시키며, 한국인들에게 문화적 자긍심의 원천으로 작용하고 있다. 음악, 드라마, 영화와 같은 한류 콘텐츠는 글로벌 소비자들에게 사랑받으며, 한국의 정체성에 대한 긍정적 이미지를 강화하고 있다.

(2) 정보통신의 발달과 정보화 사회

한국은 '빨리빨리' 문화와 발달된 정보통신기술이 결합하여 세계에서 가장 정보화된 사회 중 하나로 변모했다. 초고속 인터넷망과 정보기술(IT) 인프라의 구축은 한국 사회의 빠른 정보화와 디지털 혁명을 가능하게 하였으며, 이는 사회 전반에 걸친 변화로 이어졌다.

4차 산업혁명 시대에 들어서면서 인공지능(AI), 빅데이터, 사물인터넷(IoT)과 같은 신기술들이 등장하며 새로운 산업 기반의 고용 창출과 생활 양식의 변화를 주도하고 있다. 디지털 경제와 플랫폼 산업은 새로운 일자리와 비즈니스 모델을 창출하였고, 이는 한국 사회의 경제 구조를 근본적으로 바꾸고 있다.

급속한 정보화는 인터넷 이용에 제약을 받는 정보 소외 계층을 양산하기도 했다. 노인, 저소득층, 농촌 지역 주민들은 정보통신기술에 접근하기 어려워 디지털 격차가 심화되었으며, 이는 사회적 불평등의 새로운 요소로 작용하고 있다.

정보화 사회에서는 개인정보 유출, 해킹, 악성 댓글 등 익명성에 기반한 무책임하고 무분별한 온라인 문화가 심각한 사회적 문제를 야기하고 있다. 이러한 문제들은 사회적 신뢰를 저해하고, 정보통신기술의 긍정적인 잠재력을 제한하는 요인으로 작용한다.

(3) 불평등과 사회적 양극화

한국은 급격한 경제 성장을 이루면서 물질적 풍요를 경험했지만 이와 함께 물질만능주의 세태가 만연하게 되었다. 물질적 성공과 부의 축적이 사회적 지위와 개인의 가치를 결정하는 중요한 요소로 자리 잡았으며, 이는 사회 전반에 걸쳐 경쟁과 과소비 문화를 조장하였다.

경제적 성장에도 불구하고 부의 양극화는 심화되었고, 이에 따른 빈부 격차가 사회적 갈등을 초래했다. 부유층과 빈곤층 간의 소득 격차는 교육, 주거, 의료 등 여러 사회적 영역에서 불평등을 낳으며, 이는 사회 통합을 저해하는 중요한 문제로 부각되고 있다.

부와 권력의 집중은 사회적 불평등을 더욱 심화시켰다. 재벌 기업과 정치 권력 간의 결탁은 경제적, 정치적 기득권층이 강력한 영향력을 행사하는 구조를 형성하였으며, 이는 중소기업, 노동자, 청년 세대 등 사회적 약자들에게 상대적 불이익을 초래하였다.

경제 구조의 변화로 인해 고용 불안이 증가하고 있으며, 특히 비정규직과 청년 실업 문제는 사회적 불안 요소로 작용하고 있다. 이에 따라 국가 차원의 복지 정책 강화와 고용 안정화 방안에 대한 요구가 증가하고 있다.

저출산과 고령화는 한국 사회가 직면한 또 다른 중요한 문제이다. 출산율 저하와 인구 고령화로 인해 노동력이 줄어들고, 노인 복지와 의료 비용이 급증하면서 국가 차원의 대응이 요구되고 있다.

미래 사회로의 전환에 대비하기 위해서는 혁신적인 비전과 정책이 필요하다. 4차 산업혁명과 디지털 경제 시대에 적합한 고용 정책, 교육 제도, 사회 안전망 강화가 요구되고 있으며, 이러한 혁신적 비전이 사회적 안정과 지속적인 발전을 도모할 수 있을 것이다.

(4) 다양한 가치관의 충돌과 문화적 갈등의 융합

다양한 문화의 유입과 새로운 문화의 등장으로 인해 한국 사회는 가치관의 혼란을 겪고 있다. 글로벌 문화와 전통 문화 간의 충돌은 개인과 사회의 정체성 문제로 이어지며, 이는 사회적 갈등의 요인이 되기도 한다.

젠더, 계급, 소수자, 세대 간 갈등은 현대 한국 사회에서 두드러지는 문제들 중 하나이다. 이러한 갈등들은 다양한 사회적 요구와 충돌하면서 사회적 통합을 어렵게 만들고 있으며, 이를 해결하기 위한 사회적 인식 개선이 필요하다.

글로벌 사회로의 전환은 다양한 문화를 수용하는 능력을 요구하고 있다. 한국 사회는 다문화사회로의 진입과 함께 다문화적 갈등을 해결하고 융합할 수 있는 사회적 인식을 개선해 나가야 한다. 이를 통해 세계시민성을 함양하고 문화다양성을 존중하는 사회로 나아가야 한다.

(5) 시민 사회의 출발과 성장

한국은 1980년대 군부 권위주의에서 민주화 시대로의 전환을 이루어 냈다. 시민들의 민주화 운동은 한국 사회를 정치적으로 성숙시키는 계기가 되었으며, 현재의 민주주의 사회를 구축하는 데 중요한 역할을 했다.

산업사회에서 정보화사회로의 급격한 변화는 경제와 사회 전반에 걸쳐 커다란 영향을 미쳤다. 한국은 빠르게 디지털 경제로 전환하면서 시민 사회의 역량을 더욱 키워나갔다.

한국 사회는 다양한 사회적 갈등을 극복하면서 시민 사회의 역량을 확대해 나가고 있다. 시민 사회는 정치적, 경제적 참여를 통해 국가의 정책 결정 과정에서 중요한 역할을 담당하고 있으며, 사회적 갈등을 해결하는 데에도 기여하고 있다.

시민 사회와 정부, 기업 간의 협력과 견제는 한국 사회의 성장 동력이 되고 있다. 시민 사회의 활발한 참여는 민주주의를 강화하고, 사회적 문제 해결에 있어 중요한 자원으로 작용하고 있다.

현대 한국 사회는 개인의 시민성과 국가적 전체성의 조화를 실현하기 위해 노력하고 있다. 개인의 권리와 자유를 존중하면서도 국가와 사회의 공동체적 가치를 중시하는 균형 잡힌 사회로 나아가는 것이 목표이다.

생각해 볼 문제

1. 현대 한국 사회는 초국적 이주민의 증가로 다문화 사회로 변화하고 있다. 다문화 사회에서 나타나는 사회 변동 양상을 한가지 찾아 무엇 때문에 탐구하고 싶은 지 이유를 적어보자.
2. 현대 한국 사회는 개인의 자유와 권리를 더욱 중시하는 '열린 사회'의 방향으로 변화해왔다. 이런 과정에서 시민 사회가 중요한 역할을 해왔다. 시민 사회를 주도한 시민단체를 찾아 그 활동사항을 정리해 보자.

더 읽을거리

김영순(2021). 『시민을 위한 사회·문화 리터러시』. 박이정출판사

이 책은 현대 한국 사회의 변동을 시민의 시각으로 이해하는 데 지침을 준다. 무엇보다 사회·문화 현상을 이해하기 위한 리터러시의 필요성을 강조한다. 따라서 이 책은 시민을 '시민 되게' 하는 방법으로서 '학문수행자로서의 시민'을 주장하며, 학문수행의 방법으로서 사회·문화 현상을 읽어내는 리터러시를 제안한다. '학문수행자로서 시민'에 대해 동의하는 모든 독자분에게 민주주의 사회를 만들어가기 위한 교양의 자양분을 제공할 것으로 확신한다. 아울러 대학의 교양과목으로서, 사회과학 분야를 전공하고자 하는 '초보 사회과학자'들에게도 사회·문화 리터러시를 해야 하는 이유와 동기를 제공하고, 나아가 민주시민으로서 전 지구적 문제에 대해 참여할 수 있는 세계시민 의식을 함양하게 해줄 것이다.

참고문헌

김영순, 홍배식, 정경희, 박지연, 박서현(2022). 고등학교 사회·문화. 교학사.

김영순(2025). 공존의 사회학. 패러다임북.

유종열·이희정·허균·김응현·김준호·조수용(2022). 고등학교 사회와 문화. 비상교육.

2장

한국 사회의 정체성

1. 정체성의 특징과 개념

1) 정체성의 형성

정체성은 개인이나 집단이 자신을 특정한 방식으로 정의하는 과정에서 형성된다. 이 과정은 사회적 맥락과 환경에 따라 변화하며, 개인이 경험하는 사회적 상호작용과 문화적 요인에 의해 조정된다. 정체성 형성은 단순한 자아 인식에서 출발하지만, 사회적 관계와 구조적 요인에 의해 끊임없이 협상되고 재구성된다.

(1) 정체성 협상과 변화

정체성은 고정된 개념이 아니라 끊임없이 협상되는 과정이다. 개인은 자신의 정체성을 타인과의 관계 속에서 확인하며, 상황에 따라 유연하게 변화시킨다. 이 과정에서 중요한 개념이 바로 정체성 협상(Identity Negotiation)이다. 이는 개인이 다양한 사회적 맥락에서 자신의 정체성을 구축하고 조정하는 과정이며, 특정한 환경에서 자신의 역할을 강조하거나 축소하는 방식으로 이루어진다. 예를 들어 한 개인이 직장에서 전문가로서의 정체성을 강조하면서도 가정에서는 부모로서의 정체성을 우선시하는 것이 정체성 협상의 대표적인 사례이다.

(2) 오베르그(Oberg)의 문화적 정체성 모델

문화적 정체성 형성과 적응 과정에서 오베르그(Oberg)는 '문화 충격(Cultural Shock)' 모델을 제시하였다. 이는 사람들이 새로운 문화에 적응하는 과정에서 겪는 정체성 변화 단계를 설명하는 모델로 네 단계로 구분된다.

첫째, 허니문 단계에서는 새로운 환경에 대한 긍정적인 기대와 흥미가 높아지며, 신선한 경험을 즐기는 시기가 된다. 이 단계에서 개인은 새로운 문화에 대한 호기심과 흥미를 가지며, 문화적 차이를 긍정적으로 수용하는 경향을 보인다.

둘째, 문화 충격 단계에서는 기존 정체성과 새로운 환경 간의 충돌로 인해 심리적 스트레스를 경험한다. 새로운 문화적 규범과 가치 체계에 대한 이해 부족, 언어 장벽, 사회적 고립감 등으로 인해 개인은 혼란과 좌절을 느낄 수 있다. 이는 심리적 불안과 정체성 혼란을 유발하며, 새로운 문화에 대한 부정적인 태도가 형성될 수도 있다.

셋째, 조정 단계에서는 새로운 문화에 점차 적응하면서 자신의 정체성을 조정하는 과정이 이루어진다. 이 단계에서 개인은 문화적 차이를 이해하고 받아들이면서 점진적으로 환경에 적응해 나간다. 언어 습득, 사회적 관계 형성, 새로운 생활방식에 대한 학습이 이루어지며, 정체성 역시 새로운 문화적 경험과 융합되는 과정을 거친다.

넷째, 적응 단계에서는 새로운 문화 속에서 안정적인 정체성을 형성하며, 문화적 차이를 극복하고 자율적으로 환경에 적응하는 능력을 갖춘다. 이 단계에 이르면 개인은 새로운 문화에서 자신만의 정체성을 확립하고, 문화적 차이를 자연스럽게 받아들이면서도 자신만의 정체성을 유지할 수 있는 균형을 찾게 된다.

이 모델은 개인이 새로운 사회 환경 속에서 자신의 정체성을 어떻게 조정하고 재구성하는지를 설명하는 데 유용한 틀을 제공한다. 이를 통해 개인은 정체성 변화 과정을 이해하고 보다 효과적으로 새로운 환경에 적응할 수 있는 전략을 마련할 수 있다.

2) 정체성의 다양한 개념

정체성은 사회적, 문화적, 정치적 요인에 의해 형성되며, 다양한 차원에서 논의될 수 있다. 개인정체성은 한 개인이 자신의 경험, 신념, 가치관, 사회적 환경 등을 바탕으로 자신을 정의하는 방식이다. 이는 개인의 자아 개념을 포함하며, 가족, 교육, 사회적 관계, 직업, 성격 등의 요소에 영향을 받는다. 개인정체성은 자기 자신에 대한 이해뿐만 아니라 타인과의 관계 속에서 형성되며, 환경적 변화에 따라 재구성될 수 있는 동적인 특성을 가진다. 현대 사회에서는 소셜 미디어의 발달과 디지털 환경 속에서 개인정체성이 더욱 다층적으로 변화하고 있으며, 한 사람이 여러 정체성을 동시에 유지하고 조정하는 경우가 많아지고 있다. 이는 개인이 사회적 역할과 맥락에 따라 자신을 다양한 방식으로 표현하고, 특정한 집단이나 가치와 연계된 정체성을 선택적으로 강조하는 경향으로 이어지고 있다.

(1) 문화정체성

문화정체성은 개인이나 집단이 자신들의 문화적 배경과 가치를 통해 형성하는 정체성을 의미한다. 이는 언어, 종교, 전통, 생활방식, 의례, 음식문화, 의복, 예술 및 문화적 유산 등 다양한 요소를 포함하며, 특정 사회 내에서 공통된 문화적 경험을 공유하는 과정에서 더욱 강화된다. 문화정체성은 단순히 개인의 정체성을 결정하는 요소가 아니라 공동체 내에서 유대감을 형성하고, 세대 간 문화적 연속성을 유지하는 중요한 역할을 한다. 이는 언어, 종교, 관습 등을 통해 지속적으로 재생산되며, 사회적 환경과 시대적 변화에 따라 동적으로 변화하는 특징을 지닌다.

한국 사회에서는 전통적으로 유교적 가치관과 집단주의적 문화가 문화정체성을 형성하는 주요 요소였다. 예컨대 효(孝)와 예(禮)는 가족 및 사회적 관계에서 중요한 가치로 자리 잡았으며, 공동체 중심의 사고방식은 개인보다 집단을 중시하는 문화를 형성하였다. 하지만 현대 사회에서 글로벌화, 정보화, 디지털 문화의 확산은 한국의 문화정체성에 큰 변화를 가져왔다. 특히 한류(K-POP, 드라마, 영화, 웹툰, 게임 등)의 세계적 확산은 한국의 문화정체성을 국제적으로 알리는 역할을 하며, 한국의 대중문화가 단순히 국내에서 소비되는 것이 아니라 세계적으로 영향력을 행사하는 글로벌 문화 브랜드로 자리 잡고 있다.

이와 동시에 한국 내부에서도 문화정체성은 전통과 현대의 융합을 통해 새롭게 재구성되고 있다. 과거에 비해 개인주의적 가치가 확산되었으며, 서구 문화와 한국 문화가 혼합된 새로운 형태의 정체성이 등장하고 있다. 또한 다문화사회로의 변화 속에서 한국 사회는 다양한 이주민 문화와의 융합을 통해 보다 포용적이고 다층적인 문화정체성을 형성해 나가고 있다. 이는 전통을 유지하면서도 변화하는 시대적 흐름에 적응하는 한국 사회의 역동적인 정체성 형성 과정이라고 할 수 있다.

(2) 민족정체성

민족정체성은 특정 민족 집단 구성원들이 공유하는 감정, 사고방식, 가치 등을 의미하며, 혈통, 역사, 언어, 문화적 전통 등에 의해 형성된다. 이는 개인이 특정 민족 집단의 일원으로서 느끼는 소속감과 정체감을 포함하며, 공동체의 문화적 연속성을 유지하는 핵심 요소로 작용한다. 민족정체성은 단순한 혈통적 요소뿐만 아니라 공동의 역사적 경험과 문화적 유산을 공유하는 것에서 비롯되며, 정치적·사회적 환경에 따라 변화할 수 있다.

역사적으로 한국 사회에서 민족정체성은 강한 결속력을 바탕으로 형성되어 왔다. 고려와 조선시대를 거치면서 한국은 단일한 민족적 정체성을 강조하는 문화를 발전시켰으며, 일제 강점기에는 민족 정체성이 독립운동과 저항의 중요한 원동력이 되었다. 이후 한국 전쟁과 분단을 겪으면서 한국인의 민족정체성은 더욱 강하게 형성되었으며, 국가 발전 과정에서 '단일민족'이라는 개념이 사회 전반에서 강조되었다.

그러나 현대 사회에서는 민족정체성의 개념이 변화하고 있다. 글로벌화와 다문화 사회로의 전환은 한국 사회 내에서 다양한 문화적 배경을 가진 이주민과 다문화 가정의 증가를 초래했으며, 이에 따라 혈통 중심의 민족정체성이 점차 사회적·문화적 요소를 포함하는 개방적인 개념으로 변화하고 있다. 또한 남북한 관계의 변화와 한반도 통일 가능성에 대한 논의 속에서 민족정체성이 새로운 방식으로 재구성될 필요성이 대두되고 있다. 따라서 현대 한국 사회에서는 전통적인 민족 정체성을 유지하면서도 다문화적 요소를 수용하는 포용적 민족정체성을 정립해야 하는 과제를 안고 있다.

(3) 시민정체성

시민정체성은 국가의 국민으로서 가지는 정체성을 의미하며, 법적 권리와 의무, 정치적 참여, 공동체 소속감을 포함하는 개념이다. 이는 개인이 특정 국가의 구성원으로서 국가의 가치와 제도를 수용하고 이에 동참하는 방식으로 형성된다. 시민정체성은 단순히 법적 지위에 국한되지 않고, 공공의 이익을 위해 행동하고 정치적·사회적 책임을 수행하는 태도를 포함한다. 또한 시민정체성은 민주주의 사회에서 더욱 중요하게 작용하며, 국가의 법과 제도를 준수하는 것뿐만 아니라 공적 영역에서 자신의 권리를 행사하고 사회적 변화를 주도하는 능동적인 역할을 포함한다.

현대 사회에서 시민정체성은 다양한 사회적 요인에 의해 변화하고 있다. 특히 글로벌화와 초국적 이동성이 증가하면서 시민정체성은 단순히 국가 단위에서 형성되는 것이 아니라 국제적 가치와 연결되는 방식으로 확장되고 있다. 예를 들어 기후 변화 대응, 인권 보호, 국제 연대와 같은 글로벌 이슈에 대한 시민들의 관심과 참여가 증가하면서 시민정체성은 더 이상 국내 정치에만 국한되지 않고 국제적 차원의 시민 의식을 포함하는 방향으로 나아가고 있다.

한국 사회에서는 1987년 민주화 이후 시민정체성이 더욱 강조되었으며, 시민사회 단체와 다양한 사회 운동이 활성화되면서 정치적 참여와 사회적 연대가 확대되었다. 최근에는 다문화사회로의 전환과 함께 시민정체성의 개념이 더욱 확장되고 있다. 이주민들에게 시민권을 부여하는 방식뿐만 아니라 다문화 공존과 포용적 시민성을 강조하는 교육과 정책이 확대되면서 시민정체성이 민족적 정체성과 결합하는 방향으로 변화하고 있다. 즉 혈통과 출생지가 아닌, 공통의 법과 가치 체계를 공유하는 구성원으로서의 정체성이 강조되는 것이다. 따라서 현대 한국 사회에서는 법적 시민권을 넘어 포용성과 연대, 사회적 책임을 중시하는 시민 정체성이 점점 더 중요한 개념으로 자리 잡고 있다.

2. 한국인의 정체성 이해

1) 한국의 국가정체성 이해

(1) 국가정체성의 개념과 결정 요인

국가정체성은 특정 국가 구성원들이 공유하는 신념과 감정의 집합체로, 그 사회가 지향하는 이상과 가치를 결정짓는 중요한 요소이다. 이는 구성원들이 공동체로서의 소속감을 느끼고, 서로 협력하며 사회적 연대감을 형성하도록 하는 기반이 된다. 국가정체성은 개인과 집단이 자신을 특정 국가의 일부로 인식하고 행동하게 만드는 문화적, 정치적, 사회적 유대감을 포함한다. 이 개념은 단순한 소속감 이상의 의미를 가지며, 국민이 추구하는 국가적 이상과 방향성을 나타내는 중요한 기준으로 작용한다.

국가정체성은 고정된 개념이 아니라 시대적 요구와 사회적 변화를 반영하며 끊임없이 재구성된다. 이는 국가가 직면한 역사적 도전과 사회적 환경에 따라 변화하는 동태적 성격을 가지며, 민족적, 정치적, 경제적 요인들에 의해 영향을 받는다. 한국 사회에서도 국가정체성의 변화와 형성 과정은 다양한 요소에 의해 영향을 받는다. 대표적인 결정 요인은 다음과 같다.

첫째, 국가 고유의 사회문화적 환경이다. 국가정체성은 국가가 처한 사회적, 문화적 환경에 따라 결정된다. 사회 환경의 변화와 역사적 상황과 맥락은 국가정체성을 끊임없이 재형성한다. 한국의 경우 일제 강점기, 한국 전쟁, 민주화 운동, 경제 성장, 그리고 세계화 등이 국가정체성에 중요한 영향을 미친 역사적 요소로 작용하였다.

둘째, 개인의 인구통계학적 변수이다. 개인의 사회적·경제적 자본 수준, 학력, 직업 등 인구통계학적 변수 역시 국가정체성 형성에 중요한 역할을 한다. 예를 들어 경제적 수준이 높은 개인은 국가의 경제적 성장에 대한 자부심을 가질 가능성이 높고, 고학력자는 국가가 추구하는 가치와 제도에 대한 이해도가 높기 때문에 국가정체성에 더 깊이 관여할 수 있다.

셋째, 다문화 수용 의지이다. 현대 사회에서 국가정체성은 다문화 수용 의지와 밀접한 관련이 있다. 다문화에 대한 공존의식과 타 인종에 대한 긍정적 태도는 국가정체성에 새로운 변화를 불러온다. 다문화 사회로의 전환이 진행 중인 한국 사회에서는 이주민에 대한 태도와 다문화에 대한 수용성 여부가 한국의 국가정체성 변화에 중요한 변수로 작용하고 있다.

넷째, 개인의 사회적 경험이다. 국가정체성 형성에서 중요한 또 다른 요인은 개인이 사회 속에서 경험하는 다양한 활동이다. 개인이 경험하는 교육, 사회적 관계, 정치적 참여 등의 활동은 그들이 어떤 국가정체성을 가질 것인지에 결정적인 영향을 미친다. 예를 들어 민주주의 교육과 정치적 참여 경험이 풍부한 개인은 더 강한 시민 정체성을 형성할 수 있다.

(2) 민족정체성과 시민정체성

국가정체성은 크게 민족정체성과 시민정체성으로 나뉜다. 민족정체성은 주로 혈연, 언어, 문화, 역사적 유산과 같은 민족적 요소에 기반한다. 이는 민족적 소속감을 형성하며, 민족적 유대감을 강화하는 데 중요한 역할을 한다. 한국의 경우 한글과 같은 언어적 유산과 한복, 전통 음식과 같은 문화적 요소가 민족정체성의 강화를 위한 중요한 매개체로 작용한다. 민족정체성은 역사적으로 민족의 자긍심을 고취시키고 외부로부터의 위협에 대응하는 데 중요한 역할을 해왔다. 하지만, 지나친 민족 중심주의는 다문화 사회에서 갈등을 초래할 수 있다는 점에서 한계를 지닌다.

반면 시민정체성은 국민으로서 가지는 권리와 의무를 중심으로 형성된다. 이는 정치적 공동체의 구성원으로서 개인이 국가에 대한 소속감과 의무감을 느끼는 것과 관련된다. 시민정체성은 민주주의, 법치주의, 그리고 공공의 이익을 추구하는 사회적 규범과 밀접하게 연결되어 있다. 현대 국가에서 시민정체성은 국민이 투표와 정치 참여를 통해 자신의 의견을 반영하고, 법과 제도를 준수하며 국가의 일원으로서 책임을 다하도록 유도한다. 이러한 시민정체성은 민족정체성과 달리 자발적이고 선택적인 성격을 지니며, 국가 공동체의 유지를 위한 제도적 기틀을 제공한다.

민족정체성과 시민정체성은 상호 보완적인 관계를 맺기도 하지만 때로는 갈등을 일으키기도 한다. 예를 들어 다문화화와 세계화가 진행됨에 따라 민족 중심의 정체성과 시민 중심의 정체성이 충돌하는 경우가 많다. 다문화사회에서 전통적인 민족정체성이 지나치게 강조될 경우 외국인 노동자나 이주민의 사회적 통합이 어려워질 수 있다. 반대로 시민정체성이 강조되면 민족적 전통과 문화가 약화되는 결과를 초래할 수 있다.

현대 사회에서 국가정체성은 이러한 도전을 극복하기 위해 민족정체성과 시민정체성 간의 균형을 이루는 방향으로 나아가야 한다. 이는 다양한 문화적 배경을 가진 구성원들이 조화롭게 공존하면서도 국가적 목표와 이상을 공유할 수 있는 사회적 통합을 이루는 데 기여할 것이다. 국가정체성은 단순히 과거의 유산을 계승하는 것을 넘어 미래의 사회적 발전과 공동체의 안정성을 위한 초석으로 작용해야 한다.

2) 역사 속에서 형성된 한국의 국가정체성

(1) 고조선의 홍익인간 이념과 국가정체성

한국의 국가정체성 형성에 중요한 역할을 한 사상 중 하나는 고조선의 건국 신화에 등장하는 홍익인간(弘益人間) 이념이다. 고조선의 건국 신화에서 환웅이 인간 세상을 다스리기 위해 내려왔다는 내용이 포함된 이 신화는 단순한 신화적 이야기 그 이상이며, 한국 사회의 초석을 다진 사상적 기초로 여겨진다. 특히 '홍익인간'이라는 표현은 문자 그대로 '널리 인간을 이롭게 한다'는 뜻을 담고 있다.

홍익인간 사상은 단순히 고대 국가의 건국 이념이 아니라 사회 정의와 평등, 그리고 인간의 화합을 추구하는 사상으로 해석할 수 있다. 이는 모든 구성원을 평등하게 대하고, 사회적 화합을 이루고자 하는 민주주의의 기본 원칙과 유사한 요소를 지닌다. 고조선은 이러한 사상을 바탕으로 각 개인을 공정하고 평등하게 대우하는 사회를 지향했으며, 이를 통해 국가의 구성원들이 공동체로서 결속될 수 있는 기반을 마련했다.

홍익인간 사상은 현대 한국 사회에서도 중요한 가치로 남아 있으며, 교육, 정치, 문화 등 다양한 영역에서 널리 활용되고 있다. 이는 한국이 추구해 온 국가정체성의 기초에 자리 잡고 있으며, 공익을 중시하는 가치관, 공동체의 이익을 위한 포용 등의 원칙은 한국 사회의 근본적인 사회적 이상으로 자리 잡았다.

(2) 고려의 내자불거 원칙과 국가정체성

고려 시대에 들어서면서 국가정체성은 또 다른 중요한 원칙을 중심으로 발전하게 된다. 고려는 불교를 국가적 종교로 채택하면서 불교 사상과 국가 운영을 결합한 독특한 국가정체성을 구축했다. 그 중에서도 고려의 국가 운영에서 중요한 이념 중 하나는 내자불거(來者不拒)라는 원칙이었다. 이는 '오는 자를 막지 않는다'는 의미로 다양한 사람들과 문화, 사상에 대한 포용과 공존을 바탕으로 하는 원칙이었다.

내자불거 사상은 포용적인 국가 운영의 핵심 철학이다. 외부로부터 유입되는 다양한 문화와 종교, 인종에 대해 개방적 태도를 견지하고, 이를 통해 국가의 통합을 이루려는 고려의 국가 정책을 반영한다. 이는 당시 중국, 몽골, 아랍 등 다양한 국가들과의 교류를 통해 한국 사회가 다문화적 요소를 수용하고 융합하는 과정에서 중요한 역할을 했다.

내자불거의 이념은 고려 사회에서 공존과 화합을 강조하며, 다양한 배경을 가진 사람들이 공존할 수 있는 사회를 만들어 나갔다. 이는 또한 다문화적 사회를 수용하는 능력과 함께 사회적 갈등을 완화하고, 새로운 문화적 요소들을 적극적으로 수용하여 국가 발전을 도모하는 기틀을 마련했다.

고려의 내자불거 원칙은 현대 한국의 다문화 사회로의 전환에 있어서도 중요한 역사적 배경으로 작용한다. 한국이 세계화와 함께 다양한 외국인 노동자, 이주민, 다문화 가정을 수용하는 과정에서 내자불거의 포용적 정신은 여전히 중요한 가치를 지니고 있다. 타인과의 공존을 통한 사회적 통합을 강조한 고려의 이념은 오늘날 한국 사회에서 다문화적 국가정체성 형성의 중요한 기초로 작용하고 있다.

(3) 고조선과 고려의 이념이 한국의 국가정체성에 미친 영향

한국의 국가정체성은 역사적 과정에서 고유의 이념과 가치를 통해 형성되었으며, 고조선과 고려의 두 가지 사상은 특히 중요한 역할을 했다. 고조선의 홍익인간 사상은 사회적 평등과 정의, 인간의 화합을 중시하는 한국의 국가정체성 형성에 초석을 제공했다. 이는 현대 한국 사회에서 개인의 인권, 공익 중시, 공동체 정신 등 다양한 형태로 계승되고 있다.

고려의 내자불거 이념은 포용과 공존을 강조하며, 다문화 사회로 나아가는 현대 한국 사회에 큰 영향을 미쳤다. 다양한 문화와 사상을 받아들이고, 이를 조화롭게 융합하는 고려의 정신은 오늘날 한국이 세계화 속에서 어떻게 다문화적 정체성을 형성하고 발전시켜 나가야 하는지에 대한 중요한 시사점을 제공한다.

이 두 이념은 모두 사회적 통합과 화합을 중시하는 한국의 전통적 가치관과 맞닿아 있으며, 이는 현대 한국의 민족정체성과 시민정체성 형성에 지속적인 영향을 미치고 있다. 한국은 역사적으로 내재된 포용성과 공존 정신을 바탕으로 글로벌 사회에서 독특한 국가정체성을 유지하면서도 다양한 문화적 요소를 수용하는 개방적인 사회로 발전하고 있다.

3) 현대 한국의 국가정체성과 헌법에 담긴 가치

현대 대한민국의 국가정체성은 헌법에 명시된 가치와 이념을 통해 구체화된다. 헌법은 국가 운영의 기본 원칙과 국민의 권리 및 의무를 규정하며, 대한민국이 지향하는 이상과 정체성을 명확히 드러낸다. 특히 헌법 제1조, 제4조, 제5조는 민주주의, 국민 주권, 평화와 통일, 국제적 협력과 같은 핵심 가치를 통해 국가정체성을 정의하고 있다.

(1) 헌법 제1조: 민주공화국과 국민 주권

대한민국 헌법 제1조는 다음과 같다. "대한민국은 민주공화국이다.", "대한민국의 주권은 국민에게 있고, 모든 권력은 국민으로부터 나온다."

헌법 제1조는 대한민국의 국가정체성의 핵심을 명확하게 제시하고 있다. 우선 대한민국은 민주공화국이라는 선언은 민주주의와 공화주의가 대한민국의 정치적 정체성을 규정한다는 뜻이다. 민주공화국이라는 개념은 군주제나 독재체제를 부정하며, 국민이 국가의 주체임을 의미한다. 이는 대한민국이 자유와 평등, 법의 지배에 기초한 사회를 지향하며, 국민의 의사와 권리가 국가 운영의 핵심이라는 점을 강조한다.

또한 제1조 2항에서 명시된 바와 같이 국민 주권은 대한민국 국가정체성의 근본적인 요소다. 모든 권력은 국민으로부터 나온다는 원칙은 민주주의적 통치 구조를 뒷받침하며, 국민이 정치, 경제, 사회적 문제에 대해 결정권을 가지고 있음을 뜻한다. 이는 직접 민주주의와 대의 민주주의의 결합을 통해 구현되며, 국민은 선거를 통해 대표자를 선출하고, 국민의 의사는 의회와 정부를 통해 반영된다.

따라서 헌법 제1조는 민주주의와 국민 주권이라는 핵심 가치를 통해 대한민국의 국가정체성을 구체화하고 있으며, 이는 모든 국민이 국가의 구성원으로서 동등한 권리를 가지고 민주주의 사회에서 자유롭게 의사 표현을 할 수 있는 권리를 보장받는다는 점에서 국가정체성의 중심을 이룬다.

(2) 헌법 제4조: 평화적 통일과 자유민주적 질서

헌법 제4조는 대한민국의 통일과 관련된 이념을 규정하고 있다. "대한민국은 통일을 지향하며, 자유민주적 기본질서에 입각한 평화적 통일 정책을 수립하고 이를 추진한다."

헌법 제4조는 남북통일을 대한민국의 중요한 국가 목표로 설정하고 있다. 통일 지향이라는 목표는 대한민국의 역사적 배경과 깊이 연결되어 있다. 한반도는 1945년 해방 이후 남북으로 분단되었고, 이후 1950년에 발발한 한국 전쟁을 통해 분단이 더욱 고착화되었다. 이러한 역사적 배경 속에서 통일은 한국 사회가 지속적으로 추구해 온 중요한 국가적 과제이며, 이는 대한민국의 정체성에서도 중요한 위치를 차지한다.

하지만 통일은 단순한 목표 설정에 그치지 않고, 자유민주적 기본질서에 입각한 평화적 통일을 지향한다는 점에서 대한민국의 국가정체성을 더욱 명확히 드러낸다. 자유민주적 기본질서란 자유, 평등, 인권, 법치주의와 같은 민주주의의 근본적 가치를 의미하며, 통일 또한 이러한 기본

질서를 바탕으로 평화적으로 이루어져야 한다는 원칙을 제시하고 있다.

이 조항을 통해 대한민국은 군사적 충돌이나 강제적 방식이 아닌 평화적인 방법을 통해 통일을 달성하고자 하며, 동시에 민주주의와 자유주의라는 가치 체계에 기반한 통일을 지향한다는 국가정체성을 드러내고 있다.

(3) 헌법 제5조: 국제 평화와 전쟁 부인

헌법 제5조는 국제 사회에서 대한민국의 국가적 역할과 지향점을 명확히 규정하고 있다. "대한민국은 국제 평화의 유지에 노력하고 침략적 전쟁을 부인한다."

이 조항은 대한민국이 국제 평화를 중요한 가치로 삼고, 이를 위해 적극적으로 노력하겠다는 의지를 천명한다. 이는 대한민국이 국제 사회의 일원으로서 평화 유지와 협력을 중요시하는 국가임을 보여주며, 대한민국의 국가정체성에 있어 국제적 협력과 평화 지향이 중요한 역할을 한다는 것을 의미한다.

또한 헌법 제5조에서 침략적 전쟁을 부인한다는 명확한 선언은 대한민국이 평화주의를 국가의 중요한 원칙으로 삼고 있다는 것을 보여준다. 이는 대한민국이 군사적 갈등이나 전쟁을 통해 문제를 해결하기보다는 외교적 수단과 국제적 협력을 통해 평화를 유지하려는 의지를 담고 있다. 이와 같은 원칙은 한국 전쟁 이후 국제 사회에서 대한민국이 평화와 협력을 위해 지속적으로 노력해 온 배경과 깊이 연결되어 있다.

따라서 헌법 제5조는 대한민국이 국제 사회에서 평화 유지에 기여하며, 침략적 전쟁을 반대하고 국제 협력을 통한 평화적 문제 해결을 지향하는 국가정체성을 반영하고 있다.

(4) 헌법의 정신과 대한민국의 국가정체성

대한민국의 국민들은 헌법에 명시된 이념을 바탕으로 민주주의, 인권 보장, 남북통일, 평화라는 가치를 추구하며 국가정체성을 형성해 나가고 있다.

첫째, 대한민국 헌법의 기본 정신 중 하나는 민주주의와 인권의 보장이다. 민주주의는 국가의 모든 권력이 국민에게서 나온다는 원칙을 통해 실현되며, 이는 국민의 자율성과 자유, 평등한 권리 보장을 뜻한다. 이러한 민주주의 원칙은 국민들이 국가의 주인으로서 자신들의 권리와 의무를 자발적으로 이행할 수 있도록 하는 핵심적인 국가정체성의 요소이다.

둘째, 대한민국의 헌법은 평화적 통일을 지향한다는 점에서 분단된 한반도의 통일을 지속적으로 추구해 왔다. 통일은 대한민국의 중요한 국가목표 중 하나이며, 이는 자유민주적 질서와 평화를 기반으로 이루어져야 한다는 점이 헌법에 명시되어 있다.

셋째, 헌법은 대한민국이 국제 평화를 유지하고, 침략적 전쟁을 부인한다고 명시함으로써, 대한민국이 평화주의적 국가정체성을 가지고 있음을 분명히 한다. 이는 국제 사회에서 대한민국이 평화와 협력을 중요하게 여기며, 전쟁보다는 외교적 해결 방안을 모색하는 국가임을 나타낸다.

따라서 헌법에 담긴 이념은 대한민국의 국가정체성에 대한 명확한 방향성을 제시하며, 대한민국 국민들은 이러한 헌법의 정신을 바탕으로 민주주의, 평등, 평화, 통일을 지향하는 국가정체성을 형성하고 유지해 나가고 있다.

4) 현대 사회 구조와 국가정체성의 변화

현대 한국 사회는 급격한 사회적, 경제적, 문화적 변화를 겪으며 국가정체성의 새로운 방향을 모색하고 있다. 이러한 변화는 산업화, 도시화, 정보화, 다문화화로 대표된다. 특히 전통적 민족 중심의 정체성이 시민정체성, 글로벌 정체성과 충돌하거나 융합되는 과정에서 새로운 사회적 통합이 요구되고 있다.

(1) 급격한 사회 변화와 적응

한국은 짧은 시간 안에 압축적인 경제 성장을 이루며 세계에서 가장 빠른 변화 속도를 경험한 국가 중 하나이다. 이러한 변화는 산업화와 도시화를 통해 전통적인 농업 사회에서 현대적 산업 사회로의 급격한 전환을 가져왔다. 현대 한국 사회는 정보화사회로의 전환과 함께 글로벌 경제 체제에 깊이 통합되었으며, 이는 국가정체성에 새로운 도전을 제시하고 있다.

빠른 변화 속에서 개인과 집단은 끊임없이 새로운 환경에 적응해야 했다. 이러한 적응 과정에서 '빨리빨리'라는 문화적 특성이 형성되었으며, 이는 효율성을 강조하는 사회적 특징으로 자리 잡았다. 그러나 이러한 급격한 변화는 세대 간의 갈등, 가치관의 차이, 그리고 전통과 현대의 충돌을 초래하기도 하였다. 현대 한국 사회는 이러한 갈등을 해결하기 위해 과거의 전통을 보존하면서도 새로운 사회적 요구를 수용해야 하는 과제를 안고 있다.

(2) 다문화사회로의 전환과 갈등

한국은 다문화사회로 빠르게 전환하고 있다. 외국인 노동자와 다문화가정의 증가, 국제결혼, 이주민의 유입은 전통적인 단일민족 중심의 국가정체성에 도전 과제를 제시하고 있다. 다문화사회로의 변화는 새로운 정체성을 요구하며, 다양한 문화적 배경을 가진 구성원들이 사회적 통합을 이루는 방식을 모색해야 한다.

다문화사회로의 전환은 긍정적 측면과 부정적 측면을 모두 가지고 있다. 다양한 문화가 공존함으로써 한국 사회는 문화적 풍요로움을 얻을 수 있지만 동시에 이주민에 대한 편견과 배타성, 문화적 갈등이 발생할 수 있다. 이를 해결하기 위해 한국 사회는 포용적인 정책과 태도를 통해 새로운 형태의 정체성을 형성해야 한다.

(3) 글로벌 시대와 국가정체성의 재구성

세계화는 한국의 국가정체성에 또 다른 변화를 가져왔다. 한국은 글로벌 경제와 문화의 중심지로 부상하면서, 전통적인 민족정체성과 글로벌 정체성을 조화롭게 통합해야 하는 과제를 안고 있다. 이는 한국이 국제 사회에서 신뢰받는 국가로 자리매김하기 위해 필수적이다.

현대 한국 사회는 이러한 변화 속에서 국가정체성을 새롭게 정의하고 있다. 이는 전통과 현대, 민족과 시민, 로컬과 글로벌을 융합하여, 다층적이고 복합적인 정체성을 만들어가는 과정으로 볼 수 있다. 한국의 국가정체성은 빠른 변화와 적응, 다양성과 포용, 글로벌화라는 세 가지 핵심 요소를 기반으로 지속적으로 발전하고 있다.

5) 한국인의 정체성 이해

(1) 한국인의 문화정체성: 전통과 현대의 융합

한국인의 문화정체성은 고유한 언어, 전통, 관습, 역사적 배경에서 비롯된 독특한 정체성이다. 문화정체성은 특정 사회의 구성원들이 자신들을 구분 짓는 요소를 공유하며, 이를 통해 사회적 소속감과 유대감을 형성한다. 한국인의 문화정체성은 특히 언어와 전통적 가치, 그리고 현대적 변화의 융합에서 두드러지게 나타난다.

한국 사회에서 언어는 중요한 문화적 정체성의 기반이다. 한글은 세종대왕에 의해 창제된 과학적이고 독창적인 문자로 한국인의 정체성을 상징하는 중요한 문화적 자산이다. 한글은 단순한 의사소통 수단을 넘어 한국인의 문화적 자부심과 독립성을 대변한다. 또한 전통 명절인 설날과 추석, 한복과 같은 의복 문화는 한국인의 전통적 생활 양식을 유지하면서 현대 문화 속에서도 중요한 역할을 한다.

한국 사회는 또한 유교적 가치관을 통해 전통적 문화정체성을 형성해 왔다. 효, 예의, 가족 중심적 사고는 한국인의 행동 규범에 깊이 스며들어 있다. 전통적으로 한국인은 가정 내 질서를 중시하고, 조상과 가족에 대한 책임을 중요시해 왔다. 이와 같은 문화적 유산은 현대 사회에서도 가족 중심적 관습과 연대감을 유지하는 데 기여하고 있다.

하지만 현대의 한국은 세계화와 정보화의 영향을 받으며 빠르게 변화하고 있다. 전통적 문화 요소와 현대적 문화 요소가 융합된 케이팝, 한국 드라마, 영화 등은 한국인의 새로운 문화정체성을 상징한다. 이러한 현대적 문화 산업은 전통적 가치와 서구적 요소를 결합하여 글로벌 시장에서 한국 문화를 대표하는 중요한 매체가 되었다. 예를 들어 BTS와 같은 글로벌 아티스트들은 한국어 가사와 전통적 정서를 유지하면서도 현대적 음악 스타일을 통해 전 세계에 한국 문화를 알리고 있다.

이와 동시에 다문화 가정과 이주민의 증가로 인해 한국인의 문화정체성은 새롭게 재구성되고 있다. 다문화적 배경을 가진 새로운 세대는 전통적 한국 문화와 외래 문화가 조화된 형태의 정체성을 만들어가고 있다. 이러한 변화는 한국 사회가 기존의 문화적 정체성을 유지하면서도 글로벌 사회에서 유연하게 적응하는 과정을 보여준다.

따라서 한국인의 문화정체성은 전통과 현대가 조화를 이루며 발전하고 있다. 이는 단순히 과거의 유산을 계승하는 것을 넘어 변화하는 세계적 흐름 속에서 새롭게 창조되는 정체성이다. 한국의 문화정체성은 전통과 현대, 그리고 다문화적 요소의 융합을 통해 더욱 풍요롭게 진화하고 있다.

(2) 전통적 한국인의 정체성: 유교적 가치와 집단주의

전통적 한국인의 정체성은 유교적 가치관과 집단주의에 기반을 두고 있다. 유교는 한국 사회의 도덕적, 사회적 규범을 형성하는 데 중요한 역할을 했으며, 이는 가족 중심의 사고방식과 집단적 행동 양식을 강조하였다.

첫째, 유교적 가치관은 전통적 한국인의 행동 규범과 사회적 관계의 기초를 제공하였다. 효(孝)는 유교의 핵심 덕목으로, 부모와 조상을 공경하고 연장자를 존중하는 것이 한국인의 기본적인 도덕 규범으로 자리 잡았다. 이러한 효 사상은 가족 내에서 상하 질서를 유지하고, 부모와 자녀 간의 유대를 강화하는 데 기여하였다. 또한 유교는 가족 단위의 결속력을 강조하며, 가문의 명예를 중시하는 전통적 가치를 형성하였다.

둘째, 전통적 한국 사회는 강한 집단주의 성향을 보였다. 개인보다는 가족과 공동체를 우선시하며, 개인의 행동은 집단의 이익에 맞추어 조정되었다. 이는 마을 단위의 공동체 문화에서부터 국가적 차원의 민족적 유대감에 이르기까지, 다양한 수준에서 나타났다. 예를 들어 마을 주민들이 공동으로 농사를 짓고 명절에 서로를 돕는 협동 문화는 집단주의의 대표적인 사례이다.

셋째, 상하서열 의식은 전통적 한국인의 사회적 관계를 규정하는 중요한 요소였다. 연령과 지위에 따른 위계질서는 가정, 직장, 학교 등 모든 사회적 맥락에서 강조되었다. 이는 한국 사회의 질서를 유지하는 데 기여했지만, 현대에는 세대 간 갈등을 초래하는 요인으로 작용하기도 한다.

넷째, 종교적 가치관은 전통적 한국인의 정체성을 형성하는 또 다른 중요한 요소였다. 유교와 함께 무교(巫敎)는 한국인의 세계관에 실질적인 영향을 미쳤다. 무교는 현세적 가치를 중시하며, 개인과 공동체의 안녕을 기원하는 의식을 통해 사회적 연대감을 강화하였다. 예를 들어 마을의 굿과 같은 전통적 의식은 집단 내 결속을 유지하는 중요한 역할을 했다.

전통적 한국인의 정체성은 강한 공동체 의식과 가족 중심적 사고를 통해 사회적 결속을 강화하였다. 하지만 현대 사회에서는 개인주의와 글로벌화의 영향으로 전통적 가치와 현대적 가치가 충돌하며 새로운 정체성의 재구성이 요구되고 있다. 이는 전통과 현대의 조화를 이루는 방향으로 나아가야 하는 중요한 과제이다.

(3) 사회문화적 정체성: 권위주의와 배타성, 공동체 의식

한국인의 사회문화적 정체성은 권위주의, 배타성, 그리고 공동체 지향성을 중심으로 형성되었다. 이는 오랜 역사와 전통 속에서 사회적 구조와 도덕적 가치가 결합하여 만들어진 특성으로 현대 한국 사회에도 여전히 강한 영향을 미치고 있다. 이러한 특성은 충(忠)과 공동체 중심의 의식이라는 전통적 가치에서 더욱 뚜렷하게 드러난다.

① 권위주의와 상하서열 의식

권위주의는 전통적 한국 사회에서 상하 질서를 유지하는 핵심적인 사회적 원칙으로 작용하였다. 유교적 가치관은 연령과 지위에 따른 서열 의식을 강조하였으며, 부모와 자녀, 상사와 부하 간의 관계에서 권위를 존중하는 문화적 틀을 형성하였다. 가족 내에서는 부모의 권위가 절대적이며, 자녀는 효를 통해 부모를 공경하고 복종해야 한다는 도덕적 기준을 따랐다. 이는 학교와 직장으로 확장되어 교사와 학생, 상사와 부하 사이에서도 상하 관계가 뚜렷하게 나타난다.

이러한 권위주의는 한국 사회의 안정과 질서를 유지하는 데 기여하였으나 현대 사회에서는 세대 간 갈등이나 조직 내 소통의 어려움과 같은 부정적 결과를 초래하기도 한다. 권위주의가 지나치게 강조될 경우 개인의 자유와 창의성을 억압하는 요인으로 작용할 수 있다.

② 배타성과 내부 결속

한국 사회는 내부 집단과 외부 집단을 명확히 구분하며, 외부에 대해 배타적인 태도를 취하는 경향이 있다. 이러한 배타성은 한국이 외부 침략과 내부 갈등을 겪으며 자신들의 전통과 가치를 보호하려는 과정에서 형성되었다. 외세의 침략에 대한 저항과 민족적 자부심은 한국인의 정체성을 강화하며, 내부 결속을 공고히 하는 역할을 했다.

배타성은 공동체 내부의 결속과 유대를 강화하지만 다문화적 사회로의 전환이 진행 중인 현대 한국에서는 갈등의 원인이 되기도 한다. 외국인 노동자나 다문화 가정에 대한 편견은 한국 사회가 직면한 과제로, 배타성을 넘어 포용적인 사회로 나아가기 위한 변화가 요구된다.

③ 공동체 지향성과 충(忠)의 가치

한국인의 사회문화적 정체성은 공동체 지향성을 통해 더욱 잘 드러난다. 이는 개인보다는 집단의 조화를 중시하며, 가족, 친족, 지역 사회 등 다양한 단위에서 강한 유대감을 형성한다. 연고주의는 이러한 공동체 지향적 특성을 더욱 강화하며, 협력을 통해 공동체의 화합을 도모하는 데 중요한 역할을 한다.

한국적 정체성에서 중요한 가치 중 하나인 충(忠)은 공동체와 공공의 이익을 위해 헌신하고 책임을 다하는 태도를 의미한다. 충은 도덕적 이상과 정의를 지향하며, 조선시대 유교적 가르침에서 강조된 개념이다. 한국인은 충을 통해 정의롭지 못한 일에 저항하고 공동체를 보호하려는 태도를 보여주었다. 예를 들어 역사적으로 외세의 침략이나 불공정한 사회적 관행에 맞선 집단적 행동은 이러한 충의 정신을 반영한다.

④ 정의와 공익을 중시하는 사회적 가치

한국인은 개인의 이익보다는 공익을 우선시하며, 정의를 실현하기 위한 행동을 중요시한다. 이는 한국 사회가 추구하는 도덕적 이상을 반영하며, 공동체의 조화를 유지하고 사회적 정의를 실현하려는 행동 양식으로 나타난다. 역사적으로 한국은 외부의 억압과 불의를 극복하기 위해 집단적 저항과 협력을 통해 민족적 결속을 강화해왔다.

충과 정의의 가치는 현대 한국 사회에서도 중요한 역할을 한다. 공공의 이익을 위해 개인의 희생을 기꺼이 감수하는 태도는 한국인의 도덕적 이상을 잘 보여준다. 이러한 태도는 한국 사회가 더욱 공정하고 평등한 사회를 지향하는 데 기여하고 있다.

⑤ 전통적 가치와 현대적 도전의 조화

한국인의 사회문화적 정체성은 권위주의와 배타성, 공동체 지향성을 통해 전통적 가치를 유지하면서도 현대적 변화에 적응하려는 과제를 안고 있다. 특히 세계화와 다문화 사회로의 전환은 한국 사회에 새로운 도전을 제시하고 있다. 한국적 정체성은 전통적 가치와 현대적 요구를 통합적으로 이해하고, 조화를 이루며 발전해 나가고 있다.

결론적으로 한국인의 사회문화적 정체성은 충(忠)과 공동체 중심의 도덕성을 통해 정의와 공익을 강조하며, 권위주의와 배타성을 바탕으로 강한 결속력을 형성해 왔다. 그러나 이러한 특성은 현대 사회에서 새로운 변화와 도전에 직면해 있으며, 전통과 현대가 조화를 이루는 방향으로 재구성되고 있다. 이는 한국 사회가 고유의 정체성을 유지하면서도 세계와 상호작용할 수 있는 중요한 기반을 제공한다.

3. 한국인의 정체성 전환

한국인의 정체성은 전통적 가치와 현대적 변화의 상호작용 속에서 끊임없이 재구성되고 있다. 과거의 한국 사회는 집단주의, 권위주의, 특수주의와 같은 가치에 기초하여 공동체 중심의 사회 구조를 형성했지만 현대에 들어 개인주의, 평등주의, 보편주의로의 전환이 이루어지고 있다. 이러한 변화는 한국 사회가 전통과 현대를 조화롭게 통합하며 새로운 정체성을 형성하는 데 중요한 방향성을 제시하고 있다.

1) 집단주의에서 개인주의로의 전환

한국 사회는 전통적으로 집단주의적 가치관을 중시하며, 개인보다는 공동체의 이익을 우선시했다. 집단주의는 가족, 직장, 지역 사회 등 다양한 단위에서 강한 유대감을 형성하며, 개인에게 충성과 헌신을 요구하는 문화적 특징을 가지고 있었다. 이는 가족 간의 의무와 책임, 그리고 집단 내의 조화와 협력을 강조하는 한국 사회의 전통적 특징으로 나타났다.

그러나 현대 한국 사회는 개인주의의 확산과 함께 개인의 권리와 자아실현을 강조하는 방향으로 변화하고 있다. 개인주의는 개인의 자율성과 독립성을 중시하며, 자기 결정권과 개인적 행복을 중요하게 여긴다. 이는 서구적 교육과 세계화의 영향을 받은 결과로, 개인이 집단의 희생을 강요받기보다는 자신의 권리를 존중받으며 사회적 역할을 수행하는 환경을 만들어가고 있다.

이러한 변화는 긍정적 측면과 동시에 문제점을 동반한다. 개인주의가 지나치게 강조될 경우 이기적 태도로 이어져 타인과의 협력과 공공의 이익을 경시할 위험이 있다. 마찬가지로 전통적 집단주의의 부작용으로 나타난 집단이기주의는 특정 집단의 이익만을 추구하며 사회적 갈등을 초래할 수 있다. 따라서 현대 한국 사회는 개인의 자율성을 존중하면서도 공익을 중시하는 새로운 시민적 공동체 의식을 형성할 필요가 있다.

2) 권위주의에서 평등주의로의 전환

권위주의는 전통적 한국 사회의 인간관계를 규정짓는 중요한 요소였다. 이는 신분, 계급, 성별, 연령에 따른 위계질서를 중시하며, 상하 간의 명확한 관계를 강조하였다. 가정에서는 부모가 절대적인 권위를 가지며, 직장과 사회에서는 상급자의 명령에 대한 복종이 중요한 규범으로 작용하였다.

현대 한국 사회는 민주화와 함께 평등주의로의 전환을 경험하고 있다. 평등주의는 모든 개인이 동등한 권리를 가지며, 수평적 인간관계를 형성하는 것을 목표로 한다. 정치적 참여의 확대, 성별 평등, 계층 간 형평성에 대한 요구는 현대 한국 사회에서 중요한 가치로 자리 잡았다. 특히 남녀평등과 같은 성평등 이슈는 한국 사회가 평등한 사회로 나아가는 데 중대한 역할을 하고 있다.

평등주의의 확산은 많은 긍정적인 변화를 가져왔지만 맹목적인 평등주의는 때때로 정당한 권위와 질서를 훼손할 가능성도 내포한다. 효 사상이나 경로사상과 같은 전통적 가치가 약화되거나, 합리적 권위에 대한 불신이 증가하는 문제점이 나타나기도 한다. 따라서 평등주의와 정당한 권위의 조화가 이루어진 사회적 질서가 필요하며, 이는 수평적 관계 속에서도 공정성과 책임이 유지되는 환경을 조성하는 데 기여할 것이다.

3) 특수주의에서 보편주의로의 전환

한국 사회는 전통적으로 혈연, 지연, 학연과 같은 특수주의적 관계망을 중심으로 사회적 상호작용을 형성해왔다. 이러한 연고주의는 가족과 지역 사회를 기반으로 한 강한 유대감을 형성하며, 한국 사회의 결속을 유지하는 데 중요한 역할을 하였다. 그러나 특수주의는 부정부패나 지역 갈등의 원인으로 작용하며, 사회적 공정성을 저해하는 부작용을 초래하기도 하였다.

현대 사회는 보편주의로의 전환을 통해 특수주의의 부작용을 극복하려 하고 있다. 보편주의는 특정 관계에 의존하지 않고 모든 사람을 동등하게 대우하며 공정성을 기반으로 한 사회적 질서를 구축한다. 법 앞의 평등, 능력주의적 평가, 공공 영역에서의 형평성 있는 정책은 보편주의의 확산을 반영하는 예이다. 이러한 전환은 한국 사회가 더욱 투명하고 공정한 사회로 나아가는 데 중요한 역할을 한다.

4) 전통과 현대의 조화: 새로운 정체성의 모색

집단주의에서 개인주의로, 권위주의에서 평등주의로, 특수주의에서 보편주의로의 전환은 한국 사회가 전통적 가치와 현대적 요구를 조화롭게 통합하며 새로운 정체성을 형성하는 과정이다. 전통적 가치인 가족 중심의 유대감, 효 사상, 공동체의 조화는 여전히 중요한 요소로 남아 있지만, 현대 사회에서 개인의 자율성과 평등, 공정성을 강조하는 방향으로 재구성되고 있다.

따라서 한국 사회는 개인과 공동체, 권위와 평등, 특수와 보편이라는 상반된 가치를 조화롭게 융합하며, 새로운 사회적 질서를 형성해 나가야 한다. 이는 전통적 가치의 긍정적 측면을 유지하면서도 현대적 요구에 부응하는 사회적 변화를 실현하는 데 기여할 것이다. 한국인의 정체성은 이러한 변화 속에서 과거와 현재의 가치를 통합하며, 글로벌 시대에 맞는 독창적이고 포용적인 정체성으로 발전하고 있다.

생각해 볼 문제

1. 현대 한국 사회는 다문화 사회로의 전환과 글로벌화 속에서 민족정체성의 개념이 변화하고 있다. 이러한 변화 속에서 현대 한국 사회에서 나타나는 민족정체성의 사례를 찾아보고 논의해 보자.
2. 한국인의 문화정체성은 전통적 요소와 현대적 요소가 융합되며 새롭게 재구성되고 있다. 전통과 현대를 조화롭게 유지할 수 있는 한국인의 문화정체성에는 무엇이 있는지 조사해 보자.

✔ 더 읽을거리

한국국학진흥원(2014). 『한국인의 일상과 문화유전자』. 스토리하우스.

이 책은 한국인의 문화유전자를 우리가 살고 있는 일상에서 찾아보고자 기획한 책이다. 각 시대별(1970~2000년대)과 세대별(20~60대)로 겪은 일상을 개괄하고 그 속에서 한국인의 문화유전자를 추출해 내었다. 음식, 문학, 철학, 역사, 정치, 경제 등에 한국인은 어떤 결을 만들어왔는가 하는 것을 이 책을 통해 알아본다.

참고문헌

김문조(2013). 한국인은 누구인가. 21세기북스.
설규주(2022). 한국사회의 이해. 학지사.
이명진(2021). 한국인의 사회 정체성. 고려대학교출판문화원.
앤서니 기든스(2002). 현대성과 자아 정체성: 후기 현대 사회에서의 자아와 사회. 김미숙(역). 새물결.

3장

한국의 문화

1. 문화의 이해

1) 문화 일반

(1) 문화의 개념

문화는 매우 다양한 관점에서 정의될 수 있다. 문화인, 문화 민족, 문화계, 문화 유산, 대중 문화, 고급 문화, 동양 문화, 서양 문화, 한국 문화 등 좁은 의미로 또는 넓은 의미로 '문화'라는 용어는 그것이 무엇을 뜻하는지에 대해 각양각색의 대답을 얻을 수 있다. 하지만 공통적으로 문화는 인간이 자연을 변화시키고 사회 속에서 상호작용을 통해 형성한 모든 생활 양식과 관련이 있다. 문화는 인간이 자연을 이용하고 그 과정에서 만들어진 행위 양식뿐만 아니라 그로부터 나온 모든 산물을 포함하는 개념이다.

Tylor(1871)는 문화를 인간이 사회의 구성원으로서 습득한 신앙, 지식, 예술, 관습, 법률 등의 총체로 정의했다. 이 정의는 문화가 개인의 경험이나 본능에 의한 것이 아니라, 사회적 관계와 상호작용을 통해 학습되는 것이며, 인간이 환경과 상호작용하는 과정에서 습득한 능력과 습관을 강조한다. Jary, D.와 Jary J.(1991)는 문화를 언어, 종교, 사상, 의상, 법, 의례, 도덕 등과 같은 규범과 가치관을 포함한 생활 양식으로 정의하였다. 이 정의에 따르면 문화는 단순히 예술이나 지식의 축적이 아니라 사회의 구성원들이 공유하는 일상적인 행동 양식과 관련이 있다. 유네스코는 2001년 발표한 '문화다양성 선언'에서 문화를 한 사회나 집단의 성격을 나타내는 정신적, 지적, 물질적, 감성적 특성의 총체로 정의하였다. 또한 예술이나 문자와 같은 형식뿐만 아니라 사람들 간의 상호작용 방법, 생활 양식, 전통, 신앙, 기본권, 가치관 등을 포함하는 포괄적인 개념으로 다루었다.

대한민국 「문화기본법」 제3조는 문화를 문화예술, 생활 양식, 공동체적 삶의 방식, 가치 체계, 전통, 신념 등을 포함하는 사회의 고유한 정신적·물질적·지적·감성적 특성의 총체로 정의한다. 이는 문화가 사회의 다양한 요소와 결합하여 사회 구성원의 정체성과 자아실현에 중요한 역할을 한다는 점을 강조한 것이다. 이처럼 문화는 정신적 요소에만 국한되는 것이 아니라 다양한 사회적 현상과 연관되어 있다. 즉 인간의 욕구충족을 위해 필요한 도구와 기술, 사회 생활의 존속을 위한 사회조직, 인간의 행동과 사고를 지배하는 관념과 상징, 그리고 사회 생활의 질서 유지를 위한 가치와 규범 등은 모두 문화에 포함된다. 따라서 문화란 자연과 대비되는 의미에서 인류가 후천적·인위적으로 이루어 놓은 생활 양식과 사고방식을 총칭하는 말이다.

(2) 문화의 구분

문화는 크게 물질문화와 비물질문화로 나눌 수 있다. 물질문화는 인간이 환경에 적응하고 기본적인 욕구를 충족시키기 위해 개발한 모든 물질적인 산물과 관련이 있으며, 비물질문화는 규범과 상징을 포함한 인간의 정신적 요소와 관련이 있다.

물질문화는 인간이 환경에 적응하고 생존을 위해 물질을 가공하거나 도구를 제작하고, 기술을 개발하고 활용하는 과정에서 형성된다. 예를 들어 주택, 의복, 음식, 교통수단 등은 물질문화의 대표적인 예시이다. 이러한 물질적인 요소들은 인간이 일상생활에서 생존하고 발전하기 위해 필수적으로 사용하는 도구들이며, 각 사회의 경제적, 기술적 발달을 보여준다.

비물질문화는 제도적 요소와 관념적 요소로 나눌 수 있다.

제도적 요소는 사회 구성원들의 행위를 규제하거나 그들 간의 관계를 규정하는 규범이나 원리들을 의미한다. 법률, 교육제도, 종교, 정치 등과 같은 제도적 요소들은 사회 질서를 유지하고, 사회 구성원들이 상호작용하는 방식을 결정하는 중요한 역할을 한다. 이러한 규범과 원리는 사회가 전체로서 운영될 수 있게 하며, 구성원들이 일관된 행동을 하도록 만든다.

관념적 요소는 상징 문화라고도 하며, 인간에게 삶의 방향을 제시하고 정신적 풍요로움을 제공하는 지식, 가치, 태도 등을 포함한다. 예를 들어 도덕적 가치, 종교적 신념, 철학적 관점 등은 상징 문화에 속한다. 상징 문화는 인간의 내면적 삶에 영향을 미치며, 사회의 전반적인 분위기와 문화적 정체성을 형성하는 데 중요한 역할을 한다.

(3) 문화의 특성과 속성

모든 사회에는 주택, 음식, 의복과 같은 생존 필수 요소뿐만 아니라 언어, 결혼제도 등 공통적인 생활 양식이 존재한다. 이를 '문화의 보편성'이라 하며, 반면 각 사회가 독특한 환경과 역사 속에서 발전시킨 고유한 문화는 '문화의 특수성'이라 한다. 예를 들어 결혼 풍습은 공통적이지만 절차와 내용은 사회마다 다르게 나타나며, 이는 문화다양성의 전제가 된다. 문화는 사회 구성원의 가치관과 삶의 태도에 영향을 미치므로 특정 사회의 현상을 이해하려면 그 문화에 대한 이해가 필요하다. 한편, 학자마다 문화의 정의는 다를 수 있지만 문화가 지닌 속성에 대해서는 대체로 의견이 일치한다. 대부분의 인류학자에 의해서 받아들여지고 있는 문화의 속성을 살펴보면 다음과 같다.

① 공유성

문화는 사회의 모든 구성원이 공유하는 특성을 지닌다. 이는 문화가 개인의 고유한 것이 아니라 사회적 상호작용을 통해 형성되고, 그 사회의 구성원들이 공통적으로 수용하는 가치와 규범에 기반한다는 의미이다. 공유된 문화는 사회 구성원들 간에 일관된 행동을 유도하고, 사회적 결속을 강화한다.

② 학습성

문화는 유전적으로 전승되는 것이 아니라 학습을 통해 습득된다. 문화는 부모, 학교, 사회를 통해 교육받고, 일상생활에서 사회적 상호작용을 통해 자연스럽게 체득된다. 이러한 학습 과정을 통해 개인은 사회의 일원으로서 자신의 역할과 정체성을 확립하게 된다.

③ 축적성

문화는 시간이 지남에 따라 축적되는 특성을 지닌다. 과거 세대의 경험과 지식, 가치가 후대에 전해지며, 새로운 세대는 이를 바탕으로 더 발전된 문화를 창출한다. 이러한 문화적 축적은 사회의 발전과 변화를 가능하게 하며, 인류 문명의 진보를 이끄는 원동력이 된다.

④ 변동성

문화는 고정된 것이 아니라 끊임없이 변화하고 발전한다. 사회는 외부의 영향이나 내부의 변화에 따라 새로운 문화적 요소를 수용하거나 기존의 문화를 수정한다. 특히 세계화, 정보화 시대에 들어서면서 문화의 변동성은 더욱 가속화되고 있으며, 이는 현대 사회에서 다양한 갈등과 새로운 문화적 융합을 야기하고 있다.

⑤ 전체성

문화는 부분적인 요소들로 나누어지지 않고, 하나의 전체로 작용하는 특성을 지닌다. 이는 문화가 인간의 행동, 사고, 신념, 제도 등 모든 측면에서 유기적으로 연결되어 있다는 의미이다. 사회의 한 부분에서 변화가 일어나면 그 변화는 다른 부분에도 영향을 미치며, 전체적인 문화의 재구성이 이루어진다.

2) 문화 변동의 요인과 양상

(1) 문화 변동의 의미와 요인

문화를 구성하는 다양한 요소들은 시간의 흐름에 따라 상호 간에 영향을 주고 받으며 변화해 나간다. 이 가운데 대다수 구성원의 삶에 많은 부분을 바꿀 정도로 영향을 미치면서 새로운 요소, 접촉 등을 통해 끊임없이 변화하는 것을 문화 변동이라 한다. 이러한 문화 변동의 원인은 내재적 요인인 발명과 발견, 외재적 요인인 문화 전파로 나눌 수 있다.

발명은 기존의 물질적 또는 비물질적 요소들을 조합하거나 변경하여 그때까지는 없었던 새로운 것을 만들어 내는 것인 반면, 발견은 이미 존재하고 있지만 세상에 알려지지 않은 것을 찾아내는 것을 말한다.

한편, 문화 전파는 한 사회의 문화 요소가 다른 사회에 전해져서 그 사회의 문화에 정착되는 현상이다. 문화 전파의 유형은 전파 방식에 따라 세 가지로 나눌 수 있다. 첫째, 직접 전파는 사람의 직접적인 접촉에 의해 문화가 전파되는 방식이다. 둘째, 간접 전파는 텔레비전, 인터넷 등의 매개체를 통해 문화가 퍼지는 경우를 말한다. 셋째, 자극 전파는 타문화로부터 영감을 받아 해당 문화 요소 자체는 도입되지 않았지만 그것을 바탕으로 새로운 문화 요소가 창조되는 경우를 의미한다.

(2) 문화 변동의 양상

문화 변동은 사회 내부에서 발명이나 발견이 이루어질 때뿐만 아니라 외부에서 전파된 문화적 요소로 인해 발생하기도 한다. 특히 서로 다른 문화가 오랜 기간 접촉하면서 한쪽 또는 양쪽 문화 체계에 변화가 생기는 현상을 문화 접변이라고 한다.

문화 접변은 강제적 문화 접변과 자발적 문화 접변으로 구분된다. 강제적 문화 접변은 정복이나 식민 통치처럼 외부의 강압적인 영향으로 이루어지며, 이로 인해 고유한 문화정체성이 위협받을 경우 복고 운동이나 저항 운동이 나타나기도 한다. 반면 자발적 문화 접변은 사회 구성원들이 새로운 문화 요소의 필요성을 느껴 자발적으로 받아들이는 경우를 의미한다.

문화 접변의 결과로 나타나는 문화 변동은 크게 문화 공존, 문화 동화, 문화 융합으로 나뉜다.

첫째, 문화 공존은 외래 문화와 기존 문화가 각자의 고유한 성격을 유지한 채 함께 존재하는 현상이다. 한국 사회에서 서양 의학이 도입되었어도 한의학이 여전히 활용되는 것이 그 예다.

둘째, 문화 동화는 외래 문화가 기존 문화를 흡수해 소멸시키는 과정이다. 전통 한복이 점차 사라지고 서양식 의복이 일상화된 현상이 이에 해당한다.

셋째, 문화 융합은 기존 문화와 외래 문화가 결합해 새로운 문화를 창출하는 과정으로, 퓨전 요리처럼 다양한 요소가 조화를 이루는 사례가 대표적이다.

이처럼 문화 접변은 강제적이든 자발적이든 사회 변화에 따라 다양한 방식으로 나타나며, 각 문화의 특성과 시대적 흐름에 따라 그 결과도 달라진다.

(3) 문화 변동 과정의 문제점과 대응 방안

현대 사회에서 문화 변동은 다양한 양상을 보이지만 몇 가지 공통된 특징이 있다. 과학기술의 급속한 발전으로 정보가 대량 생산·유통되면서 문화도 빠르게 변화하며, 이에 따라 문화 변동의 속도 역시 과거보다 훨씬 빨라졌다. 또한 지구촌화로 인해 지배적 문화가 공유되면서 세계 문화가 형성되고, 국가 및 문화권 간 상호의존성이 높아지며 연쇄적인 문화 변동이 발생한다. 이 과정에서 기존 문화를 유지하려는 집단과 그렇지 않은 집단 간의 갈등이 생기거나, 새로운 가치 규범이 확립되지 않아 아노미 현상이 나타나기도 한다. 나아가 문화 변동은 자문화의 정체성을 변화시키거나 상실하게 만드는 원인이 되기도 한다.

한 사회의 문화는 물질적인 것과 비물질적인 것을 모두 포함하고 있다. 그런데 문화 변동의 속도에 있어서 이 양자 간의 불일치가 생겨날 수 있는데 이를 문화 지체라고 한다. 이를테면 자동차, 인터넷, 휴대전화 등 물질문화가 빠르게 변화하는데 그에 따른 제도나 의식의 변화가 뒤따르지 못할 경우 사회적 문제가 발생한다. 이러한 문제를 해결하기 위해서는 다양한 문화 요소의 특징과 차이를 이해하고, 문화 간 조화를 이루며 공존할 수 있는 사회적 분위기를 조성해야 한다.

특히 문화정체성의 혼란을 피하기 위해서는 먼저 자기 문화에 대한 이해가 선행되어야 하고 다른 문화를 받아들임에 있어서 기존의 자기 문화에 적합한 것을 취합할 줄 아는 지혜를 길러야 한다. 또한 문화 지체와 아노미 현상에 대응하기 위해 새로운 물질문화에 적합한 규범과 제도를 마련하는 노력이 요구된다.

2. 한국 문화의 이해

1) 한국 문화의 개념과 변화

(1) 한국 문화의 개념

한국 문화는 오랜 역사를 거쳐 한반도를 중심으로 발전해 온 한민족의 고유한 생활 양식과 가치관의 총체를 의미한다. 이는 한국인의 정체성과 문화적 독창성을 반영하며, 지리적, 사회적, 역사적 환경과의 상호작용 속에서 형성된 다양한 요소들로 구성된다.

좁은 의미에서 한국 문화는 한반도와 그 인근 지역에서 발전한 문화로 이해될 수 있으며, 넓은 의미에서는 한민족이 거주하는 전 세계 여러 지역에서 형성된 문화적 현상까지 포함하는 개념이다. 한국 문화는 일상적인 생활뿐만 아니라 문학, 학문, 사상, 제도, 생산 방식, 의사소통 등 다양한 영역에서 표현되며, 이를 통해 한국인의 가치관과 정서가 반영된다. 결국 한국 문화는 삶 속에서 의미가 생성되고, 소통되며, 수용되는 독특한 현상까지도 포함하는 광범위한 개념이라 할 수 있다.

오늘날 한국은 남한과 북한으로 나뉘어 있으며, 반세기가 넘는 분단의 역사 속에서 두 지역 간 문화적 차이도 점점 뚜렷해지고 있다. 또한 남한에는 다양한 국적의 사람들이 취업, 결혼, 유학 등의 이유로 정착하면서 다문화사회로 변화해 가고 있다. 이러한 흐름 속에서 한국 문화는 전통적인 요소를 유지하면서도 다양한 문화와의 교류를 통해 새로운 형태로 발전해 나가고 있다. 이처럼 한국 문화는 과거의 유산을 바탕으로 현재의 변화를 수용하며, 끊임없이 재창조되고 있는 살아 있는 문화라고 할 수 있다.

(2) 한국 문화 정체성의 변화와 성장

한국 문화는 한반도를 중심으로 형성된 독자적인 생활 양식과 사회적 제도를 포함하며, 오랜 역사 속에서 지속적인 변화를 거듭하며 성장해 왔다. 기원전부터 한반도는 다양한 자연환경과 기후 속에서 농업, 어업, 수렵 등의 생계 방식을 발전시켜 왔으며, 이를 바탕으로 공동체 생활, 가족 제도, 종교 및 신앙 체계, 의례와 관습이 정착되었다. 그러나 현대에 이르러 한국 문화는 전통을 계승하면서도 세계화, 기술 발전, 사회 구조의 변화 속에서 새로운 정체성을 형성해 나가고 있다.

① 경제적 생활 양식과 문화의 진화

전통적으로 한국은 농경 중심의 생활 양식을 발전시켜 왔으며, 특히 쌀을 주식으로 하는 농업은 자연과의 조화를 중시하는 철학과 결합하여 한국인의 경제적 정체성을 형성했다. 그러나 산업화와 도시화가 급속히 진행되면서 경제 구조는 농업 중심에서 제조업과 서비스업 중심으로 전환되었으며, 21세기에는 정보기술(IT)과 콘텐츠 산업을 기반으로 한 창조경제가 중요한 축으로 자리 잡았다. 한편 한국의 전통적 식문화는 여전히 한국인의 정체성을 대표하는 요소로 남아 있으며, 한식의 세계화와 함께 새로운 형태로 발전하고 있다. 김치, 불고기, 비빔밥과 같은 전통 음식은 해외에서도 인기를 끌며, 한국 음식 문화의 국제적인 위상을 높이고 있다.

② 가족제도와 사회적 가치관의 변화

전통적으로 한국 사회는 유교적 가르침을 바탕으로 가족을 중요한 사회적 단위로 여기며, 효(孝)와 예(禮)를 핵심 가치로 삼아왔다. 이러한 가족 중심적 문화는 한국 사회의 안정과 연대감을 유지하는 역할을 해왔다. 그러나 현대에 들어 여성의 사회 진출 확대, 핵가족화, 개인주의의 확산과 같은 변화가 나타나면서 가족 구조와 가치관도 변화하고 있다. 특히 1인 가구의 증가, 결혼과 출산에 대한 인식 변화 등으로 인해 가족 개념이 더욱 다양화되고 있으며, 이러한 변화는 한국 사회의 새로운 정체성 형성에 영향을 미치고 있다. 전통과 현대적 가치가 공존하는 한국 사회의 모습은 가족 구조뿐만 아니라 사회적 관계 전반에서도 나타나고 있다.

③ 의례와 관습의 지속과 재해석

한국 사회에서는 혼례, 제례, 상례, 관례 등의 통과의례가 중요한 역할을 해왔으며, 이를 통해 공동체의 결속력을 다지고 문화적 정체성을 강화해 왔다. 그러나 현대 사회에서는 이러한 전통 의례가 단순히 계승되는 것이 아니라 사회적 변화에 맞춰 새로운 방식으로 재해석되고 있다. 예를 들어 전통 혼례가 현대적 감각과 결합하여 다양한 형태로 변모하고 있으며, 제례 문화도 종교적 의미보다는 가족 간 유대감을 강조하는 방향으로 변화하고 있다. 또한 전통 명절과 의례가 젊은 세대의 라이프 스타일에 맞춰 간소화되거나 새로운 방식으로 계승되고 있으며, 해외 한류 팬들 사이에서도 한국 전통 문화에 대한 관심이 높아지고 있다.

④ 한국 문화의 독자성 확립 과정

한국 문화는 한반도의 자연환경에 적응하며 발전했을 뿐만 아니라 주변 민족과의 교류와 갈등 속에서 독자적인 문화적 정체성을 확립해 왔다. 한반도는 역사적으로 중국, 일본, 몽골 등 주변 강대국들과의 정치적, 군사적, 문화적 관계 속에서 자신만의 문화적 독립성을 유지하는 노력을 기울여 왔다. 고대부터 중국을 비롯한 주변 국가들과의 교류를 통해 다양한 외부 문물을 수용해 왔으며, 특히 한자 문화권의 일원으로서 유교 사상, 불교, 한자 문자 등은 한국 문화에 깊은 영향을 미쳤다. 그러나 한국은 이러한 외래 문화를 단순히 수용하는 것이 아니라 독자적인 방식으로 재해석하고 발전시키며 자신만의 문화를 형성했다. 조선시대의 성리학적 사상과 신분제, 의례 중심의 사회 구조는 중국 유교 문화의 영향을 받았지만 그 속에서 조선 특유의 문화적 정체성을 형성했다. 또한 한국 전통 예술인 가야금, 판소리, 도자기, 한글 창제 등은 한국인의 창조적 역량을 잘 보여준다.

⑤ 해외 한인 사회와 한국 문화의 확산

한국 문화는 한반도에 국한되지 않고 한민족의 이주와 해외 거주를 통해 전 세계로 확산되었다. 19세기 말부터 시작된 한인들의 해외 이주는 한국 문화가 새로운 환경과 상호작용하면서 변형되고 발전하는 계기를 마련했다. 1900년대 초반, 미국 하와이로의 이민은 최초로 대규모 한인 공동체가 형성된 계기였다. 이곳에서 한인들은 하와이와 미국 사회의 영향을 받으면서도 한글 학교 설립, 전통 명절과 의례 유지 등을 통해 한인 문화를 발전시켜 나갔다. 또한 고려인과 조선족 등 해외 한인 사회는 각자의 환경에 적응하면서도 한국 전통 문화를 유지하기 위해 다양한 노력을 기울였다.

⑥ 한류와 글로벌 문화로의 도약

현대에 이르러 한류(Korean Wave)를 통해 한국 문화는 전 세계적으로 큰 영향력을 미치고 있다. 케이팝, 한국 드라마, 영화, 한국 음식 등 다양한 한국 대중 문화가 아시아, 유럽, 미주 지역에서 인기를 끌며, 한국 문화는 더 이상 한반도에 국한된 것이 아니라 글로벌한 현상으로 자리 잡고 있다. 특히 BTS, 블랙핑크와 같은 아이돌 그룹은 전 세계적으로 폭넓은 팬층을 형성하며, 그들의 음악과 퍼포먼스는 한국 문화의 매력을 세계에 알리는 중요한 역할을 하고 있다. 또한, 영화 〈기생충〉, 〈미나리〉, 드라마 〈오징어 게임〉 등은 한국 사회의 정체성과 문화를 전 세계에 전달하며, 한국 문화의 경쟁력을 더욱 강화하고 있다.

이처럼 한국 문화는 오랜 역사 속에서 축적된 정체성을 유지하면서도 시대적 변화에 맞춰 끊임없이 성장하고 있다. 전통과 현대가 공존하는 한국 문화의 독창성은 세계적으로도 주목받고 있으며, 특히 한류의 확산을 통해 한국 문화 정체성은 더욱 다채롭고 글로벌한 방향으로 나아가고 있다. 변화 속에서도 지속성을 유지하는 한국 문화의 역동성은 앞으로도 중요한 문화적 자산이 될 것이다.

2) 한국문화의 유형과 키워드

(1) 한국 문화의 유형

한국 문화는 오랜 역사 속에서 형성된 다양한 생활 양식과 가치 체계로 구성되며, 시대적 변화와 함께 지속적으로 발전해 왔다. 한국인의 삶을 형성하는 중요한 요소들은 의식주 문화, 역사 문화, 사상 문화, 관념과 가치관, 일상생활 문화, 제도 문화, 예술 문화, 문학 등 다양한 유형으로 구분할 수 있다. 이러한 문화적 유형들은 상호작용하며 한국인의 정체성을 구축하는 핵심 요소로 작용해 왔다.

① 의식주 문화

한국의 의식주 문화는 전통과 현대가 조화를 이루며 발전해 왔다. 의복은 한복을 중심으로 발전했으며, 오늘날에는 행사나 패션과 결합해 활용되고 있다. 음식은 쌀을 주식으로 다양한 반찬과 발효 음식을 발달시켜 왔고, 한식은 세계적으로도 인정받고 있다. 주거는 한옥을 통해 자연과의 조화를 이루었으며, 현대에는 아파트가 보편화되었지만 한옥의 가치가 여전히 보존되고 있다.

② 역사 문화

한국의 역사 문화는 오랜 세월 동안 형성된 유산으로 한국인의 정체성을 이해하는 중요한 기반이 된다. 경주 불국사, 해인사 팔만대장경, 창덕궁 등 세계문화유산은 역사적 흐름과 자부심을 보여주고 있으며, 세종대왕, 이순신 장군, 신사임당, 정약용과 같은 인물들은 정치·군사·문화 발전에 큰 발자취를 남겼다. 또한 광화문, 경복궁, 사찰 등은 역사적 사건을 기리고 한국인의 기억을 보존하는 상징적 공간으로 자리하고 있다.

③ 사상 문화

한국의 사상 문화는 한민족의 정신적 토대와 철학적 사유를 보여주며, 한국인의 가치관과 삶의 방식에 깊은 영향을 주었다. 단군 신화에서 비롯된 홍익인간 이념은 공동체적 삶을 중시하는 정신을 형성했고, 조선시대에는 성리학과 유교적 가치가 사회 전반을 이끌며 효·충·예와 같은 도덕을 강조했다. 불교는 자비와 윤회 사상을 전하며 예술·건축·신앙에 큰 영향을 주었고, 조선 후기에는 실학이 등장해 학문과 사회 제도의 실질적 개선을 추구하며 사회 변화를 이끌었다.

④ 관념과 가치관

한국인의 관념과 가치관은 공동체적 삶을 중시하며 정서적·도덕적 요소에 깊은 의미를 두고 있다. '우리' 문화는 개인보다 집단을 우선시하며 가족과 사회를 하나로 묶는 역할을 한다. 가족주의는 효를 중심으로 질서와 책임을 강조하는 전통을 이어왔고, 정은 따뜻한 인간관계를, 한은 역사적 아픔 속에서 형성된 깊은 정서를 상징한다.

⑤ 일상생활 문화

한국인의 일상생활 문화는 전통과 현대가 조화를 이루며 발전하고 있다. 스마트폰과 인터넷을 기반으로 한 디지털 문화가 생활 방식을 빠르게 변화시키고 효율성을 중시하게 만들었으며, 동시에 가족과 직장을 중심으로 한 공동체적 가치가 여전히 중요한 생활 원리로 이어지고 있다.

⑥ 제도 문화

한국의 제도 문화는 정치, 경제, 사회, 법률 등 사회 전반의 질서를 유지하는 체계이며, 다양한 제도를 통해 나타난다. 가족 제도는 결혼과 양육, 역할 분담 등을 규정하며 사회적 안정과 전통 계승을 담당한다. 정치 제도는 권력 배분과 국가 운영을 규정해 질서를 유지하고 공동체 발전을 이끈다. 경제 제도는 재화와 서비스의 생산·분배·소비를 관리하여 자원의 효율성과 형평성을 추구한다. 교육제도는 지식과 가치를 전승하며 인재 양성을 목표로 하고, 종교 제도는 신앙과 교리를 통해 윤리적 규범과 공동체 결속에 기여한다. 법 제도는 권리와 의무를 규정해 사회 질서를 유지하고 국민의 자유와 평등을 보장하며, 문화적 규범은 도덕과 예절 등을 통해 사회적 유대를 강화한다.

⑦ 예술 문화

한국의 예술 문화는 음악, 미술, 조각, 건축 등에서 한국인의 창의성과 미적 감각을 보여주며 발전해 왔다. 국악과 판소리 같은 전통 음악은 독창적 리듬을 지니고, 현대에는 케이팝이 세계적으로 주목받고 있다. 미술과 조각은 자연과 인간의 조화를 중시하며, 불교 조각과 현대 조각은 공간과 인간의 관계를 탐구했다. 건축에서는 한옥이 자연 친화적 설계로 대표되며, 현대 건축은 전통 미학과 첨단 기술을 결합해 독창적 공간을 창출하고 있다. 또한 한국 문학은 구비 문학에서 현대 문학까지 이어져 왔으며, 판소리·설화·시조 같은 고전 문학과 사대부 문학, 민중 문학이 공존했다. 현대 문학은 식민지 시대, 전쟁, 산업화, 민주화 과정을 거치며 다양한 주제와 형식으로 발전해 한국인의 삶과 사상을 담아냈다.

이처럼 한국 문화는 다양한 유형 속에서 전통과 현대가 조화를 이루며 발전하고 있으며, 한국인의 정체성을 형성하는 중요한 요소로 작용하고 있다

(2) 한국 문화 접근의 키워드

한국 문화는 오랜 역사와 다양한 경험 속에서 형성된 독창적인 정체성을 지니고 있으며, 한국인의 생활 방식과 사고방식에 깊이 뿌리내려 있다. 이를 이해하는 데 중요한 개념들은 단순한 생활 양식을 넘어 한국인

의 정서와 가치관을 반영하며 현대 사회에서도 지속적으로 영향을 미치고 있다. 특히 한국인의 내면적 특성과 공동체적 삶의 방식은 '은근과 끈기', '정(情)', '멋', '한(恨)', '흥(興)'과 같은 키워드를 통해 잘 드러난다. 이러한 개념들은 한국인의 정서를 구성하는 주요 요소로서 역사적 경험과 문화적 전통 속에서 형성되고 계승되며 변화해 왔다.

① 은근과 끈기

은근과 끈기는 한국인의 내면적 힘과 지속적인 인내심을 상징하는 개념이다. 이는 단군신화에서 곰(웅녀)의 상징성을 통해 잘 드러난다. 곰은 호랑이와 함께 등장하는데 호랑이의 힘과 용맹함보다 은근한 끈기로 고난을 이겨낸 곰이 인간으로 변하는 데 성공한다는 설정은 한국인의 인내와 집념을 강조하는 중요한 상징으로 자리 잡는다. 단군신화에서 웅녀는 은근한 성격과 끈기로 고통을 견뎌내고 결국 인간이 된다. 이는 한국 사회에서 강조되는 인내와 끈기의 중요성을 상징하며, 이후 한국인의 정신적 특성으로 이어졌다. 은근과 끈기는 한국 역사 속에서 여러 번의 국난과 외침을 극복하는 데 중요한 역할을 했다.

특히 일제강점기와 한국 전쟁을 거치며 겪은 고난을 극복해낸 데에는 한국인 특유의 끈기와 인내심이 바탕이 되었으며, 이를 통해 한국은 경제적으로 급성장하며 '한강의 기적'을 이뤄냈다. 은근과 끈기는 군사독재 시절을 견뎌내고, 민주화 운동을 통해 얻어진 한국의 정치적 성과에도 영향을 미쳤다. 이러한 끈기는 한국 사회가 빠르게 성장하고 변화하는 과정에서 필수적인 정신적 자산으로 여겨진다.

② 정(情)

정(情)은 한국인의 인간관계 속에서 나타나는 독특한 정서적 개념이며, 유대감과 애정을 의미한다. 단순한 감정적 교류를 넘어 연민, 동정, 애착, 유대 등의 감정을 포괄하며, 한국 사회에서 공동체 결속력을 강화하는 중요한 요소로 작용한다. 정은 가족, 친구, 이웃 간의 관계뿐만 아니라 낯선 사람과의 관계에서도 나타날 수 있다. 한국 사회에서 정은 단순한 감정을 넘어 윤리적 덕목으로 자리 잡았으며, 사람들 간의 배려와 이해를 바탕으로 공동체 의식을 고취시키는 데 중요한 역할을 해왔다.

그러나 정은 긍정적인 역할을 할 때에는 공동체 내에서 이타성을 발휘하게 하지만, 과도하게 작용할 경우 공과 사의 구분을 모호하게 만들어 뇌물, 청탁과 같은 부정적인 관행으로 이어질 수 있다. 또한, 정은 내부적으로 친밀함을 유지하는 데 적합하지만, 외부 집단에 대해서는 배타적으로 작용할 수 있는 이중성을 지닌다.

③ 멋

멋은 한국인의 미적 감각을 표현하는 중요한 개념이며, 조화와 균형을 중시하는 미학적 가치다. '멋'은 단순한 외형적 아름다움이나 화려함을 의미하는 것이 아니라 정형화된 질서를 넘어선 자유로운 표현 속에서 조화를 이루는 미적 감각을 포함한다. 한국의 멋은 예술, 패션, 건축 등 다양한 분야에서 표현되며, 전통과 현대가 조화를 이루는 방식으로 발전해 왔다. 예를 들어 전통 한복은 화려한 색감과 균형 잡힌 디자인을 통해 멋을 구현하며, 판소리와 한국 무용은 규범을 유지하면서도 파격적인 표현을 시도하는 예술적 특성을 지닌다.

또한 한국의 '풍류 문화'는 삶의 여유와 즐거움을 중시하며, 멋의 개념을 대표하는 중요한 요소로 여겨진다. 이러한 멋은 현대 한국에서도 패션, 건축, 음악 등 다양한 분야에서 여전히 중요한 미학적 기준으로 작용하고 있다.

④ 한(恨)

한(恨)은 한국의 역사 속에서 형성된 깊은 정서적 개념으로, 억울함과 슬픔, 고통을 포함하는 감정이다. 한국은 수많은 외침과 내부 갈등을 겪어왔고, 이 과정에서 축적된 감정이 '한'이라는 개념으로 응축되었다. 특히 유교적 계층 사회 속에서 사회적, 정치적 약자들이 겪은 억압과 차별, 그리고 여성들이 가부장적 사회 구조 속에서 겪은 고통과 희생은 한국인의 한으로 집약되었다. 한은 단순히 억눌린 감정으로만 남아있는 것이 아니라 예술과 문학을 통해 승화되었다. 판소리와 민속극에서는 한이 풍자와 해학으로 표현되었으며, 한국 문학과 영화 속에서도 한의 정서를 기반으로 한 작품들이 많이 등장한다. 한국인은 이러한 한을 풀어내는 과정을 통해 새로운 희망을 찾고, 극복의 정신을 이어가려는 노력을 지속해 왔다.

⑤ 흥(興)

흥(興)은 한국인의 신명(神明)과 함께 고양된 정서를 나타내는 개념으로, 한국 문화 속에서 개인과 공동체가 함께 어우러지는 흥겨움의 표현이다. 흥은 단순한 기쁨이 아니라, 내면에서 솟아나는 에너지이며, 공동체와 함께하는 즐거움을 극대화하는 과정이다. 한국의 전통놀이 문화에서 흥은 중요한 요소로 작용하며, 사물놀이, 강강술래, 농악 등의 놀이 형태에서 두드러지게 나타난다. 특히 꽹과리와 같은 타악기의 리듬 속에서 사람들은 흥을 느끼며, 춤과 노래를 통해 사회적 결속감을 강화한다. 현대에도 K-POP 공연이나 대규모 축제에서 한국인의 흥은 국제적인 관객들과 공유되며, 한국 문화의 매력적인 요소로 작용하고 있다.

이처럼 한국 문화는 단순한 생활 양식이나 제도를 넘어, 깊은 정서적 요소와 가치 체계를 통해 그 정체성을 형성해 왔다. '은근과 끈기', '정(情)', '멋', '한(恨)', '흥(興)'과 같은 개념들은 한국인의 내면을 구성하는 중요한 요소로 역사와 사회적 경험 속에서 계승되고 변화해 왔다. 이러한 정서적 요소들은 한국인의 삶을 특징짓는 동시에, 현대 사회에서도 여전히 중요한 의미를 지닌다. 글로벌 시대에 접어든 오늘날 이러한 문화적 키워드들은 한국인의 정체성을 더욱 풍부하게 만들며, 세계 속에서 한국 문화의 독창성과 매력을 보여주는 중요한 역할을 하고 있다.

3. 한국 문화의 통합적 특성

1) 한국 문화의 대립과 조화

(1) 은근과 끈기 vs. 빨리빨리

한국 문화의 조화로운 특성은 은근과 끈기, '빨리빨리' 문화의 공존에서 잘 드러난다. 은근과 끈기는 한국인이 전통적으로 인내심과 꾸준함을 강조하며 오랜 시간 동안 목표를 향해 나아가는 태도를 의미한다. 이는 역사적으로 한민족이 수많은 외침과 국난 속에서 꾸준한 노력으로 고난을 극복하고 발전해 온 정신적 유산으로 특히 한국전쟁 이후의 재건과 산업화 과정에서 발현되었다. 은근과 끈기는 전통적인 농경 사회에서 오랜 시간 동안 천천히 이루어지는 변화를 거치며 자연스럽게 형성된 정신이다. 이는 사회적 혼란이나 어려움 속에서도 인내와 지속적인 노력을 통해 결국 목표를 달성하고자 하는 한국인의 특성을 잘 보여준다.

반면 빨리빨리 문화는 현대 한국 사회에서 나타나는 독특한 속도중심의 사고방식이며, 빠르게 변화하는 사회적 환경과 정보화 시대에 적응하는 한국인의 태도를 반영한다. 한국인들은 효율성과 속도를 중시하며, 일상 생활에서부터 경제 활동에 이르기까지 신속한 처리와 성과를 추구한다. 빨리빨리 문화는 한국의 급속한 산업화와 경제 발전, 정보화 사회에서 등장한 현상이다. 한국인은 짧은 시간 안에 큰 성과를 이루어내기 위해 혁신과 속도를 중시하게 되었고, 이는 글로벌 경쟁 속에서 한국이 빠르게 성장할 수 있는 원동력이 되었다.

이 두 가지 상반된 특성은 서로 상충하는 것이 아니라 한국인의 삶 속에서 조화를 이루며 공존한다. 은근과 끈기는 오랜 시간에 걸친 목표 달성의 중요성을 강조하지만 빨리빨리 문화는 그 과정에서 효율성과 신속함을 요구한다. 이 두 특성의 조화는 한국 사회가 전통과 현대를 동시에 수용하며 빠르게 변화하는 사회적 요구에 유연하게 대처하는 방식으로 나타난다.

(2) 한(恨) vs. 흥(興)

한국 문화에서 한과 흥은 상반된 정서를 표현하지만 이 두 감정은 서로 밀어내는 것이 아니라 만나서 화합하고 소통하는 조화로운 관계를 형성한다. 한은 억울함, 고통, 슬픔과 같은 부정적 감정을 상징하며, 역사적, 사회적 억압 속에서 형성된 한국인의 깊은 정서를 반영한다. 반면 흥은 기쁨, 즐거움, 신명으로 나타나는 긍정적 정서이며, 개인과 공동체가 함께 어우러져 삶의 활력을 찾는 정서적 상태를 나타낸다.

한은 한국 역사에서 외세의 침략, 내전, 사회적 불평등 등 다양한 고난과 억압 속에서 형성된 정서이다. 이는 개인이 극복할 수 없는 상황에서 느끼는 억울함과 슬픔이 응축된 감정이며, 한국인의 예술과 문화에서 중요한 주제로 다뤄졌다. 예를 들어 판소리나 민속극에서 한은 주요한 정서적 모티브로 나타난다.

흥은 삶의 즐거움과 공동체적 신명을 나타낸다. 흥은 한과 달리 억눌린 감정을 해소하고 함께 어우러져 춤추고 노래하는 가운데 느끼는 기쁨을 의미한다. 사물놀이, 강강술래와 같은 전통놀이에서 흥은 공동체적 결속과 삶의 활력을 상징한다.

한국 문화에서 한과 흥은 서로 대립하는 정서가 아니라 한을 흥으로 승화시키는 과정에서 조화를 이룬다. 한이 응축된 감정은 흥을 통해 해소되며, 이를 통해 한국인은 억압된 감정을 극복하고 새로운 희망과 활력을 찾는다. 이러한 정서적 전환은 한국 문화에서 매우 중요한 특징 중 하나로 극단적 감정들이 충돌하지 않고 조화를 이루는 독특한 문화적 양상을 나타낸다.

(3) 극단과 극단의 수용

한국 문화는 단순히 상반된 가치나 성격을 서로 밀어내는 것이 아니라 극단과 극단을 수용하고 이를 통합하여 조화를 이루는 독특한 특징을 가지고 있다. 이러한 조화는 서로 반대되는 가치들이 끊임없이 충돌하면서도 동시에 서로를 보완하며 더 나은 방향으로 나아가는 과정을 의미한다. 즉 대척점에 있는 가치들이 갈등하지 않고 서로 만나 화합하고 소통하는 한국 문화의 특성을 잘 보여준다.

한국 사회에서 종종 전통과 현대, 보수와 진보, 개인과 공동체와 같은 상반된 가치가 함께 공존하며, 이들은 서로의 장점을 인정하고 조화롭게 통합되어 왔다. 이러한 특성은 한국 사회가 겪어온 급격한 변화 속에서도 극단의 수용과 조화를 통해 문화적, 사회적 안정성을 유지할 수 있게 해주었다.

한국인은 상반된 요소들을 대립적으로 보기보다는 이를 조화롭게 융합하여 새로운 가치를 창출하는 데 능숙하다. 예를 들어 전통적인 한복과 현대적 패션이 결합한 새로운 스타일, 전통 음악과 현대적 장르가 결합한 퓨전 음악은 상반된 요소들이 조화를 이루는 대표적인 예다.

2) 한국 문화의 역사 속 수용과 발전

(1) 문화의 유구성과 강인성

한국 문화는 수천 년의 역사를 거치며 형성된 깊이 있는 전통을 가지고 있다. 한민족은 단일민족이라는 특성을 바탕으로 외부의 침략과 어려움 속에서도 자신의 문화적 정체성을 강하게 유지하려는 강인한 의지를 보여주었다. 이 과정에서 한국인은 외세의 침략을 견뎌내며 자주적 의지를 강화하고, 자신의 문화를 지키기 위한 노력을 지속해 왔다.

한국은 오랜 역사 속에서 단일민족의 정체성을 강하게 유지해 왔다. 이는 공동체 내에서의 결속력과 문화적 일체감을 형성하는 데 기여했으며, 이러한 민족적 자부심은 오늘날에도 한국인의 문화적 정체성을 유지하는 중요한 요소로 작용하고 있다.

한국의 역사는 수많은 외침과 침략을 겪었음에도 불구하고 한국인은 끈기와 자주성을 바탕으로 문화적 정체성을 잃지 않고 이를 보존해 왔다. 고려와 조선 시대에는 몽골, 일본, 만주 등의 침략을 받았고, 근대에는 일본의 식민 지배를 받았지만 한국인은 이러한 어려움 속에서도 자신의 전통과 문화를 지키기 위한 노력을 멈추지 않았다.

(2) 문화의 평등성과 조화성

한국 문화는 평등성과 조화성을 중요한 가치로 삼아왔다. 특히 민족 내부에서는 계층 간의 차이가 다른 문화권에 비해 상대적으로 덜 강조되었으며, 공동체 정신을 바탕으로 인간 상호 간의 평등과 조화를 중시해 왔다. 이는 한국 사회가 가족과 이웃을 중심으로 강력한 연대감을 형성하고, 자연과의 조화를 중요시하는 데에서 잘 드러난다.

한국 사회는 전통적으로 신분제 사회였으나 그 내부에서는 인간적 존엄성을 강조하는 평등의식이 강하게 자리 잡고 있었다. 특히 공동체 내에서의 연대와 협력은 한국인의 중요한 가치로 여겨졌으며, 이는 가족 중심의 공동체 정신과 결합되어 조화로운 사회 구조를 형성하는 데 기여했다.

(3) 문화의 종합성과 독창성

한국 문화는 외부 문화를 수용하는 데 있어 개방적이었으나 단순한 모방을 넘어서 독창적인 방식으로 이를 변형하고 융합하는 과정을 거쳤다. 외래 문화를 받아들일 때 한국인은 항상 자신만의 독창적인 문화를 창조하려는 노력을 기울였으며, 이를 통해 다양한 문화적 요소들이 공존하고 발전할 수 있었다.

한국은 역사적으로 중국, 일본, 몽골 등 여러 나라와 교류하며 다양한 외래 문화를 수용해 왔다. 중국의 유교와 불교, 서양의 기독교와 근대적 제도는 한국 사회에 큰 영향을 미쳤으나, 한국인은 이를 단순히 받아들이는 것에 그치지 않고 한국적 맥락에서 재해석하고 변형하여 독자적인 문화를 창조하였다.

외래 문화를 수용한 후에도 한국은 고유의 문화를 잃지 않고 오히려 독창적인 방식으로 발전시켰다. 예를 들어 한국은 중국에서 불교를 수용했지만 한국의 불교는 한국인의 정서와 생활 방식에 맞게 변형되었다. 또한 한글 창제는 한국적 독창성의 상징적인 예이다.

(4) 문화 단절의 후유증

근대화 이후 한국은 급격한 서구화와 산업화를 경험하면서 전통문화와의 단절을 겪게 되었다. 이로 인해 한국인은 문화적 혼란과 가치관의 충돌을 경험하게 되었으며, 사회적·개인적 위기를 맞이하게 되었다.

19세기 말부터 시작된 서구 문물의 유입과 더불어 한국은 전통적인 가치와 생활 방식을 빠르게 변화시키게 되었다. 특히 일제강점기와 해방 이후의 서구식 근대화 과정에서 전통문화와의 단절이 심화되었고 이는 한국 사회에 혼란을 가져왔다.

급격한 근대화 과정에서 한국인은 전통적인 가치관과 새로운 서구적 가치관 사이에서 갈등을 겪었다. 이러한 가치관의 충돌은 개인적, 사회적 위기로 이어졌으며, 특히 가족 제도, 성 역할, 사회적 규범 등에서 변화가 나타나게 되었다.

(5) 자연친애와 인간 중심의 문화

한국 문화는 자연친애와 인간 중심의 가치를 중시한다. 한국인은 자연과의 공존을 삶의 중요한 과제로 여기며, 자연과 인간이 함께 조화를 이루며 살아가는 것을 이상적인 삶의 형태로 생각한다. 또한 공동체 중심의 사회적 가치와 인간적 유대를 중시하는 정서가 강하게 자리 잡고 있다.

한국의 전통 사상과 생활 양식은 자연과의 조화를 강조한다. 한국인의 삶은 사계절의 변화에 맞추어 자연스럽게 조절되었으며, 자연을 존중하고 보호하는 태도가 전통적으로 강조되었다. 한옥의 자연 친화적인 구조나 전통 농업 방식은 이러한 자연친애적 가치를 잘 보여준다.

한국인은 공동체를 중시하며, 정을 기반으로 한 인간관계를 통해 사회적 유대감을 형성한다. 이러한 인간 중심의 가치관은 가족, 이웃, 지역사회에서 중요한 역할을 하며, 공동체적 연대와 협력을 통해 사회적 안정을 도모하는 데 기여한다.

(6) 유불선(儒佛仙) 등 종교적 가치관의 통합

한국 문화는 유교, 불교, 도교(선) 등 다양한 종교적 가치관이 통합된 특징을 가지고 있다. 이러한 종교적 가치관들은 한국인의 삶에 깊이 스며들어 있으며, 이들 사이의 조화를 통해 유연한 사고방식을 형성하게 되었다.

유교는 조선 시대를 거치며 한국 사회의 윤리적 기초를 형성했다. 효(孝), 예(禮)와 같은 유교적 덕목은 오늘날까지도 가족관계와 사회적 규범에 중요한 영향을 미치고 있다.

불교는 삼국시대부터 조선 초기까지 한국 문화와 정신세계에 깊이 뿌리내렸다. 불교는 인간의 고통과 윤회를 이해하고 이를 극복하는 사상적 기반을 제공했으며, 특히 예술과 건축에서 큰 영향을 끼쳤다.

도교는 자연과의 조화, 내면적 수양을 중시하며, 한국인의 자연친화적 사고방식에 영향을 미쳤다. 이러한 도교적 가치관은 유교나 불교와 함께 한국인의 정신세계에 조화롭게 스며들어 있다.

생각해 볼 문제

1. 현대 사회에서 기술 발전과 세계화로 인해 문화 변동이 빠르게 일어나고 있다. 하지만, 이러한 변화는 종종 세대 간, 지역 간, 계층 간 갈등을 초래하기도 한다. 문화 변동이 사회적 갈등을 유발하는 원인은 무엇이며, 이를 완화하기 위한 방안에는 어떤 것들이 있을지 이야기해 보자.
2. 한국 문화는 대립과 조화 속에서 역사 속 수용과 발전을 거듭해 왔다. 한국 문화가 가진 대립적 요소가 실제 역사 속에서 어떤 방식으로 나타났는지 제시하고, 이를 극복한 역사적 교훈을 통해 현재 우리 사회에 적용할만한 문화적 대안을 제시해 보자.

더 읽을거리

주강현(2018). 『우리문화의 수수께끼』. 서해문집.

전 국민의 '우리 문화 교과서' 역할을 하는 책으로 웬만한 정보는 아무 때나 검색이 가능한 요즘이지만 디지털이 주지 못하는 이 책의 가치는 지금도 여전하다. 인터넷에 떠도는 우리 문화 관련 많은 정보의 원전에 가깝기 때문이다. 금줄, 무당 등의 샤머니즘적 원형에서부터 생명나무를 통한 신화적 현현과 전통의 생태 사관을 얘기하고 있다. 두레와 돌하르방, 구들, 흰옷, 모정 등의 생활 문화와 장례와 매향, 풍물굿, 광대 등 의례적, 연희적 모습까지 두루 돌아본다.

참고문헌

국가법령정보센터. 문화기본법. 제20836호. 시행 2025.03.25.

김영순·홍배식·정경희·박지연·박서현(2018). 고등학교 사회·문화. 교학사.

이진석·허은정·조윤희·황승애·구나나·오승호(2019). 고등학교 비교문화. 부산광역시교육청.

한상복·이문웅·김광억(2011). 문화인류학. 서울대학교출판문화원.

Tylor. (1871). Primitive culture: researches into the development of mythology, philosophy, religion, art, and custom (Vol. 2). J. Murray.

4장

한국의 종교와 사상

송연숙

1. 삶과 제도로서의 종교

1) 종교의 개념과 특성

(1) 종교의 의미와 구성 요소

일반적으로 종교란 인간의 삶에 방향성과 의미를 제공하고, 일정한 도덕적 기준 아래 공동체를 결속시키는 초월적 신념과 그에 따른 실천의 체계이다. 종교는 다음과 같은 공통된 특성이 있다.

첫째, 종교는 초월적이고 초자연적인 성격을 지닌 성스러운 대상이 있다. 인간은 오래전부터 나무, 바람, 동물, 신과 같은 다양한 대상에 신성성을 부여해 왔으며, 이는 통제 불가능한 자연 현상에 대한 불안감을 해소하고자 하는 인간의 본능적 욕구와 밀접하게 관련되어 있다.

둘째, 종교는 성스러운 대상에 접근하기 위한 일정한 의례가 있다. 의례는 특정 가치나 신념을 상징적으로 드러내는 반복적이고 규범화된 행동 양식이며, 종교에서 신성성은 이러한 의례를 통해 구체적인 행위로 나타난다. 종교적 의례 행위는 기도, 노래, 춤, 식사 등 매우 다양하며 일상적 행위와 달리 매우 엄격하고 규정된 일련의 공식화된 절차를 따를 것을 요구한다.

(2) 종교의 위상

산업혁명 이후 현대 사회에서 기술 문명이 급속도로 발전하는 과정에서, 일부 학자들은 종교가 급격히 쇠퇴하거나 사라질 것이라고 전망한 바 있다. 종교적 세계관이 사회 전반을 지배하던 과거와는 달리 현대 사회에서는 과학과 기술이 세계를 이해하는 데 있어 최종적인 해답을 제시해줄 것이라는 확신이 자리 잡았다.

그러나 여러 종교학자들의 분석에 따르면 종교의 절대적 숫자가 현대 사회에 들어 오히려 증가했으며, 고도의 산업 발전을 이룩한 나라일수록 종교를 가진 사람의 비율이 높은 것으로 나타났다. 이는 온갖 산업 기술로 무장된 현대인들에게도 종교의 영향력과 사회적 중요성은 여전하다는 것을 말해주는 것이다. 종교는 인류 사회의 보편적 사회 제도 가운데 하나이며 개인들과 집단들의 삶에 의미와 중요성을 부여하는 실체로서 거대한 영향력을 행사한다고 말할 수 있다.

2) 종교의 사회적 기능과 역할

사회학의 주요 이론들은 종교가 수행하는 사회적 기능을 각기 다른 시각에서 해석한다. 기능론은 종교의 사회 통합 기능을 강조하고, 갈등론은 종교가 사회 갈등을 은폐하는 역할에 주목하며, 상징적 상호작용론은 종교가 상징을 부여하고 공유된 의미를 형성하는 기능에 초점을 맞춘다.

기능론적 관점에서는 주로 종교의 긍정적 기능과 역할에 대해 관심을 가진다. 종교는 인생의 의미가 무엇이며, 무엇을 위해 살아가야 하는지에 대한 답변을 제시함으로써 삶의 의미와 목적을 제공하는 역할을 담당한다. 또한 종교는 신앙을 공유하는 사람들을 하나의 도덕적 공동체로 결속시키며, 이들에게 소속감을 부여하고 사회적 연대감을 강화하는 기능을 수행한다.

더불어 종교는 그 가르침과 의례를 통해 사회 구성원들의 행동을 규범화하고, 사회 질서를 유지하는 통제 기능을 수행하기도 한다. 상황에 따라 종교적 교리가 법률보다 더 강한 사회적 통제력을 행사하는 경우도 있다.

갈등론적 관점에서는 종교의 부정적인 측면을 부각한다. 갈등론의 선구자인 마르크스에 따르면 종교는 현 상태를 정당화하고 사회 변혁을 저지시키기 위한 강력한 이데올로기를 함유한다고 보았다. 그는 종교를 대중의 아편으로 규정했다. 예를 들어 극심한 고통 속에서 살아가는 노동자들에게 사후의 보상을 약속하는 종교적 내세관은 현재의 고통을 일시적으로 완화시키는 환상에 불과하며, 이와 같은 점에서 종교는 현실을 왜곡된 방식으로 포장하는 허위의식적 이데올로기라고 비판된다.

상징적 상호작용론은 종교를 미시적 시각에서 바라보며, 종교가 갖는 상징적 의미 형성 기능에 주목하고, 사람들이 일상 속에서 종교에 부여하는 의미에 초점을 맞춘다. 즉 종교는 신자들에게 자아정체성을 형성하고 스스로를 규정하는 데 있어 중요한 기준이 되는 준거 집단의 역할을 수행한다는 것이다. 또한 종교는 모든 이에게 동일한 의미로 작용하기보다는 개인마다 상이한 상징과 의미를 부여하며, 그에 따라 서로 다른 역할 기대를 형성한다고 본다. 즉 동일한 종교 공동체에 속해 있더라도 구성원들은 종교의 의미를 각자의 경험과 맥락에 따라 다르게 해석할 수 있다.

3) 종교의 목표와 종교적 관점

(1) 종교의 세 가지 주요 염원

종교는 인간이 세 가지 주요 염원을 실현하려는 노력에서 비롯된다. 이러한 염원은 종교적 신념과 의례, 그리고 그 속에서 인간이 추구하는 궁극적 목표를 반영한다.

첫째, 기복(祈福)은 인간이 종교를 통해 복을 기원하는 염원이다. 이는 개인적 또는 공동체적 차원에서 신, 부처, 혹은 초월적 존재로부터 축복이나 보호를 받기 위한 실천에서 비롯된다. 기복은 종교 의례와 밀접하게 연결되어 있으며, 이를 통해 인간은 자신의 삶에서 복을 얻고자 한다.

둘째, 구도(求道)는 진리를 찾고자 하는 염원이다. 이는 인간이 삶의 근본적인 의미를 탐구하고, 이를 통해 깨달음을 얻고자 하는 노력에서 비롯된다. 구도는 종교적 수양과 수행을 통해 이루어지며, 이를 통해 인간은 자신의 내면을 탐구하고 궁극적인 진리를 발견하려 한다.

셋째, 개벽(開闢)은 새로운 세상을 열고자 하는 염원이다. 이는 종교적 변화를 통해 기존의 질서를 극복하고, 새로운 시대를 여는 것을 의미한다. 개벽 사상은 주로 동아시아의 종교에서 나타나며, 이를 통해 종교는 사회적 변화와 발전을 촉진하는 역할을 한다.

(2) 종교를 바라보는 태도

우리가 살아가는 사회에서는 서로의 다름을 인정하지 않으려는 태도 때문에 인명 살상과 인권 유린과 같은 비극적 사태가 무감각하게 발생하고 있다. 특히 종교적 차이에서 비롯된 서구와 이슬람 간의 문명 충돌은 테러와 전쟁을 야기하며, 폭력이 폭력을 낳는 악순환의 고리를 여전히 끊지 못하고 있다. UN 및 세계 각국들은 이슬람과 서구의 상호 이해를 증진시키며, 편견과 오해, 극단주의를 극복하자는 안을 내놓았지만 그 실천은 미지수다.

한국의 경우에도 인터넷상에서 특정 종교에 대한 비난의 글을 많이 볼 수 있다. 근거 있는 비판을 통해 상호 발전을 모색하기보다는 타 종교를 무분별하게 폄하하는 비난이 더욱 두드러지게 나타나고 있다.

종교와 같은 신념의 영역에서는 나와 다른 가치일지라도 그것이 지닌 고유한 의미를 인정하고 존중하는 개방적인 태도가 요구된다. 이러한 태도는 자신의 신념에만 머무르지 않고, 타인의 입장을 이해하고 수용하려는 자세를 의미한다. 오직 자신의 신앙과 교리만이 옳다고 주장하는 독선과 아집보다는 타인을 이해하고 대화를 통해 관계를 형성하려는 종교적 윤리가 요구된다. 이러한 존중의 자세를 각 종교들이 받아들인다면 종교로 인한 분쟁과 갈등은 훨씬 줄어들 것이다.

(3) 종교적 갈등

종교는 어느 시대, 어느 사회에서든 다른 사회 현상들과 긴밀하게 상호작용하며 지속적으로 변화해 왔다. 종교는 한편으로 사회적 결속과 평화에 기여하지만 다른 한편으로는 극심한 사회적 갈등을 유발하기도 한다.

종교는 절대자에 대한 믿음을 전제로 하기 때문에 태생적으로 다른 종교에 대해 배타성을 지닐 수밖에 없다. 하지만 이러한 배타성은 내가 나의 신을 믿는 개인적 차원을 넘어 다른 사람들이 그들의 신을 섬기는 것을 부정하는 단계에 이르면 이는 문화적 공격이 된다.

한 치 앞을 내다 볼 수 없는 중동의 이스라엘과 아랍 국가들의 종교 분쟁, 이슬람 내의 수니파와 시아파의 갈등, 북아일랜드의 신교와 구교도 간의 오랜 충돌, 20세기 말 발칸 반도에서 발생한 보스니아 및 코소보 사태는 최악의 민족 분쟁으로 기록되며, 그 근저에는 기독교계 세르비아인과 이슬람계 민족 간의 갈등이 자리하고 있었다. 파키스탄과 인도 간의 지속적인 갈등의 원인인 카슈미르 분쟁 역시, 힌두교와 이슬람교 사이의 종교적 대립에서 비롯된 민족적 갈등이다.

4) 종교의 사회실천

(1) 종교의 교리적·이론적·실천적 체계

종교는 초월적 경험을 체계적으로 설명하기 위해 교리적이고 이론적인 체계를 발전시켰다. 이러한 체계는 종교적 신념을 논리적으로 설명하고, 이를 통해 신앙 생활을 보다 효과적으로 실천할 수 있도록 돕는다.

종교는 초월적 존재에 대한 경험을 설명하고 체계화하는 교리와 이론을 발전시킨다. 이러한 교리는 종교 공동체 내에서 신앙의 기준과 방향성을 제시하며, 신자들이 자신의 신앙을 구체적으로 실천하는 데 도움을 준다.

종교는 기도, 예배, 수양 등의 실천을 통해 인간이 궁극적 실재와 만나거나 합일(合一)할 수 있도록 돕는다. 이러한 실천 체계는 종교의 신념을 구체적인 행동으로 전환하는 방법을 제공하며, 이를 통해 신자는 자신의 신앙을 실천하고 경험할 수 있다.

기도와 예배는 종교에서 가장 기본적인 실천 형태이다. 이를 통해 신자는 초월적 존재와의 관계를 맺고, 자신의 신앙을 표현한다. 예배는 종교 공동체 내에서 신자들이 함께 모여 신앙을 공유하는 중요한 의식이다.

종교는 인간이 내면을 탐구하고, 궁극적인 진리를 깨닫기 위한 수양과 수행을 강조한다. 이러한 수양은 신체적, 정신적 수련을 통해 이루어지며, 이를 통해 인간은 초월적 존재와의 합일을 추구한다.

(2) 종교와 역사, 사회, 문화의 관계

종교는 정치, 경제, 사상, 예술, 과학 등 사회의 전 영역에 깊이 영향을 미치는 절대적이며 궁극적인 가치 체계다. 종교는 인간의 삶에 대한 근본적인 의미를 제공할 뿐만 아니라 이를 바탕으로 사회적, 문화적 질서를 형성하는 데 중요한 역할을 한다.

첫째, 종교는 역사적으로 정치와 밀접한 관계를 맺어 왔다. 왕권신수설과 같이 종교는 정치적 권위를 정당화하거나 사회적 질서를 유지하는 데 중요한 역할을 했다. 또한 종교는 사회 개혁이나 변화의 동력으로 작용하기도 한다.

둘째, 종교는 경제적 질서와도 깊이 연결되어 있다. 예를 들어 종교적 금욕주의는 자본주의 발전에 중요한 영향을 미쳤으며, 종교적 윤리는 노동과 소비에 대한 인간의 태도를 형성하는 데 중요한 역할을 한다.

셋째, 종교는 인간의 사상과 철학을 형성하는 데 큰 영향을 미친다. 각 종교는 인간과 세계, 그리고 초월적 존재에 대한 다양한 해석을 제시하며, 이를 통해 인간의 삶에 대한 깊은 성찰을 유도한다.

종교는 절대성과 궁극성을 주장하지만, 동시에 역사의 발전과 문화적 변화를 반영한다. 종교는 인간의 역사적, 사회적 맥락 속에서 변형되며, 다양한 시대적 요구에 맞추어 그 형태와 내용을 변화시켜 왔다.

첫째, 종교는 각 시대의 사회적, 정치적, 경제적 변화를 반영하며 발전해 왔다. 예를 들어, 중세 기독교는 당시의 봉건적 질서와 깊이 연관되었으며, 근대 이후에는 종교가 개인의 내면적 구원에 더 초점을 맞추게 되었다. 종교는 이러한 변화를 통해 사회적 적응력을 발휘하며 인간의 삶에 지속적인 영향을 미친다.

둘째, 종교는 그 시대의 문화적 특성을 반영하며, 예술, 문학, 건축 등 다양한 분야에서 중요한 역할을 한다. 종교적 신념은 예술적 창조의 원천이 되었으며, 이를 통해 다양한 문화적 산물이 탄생했다. 예를 들어 중세 유럽의 성당 건축이나 불교의 사찰 건축은 종교와 문화가 융합된 대표적인 사례다.

5) 종교적 신념 체계의 유형

(1) 기복형 신념 체계

기복형 신념 체계는 주로 현실적이고 현세적인 목표를 추구하는 종교적 형태로, 사회적·문화적 보수주의와 밀접한 관련이 있다. 이 신념 체계는 인간이 신이나 초월적 존재로부터 복을 기원하는 데 초점을 맞추며, 사회 질서와 현실 조건을 그대로 유지하는 경향을 보인다.

첫째, 기복형 신념 체계는 종교적 실천의 주요 목표로 현세적 이익과 현실적 성공을 추구한다. 신자들은 신이나 신성한 존재로부터 물질적 복을 받거나, 건강, 재물, 사회적 성공 등을 기원하며, 이러한 소망은 개인의 신앙 생활의 중심을 이룬다. 이는 종교적 믿음이 삶의 구체적인 문제 해결과 밀접하게 연결되어 있음을 보여준다.

둘째, 기복형 신념 체계는 주로 사회 질서의 유지와 안정을 추구하는 경향이 강하다. 이는 종교가 기존의 사회적 구조와 규범을 그대로 받아들이고, 이를 바탕으로 개인의 복을 기원하는 데 초점을 맞추는 것을 의미한다. 이러한 성향은 종교가 변혁보다는 현존 질서를 유지하는 보수적 역할을 수행하게 만들며, 사회적 불평등이나 구조적 문제를 적극적으로 개혁하려는 태도를 지양하게 한다.

예를 들어 전통적인 신앙에서 신이나 조상에게 복을 기원하는 의례나 기도는 기복형 신념 체계의 대표적인 예이다. 한국의 전통적인 민간신앙에서 제사나 굿을 통해 가정의 번영과 건강을 기원하는 행위가 이러한 신념 체계에 속한다.

(2) 구도형 신념 체계

구도형 신념 체계는 개인이 고행이나 수양을 통해 자아 완성과 진리 추구를 목표로 삼는 종교적 형태이다. 이 신념 체계는 종교적 수행과 정신적 성숙을 중시하며, 사회적 안정과 질서 유지를 묵인하거나 수용하는 보수주의적 성향을 띠기 쉽다.

첫째, 구도형 신념 체계는 주로 개인이 내면적 수양을 통해 진리를 깨닫고 구원을 얻는 것을 목표로 한다. 이는 종교적 수행과 도덕적 완성을 통한 영적인 성장을 중시하며, 개인의 구도 과정에서 외부적 세계나 사회적 변화보다는 내면적 변화를 추구한다. 이 과정에서 신자는 자신의 고통이나 욕망을 극복하고, 참된 자아를 발견하려는 노력을 기울인다.

둘째, 구도형 신념 체계는 개인의 내면적 성숙과 자아 완성에 집중하기 때문에 결과적으로 사회 질서의 유지를 묵인하는 경향이 있다. 이는 종교적 수행이 사회적 변혁보다는 개인의 구원에 초점을 맞추고, 기존의 사회적 구조나 제도를 그대로 받아들이게 만든다. 따라서 구도형 종교는 비판적 사회 개혁보다 현존 질서의 안정을 더 중시하는 보수적 태도를 보일 수 있다.

예를 들어 불교에서 깨달음을 추구하는 스님들의 수행이나 도교에서 도(道)를 추구하는 수련 과정은 구도형 신념 체계의 전형적인 예이다. 이들은 개인적 해탈과 구도를 추구하며, 사회적 변화보다는 내면적 완성을 목표로 한다.

(3) 개벽형 신념 체계

개벽형 신념 체계는 현존의 사회 조건에 대한 불만을 기반으로 이를 변혁하고자 하는 급진적인 태도를 지향하는 종교적 형태이다. 이는 사회적 개혁주의와 연결되며, 기존의 사회 구조를 부정하고 새로운 질서를 세우려는 급진적 성향을 보인다.

첫째, 개벽형 신념 체계는 현존 사회 질서에 대한 불만에서 출발하여 이를 근본적으로 변화시키고자 한다. 이 신념 체계는 종교적 이상을 바탕으로 새로운 사회적 질서나 규범을 세우고 더 나은 세상을 만들기 위한 사회 개혁을 추구한다. 이러한 성향은 기존의 불평등이나 부조리를 타파하고, 새로운 시대를 열고자 하는 혁신적·급진적 성격을 띤다.

둘째, 개벽형 신념 체계는 종종 급진적 사회 개혁주의와 연결된다. 이는 사회적·경제적 불평등이나 부조리를 극복하고, 사회 전반의 구조적 변화를 이끌어 내려는 움직임으로, 종교적 신념이 사회 변혁의 동력이 되는 것을 의미한다. 개벽 사상은 새로운 세상의 도래를 예견하거나 촉진하는 종교적 사상으로, 기존의 사회적 질서를 부정하고 혁신적인 사회 체제를 제안한다.

예를 들어 동학과 같은 한국의 종교적 개벽 사상은 개벽형 신념 체계의 대표적인 사례이다. 동학은 기존의 봉건적 사회 질서에 대한 비판에서 출발하여 새로운 세상의 도래를 예견하며 평등 사회를 주장했다. 이들은 인내천(人乃天), 즉 "사람이 곧 하늘"이라는 사상을 바탕으로 인간 평등과 사회 개혁을 추구했다.

(4) 종교적 신념 체계의 사회적 함의

종교적 신념 체계는 개인과 사회에 중요한 영향을 미친다. 기복형, 구도형, 개벽형 신념 체계는 각각 다른 방식으로 사회와 개인의 관계를 정의하며, 그 결과 사회의 변화나 유지에 중요한 역할을 수행한다.

첫째, 기복형 종교는 사회적 안정과 질서를 중시하며, 신앙을 통해 개인의 복을 추구하는 데 초점을 맞춘다. 이는 기존의 사회적 구조를 강화하는 역할을 하며, 사회적 변화를 지향하기보다는 현존 질서의 안정을 추구한다.

둘째, 구도형 종교는 개인의 내적 성숙과 자아 완성을 추구하며, 종종 사회 질서의 유지를 수용하는 경향이 있다. 이러한 신념 체계는 개인의 도덕적 발전을 중시하나, 사회적 변화에는 소극적일 수 있다.

셋째, 개벽형 종교는 사회적 변혁과 급진적 개혁을 추구하며, 기존의 사회적 불평등이나 부조리를 타파하고 새로운 질서를 세우는 데 중요한 역할을 한다. 이는 종교가 사회적 개혁의 동력이 될 수 있음을 보여준다.

2. 한국 종교사상의 역사적 전개

1) 한국 종교사상의 이해

(1) 종교사상의 개념

사상이란 인간이 삶을 영위하는 과정 속에서 형성되는 세계관 전반을 포괄하는 역동적인 개념이다. 한국의 사상은 '한국'이라는 지리적 공간에서 발생한 사상이자, 한민족이 역사적 경험을 통해 축적해 온 사상적 전통을 의미한다. 이는 철학, 종교, 정치, 사회, 경제 등 한국 사회의 다양한 영역을 아우르는 폭넓은 개념으로 이해될 수 있다. 그러나 이러한 여러 사상적 영역 중에서도 종교사상은 한국 사상 체계의 중심적 위치를 차지해 왔다. 실제로 19세기 말 서양 철학이 본격적으로 유입되기 이전까지는 철학과 종교의 경계가 명확히 구분되지 않았기 때문에, 한국 사상의 전개 과정은 곧 종교사상의 발전 과정과 긴밀히 연결될 수밖에 없었다. 따라서 한국 사상을 논의할 때 종교사상은 단순한 한 부분이 아니라 전체 사상 체계를 이끄는 핵심적 토대이자 근간으로 자리 잡아 왔다.

종교사상이란 특정 종교가 가지는 교의, 윤리, 신앙 체계 등 그 종교의 핵심적인 사상과 가르침 전반을 의미한다. 여기에는 초자연적 존재에 대한 믿음, 도덕적 법전, 세계관, 그리고 강력한 소속감 등이 포함되며, 이는 개인에게 삶의 의미와 목표를 제공할 뿐 아니라 공동체 전반에도 심대한 영향을 미친다. 종교사상은 개인적 차원에서는 정신적 안정과 긍정적인 감정을 제공하며, 자아 정체성을 확립하는 데 기여한다. 종교적 신념을 통해 개인은 삶의 의미와 방향성을 발견하며, 위기와 고난의 순간에도 내적 평온과 회복력을 얻을 수 있다. 사회적 차원에서는 종교사상이 지역 문화와 결합하여 토착화되며 사회적 유대와 공동체의식을 강화한다. 나아가 공동체가 공유하는 가치와 규범을 형성하고 유지하는 데 중요한 역할을 하며, 이를 통해 집단적 정체성과 연대감을 공고히 한다.

이처럼 종교사상은 단순히 신앙의 영역에 머무르지 않고 개인의 삶과 사회의 구조 전반에 영향을 미치면서 한국 사상의 중심축으로 기능해 왔다. 따라서 한국의 사상사를 이해하기 위해서는 종교사상을 핵심적 토대로 삼아 그 전개와 변화를 살펴보는 것이 필요하다.

(2) 다양한 종교사상의 도입과 형성

한국의 사상 중에서 가장 오랜 역사를 가진 것은 무속신앙이다. 이 신앙은 우리 민족의 삶 속에서 자생적으로 형성된 것이기에 한국적 고유성과 독자성을 가장 뚜렷하게 지니고 있다. 무속신앙이라는 토착적 기반 위에 유교, 불교, 도교와 같은 외래 사상이 차례로 유입되었다. 고대에 전래된 외국사상들은 오랜 시대에 걸쳐 한국적 풍토에 맞게 토착화되어 한국문화와 역사에 지대한 영향을 미치게 되었다. 외래사상이 당대 한국의 현실에 변용·발전되어 한국의 전통사상으로 정착하게 되었다.

삼국시대와 통일신라시대에는 유교가 중요한 역할을 했으며, 이후 시기로 갈수록 불교의 영향력이 점차 확대되어 고려시대에는 국교로 자리 잡았다. 조선시대에 들어서는 성리학이라는 신유학이 관학으로 채택되어 국가 통치의 핵심 이념으로 활용되었다. 또한 도교는 유교나 불교처럼 통치 이념으로 체계화되기보다는 무속신앙과 결합하여 민간 신앙의 형태로 자리 잡으며 일반 민중들에게 깊은 영향을 미쳤다.

조선 후기에 이르기까지 이러한 전통 사상들은 대체로 상호 조화를 이루며, 한민족의 의식 구조 속에서 각각 고유한 위치를 점하고 있었다. 이러한 전통적 질서에 변화를 예고하는 움직임은 16세기 말에서 17세기 초, 유학 내부의 새로운 사상적 흐름과 천주교의 유입을 통해 나타나기 시작했다. 이러한 변화의 조짐은 근대를 향한 사상적 전환의 기반을 마련하게 되었다.

봉건사회의 해체와 더불어 19세기 후반에는 개신교까지 들어오게 되었다. 개신교의 유입은 근대 서구의 과학과 기술이 조선에 도입되는 계기를 제공하였으며, 조선 사회 전반의 구조를 재편하는 데 하나의 중요한 전환점을 형성하였다. 서구 문화의 대대적인 유입은 조선 사회 전반에 걸쳐 커다란 충격을 야기하였고, 이러한 변화 속에서 사상계에서는 기존의 전통사상을 재해석하고 통합하려는 신종교운동이 등장하게 되었다. 신종교운동은 여러 방향으로 다양하게 전개되었으나, 공통적으로 제국주의 침략에 맞서 강한 민족의식을 드러냈다는 점에서 공통된 성격을 지닌다.

또한 오늘날 남북이 분단된 현실 속에서도, 전통사상을 바탕으로 다양한 현대 사상들이 각자의 정당성과 설득력을 주장하며 공존하는 개방적인 사상적 풍경이 전개되고 있다.

2) 시대별 종교사상

(1) 삼국 이전: 주술적 기복 사상의 주류

삼국 이전, 한국의 종교 문화는 주술적 기복 사상이 주류를 이루었다. 이 시기는 세계 종교가 아직 유입되지 않은 상태였으며, 종교적 실천은 주로 자연의 힘에 의존하여 복을 기원하고 재난을 피하는 주술적 행위에 초점을 맞췄다. 이는 고대 사회의 생존과 직결된 신앙 형태로, 인간의 삶에 실질적 도움을 주고자 하는 종교적 열망이 강하게 반영된 시기였다.

고대 한국 사회에서 주술적 신앙은 자연 현상에 대한 경외심과 생존을 위한 필요에서 비롯되었다. 풍요로운 수확, 건강, 안전을 기원하는 기복 사상이 주요 신앙 형태로 나타났다. 신성한 힘을 빌리기 위한 제의와 주술이 일상생활의 중요한 부분을 차지했으며, 이는 한국 종교의 초기 특징을 형성했다.

(2) 삼국 시대: 유교와 불교의 유입과 구도형 종교로의 전환

삼국 시대에 접어들면서 유교와 불교와 같은 고등 종교가 유입되었고, 한국 종교는 주술적 기복 사상에서 벗어나 점차 구도형 종교로 전환되었다. 특히 불교는 인간의 해탈과 깨달음을 목표로 하는 구도형 종교로서, 삼국의 왕실과 귀족들에 의해 널리 수용되었다.

유교는 중국의 정치적, 윤리적 사상으로서 한국에 도입되었으며, 특히 통치 이념으로서 중요한 역할을 했다. 동시에 불교는 삼국의 지배층에 의해 수용되면서 국가적 보호를 받았으며, 왕실의 후원을 받아 사찰이 건립되고 불교 의례가 발전했다.

삼국 시대의 불교는 인간의 고통을 해소하고 진리를 추구하는 구도형 종교로 자리잡으며, 주술적 현세주의를 넘어서려는 경향을 보였다. 이는 특히 신라에서 화랑도와 불교적 신앙이 결합된 구도적 정신이 발달하는 데 기여했다.

(3) 후삼국 시대: 미륵 신앙과 개벽 사상의 등장

후삼국 시대는 고대 사회의 붕괴와 함께 새로운 변혁을 요구하는 시기로, 미륵 신앙이 정치적 이념으로 부상했다. 미륵 신앙은 미래에 나타날 미륵불이 새로운 세상을 열어준다는 사상으로 개벽 이념형의 대표적인 예로 볼 수 있다.

신라 말기와 고려 초기에 미륵 신앙이 널리 퍼졌다. 이 신앙은 새로운 시대의 도래와 사회적 변혁을 예언하면서, 기존의 사회 질서에 불만을 품은 민중들에게 큰 인기를 끌었다. 미륵 신앙은 정치적 이념으로도 전면에 등장하며 개벽 사상과 결합하여 새로운 세상을 꿈꾸는 급진적 성향을 띠게 되었다.

(4) 고려 시대: 유교와 불교의 조화와 갈등

고려 시대는 유교와 불교가 대립과 조화를 이루면서 발전한 시기다. 고려의 불교는 기복-구도형 신념 체계를 형성했으며, 민간 신앙과 결합하여 독특한 불교적 세계관을 만들어냈다. 동시에 유교는 정치 개혁 이념과 결합하여 구도-개벽형 사상을 형성하고, 고려의 정치적 이념으로 자리 잡았다.

고려 불교는 기복적 성격과 구도적 성격을 모두 포함한 종교 형태로 발전했다. 왕실과 귀족들 사이에서는 불교가 정치적, 사회적 안정을 기원하는 수단으로 이용되었으며, 동시에 개인의 구원과 깨달음을 추구하는 구도적 측면도 강조되었다. 특히 불교 사원은 사회적·문화적 중심지로서 중요한 역할을 했다.

고려의 유교는 정치적 개혁을 추구하는 사상으로 발전했다. 특히 유교는 고려 후기 정치 개혁의 이념적 토대로 작용했으며, 사회적 변화를 추구하는 구도-개벽형 성향을 보였다. 유교는 왕실과 지배층이 통치의 정당성을 확보하는 이념적 도구로 활용되었고, 성리학적 개혁 이념이 점차 강화되었다.

(5) 조선 전기: 성리학의 구도-개벽형 사상

조선 왕조는 고려 중기 이후에 유입된 성리학을 바탕으로 개국되었으며, 이는 구도-개벽형 신념 체계를 기반으로 발전했다. 성리학은 인간의 도덕적 수양과 사회 개혁을 통해 새로운 이상 사회를 구현하려는 사상으로 조선 왕조의 개국 이념이 되었다.

성리학은 개인의 도덕적 완성과 사회적 개혁을 동시에 추구하는 사상으로 조선 왕조의 통치 이념이 되었다. 성리학은 왕조의 정치적·사회적 질서를 확립하는 데 중요한 역할을 했으며, 이를 통해 조선은 새로운 질서를 세우고 안정된 통치 체제를 구축했다.

조선 초기에 성리학은 개혁적 성향을 강하게 띠었으나, 시간이 지나면서 개벽적 요소를 점차 상실하고 보수적 성향을 강화했다. 이는 성리학이 왕조의 정통성을 유지하고, 사회 질서의 안정을 중시하는 이데올로기로 변화해 갔음을 의미한다.

(6) 조선 후기: 실학, 동학, 서학의 등장

조선 후기에는 성리학의 구도-개벽형 사상을 회복하려는 실학 운동이 나타났으며, 동시에 동학과 같은 새로운 종교 운동이 등장했다. 동학은 유교가 결여한 기복적 요소와 개벽 사상을 포함한 개벽-기복형 신념 체계를 바탕으로 발전했다.

실학은 성리학의 지나치게 형이상학적이고 보수적인 면모를 비판하며, 실용적 지식과 사회 개혁을 강조한 학문이다. 실학자들은 조선 사회의 근본적인 문제들을 해결하기 위해 경제, 정치, 사회 체제의 개혁을 주장했다. 이는 성리학의 구도-개벽형 사상을 회복하려는 움직임으로 볼 수 있다.

동학은 19세기 중반에 등장한 종교 운동으로, 민중의 기복적 요구와 사회적 변혁을 결합한 개벽-기복형 신념 체계를 제시했다. 동학은 기존의 유교적 질서와 서구 세력에 대한 저항을 기반으로 새로운 세상의 도래를 주장하며 평등 사회를 지향했다. 이는 나중에 동학농민운동으로 발전하여 조선 후기에 중요한 사회적 변화를 촉발했다.

서학은 조선 후기 서양 문물과 사상, 특히 천주교의 유입을 통해 발전했다. 천주교는 조선의 기존 유교 질서와 충돌하면서도 서구의 새로운 세계관을 제공하며 사회적 변화를 촉진했다. 천주교는 조선 후기 조선 사회에 큰 변화를 가져왔으며, 이는 근대적 사회 구조로의 전환을 촉진하는 중요한 역할을 했다.

(7) 개화기 이후: 세계 종교와의 접촉과 변화

개화기 이후 조선의 종교는 큰 변화를 겪었다. 유학의 쇠퇴와 불교의 약화로 인해 국가적 위기가 도래하면서, 천주교와 개신교와 같은 서구의 세계 종교가 유입되었다. 이로 인해 한국 사회는 새로운 종교적 다양성을 맞이하게 되었으며, 다양한 종교가 공존하는 가운데 각 종교는 새로운 사회적 역할을 수행하게 되었다.

천주교와 개신교는 개화기 이후 한국에 본격적으로 전파되었다. 천주교는 조선 후기 사회에서 서양 문물과 함께 유입되었으며, 개신교는 개화기 이후 근대 교육과 사회 개혁에 중요한 역할을 했다. 이들 종교는 새로운 사상과 문화를 소개하며, 한국 사회의 근대화를 촉진하는 데 기여했다.

개화기 이후, 세계 종교와 토착 종교가 함께 공존하는 가운데 한국 종교는 새로운 역사적 전개에 참여하게 되었다. 불교, 동학 등 기존의 토착 종교는 세계 종교와 상호작용하며 새로운 역할을 모색했고, 사회적·문화적 변화를 반영하는 다양한 활동을 전개했다.

3) 주요 종교의 전개와 특징

(1) 무속신앙

한국 무속신앙의 기원은 시베리아 지역 전반에 걸쳐 분포한 샤머니즘에서 찾을 수 있다. 그러나 이러한 공통된 기반 위에서도 한국 무속은 고유한 특성을 지니고 있으며, 이는 한민족의 신화적 사고 체계를 구성하고, 집단적 원초적 의식의 형성에 기여하고 있다. 이 신앙은 오늘날에도 민간 무속의 형태로 상당 부분 유지되고 있으나, 역사적 변천 속에서 도교, 불교, 민간신앙 등과 융합되며 본래의 성격과 내용이 크게 변화하였다.

본래 샤머니즘에서는 무당이 굿을 통해 초월적 세계와 인간 세계를 연결하는 매개자 역할을 하며, 이를 통해 길흉화복을 점치고 질병을 치유할 수 있다고 여겨진다. 특히 무당은 신과 교류할 수 있는 존재로 여겨졌기 때문에 고대 사회에서는 제사장 역할뿐만 아니라 정치적 권한까지 행사하며 제정일치의 형태를 나타냈다.

한국 무속신앙의 사상적 특징 중 하나는 자연신에 대한 숭배를 통해 다신론적인 성격을 나타낸다는 점이다. 한국 고대 사회에서는 천신을 비롯해 태양신, 풍신, 우신, 운신 등 다양한 자연신들이 신앙의 대상이었으나 시대가 흐를수록 그중에서도 천신이 가장 중시되었다. 이러한 경향은 부여의 영고, 고구려의 동맹과 같은 제천의식과 단군신화에서 확인할 수 있다.

특정 부족의 생존과 번영을 특정 동물과 연결지어 숭배하는 토템적 사고 역시 고대 신앙에서 두드러지게 나타난다. 단군신화의 곰과 호랑이, 박혁거세 신화에 등장하는 말, 김알지 신화의 닭 등은 토템 사상의 대표적인 예이다. 아울러 모든 사물에 영혼이 깃들어 있다고 보는 애니미즘적 사고 또한 무속신앙에 영향을 주었으며, 수목숭배나 거석숭배는 이러한 신념의 산물이다.

조상숭배는 조상의 영혼에 대한 경외감과 두려움을 바탕으로 형성되었으며, 이후 유교의 덕목과 결합하면서 더욱 체계적으로 발전할 수 있는 토대를 마련하였다.

마지막으로 주목할 점은 무속신앙이 시조에 대한 신앙과 결합하여 한민족의 민족적 정체성과 일체감을 형성하는 데 중요한 역할을 했다는 것이다. 실제로 한민족의 시조신앙인 단군신앙은 역사적으로 민족적 위기가 도래할 때마다 부각되었으며, 그럴 때마다 민족 통합의 상징이자 구심점으로 작용해 왔다.

⑵ 유교

유교는 춘추시대에 공자(孔子)가 창시한 사상으로, 인간의 도덕적 수양과 사회적 이상을 추구하는 철학적·정치적 체계다. 유교는 단순한 신앙 체계를 넘어선 도덕적 지침과 사회 규범을 제공하는 사상으로, 자기 수양과 사회 통치를 중시한다.

유교는 삼국시대부터 중국을 통해 전래되었으며, 주로 정치 이념과 사회 규범으로 활용되었다. 고려 시대에는 불교가 국교였으나, 고려 후기에 성리학이 본격적으로 도입되면서 유교는 정치 개혁과 국가 운영의 이념적 기반으로 자리 잡았다. 성리학은 개인의 도덕적 수양을 강조하며 정치 개혁 운동과 결합해 나갔다.

조선 왕조는 성리학을 국가 운영의 중심 사상으로 채택하여 유교적 통치 체제를 확립했다. 유교는 단순한 철학이 아니라 정치 이념으로서 국가 운영의 중심이 되었으며, 조선의 사대부 계층은 유교적 가치관에 따라 정치와 사회를 운영했다. 또한 가족 제도와 사회 질서 역시 유교적 원리에 따라 형성되었다. 유교는 특히 효(孝)와 예(禮)와 같은 덕목을 중시하며, 조선 사회 전반에 걸쳐 윤리적 규범을 제시했다.

19세기 이후 서구 문명의 유입과 함께 유교의 정치적 영향력은 급격히 약화되었으나, 유교적 윤리 체계는 여전히 가족 제도, 사회 규범, 도덕 관념에 큰 영향을 미치고 있다. 오늘날 유교는 종교적 신앙보다는 철학적·윤리적 체계로서 한국 사회에서 중요한 역할을 하고 있다. 제사 문화나 가족 중심 사회 등은 여전히 유교적 가치관에 기반한 전통으로 남아 있다.

(3) 불교

불교는 기원전 6세기경 인도에서 고타마 싯다르타(Gautama Siddhartha)에 의해 창시된 종교로, 깨달음과 해탈을 통해 삶의 고통을 극복하려는 종교적 사상을 기반으로 한다. 불교는 크게 자신의 깨달음을 추구하는 소승불교와 모든 중생의 깨달음을 지향하는 대승불교로 구분된다.

불교는 고구려 소수림왕 시기인 372년, 전진의 승려 순도에 의해 한국에 처음 전파되었다. 이후 불교는 백제와 신라로 확산되었으며, 삼국시대에는 각 왕국의 국교로 자리잡아 국가 통치 이념과 결합되었다. 신라의 화랑도는 불교적 사상과 결합하여 청년 지배층의 수양과 국가 통합의 중요한 수단으로 기능하였다.

고려 시대에 불교는 국교로 자리잡아 국가 주도 아래 중요한 신앙 체계로 발전했다. 고려의 왕실과 귀족들은 불교를 보호하며 사찰을 세우고 불교 의례를 통해 국가의 안녕과 번영을 기원했다. 그러나 고려 말기에는 불교의 부패와 폐단이 나타나면서 조선 건국 이후 숭유억불(崇儒抑佛) 정책에 따라 불교의 세력이 약화되었다. 조선은 성리학을 중심으로 국가를 운영하였으며, 불교는 국교의 지위를 상실하고 사회적 영향력이 축소되었다.

현재 불교는 여전히 한국의 주요 종교 중 하나로 남아 있으며, 주로 호국불교와 기복 신앙의 성격으로 민중에게 인식되고 있다. 그러나 불교는 주로 중장년층에 의존하고 있으며, 젊은 층의 포교에는 어려움을 겪고 있다. 이러한 문제로 인해 불교계에서는 대중화와 젊은 층 포교의 필요성이 제기되고 있다.

(4) 천주교

천주교(가톨릭교)는 로마 교황을 수장으로 하는 기독교의 한 갈래로, 예수 그리스도의 구원을 중심으로 교리를 형성한 종교다. 천주교는 교황 중심의 중앙집권적 체제를 통해 성경 해석과 신앙 생활을 지도하며, 신앙 공동체를 중심으로 종교적 교리를 실천한다.

천주교는 조선 후기에 서학(西學)이라는 이름으로 처음 소개되었다. 조선의 실학자들이 서양의 과학적·철학적 지식에 관심을 가지면서 천주교가 전래되었으며, 초기에는 철학적 학문으로 받아들여졌다. 그러나 천주교의 조상 제사 거부와 만인 평등 사상은 조선의 유교적 가치관과 충돌하며 조정으로부터 강력한 박해를 받았다. 그럼에도 불구하고 천주교는 민중들 사이에서 꾸준히 확산되었다.

천주교는 1886년 프랑스와의 수교로 합법화되었으며, 이후 20세기 격동의 근현대사에서 중요한 역할을 했다. 특히 군사 독재 시기에 민주화 운동에 적극적으로 참여하면서 긍정적인 사회적 이미지를 쌓았으며, 이는 천주교가 오늘날까지도 꾸준한 사회적 영향력을 유지할 수 있는 중요한 계기가 되었다.

한국 사회에서 천주교는 사회 정의 실현, 인권 보호, 환경 보호 활동 등을 통해 공공선 추구에 기여하고, 봉사와 나눔을 통해 약자를 지원하며 공동체 화합에 긍정적 영향을 미치고 있다.

(5) 기독교

기독교는 예수 그리스도의 가르침을 바탕으로 인류의 구원을 목표로 하는 종교로, 하나님을 믿고 천국에서의 영원한 삶을 추구한다. 기독교에서 구원은 예수 그리스도를 믿고 따름으로써 지옥의 운명에서 벗어나 천국에서 영원한 삶을 누리는 것을 의미한다.

기독교는 19세기 후반에 처음 한국에 전래되었다. 한국 사회는 오랫동안 신분제와 봉건적 질서에 얽매여 있었기 때문에, 기독교의 평등 사상과 개인 자유는 당시 사회에 신선한 충격을 주었고, 기독교는 급속도로 확산되었다. 특히 기독교는 민중들에게 평등과 자유의 메시지를 전파하며, 사회적 불평등과 고통에 대한 구원의 길을 제시했다.

기독교는 일제강점기 동안 한국의 계몽 운동과 독립운동에 중요한 역할을 했다. 당시 기독교는 일본의 제국주의적 통치에 저항하는 이념적 배경을 제공했으며, 민족주의 운동과 결합하여 항일 운동을 주도했다. 이는 기독교가 한국 사회에서 민족주의적 종교로 자리잡는 계기가 되었다.

기독교는 현재 한국에서 주요 종교 중 하나로 자리잡았으나 최근에는 기독교가 정치, 사회적 이슈와 연결되거나 일부 사례에서 지나친 전도 방식이 논란이 되며 대중적 이미지에 영향을 미친다는 의견도 있다. 이러한 상황 속에서 기독교계는 타 종교와의 대화와 사회적 신뢰 회복을 위한 노력을 기울이고 있다.

한국 사회에서 기독교는 교육 기관 운영, 사회적 약자 지원, 재난 구호 활동 등을 통해 공동체 회복과 나눔을 실천하며 긍정적 영향을 끼치고 있다.

(6) 이슬람

이슬람은 610년 무함마드(Muhammad)에 의해 창시된 종교로 유일신 알라에 대한 신앙을 근간으로 삼는 종교다. 이슬람은 유대교와 기독교와 마찬가지로 유일신 신앙을 중심으로 하며, 경전인 코란을 통해 종교적 교리를 실천한다.

이슬람은 신라 시대부터 한국에 전래되었으며, 주로 무역과 외교 관계를 통해 한국 사회에 소개되었다. 이슬람 세력과의 교류는 과학 기술과 경제적 발전에 기여했으며, 문화적 상호작용도 지속되었다.

현재 한국 내 이슬람 교인은 소수에 불과하지만 최근 이슬람계 이주민의 증가로 인해 이슬람에 대한 관심과 이해가 필요하게 되었다. 특히 경제적 교류와 문화적 상호작용이 확대되는 상황에서 이슬람에 대한 사회적 이해와 갈등 해소가 중요한 과제로 부각되고 있다.

3. 한국 종교의 현실과 역할

1) 현대 한국종교의 현실

(1) 높은 무종교 비율

무종교 비율이 높다는 것은 현대 한국 종교관의 가장 두드러진 특징 중 하나다. 최근 조사에 따르면 한국 사회에서 종교를 갖지 않는 인구가 빠르게 증가하고 있으며, 특히 젊은 세대에서 이러한 현상이 두드러진다.

2023년 조사 결과[1]에 따르면, 무종교 인구의 비율은 63%로 나타났다. 이는 한국이 탈종교적 성향을 강하게 나타내는 국가 중 하나임을 의미한다. 종교를 갖지 않는 사람들은 종교의 권위나 종교적 의례에 대해 거부

1 2023년 한국갤럽 조사 기준

감을 느끼며, 종교보다는 현실적인 삶을 중시하는 경향이 있다. 이는 한국 사회가 점점 더 세속화되고 있음을 보여준다. 특히 젊은 층을 중심으로 무종교 비율이 높아지는 반면, 종교를 가진 인구는 점차 고령화되고 있다. 이러한 경향은 한국 종교 인구의 세대별 양극화를 초래하고 있으며, 젊은 세대와 고령층 사이의 종교적 차이가 뚜렷해지고 있다.

한국 사회는 무종교를 단순한 종교 부재 상태로 보지 않고, 다른 종교와 같은 권리와 자유를 누릴 수 있는 하나의 선택으로 인정하고 있다. 헌법재판소는 무종교 또한 종교의 자유에 포함된다는 판례를 통해 무종교인들이 종교를 가진 사람들과 동등한 법적 권리를 보장받아야 한다는 점을 명확히 했다. 이는 무종교 역시 종교적 선택의 하나로서 존중받고 있음을 의미한다.

(2) 다양한 종교의 공존

한국은 다양한 종교가 공존하는 사회로서, 종교적 다양성에 대한 관용이 높다. 이는 역사적으로도 이어져 내려온 특징으로 외부 종교의 유입에 대해 상대적으로 거부감이 적었으며, 오늘날에도 종교적 분쟁이 거의 없는 사회적 특성을 보여준다.

한국은 오랜 역사 속에서 불교, 유교, 기독교, 천주교, 무속 신앙 등 다양한 종교가 유입되었고, 이들은 서로 갈등을 일으키기보다는 공존하는 모습을 보여 왔다. 한국은 개방적인 종교 수용 태도를 통해 외부 종교를 배척하기보다는 적응하고 융합하며 받아들이는 문화가 형성되었다.

한국은 종교적 갈등이 거의 없는 국가로, 종교를 이유로 사회적 분열이 일어나지 않는다는 점에서 독특하다. 이는 다종교 사회에서 흔히 나타날 수 있는 종교 간 갈등이나 차별이 한국 사회에서는 잘 나타나지 않는 것을 의미한다. 대체로 개신교, 불교, 천주교, 이슬람교 등 다양한 종교가 상호 존중하며 공존하고 있으며, 종교적 차이가 정치적·사회적 갈등으로 발전하지 않는 점이 한국 종교관의 중요한 특징 중 하나다.

물론 일부 예외적인 사례도 존재한다. 예를 들어 종교적 이유로 결혼을 반대하는 경우나, 제사 문제로 인한 가족 간 갈등이 발생하기도 한다. 그러나 이러한 사례는 비교적 제한적이며, 대다수의 경우 한국 사회는 종교를 이유로 사회적 분열을 경험하지 않고 있다.

한국 사회는 특정 종교에 대한 차별이 존재하지 않으며, 각 종교가 평등한 권리를 누리고 있다. 이는 종교가 한국 사회에서 개인적인 선택으로 여겨지며, 종교를 갖는 것과 갖지 않는 것이 모두 존중받는 환경을 조성하는 데 기여했다. 이러한 특징은 한국 사회가 종교적 관용을 바탕으로 평화로운 종교 공존을 이루고 있음을 보여준다.

2) 한국 종교의 사회적 역할

(1) 종교는 사회 변동의 원동력

종교는 한국 사회에서 사회 변동을 촉진하는 주요한 원동력으로 작용해 왔다. 종교는 사회적 변동을 촉발하는 동기를 제공하거나 변동의 매개로서 작용하며, 또한 사회가 유지되고 발전할 수 있도록 정신적 기초를 제공하는 중요한 역할을 해왔다.

한국의 근현대사에서 종교는 사회 변동을 촉발하는 중요한 계기가 되었다. 예를 들어 동학은 조선 말기의 농민들을 결집시켜 동학농민운동으로 이어졌으며, 당시 봉건적 사회 질서에 대한 저항과 변혁을 촉발하는 동력으로 작용했다. 이처럼 종교는 사회적 모순을 극복하고 새로운 질서를 형성하는 데 중요한 역할을 수행했다.

일제강점기 동안 한국의 종교는 민족의 독립을 위한 정신적 동력을 제공했다. 기독교와 천주교, 불교는 독립운동을 지원하고, 종교적 지도자들이 독립운동에 참여하면서 항일 운동의 중요한 축을 형성했다. 특히 기독교는 3·1 운동에서 중요한 역할을 했으며, 독립운동을 이끄는 데 종교가 중심적 역할을 했다.

1970년대와 1980년대 한국의 민주화 운동에서도 종교는 중요한 역할을 했다. 특히 천주교는 군사 독재 시기 민주화 운동을 지원하며 인권과 정의를 위한 활동에 적극 참여했다. 종교는 이처럼 사회적 변혁을 이끄는 주요한 정신적 지주로서 기능해 왔으며, 한국 사회의 중요한 변동 과정에서 도덕적·윤리적 지침을 제공했다.

(2) 사회 부조리 해결을 위한 선도적 역할

한국 사회에서 종교는 개인의 신앙적 구원만을 중시하는 것이 아니라, 사회적 정의와 약자를 위한 시혜적 활동을 통해 사회 부조리 해결을 위한 선도적 역할을 수행해 왔다. 종교는 사회 전체의 정의와 정체성을 지탱하는 중요한 역할을 하며, 물질주의와 세속화에 대한 인본주의적 대안을 제시한다.

한국의 종교는 사회적 정의 실현을 중요한 목표로 삼고, 이를 위한 시혜적 활동을 전개해 왔다. 특히 불교와 기독교는 빈곤층을 돕기 위한 구호 활동, 교육 활동, 의료 활동 등을 통해 사회적 약자를 지원하고, 사회 정의를 실현하는 데 앞장서 왔다. 종교는 이러한 활동을 통해 사회 구성원 간의 연대와 공동체 의식을 강화하며, 사회 부조리 해결에 기여해 왔다.

현대 사회에서 물질주의와 세속화는 종교의 가치를 약화시키는 도전 요소로 작용하고 있다. 그러나 종교는 이러한 세속적 경향에 맞서 인본주의적 가치관을 제시하며, 인간의 정신적 구원과 도덕적 삶을 강조한다. 예를 들어 성리학은 조선시대에 도덕적 윤리와 자아 수양을 중시하며 물질적 욕망을 극복하려는 가치를 추구하였고, 오늘날에도 물질주의를 비판하는 종교적 가치관이 사회적 대안으로 제시되고 있다.

종교는 사회적 약자에 대한 배려와 보호를 중요한 과제로 삼아왔다. 불교, 기독교, 천주교는 모두 구호 활동과 봉사 활동을 통해 사회적 약자와 소외된 계층을 지원해 왔다. 이는 종교가 단순히 개인의 신앙적 구원만을 중시하는 것이 아니라, 사회 전체의 정의와 평등을 중시하며, 사회 부조리를 해결하기 위해 노력하고 있음을 보여준다.

(3) 세계화에 따른 다양성 수용

한국 사회는 세계화의 흐름 속에서 다양한 문화와 가치관이 공존하게 되었으며, 종교는 이 과정에서 문화적 다양성과 사회적 포용성을 확대하는 중요한 역할을 수행했다. 종교는 사회적 약자나 차별받는 이들에 대한 인식의 변화를 주도하며, 사회의 다원성을 존중하는 역할을 해왔다.

한국 종교는 세계화의 흐름 속에서 문화다양성을 수용하는 중요한 역할을 해왔다. 특히 이슬람교와 기독교가 한국 사회에 자리잡으면서 종교적 관용과 다양성이 존중되고 있다. 종교는 특정 문화를 초월하여 보편적 가치를 제시하며, 이를 통해 다양한 문화와 종교가 공존할 수 있는 사회적 기반을 형성한다. 이러한 종교적 스펙트럼의 확대는 한국 사회가 다문화 사회로 진입하는 과정에서 중요한 역할을 하고 있다.

종교는 사회적 약자에 대한 포용적 태도를 통해 사회적 불평등을 극복하고 모든 사람이 평등한 대우를 받을 수 있도록 노력해 왔다. 기독교와 천주교는 사회적 약자와 소외된 이들을 위한 사회복지 활동과 인권운동을 통해 그들이 인간다운 삶을 누릴 수 있도록 지원해 왔으며, 이러한 활동은 종교가 한국 사회에서 사회적 정의 실현에 중요한 역할을 하고 있음을 보여준다.

종교는 단순한 신앙을 넘어 사회, 경제, 문화, 예술, 철학 등 다양한 분야에 변화를 수용하고 변화의 주체로 작용한다. 종교는 시대적 변화와 함께 사회 전반에 걸쳐 다양한 가치관과 문화적 흐름을 반영하며, 이를 통해 다양성과 포용성을 확대해 나간다. 예를 들어 불교의 명상과 참선은 서구 사회에 영향을 미치며, 한국 내에서도 정신적 수양과 내면적 성장의 방법으로 많은 사람들이 수용하고 있다. 이러한 종교적 가치관의 확장은 한국 사회가 세계화와 함께 다양한 가치를 존중하는 방향으로 나아가는 데 기여하고 있다.

3) 한국 종교의 방향성

(1) 종교의 사회적 책임 강화

종교는 단순히 개인의 신앙적 구원만을 추구하는 것이 아니라, 사회적 책임을 강화하여 한국 사회의 도덕적 지침으로서 역할을 수행해야 한다. 종교는 물질주의와 세속화로 인한 사회적 부작용을 극복하기 위해 인본주의적 가치관을 제시하고, 사회적 약자에 대한 보호와 지원을 강화해야 한다.

첫째, 종교는 사회적 불평등과 약자를 위한 시혜적 활동을 강화해야 한다. 특히 종교가 사회 정의 실현을 위한 구체적 프로그램과 사회복지 활동을 통해 더 적극적으로 사회적 약자를 도울 필요가 있다.

둘째, 종교는 빠르게 변화하는 현대 사회에서 물질주의와 소외에 대한 윤리적 대안을 제시해야 한다. 인간의 내면적 성숙과 도덕적 삶을 강조하는 종교적 가치는 현대 사회의 도덕적 지침으로 중요한 역할을 할 수 있다.

(2) 청년층과 젊은 세대를 위한 종교의 접근성 확대

현대 한국 사회에서 무종교 인구의 증가와 종교의 고령화는 종교가 해결해야 할 중요한 문제이다. 특히 종교가 젊은 세대와의 소통에 어려움을 겪고 있는 가운데, 한국 종교는 청년층을 대상으로 한 포교와 교육 방식을 새롭게 모색해야 한다.

첫째, 종교는 디지털 미디어와 소셜 네트워크 등 현대 기술을 활용하여 청년층과 소통하는 방법을 강화할 필요가 있다. 젊은 세대가 쉽게 접근할 수 있는 온라인 플랫폼과 디지털 콘텐츠를 활용한 종교 교육 및 포교가 중요하다.

둘째, 청년층의 관심사에 맞춘 종교 활동을 기획하고, 젊은 세대가 공감할 수 있는 사회적 이슈에 대한 종교적 해석과 실천을 강조해야 한다. 예를 들어 환경 문제, 인권 문제, 사회적 불평등과 같은 이슈에 대해 종교적 관점을 제시하고 실천하는 것이 중요하다.

(3) 종교 간 대화와 협력 증진

한국 사회는 다양한 종교가 공존하는 다종교 사회로서, 각 종교가 상호 간의 대화와 협력을 통해 사회적 통합에 기여할 수 있는 방향을 모색해야 한다. 종교 간 갈등보다는 상호 이해와 공존을 추구하는 자세가 필요하다.

첫째, 각 종교가 사회적 문제를 해결하기 위해 협력하는 것이 중요하다. 예를 들어 자원봉사 활동이나 사회복지 프로젝트에서 종교 간 협력을 강화하고, 이를 통해 사회적 연대를 구축하는 것이 필요하다.

둘째, 종교 간의 신학적 차이나 문화적 차이를 넘어, 상호 존중과 대화를 통해 서로의 가치를 인정하고, 평화로운 공존을 위한 대화의 장을 마련하는 것이 중요하다. 이러한 대화는 종교 간 갈등을 예방하고, 다문화 사회로 나아가는 한국 사회에서 문화적 다양성을 수용하는 데 기여할 수 있다.

(4) 지속 가능한 발전을 위한 종교적 실천 강화

현대 사회에서 환경 문제와 지속 가능한 발전이 중요한 이슈로 대두되고 있는 가운데 종교는 지속 가능한 발전을 위한 윤리적 방향성을 제시할 필요가 있다. 종교는 인간과 자연의 조화로운 공존을 강조하며, 환경 보호와 지속 가능한 발전을 위한 실천적 활동을 강화해야 한다.

첫째, 종교는 환경 보존과 지속 가능한 발전을 위한 윤리적 지침을 제시해야 한다. 불교나 유교 등 전통 종교는 자연과의 조화와 공존을 강조해왔으며, 이를 바탕으로 현대의 환경 문제 해결에 기여할 수 있다.

둘째, 종교는 에너지 절약이나 환경 보호와 같은 친환경적 활동을 실천함으로써 사회적 책임을 다할 수 있다. 또한 환경 교육을 통해 신도들이 자연을 존중하고 보호하는 데 기여하도록 독려할 수 있다.

(5) 다문화주의와 종교

최근 우리 사회는 다문화 가족의 증가와 함께 아주 빠른 속도로 다문화 사회로 진입하고 있다. 이에 따라 다문화 주체들의 공존을 도모하기 위한 방법들이 모색되고 있고 그 중 대표적인 것이 다문화주의이다.

다문화주의란 한 사회 내의 다양한 인종이나 민족 집단들의 문화를 단일한 문화로 동화시키지 않고, 서로 인정하고 존중하면서 공존하게 하는 데 그 목적이 있는 이념 체계나 정부 정책을 일컫는 말이다. 우리 사회에서 다문화주의가 정착되기 위해서는 다문화에 대한 이해가 필수적이며, 그 이해의 문을 여는 중요한 열쇠가 되는 것 중 하나가 종교이다.

왜냐하면 종교는 가장 복합적이며 총체적인 문화 현상으로 한 사회의 가치 체계나 사회적 행위를 결정하는 중요한 역할을 담당하고 있기에 종교에 대한 진정한 이해는 다문화 이해의 튼튼한 기반이 될 수 있기 때문이다.

종교를 통한 다문화의 이해는 세계 종교에 대한 다양한 경험을 할 수 있는 기회를 제공함으로써 이루어질 수 있다. 종교에 대한 단순한 지식 전달이 아니라 맥락에 대한 이해를 바탕으로 세계 종교의 다양성과 복잡성을 설명하는 방식의 종교 문화 교육을 통해 이루어지는 것이 바람직하다. 더불어 다문화 주체들이 참여하는 축제를 통해 소통을 도모하는 것도 좋고, 종교 박물관을 설립해 다문화 이해를 돕는 것도 생각해 볼 수 있다.

종교가 갈등의 원천이 아니라 평화를 앞당기는 힘이 되기 위해서는 같은 종교를 가지고 있지 않은 사람들을 포용하는 열린 마음이 있어야 할 것이다.

💬 생각해 볼 문제

1. 한국의 사상은 '한국'이라는 공간 안에서 생겨난 사상이라는 뜻과 한민족이 역사적으로 형성해온 사상이라는 뜻이 함께 담겨져 있다. 그러므로 역사의 변천에 따른 종교의 형성과정은 사상과 매우 밀접한 관련을 갖는다. 교재에 기술된 다양한 종교의 영향은 현대 한국인에게 어떤 사상을 형성했는지 정리하고, 이를 이야기해보자.
2. 초국적 이주민의 증가는 단지 해당 출신국가의 문화만 유입되는 것이 아니라 종교도 유입된다. 종교의 자유를 허용하는 우리나라에서 다종교 현상이 발생할 수 밖에 없다. 이러한 종교가 갈등의 단초가 아닌 평화의 토대가 되기 위한 노력은 어떤 것이 있는지 자료를 찾아보고 이를 정리해보자.

✔ 더 읽을거리

맬러리 나이 저·유기쁨 역(2013). 『문화로 본 종교학』. 논형.

이 책은 종교학이란 용어 대신 종교와 문화 연구라는 용어를 사용해 문화적 시각으로 종교를 탐구하려 노력했다. 종교 전통들의 복잡성을 이해하고 그것이 어떻게 문화와 사건들을 형성하는지 설명했다. 종교는 문화의 일부이기 때문에 완전히 구별할 수 없고 그만큼 종교는 문화에 강력한 영향을 미쳐왔다. 종교와 문화 연구라는 저자의 접근법은 인류학, 정치학, 철학, 페미니즘, 사회학, 문화와 미디어 연구 등 다양한 이론을 다루는 학제 간 연구라 할 수 있다. 종교와 문화 연구는 우리가 살고 있는 현대 세계와 역사를 이해하고 바라보게 만드는 중요한 요소이다.

✎ 참고문헌

고병철·이진구·조현범·박범식·박상증(2022). 고등학교 종교학. 세종특별자치시 교육청.

임영희(2017). 2017 세계시민교육 정책연구학교 자료집.

한국민족문화대백과사전(1991). 한국학중앙연구원.

5장

한국의 정치와 경제

1. 정치와 경제

1) 정치

(1) 정치의 개념과 기능

정치(政治, Politics)는 국가 권력을 중심으로 이루어지는 활동과 그에 따른 사회적 관계를 다루는 학문이다. 정치란 단순히 권력을 획득하고 행사하는 것을 넘어, 사회적 가치를 둘러싼 다양한 이해관계를 조정하고 해결하는 과정까지 포함한다. 정치의 개념은 좁은 의미와 넓은 의미로 구분할 수 있다.

먼저 좁은 의미의 정치는 국가의 통치 작용과 관련된 활동을 의미하며, 권력의 획득, 유지, 행사와 같은 과정이 중심이 된다. 국가는 법과 제도를 통해 사회적 질서를 유지하고, 정책을 결정하며, 이를 집행하는 역할을 한다. 이러한 정치는 정부, 입법부, 사법부 등 공식적인 국가 기관을 통해 이루어지며, 선거와 같은 민주적 절차를 통해 정당성을 확보한다.

다음으로 넓은 의미의 정치는 공동체 내에서 발생하는 다양한 이해관계를 조정하고 해결하는 모든 과정을 포함한다. 이는 국가에 국한되지 않으며, 가정, 기업, 종교 단체, 지역 사회 등 모든 사회적 관계에서 나타난다. 인간이 협력과 경쟁을 통해 공동의 목표를 달성하는 과정 자체가 정치이며, 이를 통해 사회적 갈등을 해결하고 조화를 이루는 것이 중요한 목적이다.

또한 정치는 사회가 원활하게 작동하도록 조정하는 기능을 수행하며, 그 역할은 크게 세 가지로 나눌 수 있다.

① 공동체의 질서 유지

정치의 가장 기본적인 기능은 사회 질서를 유지하는 것이다. 모든 공동체는 구성원들이 따를 수 있는 규범과 법이 필요하며, 정치는 이를 제정하고 시행하는 역할을 한다. 헌법, 법률, 정책 등은 이러한 정치적 과정 속에서 형성되며, 이를 통해 사회적 규범이 확립된다. 국가 기관은 법률 집행을 통해 사회적 안정을 유지하고, 규칙을 위반하는 행위를 제재함으로써 공동체가 지속적으로 운영될 수 있도록 한다.

② 이해관계 조정과 갈등 해결

사회는 다양한 계층과 집단으로 구성되어 있으며, 각기 다른 이해관계를 가진 구성원들 사이의 충돌은 불가피하다. 정치의 중요한 역할은 이러한 갈등을 평화적이고 합리적인 방식으로 조정하고 해결하는 것이다. 이를 위해 선거, 협상, 타협, 중재 등의 정치적 절차가 활용되며, 법률 제정과 정책 결정 또한 이해관계를 조정하는 핵심 수단이 된다. 이러한 과정을 통해 사회적 합의를 도출하고, 다양한 집단이 공존 가능한 환경을 조성하는 것이 정치의 중요한 기능이다.

③ 공동체의 발전 방향 제시

정치는 현재의 문제를 해결하는 것을 넘어, 사회가 나아갈 방향과 목표를 설정하는 역할도 수행한다. 정치 지도자는 경제 성장, 복지 확대, 환경 보호, 사회적 평등 등 공동체의 발전을 위한 비전을 제시하고, 정책을 수립하여 이를 실현해 나간다. 또한, 정치적 과정은 다양한 의견을 수렴하고 사회적 합의를 이끌어내며, 구성원들이 공동 목표를 향하여 협력할 수 있도록 한다.

이처럼 정치는 권력을 행사하는 과정일 뿐만 아니라, 사회 질서를 유지하고, 갈등을 해결하며, 공동체의 발전을 이끄는 필수적인 기능을 수행한다. 이러한 정치적 과정은 국가뿐만 아니라 모든 사회적 관계에서 작동하며, 사회적 조화와 지속가능한 발전을 위한 핵심 요소로 작용한다.

(2) 정치 체제의 이해

정치 체제는 국가의 운영 방식과 관련된 정치적 구조와 제도를 포괄하는 개념이다. 이는 정부의 구성과 운영 방식, 입법·사법 기관의 역할, 정당 제도 등 정치적 활동이 이루어지는 전체적인 시스템을 의미한다. 각 국가의 역사적, 사회적, 경제적 배경에 따라 정치 체제는 다르게 구성되며, 정치적 안정성과 사회적 갈등을 해결하는데 중요한 역할을 한다. 정치 체제는 크게 국가 체제, 정치 체제, 정부 형태, 의회 및 사법부 제도, 정당 제도로 구분할 수 있다.

① 국가 체제

국가 체제는 주권의 주체가 누구인가에 따라 국가 형태를 구분하는 개념이다.

- **군주제:** 주권이 군주에게 있으며, 왕이나 황제가 국가 원수로서 권력을 행사한다. 오늘날에는 군주의 권한이 헌법에 의해 제한되는 입헌군주제가 일반적이다.
- **공화제:** 주권이 국민에게 있으며, 국민이 직접 또는 간접적으로 정치에 참여한다. 대통령제나 내각책임제 등 다양한 형태로 운영된다.

② 정치 체제

정치 체제는 통치 방식에 따라 국가 형태를 구분하는 개념이다.

- **민주제:** 국민이 주권을 행사하며, 선거를 통해 대표를 선출해 정부를 구성하는 체제이다.
- **독재제:** 소수의 엘리트나 한 사람이 권력을 독점하며, 국민의 정치적 참여가 제한되는 체제이다.
- **입헌제:** 헌법에 의해 정부 권력이 제한되며, 국민의 권리가 보장되는 체제이다.
- **연방제:** 중앙 정부와 지방 정부가 권력을 분담하며, 각 지방이 자치권을 가지는 체제이다.
- **단일제:** 중앙 정부가 권력을 집중적으로 행사하며, 지방 정부의 자율

성이 제한되는 체제이다.

③ 정부 형태

정부 형태는 행정부와 입법부의 관계에 따라 구분된다.

- **대통령중심제:** 공화정 정부 형태 중 하나로, 대통령이 입법부와 분리된 상태에서 행정권을 독자적으로 행사하는 체제를 말한다.
- **내각책임제:** 의회 다수당의 대표가 총리가 되어 행정부를 이끌며, 의회에 대해 책임을 지는 체제이다.
- **이원집정부제:** 대통령과 총리가 권한을 나누어 행사하며, 대통령은 외교·국방을, 총리는 내정을 담당하는 체제이다.

④ 정당 제도

정당은 정치적 이념과 목표를 공유하는 사람들이 공공이익을 실현하기 위해 조직한 집단이다.

- **일당제:** 하나의 정당만이 정치 권력을 독점하며, 다른 정당의 활동이 제한된다.
- **양당제:** 두 개의 주요 정당이 경쟁하며 정치 권력을 분점하는 체제이다.
- **다당제:** 여러 정당이 정치적 권력을 나누며, 다양한 정치적 견해가 반영될 수 있는 체제이다.

정치 체제는 각 국가의 정치적 안정과 운영 방식에 큰 영향을 미치며, 사회 구성원들의 정치 참여와 권리 보장에 중요한 역할을 한다.

(3) 정치 과정과 정치 참여

현대 사회의 다원적 가치와 이익의 표출로 인한 대립과 갈등은 이를 조정하여 사회 통합에 이르게 하는 활동인 정치 과정을 통해 해결할 수 있다. 정치 과정이란 사회구성원들이 표출하는 다양한 이해관계를 바탕으로 정책을 만들어 가는 일련의 과정을 말한다. 즉 사회구성원들이 제기하는 새로운 요구와 지지를 바탕으로 정책을 결정하고 집행하는 과정으로 이를 통하여 갈등을 해소하고 사회 통합을 이루어 낸다.

[그림 5-1] 정치 과정

정치 과정은 투입, 산출, 환류의 단계로 나누어 볼 수 있다. 첫째, 투입은 개인이나 단체가 정부에 정책 요구를 하거나지지 및 불만을 표현하는 방식으로 나타난다. 둘째, 산출은 투입된 의견이나 지지에 따라 정책이 결정되고 실행되는 과정을 의미한다. 셋째, 환류는 실행된 정책에 대한 국민의 반응과 평가가 다시 정책 요구로 이어지는 순환 과정을 뜻한다. 이러한 정치적 흐름은 경제, 사회, 문화 등 외부 요소에 의해 이루어지며, 이를 '환경'이라 한다. 이는 국내외 환경 모두에 영향을 받는다.

(4) 선거의 기능과 중요성

현대 민주정치에서는 국민의 대표자들이 국민을 대신하여 정치하는 대의제를 실시하고 있다. 선거는 대의 민주주의에서 국민이 정치적 의지를 나타내는 가장 핵심적인 방법이다. 국민은 선거로 대표를 뽑아 국가 운영을 맡기고, 이들은 국민의 뜻과 이익을 정책에 반영한다. 따라서 국민의 의사를 충실하게 반영하는 선거가 민주정치의 성공을 위해 중요하며, 선거는 민주적이고 공정하게 이루어져야 한다. 이를 위해 대부분 민주국가에서는 선거의 4대 원칙이라고 불리는 보통선거, 평등선거, 직접선거, 비밀선거의 원칙을 따르고 있다.

한편 선거는 민주주의 사회에서 국민이 대표자를 선출하고 정치적 의사를 표현하는 핵심 제도이다. 선거의 주요 기능은 대표자 선출기능, 민주적 정당성 부여기능, 정치 권력 통제기능, 정치적 참여기능이 있다. 이처럼 선거는 정당한 정부를 구성하고 정치적 안정성을 유지하는 데 중요한 역할을 한다. 또한, 정치인들에게 책임을 부과하고 정책 방향을 결정하는 과정에서 국민의 의견이 반영될 수 있도록 한다. 이를 통해 민주주의 사회가 지속적으로 발전할 수 있으며, 국민의 삶의 질이 향상되는 데 기여한다.

(5) 민주 정치의 기본 원리

민주 정치는 국민의 참여와 합의를 바탕으로 운영되며, 이를 효과적으로 실현하기 위해 몇 가지 기본 원리를 따른다. 국민이 정치적 주권을 행사하고, 국가 권력이 헌법과 법률에 의해 규제되며, 권력 남용을 방지하는 제도적 장치가 마련되어야 한다. 이러한 원리들은 민주주의의 핵심 가치인 자유, 평등, 법치주의를 보장하는 역할을 한다.

① 국민 주권의 원리

국민 주권의 원리는 국민에게 국가의 최고 권력이 있으며, 모든 정치 권력은 국민의 동의를 바탕으로 행사되어야 한다는 민주 정치의 핵심 원칙이다. 이를 통해 국민은 선거를 통해 대표자를 선출하고, 정치적 과정에 참여할 권리와 책임을 가진다. 현대 민주주의 국가에서는 대의제(대표민주주의)를 통해 국민 주권이 실현되며, 직접 민주주의적 요소(국민투표 등)도 병행될 수 있다.

② 입헌주의의 원리

입헌주의는 국가 권력이 헌법에 의해 제한되고 규제되어야 한다는 원칙으로, 정부의 권한을 견제하고 국민의 기본권을 보호하는 역할을 한다. 모든 정치적 결정은 헌법을 기반으로 이루어져야 하며, 헌법재판소 등 기관을 통해 법의 지배가 유지된다. 이를 통해 법치주의가 실현되며, 국가 권력의 자의적 행사를 방지할 수 있다.

③ 국민 자치의 원리

국민 자치의 원리는 국민이 단순한 피통치자가 아니라, 정치적 결정을 내리는 주체로서 적극적으로 참여해야 한다는 개념이다. 국민은 선거뿐만 아니라 정치 토론, 여론 형성, 집회 등을 통해 정치 과정에 개입할 수 있으며, 직접 민주주의(국민투표)와 대의 민주주의(대표 선출) 방식으로 실현된다. 국민 자치는 정치적 책임성과 연결되며, 국민은 올바른 선택을 하고 정치에 대한 감시와 평가를 해야 한다.

④ 권력 분립의 원리

권력 분립의 원리는 입법(국회), 행정(정부), 사법(법원)으로 국가 권력을 분리하여 권력 남용을 방지하고 견제와 균형을 유지하는 원칙이다.

각 기관은 독립적으로 기능하면서도 상호 감시를 통해 균형을 유지하며, 이를 통해 민주주의의 투명성과 공정성이 보장된다. 이는 권력의 집중을 막으며, 국민의 자유와 권리를 보호하는 데 중요한 역할을 한다.

2) 경제 일반

(1) 경제의 개념

경제는 인간의 생활에 필요한 재화와 용역을 생산, 분배, 소비하는 일련의 활동을 의미하며, 이를 통해 사회적 관계와 경제 시스템이 형성된다. 경제 활동은 사회의 물적 기반을 마련하고, 인간의 생활을 유지·발전시키는 역할을 한다. 경제는 크게 생산, 분배, 소비 세 가지 범주로 나뉜다.

첫째, 재화와 용역의 생산이다. 인간 생활에 필요한 물질적, 비물질적 자원을 만들어내는 활동으로, 이를 통해 생산된 재화와 용역은 경제의 기초가 된다. 이 과정에서는 자원, 노동, 기술, 자본 등의 요소가 결합해 가치를 창출한다.

둘째, 재화와 용역의 분배이다. 생산된 재화와 용역을 사회 구성원들에게 어떻게 나눌 것인가에 대한 문제로, 분배는 경제적 불평등, 자원의 배분, 정치적 결정과 밀접하게 연관된다. 재화의 분배 방식은 사회 구조와 정치적 환경에 따라 다양한 형태로 나타난다.

셋째, 재화와 용역의 소비이다. 분배된 재화를 개인이나 가계, 기업 등이 실제로 사용하는 과정이다. 소비는 경제 활동의 최종 목표이자, 새로운 생산과 분배 활동을 촉발시키는 순환적 요소로 작용한다.

또한 경제는 가계, 기업, 국가 간의 순환 구조를 형성한다. 가계는 노동력을 제공하고, 기업은 이를 활용해 재화와 용역을 생산하며, 국가는 경제 활동을 조정하고 지원한다. 이 과정에서 자본, 노동력, 재화 등이 지속적으로 교환되면서 경제는 성장하고 발전한다. 경제 주체 간의 원활한 상호작용이 이루어질 때, 전체 경제 시스템은 안정적으로 작동하며 지속적인 발전을 이룰 수 있다.

(2) 희소성과 경제 문제

희소성이란 개인이나 사회 구성원의 욕구에 비해 자원이 상대적으로 부족한 상태를 의미한다. 다시 말해 사람들이 필요로 하거나 원하는 재화와 서비스를 충분히 생산하기에는 자원이 한정되어 있다는 뜻이다. 이처럼 자원이 제한되어있는 상황에서, 개인과 사회는 어떤 선택이 더 바람직한지를 고민하고, 자원을 어디에 어떻게 사용할 것인지를 판단해야 한다. 이러한 판단과 선택의 과정에서 발생하는 것이 바로 '경제 문제'이며, 희소성은 경제 문제가 생겨나는 근본적인 원인이라 할 수 있다.

희소성으로 인해 모든 사회는 불가피하게 기본적인 경제 문제에 직면하게 된다. 일반적으로 경제 문제는 다음의 세 가지 핵심 질문으로 나뉜다. 첫째, '무엇을 얼마나 생산할 것인가'의 문제이다. 이는 한정된 자원을 어떤 재화와 서비스의 생산에 우선 배분할지를 결정하는 문제로, 사회 구성원의 욕구와 수요를 고려하여 효율적인 자원 배분이 필요하다. 둘째, '어떻게 생산할 것인가'의 문제는 생산에 필요한 자원을 어떤 방식으로 결합하고 조직하여 생산할지를 묻는 것으로, 기술, 노동, 자본의 효율적 활용이 관건이 된다. 셋째, '누구를 위하여 생산할 것인가'의 문제는 생산된 재화와 서비스가 누구에게 어떻게 분배될 것인가를 다루며, 이 과정에서는 효율성과 더불어 사회적 형평성도 중요하게 고려된다. 즉 단순히 생산성과 이익만이 아니라, 자원의 분배가 공정하게 이루어지는지도 중요한 판단 기준이 된다.

(3) 기회비용과 합리적 선택

기회비용이란 어떤 결정을 내릴 때 지출한 비용과 포기한 선택지의 가치 중 큰 것을 포함한 총 비용을 말한다. 합리적 선택을 하기 위해서는 직접 지출에 해당하는 명시적 비용을 포함하여 화폐로 지출하지는 것은 아니지만 발생하는 비용인 암묵적 비용까지를 포함한 기회비용을 고려하여 의사결정을 해야 한다.

합리적인 선택이란 다양한 선택지 가운데 가장 유리한 것을 고르는 것을 의미하며, 이를 위해서 각 대안의 정확한 편익과 비용을 파악하여 편익은 최대화하고 비용은 최소화해야 한다. 이때 편익은 어떤 선택을 할 때 얻게 되는 만족 혹은 이득을 의미한다. 비용은 그 선택을 할 때의 기회비용을 뜻한다. 순편익은 편익에서 비용을 뺀 것으로, 순편익이 가장 커지는 대안을 선택하는 것이 합리적인 선택이다.

(4) 다양한 경제 체제

사회마다 경제 문제를 해결하는 방법은 다르다. 경제 문제를 자유로운 경쟁을 통해 해결하는 사회도 있고, 경제 문제를 국가의 계획이나 통제를 통해 해결하는 사회도 있다. 이와 같이 경제 문제를 해결하기 위한 방식이나 제도를 경체 체제라고 한다.

경제 체제는 한정된 자원을 사회 구성원에게 어떻게 나눌지를 정하는 기준과 방식을 제공한다. 경제 체제는 기본적 경제 문제를 해결하는 방식에 따라 전통 경제 체제, 계획 경제 체제, 시장 경제 체제, 혼합 경제 체제로 나눌 수 있다.

① 전통 경제 체제

기본적인 경제 문제를 전통과 관습에 따라 해결하는 경제 체제이다. 이러한 경제 체제는 사회의 안정과 지속성을 보장하는 장점있다. 그러나 사회 구성원의 경제 활동을 관습이나 전통 등으로 제한하므로 사회의 변화나 발전이 지연될 수 있다는 단점이 있다.

② 계획 경제 체제

계획 경제 체제는 중앙 정부의 계획, 명령, 통제에 따라서 경제 문제를 해결하는 체제를 말한다. 중앙 정부는 무엇을, 얼마나, 어떻게 생산하고, 분배할 것인가에 관하여 국가 전체를 대상으로 계획을 세우고 명령함으로써 경제 문제를 해결한다. 계획 경제 체제는 중앙 정부가 경제 전체를 통합하여 관리함으로써 국가의 정책 목표를 우선으로 추구할 수 있으며, 자원 배부분이 일부 지역이나 산업, 특정 계층 등에 집중되지 않도록 해 분배의 형평성을 실현하고자 한다.

③ 시장 경제 체제

시장 경제 체제에서는 경제 활동의 중심에 가계와 기업이 있어, 이들이 자신의 이익을 추구하며, 이들 경제 주체가 시장 가격에 따라서 자유롭게 의사결정을 하며 경제 문제를 해결한다. 시장 경제 체제에서 소비자가 많이 선택하는 상품은 가격이 올라가는 경향이 있으며, 기업은 시장가격이 변화하는 것을 보고 소비자의 욕구를 파악해 무엇을, 얼마나, 어떻게 생산할지 결정한다. 또한 기업은 기업의 이윤을 높이기 위해 생산 비용을 줄일 방법을 찾는다.

이처럼 시장 경제 체제에서는 시장 가격에 기초하여 소비자와 기업이 경제 문제를 자유롭게 결정한다. 그 결과 소비자의 만족과 기업의 이윤이 높아질 뿐만 아니라 사회적 효율성이 높아지고 최적의 자원 배분이 이루어진다. 하지만 시장 경제 체제에서는 개인의 능력이나 가정 환경의 차이, 사회적·경제적 구조와 제도 등 다양한 원인에 의하여 빈부 격차가 발생하고, 급격한 경기 변동이 나타나기도 한다.

④ 혼합 경제 체제

혼합 경제 체제는 시장 경제 요소와 계획 경제 요소가 혼합된 경제 체제를 의미한다. 1930년대 대공황을 해결하기 위해 미국 정부가 경제 문제에 개입하면서 본격적으로 혼합 경제 체제가 등장하였다. 당시 시장 경제의 운영 원리를 신봉하던 미국에서는 시장의 가격 기구가 대공황 또한 해결해 줄 것이라고 생각하였다. 하지만 시간이 지나도 경제 상황이 나아지지 않자 본격적으로 정부가 경제 문제에 개입하기 시작하였다. 정부에서 일자리를 만들고 경기를 회복하는 대규모 사업인 뉴딜 정책을 펼친 후에 대공황에서 벗어날 수 있었다. 현재 대부분의 국가는 시장 경제 체제를 기반으로 하여 계획 경제 체제의 요소가 일부 혼합되어 있는 혼합 경제 체제를 택하고 있다.

(3) 경제에서 정부의 역할론

경제에서 정부의 역할은 시대와 경제적 환경에 따라 다양한 형태로 변화해 왔다. 정부가 시장에 얼마나 개입해야 하는지에 대한 논의는 작은 정부론과 큰 정부론으로 대표되며, 이는 각기 다른 경제 철학과 정책 방향을 반영한다. 두 입장은 정부의 역할과 시장의 기능에 대한 상반된 시각을 바탕으로 경제 성장과 사회적 안정에 미치는 영향을 설명한다.

① 작은 정부론

작은 정부론(Small Government Theory)은 정부의 개입을 최소화하고 시장의 자율적 기능을 강조하는 경제 이론으로, 자유시장 경제를 지지하는 입장에서 정부 개입이 경제 효율성을 저해한다고 본다. 주요 특징은 다음과 같다.

첫째, 정부 지출 축소를 강조한다. 공공 부문에 대한 과도한 재정 투입이 민간 부문의 위축을 초래할 수 있으므로, 정부 지출을 줄이고 민간 주도의 경제 활동을 촉진하는 것이 바람직하다고 본다.

둘째, 민간 자율성 확대를 지향한다. 기업과 가계가 자유롭게 경제 활동을 할 수 있도록 정부 규제를 최소화하여 시장의 활력을 높이는 것이 목표다.

셋째, 인플레이션 억제 및 경기 안정화를 중시한다. 정부 지출을 줄이면 통화 팽창을 막고, 시장 메커니즘이 자율적으로 수요와 공급을 조정하여 경제 안정에 기여한다고 본다.

넷째, 사회복지 및 공공 서비스 축소의 가능성이 있다. 공공 지출 감소로 인해 복지제도와 사회 안전망이 약화될 수 있으며, 소득 불평등이 심화될 위험이 있다.

② 큰 정부론

큰 정부론(Big Government Theory)은 정부가 경제에 적극적으로 개입해야 한다는 입장으로, 케인즈 경제학에 기반을 두고 있다. 정부의 역할을 강화하여 경제 안정과 성장을 촉진할 수 있다고 본다. 주요 특징은 다음과 같다.

첫째, 정부 지출 확대를 주장한다. 경기 침체 시 정부가 공공 인프라 투자와 복지 지출을 늘려 일자리 창출과 소비 활성화를 유도해야 한다고 본다.

둘째, 사회복지 강화를 강조한다. 교육, 의료, 실업보험 등 복지제도를 확충하여 사회적 불평등을 완화하고 국민의 생활 안정을 도모한다.

셋째, 시장 규제 및 경기 조정을 지향한다. 시장 실패를 교정하고, 독점과 불공정 거래를 규제하며, 노동자와 소비자의 권익을 보호하는 역할을 한다.

넷째, 경제 비효율성의 위험이 있다. 정부 개입이 과도할 경우, 민간 부문의 경제 활동이 위축될 수 있으며, 비효율적인 공공 부문 확대로 인해 장기적인 경제 성장에 부정적 영향을 미칠 수 있다.

2. 한국의 정치

1) 한국 정치의 역사적 전통

한국의 전통 정치는 고조선으로부터 조선에 이르기까지 전제군주제와 중앙집권적 정치 체제를 근간으로 발전하였다. 왕은 국가의 최고 권력자로서 모든 정치적 권한을 행사하였으며, 법과 제도의 최종 결정권을 독점하였다. 이러한 중앙집권적 체제는 단군 신화에서 드러나는 왕의 신성성과 권위에서 비롯되었고, 이후 삼국 시대와 고려, 조선으로 이어지며 제도적으로 강화되었다. 특히 삼국 시대의 고구려, 백제, 신라는 모두 왕을 중심으로 권력이 집중되는 전제군주제를 유지하며 국가 통합과 영토 확장에 나섰다.

이 과정에서 정치 권력은 왕만이 아니라 신분제 사회 속 지배층, 즉 귀족과 양반 계층에 의해 독점되었다. 신분제 구조는 정치·경제적 권력을 소수 계층에 집중시켰고, 일반 백성의 정치 참여를 철저히 배제하였다. 고려 후기의 권문세족, 조선 시대의 사대부와 양반 계층은 과거 제도와 학문적 권위를 통해 고위 관직을 장악하며 국가 운영을 주도하였다. 그러나 이러한 정치 구조는 권력의 폐쇄성과 보수성을 강화해 사회적 불평등을 심화시키고 내부 갈등을 불러왔다.

또한 한국 전통 정치의 전개 과정에서 종교와 사상은 통치 이념으로 기능하며 정치적 성격을 규정하였다. 삼국 시대에는 불교가 왕권을 신성화하고 백성을 결집시키는 도구로 활용되었다. 신라 법흥왕은 불교를 국교로 채택하여 중앙집권적 왕권 체제를 강화했으며, 불교는 단순한 종교를 넘어 정치적 통합과 국가 질서 유지의 기제로 작동하였다. 조선 시대에는 성리학이 국가의 통치 이념으로 자리 잡았다. 성리학은 군주의 권력을 도덕적 기준에 따라 제약하는 동시에 사대부 계층이 정치적 정당성을 확보하는 이론적 근거가 되었다. 조선 왕조는 성리학적 덕치를 강조하며 백성의 복리 증진을 국가 운영의 기본 원리로 삼았으나 실제로는 양반 중심의 지배 질서를 공고히 하는 도구로 기능하기도 했다.

이렇듯 한국 전통 정치의 근간은 왕권과 귀족 권력의 결합, 종교·사상의 통치 이념화로 요약된다. 그러나 권력이 소수 집단에 집중되면서 내부 개혁이나 외부 충격에 취약하였고, 왕권과 귀족 세력 간의 갈등은 왕조의 안정성과 존속에 큰 영향을 미쳤다. 고려의 권문세족과 조선의 사대부 갈등은 대표적인 사례로 이러한 구조적 모순은 왕조의 흥망성쇠를 결정짓는 주요 요인이 되었다.

2) 현대 한국 정치의 변천 과정

한국의 정치 제도는 시대적 변화와 사회적 요구 속에서 꾸준히 변천해 왔다. 광복 이전에는 1895년 홍범 14조가 근대적 헌법의 성격을 지닌 최초의 기본법으로 제정되었고, 1899년 대한제국 헌법이 공포되면서 전제군주제가 확립되었다. 이후 1919년 상하이에서 수립된 대한민국 임시정부는 임시헌장을 통해 민주공화국의 기틀을 마련하고, 주권재민, 의원내각제, 기본권 보장 등을 선언하였다.

광복 이후 1948년 제헌헌법 제정으로 제1공화국이 출범하면서 대통령제를 기반으로 한 민주공화국 체제가 수립되었다. 그러나 이승만 정부는 발췌개헌(1952)으로 대통령 직선제를 도입하고, 사사오입 개헌(1954)을 통해 대통령의 장기집권을 가능하게 하면서 권력 집중이 심화되었다. 1960년 4·19 혁명으로 이승만 정권이 붕괴하자 제2공화국이 수립되어 대통령제에서 의원내각제로 전환되었고, 복수정당제 보장과 선거 관리의 중립성이 제도적으로 강화되었다. 그러나 이 체제는 1961년 5·16 군사쿠데타로 짧게 끝났다.

군사정권이 등장한 이후 제3공화국은 대통령제로 환원되었고, 1969년 3선 개헌을 통해 대통령의 장기집권을 허용하였다. 이어 1972년 박정희 정권은 유신헌법을 제정하여 대통령에게 막강한 권한을 부여하고, 국회와 사법부의 권한을 약화시키는 제4공화국 체제를 구축하였다. 이는 사실상 장기 독재체제였다. 박정희 사망 이후 1980년 전두환 정권은 국보위 개헌을 통해 대통령 7년 단임제와 간선제를 유지하며 제5공화국을 출범시켰지만 민주화 요구는 더욱 거세졌다.

결국 1987년 6월 항쟁을 계기로 대통령 직선제를 규정한 9차 개헌이 이루어지면서 제6공화국이 수립되었다. 이 헌법은 현재까지 유지되고 있으며, 대통령 5년 단임 직선제를 통해 권력의 순환과 민주주의 제도의 안착을 보장하는 기반이 되었다. 이후 한국 정치는 다양한 정부를 거쳐 현재에 이르고 있다.

3) 한국 정치의 기본 원리

현대 한국 정치는 헌법 제1조에 규정된 바와 같이 민주공화국을 근간으로 하며, 그 핵심은 국민 주권에 있다. 모든 국가 권력은 국민으로부터 나오며, 국민은 선거를 통해 대표자를 선출하여 국가 운영에 참여한다. 이는 대한민국이 민주주의와 공화제를 결합한 정치 체제를 지니고 있음을 의미한다.

이러한 체제를 유지하기 위해 권력 분립 원칙이 작동한다. 행정부는 대통령을 중심으로 국정을 운영하며, 입법부인 국회는 법률 제정과 예산 심의, 행정부 견제의 기능을 담당한다. 사법부는 독립성을 바탕으로 법을 해석하고 적용하여 권력 남용을 방지하며 법치주의를 실현한다.

또한 한국은 대통령중심제를 채택하여 대통령이 행정부의 수반이자 국가 원수로서 실질적 권한을 행사한다. 대통령은 국민이 직접 선출하며, 단임 5년제를 통해 장기 집권을 방지하고 정권 교체의 주기성을 보장한다. 이를 통해 권력 집중을 억제하고 정치적 안정성을 도모한다.

한국 정치의 중요한 축은 정당제와 대의 민주주의다. 정당은 국민의 다양한 정치적 의사를 결집하고 정책을 제시하며, 선거를 통해 대표자를 배출한다. 국민은 직접 정치에 참여하기보다 선출된 대표를 통해 간접적으로 정치에 참여하는 대의제를 통해 국가 운영이 이루어진다.

마지막으로 한국 정치는 자유 민주주의, 지방자치, 선거 제도라는 민주적 요소들을 바탕으로 한다. 헌법은 언론·집회·결사의 자유를 보장하며, 이를 통해 국민은 정치적 의사를 자유롭게 표현할 수 있다. 지방자치 제도는 중앙 권력의 집중을 완화하고, 주민들이 지역적 특성에 맞는 정책을 결정할 수 있는 자율성을 보장한다. 선거는 보통·평등·직접·비밀 선거의 원칙에 따라 실시되어 국민의 의사가 공정하게 반영되도록 한다.

4) 한국 정치 문화의 특징

(1) 권위주의

한국 정치문화는 전통적인 왕권주의와 유교 질서의 영향으로 권위에 대한 존중과 복종을 중시하는 성향을 지니고 있다. 이는 현대 정치에서도 대통령에게 강력한 권한을 부여하고, 중앙집권적 구조와 관료주의적 운영으로 이어지고 있다. 결과적으로 소수 엘리트가 권력을 독점하게 되고, 여성·소수자 등 정치적 약자의 참여가 제한되는 한계가 나타난다.

(2) 시민성과 저항성

한국 사회는 민주주의적 가치와 참여 의식을 반영하는 시민성과 권위주의에 대한 반발을 담은 저항성을 동시에 가지고 있다. 시민성은 정치적 효능감과 민주주의 지지로 나타나며, 1987년 6월 민주항쟁처럼 집단적 저항은 민주주의 발전을 이끌어왔다. 동시에 권위적 정치 구조에 대한 불신은 저항성으로 표출되며, 이는 권력 남용에 대한 지속적인 견제와 민주적 요구로 이어졌다.

(3) 의인주의

한국 정치문화에서는 제도나 정책보다는 특정 정치인의 개인적 특성과 카리스마에 정치적 무게가 실리는 경향이 있다. 정당 내부 민주주의가 약화되고, 특정 지도자가 당의 운영과 정책 결정에 지대한 영향을 미친다. 그 결과 정책 중심의 합리적 정치보다는 인물 중심의 정치가 강화되며, 때로는 민주적 절차가 약화되는 문제를 낳는다.

(4) 이분법적 사고

한국 정치에는 사회 문제와 정치 문제를 흑백 논리로 구분하는 사고방식이 깊게 자리 잡고 있다. 친일과 반일, 반공과 친공, 민주와 독재 같은 극단적 대립 구도는 정치 협력을 어렵게 하고 갈등을 장기화시키는 원인이 된다. 이러한 사고방식은 정치적 융통성을 저해하고, 문제 해결보다 대립을 지속시키는 결과를 가져오며 사회 통합을 어렵게 만든다.

(5) 평등의식

평등의식은 한국 정치문화의 중요한 특징으로 역사적으로 신분제 사회를 극복하고 민주적 평등을 추구해 온 흐름에서 비롯되었다. 현대에는 법적 평등을 넘어 실질적 평등에 대한 요구가 더욱 강하게 제기되고 있으며, 이는 정치·경제적 권력 독점에 대한 반발과 참여 확대의 요구로 이어진다. 국민들은 선거뿐 아니라 다양한 정치 활동을 통해 평등한 사회 실현을 위해 노력하고 있다.

(6) 분파성

한국 사회는 가족, 지역, 학연과 같은 연고주의적 관계에 기반한 분파성이 여전히 강하다. 이는 특정 집단의 결속을 강화하는 기능을 하기도 하지만 동시에 지역 갈등을 조장하고 국민 통합을 저해하는 부정적 효과를 낳는다. 소수 정치 엘리트들이 이러한 분파성을 기반으로 권력을 독점하면서 대중의 정치적 참여 기회가 제한되며, 민주주의 발전이 더디게 되는 문제로 이어진다.

(7) 정치·경제·언론 유착

정치권과 대기업, 언론 간의 유착은 한국 정치에서 오랫동안 지속된 구조적 문제다. 정치인과 기업 간의 결탁은 정책 결정을 왜곡시키고 부패를 심화시킬 수 있으며, 언론이 특정 정치 세력의 이해를 대변하면서 여론을 편향적으로 형성하기도 한다. 이러한 유착은 정치적 투명성과 공정성을 저해하며 국민의 정치적 신뢰를 약화시킨다.

(8) 정보 민주주의

정보기술과 인터넷의 발달은 한국 정치문화에 새로운 변화를 가져왔다. 국민들은 온라인을 통해 정치적 의견을 실시간으로 표출하고, 여론 형성에 적극적으로 참여할 수 있게 되었다. 이는 전통적인 정치 참여를 넘어서는 새로운 민주주의 형태를 만들어냈다. 그러나 동시에 왜곡된 정보의 확산, 가짜 뉴스 문제, 정보 접근성 격차로 인한 참여 불평등이 나타나는 한계도 존재한다.

5) 한국 민주주의의 현실과 한계

1987년 민주화 이후 한국은 제도적으로 민주주의를 정착시켰으나 여전히 여러 한계를 안고 있다. 먼저 과거 권위주의 시대의 잔재가 남아 있어 보수와 진보 세력 간의 이념적 갈등이 심화되고 있다. 이는 협력과 타협을 어렵게 하며, 정책의 연속성을 저해하고 국민 통합에도 부정적 영향을 미친다.

또한 평등적 측면에서 부족함이 드러난다. 신자유주의적 세계화의 영향 속에서 경제적 불평등이 확대되었으며, 일부 계층은 정치적 무관심으로 인해 민주주의의 질이 저하되고 있다. 지역적·계층적 소외 역시 정치 참여의 불균형을 심화시키는 문제로 나타난다.

정치 구조 또한 엘리트 중심적이고 중앙집권적 성격을 강하게 띠고 있다. 풀뿌리 민주주의와 지방분권이 강조되었으나 여전히 정치 권력은 중앙정부와 특정 엘리트에게 집중되어 있으며, 시민들의 직접 참여 기회는 제한적이다. 더불어 연고주의와 권위주의의 잔재는 파벌 대립을 낳아 정치적 비효율성과 불안정을 초래한다.

정경유착과 정치 권력의 부패 역시 지속적인 문제다. 정치권과 대기업 간의 결탁은 민주주의의 투명성과 신뢰성을 떨어뜨리고, 공정한 정치 운영을 저해한다. 이와 함께 인물 중심의 정치 문화가 강하게 작동하여 정책보다는 개인적 카리스마에 의존하는 정치 후진성을 드러내고 있다.

한편 긍정적인 변화도 나타난다. 시민 참여가 점차 증가하면서 정치적 다양성이 확대되고, 절차적 민주화가 진전되고 있다. 시위, 온라인 여론 형성 등은 새로운 정치 참여 방식으로 자리 잡았으나 보다 폭넓은 시민 참여를 제도적으로 보장하기 위한 개선이 여전히 필요하다.

6) 한국 민주주의의 대안과 방향

한국 민주주의가 성숙하기 위해서는 제도와 문화 전반에서의 개혁과 변화를 필요로 한다. 우선 시민 참여형 정치를 강화하여 국민의 정치적 의사가 정책 과정에 직접적으로 반영되도록 해야 한다. 이를 위해 직접 민주주의적 요소와 제도적 장치를 확대하는 것이 중요하다.

또한 정치 원칙과 절차의 개혁이 요구된다. 선거 제도의 개선과 투명한 절차 확립, 법적·제도적 규제를 통해 정치적 공정성과 신뢰를 확보해야 한다. 아울러 정당과 국회도 내부 민주화를 추진하고, 정책 중심의 정치를 통해 국민의 요구를 충실히 반영하는 구조로 변화해야 한다.

정치 발전의 기반으로는 경제민주화가 강조된다. 성장과 분배의 균형을 이루는 경제정책을 통해 불평등을 해소하고 국민 복지를 증진함으로써 정치적 안정까지 확보할 수 있다. 동시에 대통령에게 과도하게 집중된 권한을 분산시키고 파벌 정치의 폐단을 줄이는 제도 개혁도 필요하다.

더 나아가 모든 국민이 동등하게 참여할 수 있도록 보편적 정치 참여 기회를 보장해야 하며, 정치적 소외 계층의 참여를 확대하는 장치 마련이 중요하다. 마지막으로 지역주의와 이념 갈등을 완화하고, 사회적 갈등을 줄이는 사회 통합적 정치가 실현되어야 한다.

3. 한국의 경제

1) 한국 경제의 제도적 특징

오늘날의 한국 경제는 인구 고령화, 경제 성장의 지체, 실업자 증대, 부정부패 만연 등의 여러 가지 문제점들을 내포하고 있다. 그럼에도 불구하고 한국 경제는 세계의 많은 후진국들에 비해 훨씬 나은 물질적 풍요를 누리고 있다. 이 풍족한 생활은 과거에 열심히 일한 결과로 최근에야 이루어진 것이다. 이 풍요로운 생활은 우연히 이루어진 것이 아니고 과거에 열심히 일한 결과이다. 또 그 결과는 오래되지 않고 최근에 이루어진 것이다. 다음에서 현대 한국 경제의 특징을 살펴보면, 경제 제도와 관련하여 개인의 권리라는 측면에서 몇 가지로 나누어 볼 수 있다.

(1) 재산권 보장

모든 개인은 재산을 가질 수 있고, 그 권리는 국가에 의해 보장된다. 그리고 모든 개인은 타인과 경제 거래에 대한 계약을 할 수 있으며, 국가로부터 계약이 실행될 것을 보장받는다. 재산권 보호와 계약의 이행은 시장 경제 체제를 지원하는 기본적인 경제 제도들이다. 그러므로 한국 경제는 자본주의 체제의 기본적인 제도를 받아들이고 있다.

(2) 선택의 자유

한국에 거주하는 모든 개인은 선택의 자유가 있다. 재산을 가진 개인은 자신이 소유한 재산을 자유롭게 활용하거나 양도할 수 있다. 즉 토지를 소유한 사람은 토지를 팔거나 기부하거나, 아니면 계속 보유하도록 허용된다. 기업가는 새로운 회사를 설립할지 기존 회사를 매각할지를 자유롭게 선택할 수 있다. 그리고 근로자들은 직장 선택을, 소비자들은 소비할 상품 선택을 자유롭게 할 수 있다.

(3) 자유 경쟁

자신의 이익에 따라 모든 개인은 타인과 자유롭게 경쟁할 수 있다. 기업가는 다른 기업과 기업의 이익을 증대시키기 위해 경쟁할 수 있으며, 소비자들은 다른 소비자들과 원하는 상품을 구입하기 위해 경쟁할 수 있다. 이는 앞의 두 특징으로부터 나오는 자연스러운 현상이다.

(4) 정부의 제한적 개입

정부는 민간의 경제 활동에 제한적으로 개입하며, 대부분의 생산 활동은 개인과 기업이 결정하므로 주요한 역할을 하지 않는다. 다만 국민의 건강과 안전과 관련된 사항에 대해서는 법률을 통해 경제를 규제할 수 있다. 예를 들어 식품위생법, 환경법, 공해방지법, 금융 관련 법률, 근로자 차별금지법 등을 제정하여 민간 경제를 규제한다. 또한 정부는 시장이 제공하지 않는 공공서비스를 위해 세금을 거둬 국방과 치안 등에 지출한다.

2) 한국 경제의 변화

(1) 1960년대, 수출 주도형 성장 추구

광복 이후 한국은 분단과 전쟁으로 산업 기반이 취약해져 외국의 원조에 기댄 채 빈곤에서 벗어나기 어려웠다. 1950년대까지는 밀가루, 설탕,

면직물 등 수입을 대체할 수 있는 소비재 산업인 원조 물자를 가공하는 산업이 발달하였다. 그러나 빈곤의 악순환을 끊기에는 한계가 있었다.

1960년대부터 수출 중심의 성장 전략을 채택하며 본격적인 경제 성장을 시작하였다. 이에 1970년대까지 연평균 30% 이상으로 수출 규모가 증가할 정도로 급성장하였다.

⑵ 1970년대, 중화학 공업의 육성

한국은 1960년대에 경공업 중심의 성장을 이루었으며, 1970년대에는 철강, 기계, 조선, 전자, 화학 등 중화학 공업을 집중적으로 육성하였다. 창원, 여천, 구미 등지에 공업 단지를 조성해 유사 업종을 한데 모음으로써 시너지 효과를 높이고자 하였다. 비록 두 차례의 석유 파동으로 물가 급등 등의 경제적 충격을 겪었으나, 대외 지향적 공업화 정책을 지속한 결과 한국의 수출 비중은 점차 확대되었다.

한국은 수출 증대와 중화학 공업 육성을 최우선 과제로 삼아 짧은 기간 동안 고도 성장을 이루었지만, 농업 부문의 정체, 중소기업 위축, 소득 격차 확대, 노사 갈등 심화 등 경제적 불균형 문제에 직면하게 되었다. 특히 자본 집약적인 산업 구조로 전환되면서 숙련·미숙련 노동자 간, 도시·농촌 간의 소득 격차가 커졌다. 그럼에도 불구하고 절대 빈곤 인구는 감소하고 실업률도 낮아지는 성과를 거둘 수 있었는데, 이는 급속한 경제 성장의 결과였다

⑶ 1980년대, 기술 경쟁력

1980년대부터는 선진 기술 모방과 저임금 노동만으로 경쟁력을 유지하기 어려워졌다. 과학기술에 대한 선진국 간의 경쟁과 협력이 확대되면

서 자국의 선진기술에 대한 보호를 강화하고, 이를 통해 세계 시장에서의 독점적 지위를 확고히 하려는 기술 보호주의가 강화되었기 때문이었다. 이러한 환경 변화로 기업들은 본격적으로 연구개발을 통한 기술 경쟁력 확보에 나서기 시작하였다. 1980년대 중반 이후에는 '저달러, 저유가, 저금리'에 힘입은 수출 호조로 나타난 소위 삼저 호황에 힘입어 대규모의 무역 흑자와 함께 반도체, 컴퓨터, 통신 기기 등 첨단 산업이 발전하기 시작하였고, 물가의 안정 속에 고도성장을 이어 갈 수 있었다.

⑷ 1990년대와 2000년대 두 차례의 위기

1990년대 중반 이후, 기업과 금융 기관의 부실 문제가 누적되어 기업의 채무 상환 능력이 약화되고 금융 기관이 부실기업의 문제를 떠안게 되었다. 1997년 말 동남아 외환 위기가 한국으로 확산되며 경제 성장률이 마이너스로 떨어지고 실업률이 급등하는 등 경제적 시련을 겪었다. 세계화 속에서 자본 및 외환 자유화가 진행되었고, 중국의 경제 대국 부상으로 가격 경쟁력만으로 수출 시장을 확보하기 어려워졌다.

2000년대 이후 한국은 빠르게 외환 위기의 충격에서 벗어났다. 수출 호조로 경기가 회복되며 안정적인 성장을 기록했고, 외환 위기 극복의 성공 사례로 평가받았다. 2000년대 중반에는 1인당 국민소득이 2만 달러를 돌파하기도 했다. 그러나 2008년 미국발 금융 위기로 다시 경기 침체를 겪었다. 다만 당시 기업과 금융 기관의 재무구조가 개선된 상태여서 충격은 외환 위기 때보다 작았고, 경제성장률도 1998년 5.7%에서 2009년 0.3%로 마이너스 성장을 피할 수 있었다. 최근에는 주요국의 보호무역주의로 국제 통상 환경이 악화되고, 국내에서도 저성장, 가계 부채, 청년 실업 문제가 대두되며 한국 경제는 새로운 도전에 직면하고 있다.

(5) 2010년대 이후, 저성장 시대와 미래 산업 중심의 재편

2010년대 이후 한국 경제는 외환 위기와 금융 위기를 극복한 뒤 안정세를 보였으나, 전반적으로 저성장 국면에 접어들었다. 저출산·고령화, 생산 가능 인구 감소, 가계 부채 증가 등 구조적 문제가 성장 동력을 약화시켰고, 세계 경제의 불확실성도 지속되었다. 이러한 가운데 반도체, 디스플레이, 스마트폰, 2차 전지 등 첨단 제조업은 수출을 견인하며 한국 경제의 핵심 산업으로 자리잡았다. 특히 반도체 산업은 세계 시장에서 선도적 위치를 차지하며 국가 경제의 주력 기반이 되었다. 또한, 4차 산업혁명에 대응해 AI, 빅데이터, 바이오, 자율주행, 신재생 에너지 등 미래 산업 육성이 본격화되었고, 스타트업과 디지털 산업 생태계 조성도 활발히 이루어졌다.

그러나 양극화 심화, 청년 실업, 비정규직 문제는 여전히 큰 과제로 남았으며, 플랫폼 노동 확대로 노동 시장 구조 변화에 따른 사회적 논의도 지속되었다. 2020년 코로나19 팬데믹은 경제 전반에 충격을 주었으나, 비대면 산업과 디지털 전환을 가속화하는 계기가 되었고, K-콘텐츠, 전자상거래 등 새로운 성장 분야도 부상하였다. 최근에는 탄소중립, 에너지 전환과 같은 환경적 과제와 함께, 지속가능하고 포용적인 성장을 위한 정책적 전환이 요구되고 있다.

3) 한국 경제의 현황과 장단점

대한민국은 자본주의에 기반한 혼합 경제 체제를 운영하며 지난 수십 년간 고도 성장을 통해 세계 10위권의 경제 대국으로 자리매김했다. 2023년 기준 명목 GDP는 1조7천억 달러를 상회하고, 1인당 GDP

는 약 3만5천 달러에 달한다. 또한 2021년에는 UN 무역개발회의(UNCTAD)로부터 선진국 지위를 공식 인정받아 경제적 위상을 강화했다. 산업 혁신과 수출 주도 성장, 글로벌 경쟁력 확보를 바탕으로 한국은 4차 산업혁명 시대에도 주요 경제국으로 평가받고 있다. 그러나 성장 둔화, 인구 구조 변화, 대외 의존도 등 새로운 도전에 직면하고 있다.

한국 경제의 강점은 무엇보다 고부가가치 산업 경쟁력과 글로벌 수출 주도형 모델이다. 반도체, 자동차, 전자, 조선 등은 세계 시장에서 높은 점유율을 확보하고 있으며, IT·AI·로봇·5G 등 4차 산업혁명 분야에서도 선도적 위치를 점하고 있다. 또한 교육열과 우수한 인적 자원은 혁신과 성장의 밑거름이 되고, 물류·통신·교통 등 발달된 인프라는 글로벌 시장에서의 경쟁력 유지에 기여한다. 더불어 한류를 중심으로 한 문화 산업은 국가 브랜드 가치를 높이며 소프트 파워를 확장하고 있다. 높은 시민의식과 안정적인 사회·치안 환경 역시 경제 활동의 토대가 되고 있다.

반면 구조적 취약성도 뚜렷하다. 우선 과도한 규제와 낮은 시장 투명성, 정경유착은 혁신을 저해하는 요소로 작용한다. 경직된 노동시장과 비정규직 문제, 빈번한 노사 갈등은 고용 안정성을 위협하고 있다. 또한 재벌 중심 경제 구조는 대기업 성장에는 유리했으나 중소기업과 벤처의 발전을 제한하며 양극화를 심화시키고 있다. 저출산·고령화로 인한 생산 가능 인구 감소와 복지 부담 증가는 지속 가능한 성장에 큰 위험 요인이다. 여기에 수출 의존적 경제 구조는 글로벌 경기 변동이나 국제 분쟁에 민감하게 반응하며, 높은 가계부채와 금융 시스템의 취약성은 내수 경기 위축과 금융 불안을 초래할 수 있다.

4) 한국 경제의 미래와 방향성

한국 경제는 지난 수십 년간 고도 성장을 이루며 세계 10위권의 경제 강국으로 자리 잡았지만 글로벌 경기 불확실성, 저출산·고령화, 산업구조 전환, 국제적 갈등 등 복합적인 도전에 직면해 있다. 이러한 변화 속에서 지속가능한 성장을 위해서는 새로운 성장 동력을 발굴하고, 사회적 불균형을 해소하며, 국제 경쟁력을 유지할 수 있는 전략적 전환이 요구된다.

무엇보다 기술 혁신과 신산업 육성이 핵심 과제로 떠오르고 있다. AI, 바이오, 친환경 에너지와 같은 미래형 산업에 대한 지속적인 투자와 연구개발을 통해 글로벌 시장에서 경쟁 우위를 확보해야 한다. 동시에 교육 혁신과 미래 인재 양성도 뒷받침되어야 한다. 디지털 교육, 창의적 사고, 문제 해결 능력을 중심으로 한 교육 개혁을 통해 4차 산업혁명 시대에 걸맞은 인재를 키워야 한다.

또한 저출산·고령화 문제 해결은 한국 경제의 지속 가능성을 좌우하는 중대한 과제다. 출산 장려 정책과 노인 복지 확대뿐만 아니라 이민 정책을 통해 인구 구조 불균형을 완화하는 전략도 필요하다. 더불어 기후변화 대응과 탄소중립은 선택이 아닌 필수적 과제로 재생에너지 확대와 친환경 기술 개발을 통해 녹색 성장을 실현해야 한다.

한편 사회적 갈등과 불평등을 해소하기 위해서는 소득 보장과 양극화 완화가 요구된다. 일자리 창출과 복지 확대를 통해 국민 모두가 경제 성과를 공유하도록 하고, 안정적인 사회 안전망을 구축해야 한다. 동시에 남북 관계 개선과 한반도 평화는 경제적 리스크를 줄이고 협력을 통한 새로운 성장 동력을 마련하는 중요한 기회가 될 수 있다.

마지막으로 국제 협력과 미·중 갈등 대응은 대외 경제 환경을 안정시키는 중요한 축이다. 한국은 자주적 외교를 바탕으로 글로벌 경제 질서에서 주도적인 역할을 강화하며, 다양한 국가와 협력 관계를 확대해 경제적 이익을 극대화해야 한다.

생각해 볼 문제

1. 한국의 정치 문화는 권위주의적 요소와 시민 참여가 공존하며, 특정 인물중심주의, 이분법적 사고, 지역주의 등도 강하게 나타나고 있다. 특히 1987년 민주화 이후 국민의 정치 참여가 활발해졌지만, 정치적 갈등과 정당 간 대립은 여전히 심각하다. 한국 정치의 특징이 민주주의 발전에 긍정적으로 작용한 사례와 부정적인 영향을 미친 사례를 각각 제시하고, 이를 바탕으로 보다 성숙한 민주주의로 나아가기 위한 방안을 제안해 보자.
2. 한국 경제는 시장 경제 체제를 기반으로 하지만, 정부의 제한적 개입과 공공서비스 제공을 통해 경제를 조정해 왔다. 그러나 최근 저성장, 가계 부채 증가, 청년 실업 문제, 디지털 경제로의 전환 등 기존 경제 제도의 유효성을 재검토해야 하는 상황이 되었다. 현대 한국 경제 제도가 최근 경제 변화 속에서 직면한 주요 도전 과제는 무엇인지 논의해 보자.

더 읽을거리

김상민(2021). 『정치입맛 경제밥상』. 패러다임북.

정치와 경제의 본질이 궁금한 청년들, 대한민국의 현실을 바꾸고 싶은 시민들에게 이 책을 권합니다. 대한민국은 자유민주주의와 자유시장경제를 토대로 눈부신 성장을 이루었지만, 지금은 리더십 위기와 성장 정체 속에서 그 역동성을 잃어가고 있습니다. 이 책은 시민의 눈으로 대한민국 정치·경제의 흐름을 짚고, 그 변화의 원인과 앞으로 나아갈 길을 고민합니다. '왜 우리는 지금 이 지점에 서 있는가?', 그 물음에 대한 깊이 있는 통찰과 날카로운 분석이 담겨 있습니다.

참고문헌

김상민(2021). 정치입맛 경제밥상, 패러다임북.

김진영·최 철·나혜영·안효익·김태환(2019). 고등학교 경제. Miraae N.

모경환·원준호·정상우·박정서·황미영·김자영(2019). 고등학교 정치와 법. ㈜금성출판사.
박형준 · 김경모 · 정석민 · 장경호 · 한경도 · 한진수(2015). 고등학교 경제. ㈜천재출판사.
임경순(2009). 한국어문화교육을 위한 한국문화의 이해. HUFS BOOKS.

6장

한국의 생활 문화와 의식주

1. 한국 생활 문화의 이해

1) 의식주의 사회적 기능과 문화적 의미

(1) 의식주가 수행하는 사회적 기능

의식주(衣食住)는 인간의 기본적인 생존 요소이지만 단순한 생리적 필요를 넘어 사회적 구조의 변화와 함께 그 기능이 재구성되어 왔다. 구조기능주의 관점에서 보면 의식주는 사회적 통합을 유지하는 중요한 역할을 하며, 사회가 변화함에 따라 그 기능도 조정된다. 한국 사회에서 의식주는 생존 수단에서 문화적 상징으로, 사회적 구별의 도구에서 개인 정체성을 표현하는 수단으로 변화해 왔다.

과거 한국 사회에서 의식주는 집단적 가치와 공동체 유지의 핵심 요소였다. 조선시대에는 유교적 가치관 속에서 신분제와 사회적 위계질서를 반영하는 방식으로 의복과 주거 형태가 결정되었으며, 음식 또한 신분과 지역에 따라 차별화되었다. 하지만 현대 사회에서는 개인의 자율성과 선택권이 강조되면서, 의식주의 기능이 보다 유연하고 다양화되었다.

첫째, 의(衣)라는 개념은 일반적으로 사람의 몸을 치장하는 의류와 장식을 통칭하는 용어로 일상생활에서 흔히 사용된다. 의복은 크게 두 가지 요소로 나뉘는데 복(服)과 식(飾)이 그것이다. 복(服)은 신체의 주요 부분인 몸통과 팔다리를 감싸는 의복을 말하며, 기본적으로 신체를 보호하고 생활을 돕는 기능을 한다. 식(飾)은 모자, 신발, 허리띠 등 다양한 장신구를 포함하며, 주로 몸을 장식하고 개성을 표현하는 역할을 한다. 이러한 복식은 인간의 생활과 밀접하게 연결되어 있으며, 자연환경과 사회적 맥락에 따라 다양한 형태로 발전해 왔다. 의복은 신분과 계층을 나타내는 요소에서 개성과 정체성을 표현하는 도구로 변화했다. 조선시대에는 관복, 한복 등 계층별 의복 규범이 엄격했지만 현대 사회에서는 패션이 개인의 취향과 정체성을 드러내는 수단으로 작용하고 있다. 특히 글로벌 패션 트렌드와 한류의 확산은 한국의 의복 문화가 국내적 의미를 넘어 세계적 영향력을 갖는 방식으로 변화했음을 보여준다.

둘째, 식(食)이란 인간이 먹고 마시는 행위뿐만 아니라, 그 행위를 가능하게 하는 음식 자체를 포함한다. 인간은 음식을 섭취함으로써 생명 유지에 필요한 에너지를 공급받으며, 이를 통해 활동을 지속할 수 있다. 따라서 식(食)은 단순한 섭취 행위가 아니라 인간의 생존을 보장하는 중요한 과정이다. 그러나 식(食)은 단지 생리적 필요를 충족시키는 것에 그치지 않고, 인간의 사회적, 문화적 삶과 깊이 연관되어 있다. 각 사회는 자신들만의 독특한 방식으로 식문화를 발전시켜 왔으며, 이를 통해 해당 사회의 정체성과 특성을 반영한다. 음식은 단순한 생존 수단에서 '문화적 경험'의 중심 요소로 변화하고 있다. 전통적으로 한국의 음식은 집단적 유대감을 강화하는 역할을 했지만 현대에는 미식 경험과 개인적 만족을 위한 소비 행태가 두드러지고 있다. 한식은 세계화의 흐름 속에서 전통성을 유지하면서도 퓨전 형태로 발전하고 있으며, 기술의 발전과 함께 배달 서비스, 스마트 레스토랑 등의 등장으로 소비 방식 자체도 변화하고 있다.

셋째, 주(住)는 '살다', '거주하다'라는 의미를 지니며, 사람이 일정한 장소에 머물며 생활하는 행위를 의미한다. 이는 단순히 물리적인 공간에서의 거주를 넘어 사람이 삶을 영위하고 사회적 활동을 하는 중심지를 뜻한다. 주거는 생활의 기반이 되며, 개인의 사회적 관계망과 일상생활이 이루어지는 장소로 기능한다. 또한 법적으로는 주민등록과 같은 행정 절차와 연관되어 개인의 신분과 권리에 중요한 역할을 한다. 주거 공간은 단순한 생활의 장소에서 개인적·사회적 가치 실현의 공간으로 변화하고 있다. 과거에는 가족 구성원 간 위계질서를 반영하는 주거 구조가 일반적이었지만 현대에는 1인 가구 증가와 함께 개인 맞춤형 주거 공간이 등장하고 있다. 또한 공동체적 삶이 약화되는 가운데 새로운 형태의 공유 주거(co-living)나 친환경 주거 공간이 대안으로 떠오르고 있다.

한국 사회에서 의식주의 기능은 사회 구조의 변화에 따라 '집단 중심의 규율적 기능'에서 '개인 중심의 선택적 기능'으로 전환되고 있다. 하지만 이는 단순한 변화가 아니라 사회적 요구와 가치관 변화 속에서 전통과 현대적 요소가 조화를 이루는 과정이라 할 수 있다.

⑵ 의식주의 변화와 구조적 요인

과거 의식주는 생존과 신분을 반영하는 기능이 강했지만, 현대 사회에서는 사회 구조의 변화에 따라 개인화, 경험화, 디지털화, 지속가능성 등의 새로운 특징을 중심으로 변화하고 있다.

첫째, 개인화의 강화이다. 과거에는 의식주가 사회적 규범에 따라 결정되는 경향이 강했지만, 현대에는 개인의 취향과 정체성을 반영하는 방향으로 변화하고 있다. 장 보드리야르(Jean Baudrillard)의 소비사회 이론에 따르면 현대 소비자는 단순한 필요 충족을 넘어 소비를 통해 자신의 정체성을 표현한다. AI 기반 맞춤형 패션, 개인 건강 데이터를 활용한 식단 구성, 스마트 홈 기술을 적용한 주거 공간 등은 개인의 기호를 반영하는 소비 형태를 보여준다. 이는 소비자의 자율성을 확대하고, 개별적인 라이프 스타일을 강조하는 흐름과 연결된다.

둘째, 경험화의 확대이다. 현대 사회에서는 의식주가 단순한 생존 수단을 넘어 감각적 만족과 경험을 중시하는 방식으로 소비되고 있다. 패션은 단순한 옷이 아니라 브랜드의 철학과 정체성이 담긴 상품으로 소비되며, 음식은 영양 공급을 넘어 미식 경험과 사회적 공유의 매개체로 활용된다. SNS를 통한 음식 사진 공유와 '푸드 포르노' 문화는 이러한 현상을 반영한다. 또한 주거 공간 역시 단순한 쉼터가 아니라 개인의 취향과 라이프 스타일을 반영하는 공간으로 변화하고 있다.

셋째, 디지털화와 지속가능성의 강조이다. 디지털 기술의 확산과 함께 비대면 소비가 증가하고 있으며, 패션·식문화·주거 공간에서도 테크놀로지와 결합된 새로운 형태의 서비스가 확대되고 있다. 또한 환경 문제와 윤리적 소비가 중요해지면서 지속 가능한 소재, 친환경 식문화, 에너지 효율적인 주거 형태가 강조되고 있다. 이러한 변화는 의식주가 단순한 소비 활동을 넘어 사회적 책임과 윤리적 가치가 반영된 행위로 자리 잡고 있음을 보여준다.

(3) 의식주 변화와 특성

현대 사회에서 의식주는 급격한 변화를 겪고 있지만, 전통적인 가치 역시 완전히 사라지는 것이 아니라 새로운 시대적 맥락에서 재해석되며 지속되고 있다. 변화의 흐름 속에서도 전통은 정체성을 유지하며 현대적 감각과 결합하는 방식으로 전환되고 있다. 이러한 과정에서 나타나는 특징은 융합, 실용성, 상징성, 공동체의 유연화로 요약할 수 있다.

첫째, 융합의 확산이다. 전통과 현대가 결합하는 방식은 더욱 다양해지고 있으며, 특정한 문화 요소가 완전히 사라지는 것이 아니라 새로운 형태로 변주되고 있다. 전통적 요소는 현대적인 기능성을 반영하여 변화하며, 글로벌 트렌드와의 결합을 통해 확장되고 있다.

둘째, 실용성의 강화이다. 현대 사회에서는 기능성과 효율성이 강조되면서 전통적인 요소들도 보다 실용적인 방식으로 변형되고 있다. 의식주 전반에서 과거보다 간소화된 형태가 선호되고 있으며, 생활 방식의 변화에 맞춰 유연하게 조정되는 경향을 보인다.

셋째, 상징성의 강조이다. 전통 요소들이 과거처럼 일상생활 전반에서 직접적인 기능을 수행하는 경우는 줄어들었지만, 정체성을 드러내는 상징적 요소로서의 역할은 더욱 강화되고 있다. 특정한 행사나 중요한 순간에 전통적인 의례나 스타일을 유지하는 것은 단순한 관습이 아니라 문화적 유산을 재확인하는 행위가 된다.

넷째, 공동체의 유연화이다. 현대 사회에서 개인주의적 가치가 강화되면서도, 공동체적 요소가 완전히 사라지는 것이 아니라 새로운 방식으로 재편되고 있다. 과거에는 가족 중심의 공동체 생활이 강하게 유지되었지만, 현대에는 유연한 형태의 공동체가 형성되면서 전통적인 가치가 다른 방식으로 재해석되고 있다.

2) 한국 생활문화의 변천

(1) 한국 복식

한국 복식은 상고시대부터 현대에 이르기까지 사회적·문화적·정치적 변화를 반영하며 발전해왔다. 고구려 벽화에서 확인되는 초기 복식은 상의·허리띠·하의·모자로 구성되어 기능적 성격이 강했으나, 시대가 흐르면서 상의가 짧아지고 허리띠가 고름으로 대체되는 등 점차 간소화되었다. 삼국시대 이후 중국식 관복과 공복이 도입되며 관료제와 위계질서를 반영하는 복식 체계가 자리 잡았고, 조선 후기에 만주족 복식의 영향을 받은 마고자나 서양식 조끼가 유입되면서 외래적 요소가 점차 확대되었다. 특히 여성 한복은 저고리가 짧아지고 치마가 길어져 현재의 형태가 완성되었으며, 이는 전통성과 미적 요소가 결합된 대표적 복식 문화로 발전하였다.

근대 이후 한복은 일상복으로서의 기능을 상실하고 서양식 복장이 보편화되었지만 최근에는 생활한복의 등장으로 다시 실용성과 전통성을 동시에 추구하는 변화를 겪었다. 생활한복은 고름 대신 단추를 쓰고 소매를 줄여 일상에서 착용이 가능하도록 변형되었으며, 한복을 현대 사회 속에서도 유지·계승할 수 있는 기반이 되었다.

현대 한국 복식 문화는 크게 네 가지 특징으로 요약된다.

첫째, 기능성과 실용성의 강조로 기성복과 캐주얼 의류가 대중화되었다.

둘째, 대중문화와 서구 패션의 영향 속에서 트렌드를 민첩하게 반영하고 키치적 요소를 수용하며 개성을 중시하게 되었다.

셋째, 전통적 도덕성과 단정성에서 벗어나 자기 표현과 자유로운 노출을 허용하는 반전통적 경향이 두드러졌다.

넷째, 패션 소비가 신분과 정체성을 드러내는 수단으로 작용하는 물신성이 강화되었다.

K-패션은 한류의 영향과 온라인 유통망 발달을 기반으로 세계적 인기를 얻으며 한국 복식의 현대적 특징을 대표한다. 전통적 한복의 미학과 현대적 패션 산업의 창의성이 결합된 한국 복식은 역사적 변천과 현대적 글로벌 확산이라는 두 축을 통해 전통성과 현대성을 동시에 이어가는 독특한 문화적 정체성을 형성하고 있다.

(2) 한식

한식은 한국의 식재료와 고유한 조리법을 바탕으로 형성된 음식 문화로 음식 그 자체뿐 아니라 발효기술, 상차림, 식사 예절, 명절·의례와 연결된 유형·무형의 자원을 포괄하는 넓은 개념이다. 한반도의 남북으로 뻗은 기후대, 삼면이 바다인 지리, 산악 지형이라는 자연환경과 농경의 정착, 공동체 생활, 유교적 질서가 복합적으로 작용하며, 지역별 식재·조리의 다양성이 축적되었다. 그 결과 곡물·채소·수산물·육류를 균형있게 활용하고, 간장·된장·고추장으로 대표되는 발효 장류와 마늘·파·생강·고추 등 향신 요소가 맛의 층위를 형성하는 체계가 자리 잡았다.

한식의 전통적 상차림은 밥·국·김치·장류를 중심에 두고 여러 부식을 곁들이는 구조로 주식과 부식의 기능이 분화된 식사철학을 보여준다. 계절·절기에 맞춘 저장·발효식이 발달해 김치·젓갈·장아찌가 일상과 겨울나기를 지탱했고, 의례·명절 음식과 향토음식은 지역성과 공동체 가치를 강화했다. 궁중음식은 전국의 토산물을 집대성한 정교함과 미학을, 반가 음식은 가문별 전통과 품격을, 사찰음식은 절제와 청정을, 서민음식은 소박한 실용과 지역 적응을 축으로 발전했다. 음양오행과 오방색, 윤기와 색감을 중시하는 미학, 의식동원 사상은 한식이 "맛·건강·예(禮)"를 통합하는 문화임을 보여준다.

근대 이후 산업화·도시화와 함께 외식·가공·유통 체계가 확장되며 한식은 가정·의례 중심에서 일상·상업 영역으로 외연을 넓혔다. 다품종 소량의 전통 조리에서 표준화·기성화가 병행되었고, 글로벌 교류 속에서 현지 식재와 조리법을 접목한 변형도 나타났다. 동시에 한류의 확산과 K-푸드의 부상은 전통 한식의 정체성을 유지하되 포장·표준 레시피·이커머스·쿨체인 같은 현대 인프라와 결합하는 동인을 제공했다.

한식에 대한 평가 측면에서 긍정적 요소는 다음과 같다.

첫째, 채소·임산물·해조류와 다양한 곡물을 활용해 영양 구성이 균형적이다.

둘째, 발효 장류와 저장기술은 슬로우푸드적 가치와 기능성을 겸비해 맛의 깊이와 건강성을 높인다.

셋째, 삶기·끓이기·찌기·굽기·무침 등 조리법 스펙트럼이 넓어 재료의 특성을 살리고 조합을 통해 식단의 다변화를 이끈다.

넷째, 명절·의례·향토음식에 내재한 상징성과 미학은 공동체 기억을 보존하고 문화콘텐츠로 확장될 잠재력을 지닌다.

반면 한식에 대한 부정적 평가와 과제도 존재한다.

첫째, 청국장·된장·김치 등 발효식의 강한 향과 자극적 양념은 한식을 처음 접하는 사람들에게 진입장벽이 될 수 있다.

둘째, 밥 중심 식사 구조는 탄수화물 비중이 높아 단백질·지방 비율의 정교한 조정이 필요하다.

셋째, 다반상 체계와 손질 부담은 현대의 간편식 선호와 충돌할 수 있다.

넷째, 일제강점기·전쟁을 거치며 일부 전통 기술의 단절과 표준의 부재가 남아 고급화·세계화 과정에서 스토리텔링과 품질 일관성 확보가 요구된다.

다섯째, 국가·지역별 기호에 맞춘 현지화 메뉴 개발과 조리·서비스 표준, 교육·인증 체계 강화가 필요하다.

(3) 한옥과 현대 주거 공간

한국 주거문화는 한국인의 생활양식, 사회 구조, 가치관을 반영하는 총체적 문화로서 시대적 변화와 외래 문물의 영향 속에서 꾸준히 변모해 왔다. 전통적으로 한옥은 한국 주거문화의 대표적인 형태이며, 자연과의 조화를 중시하고 공간 활용의 효율성을 고려한 설계 방식을 특징으로 하였다. 온돌과 마루, 대청마루와 같은 구조는 기후 적응성과 생활 편리성을 동시에 충족시켰으며, 마당을 중심으로 한 배치는 가족 간의 관계와 공동체적 가치를 반영하였다. 특히 남성과 여성의 공간이 분리되는 구조, 가부장 중심의 공간 배치는 당시의 유교 사상과 가족 위계질서를 건축적으로 구현한 것이었다.

그러나 1945년 해방과 1950년 한국전쟁을 거치며 사회는 주택난과 불안정에 직면했고, 서구 문물이 급속히 도입되면서 주거 형태에도 근본적인 변화가 일어났다. 좌식 위주의 생활은 입식 생활로 전환되었고, 부엌과 화장실은 실내로 배치되면서 주거의 기능성이 강조되었다. 전통 한옥에서 양옥, 나아가 철근콘크리트 구조의 아파트로 주거 형태가 빠르게 변화한 것도 이 시기의 중요한 흐름이었다. 특히 도시화와 산업화 과정에서 대량의 주택 공급이 필요해지자 아파트는 대표적인 주거 형태로 자리 잡게 되었으며, 생활의 편리성을 보장하는 구조로 기능했다.

현대에 들어 한국 주거문화는 핵가족화, 1인 가구 증가, 도시 밀집, 스마트 기술의 확산과 같은 요인에 따라 개별화·다양화된 양상을 보인다. 아파트는 표준화된 평면 구조와 편리한 생활 인프라를 기반으로 보편적인 주거 형태로 발전했으며, 스마트 홈 시스템, 보안·편의시설의 강화와 함께 단순한 거주 공간을 넘어 생활의 편의를 극대화하는 방향으로 진화했다. 그러나 동시에 아파트 문화는 주거 공간의 획일화, 공동체 의식의 약화, 주거의 자산화와 투기화라는 사회적 문제도 불러왔다.

이러한 흐름 속에서 최근에는 전통과 현대를 융합하려는 시도가 활발하다. 한옥의 건축 원리를 현대 기술과 접목한 '스마트 한옥'은 자연과의 조화, 지속 가능성, 웰빙과 힐링을 중시하는 현대인의 가치관을 반영한다. 한옥의 친환경적 철학과 현대적 주거 편의성이 결합된 이러한 시도는 한국 주거문화가 단순히 과거의 유산이 아니라 미래 지향적 주거 모델로 재해석될 수 있음을 보여준다.

3) 한국 생활 문화의 지속가능성

한국의 생활 문화는 단순한 개별적 선택의 결과가 아니라 사회·문화적 구조 속에서 형성되고 지속되며 변화하는 과정이다. 특히 생활 문화의 지속가능성은 개인의 실천을 넘어, 사회적 규범과 구조적 요인이 복합적으로 작용하면서 발전해 왔다. 한국 생활 문화의 지속가능성을 분석하기 위해, 사회·문화 현상의 특징인 가치 함축성, 시·공간적 특수성과 보편성, 개연성과 확률의 원리를 적용하여 접근할 수 있다.

먼저 가치 함축성 측면에서 한국 생활 문화의 지속가능성은 단순한 친환경적 실천이나 전통의 보존을 넘어, 사회적 가치와 문화적 의미를 포함하는 방향으로 확장되고 있다. 예를 들어 한국의 전통 의복인 한복은 단순한 의복이 아니라 한국의 정체성을 반영하는 문화적 요소로 여겨지며, 현대 사회에서도 '모던 한복' 형태로 변형되면서 그 의미를 유지하고 있다. 마찬가지로, 한식 역시 단순한 음식이 아니라 '건강과 자연 친화적 가치'를 내포한 문화 요소로 해석되면서, 푸드테크와 결합하여 지속 가능한 방식으로 발전하고 있다. 또한 전통 한옥은 과거의 건축 방식에서 벗어나, 친환경 건축 기술과 스마트 주거 시스템을 결합하면서 지속가능한 생활 방식으로 자리 잡고 있다. 즉 한국의 생활 문화는 단순히 기존의 방식을 유지하는 것이 아니라, 새로운 가치를 반영하고 재해석하는 방식으로 지속가능성을 실현하고 있다.

둘째, 시·공간적 특수성과 보편성이라는 관점에서 보면 한국 생활 문화의 지속가능성은 특정 시대와 지역에 따라 다르게 전개되면서도, 보편적인 사회적 흐름과 조화를 이루는 방식으로 발전해 왔다. 예를 들어 한국 전통 사회에서는 대가족 중심의 공동체적 삶이 유지되었지만, 현대 사회에서는 1인 가구 증가와 함께 생활 방식이 변화하면서 공동체 문화도 새롭게 재구성되고 있다. 하지만 공동체적 가치는 완전히 사라지지 않고, 공유 주거, 마을 공동체 프로젝트, 협동조합형 주거 모델 등의 형태로 지속되고 있다. 이는 특정한 문화적 특성을 유지하면서도, 변화하는 사회 환경에 맞게 적응하는 과정이라 할 수 있다. 또한 한식의 경우 글로벌 식문화와 결합하여 한류의 주요 요소로 자리 잡으면서도, 한국 전통의 맛과 조리 방식이 유지되거나 재해석되는 경향을 보인다. 이는 한국 생활 문화의 지속 가능성이 특정한 형태로 고정되는 것이 아니라, 시대적 맥락과 사회적 요구에 맞춰 변형되면서 지속되고 있음을 의미한다.

셋째, 개연성과 확률의 원리를 적용하여 보면 한국 생활 문화의 지속 가능성은 단일한 요소에 의해 결정되는 것이 아니라, 다양한 사회적·경제적 요인이 복합적으로 작용하면서 점진적으로 형성되는 과정이다. 예를 들어 지속가능한 패션 산업의 확산은 단순히 친환경 소재를 사용하는 것만으로 이루어지는 것이 아니라, 소비자의 인식 변화, 브랜드의 마케팅 전략, 정부의 친환경 정책 등이 종합적으로 작용하면서 이루어지고 있다. 주거 공간의 변화 또한 단순히 기술적 혁신에 의해 결정되는 것이 아니라, 인구 구조의 변화, 사회적 가치관의 변화, 경제적 요인 등이 상호작용하면서 점진적으로 변화하는 양상을 보인다. 따라서 한국 생활 문화의 지속가능성은 단순한 인과 관계로 설명할 수 있는 것이 아니라, 다양한 요인이 결합하면서 유동적으로 형성되고 유지되는 특성을 갖는다.

결론적으로 한국 생활 문화의 지속가능성은 사회적 가치와 의미를 포함하는 방식으로 확장되며, 시대적 맥락에 맞춰 변형되고, 다양한 요인의 영향을 받으며 점진적으로 발전하는 과정이다. 이는 단순히 전통을 보존하는 것이 아니라, 사회적 변화와 요구에 맞게 재구성되는 방식으로 유지되며, 앞으로도 기술과 문화의 융합을 통해 더욱 발전해 나갈 것으로 보인다.

2. 한국 생활 문화의 사회적 의미

1) 의식주의 상징성과 사회적 정체성

(1) 의복과 계층: 사회적 차별화와 문화 자본

의복은 단순한 보호 수단이 아니라, 개인의 정체성을 드러내고 사회적 계층을 표현하는 문화 자본으로 작용한다. 사회학자 피에르 브르디외(Pierre Bourdieu)는 의복과 같은 소비 형태가 단순한 개인적 선택이 아니라 사회적 위치를 반영하고, 특정한 문화적 취향과 계급적 특성을 드러내는 방식이라고 설명했다.

한국 사회에서도 의복은 오랫동안 사회적 지위를 나타내는 중요한 요소였다. 조선시대에는 신분제에 따라 의복의 색상과 장식이 구별되었으며, 양반과 평민이 착용할 수 있는 옷의 소재와 형태가 엄격하게 규정되었다. 현대 사회에서도 이러한 차별화는 새로운 형태로 지속되고 있으며, 특정 브랜드 의류나 맞춤형 패션이 사회적 신분을 상징하는 도구로 활용된다.

또한, 의복은 단순한 계층 구분을 넘어 집단정체성을 형성하고 소속감을 강화하는 역할을 한다. 특정한 복장은 개인이 특정한 사회적 집단에 속해 있음을 나타내며, 문화적 소속감을 강화하는 기능을 한다. 예를 들어 교복은 학업 공동체의 상징이며, 직장 내 드레스 코드는 조직문화의 일환으로 작용한다. 또한 패션 트렌드는 동시대 사람들이 공유하는 문화적 코드로 작용하며, 특정 스타일을 선호하는 것이 사회적 연대감을 형성하는 방식이 되기도 한다.

(2) 음식과 공동체: 사회적 소속감과 공유 문화

음식은 생리적 필요를 충족하는 수단을 넘어 집단의 문화정체성을 형성하고 사회적 연대를 강화하는 역할을 한다. 특히 음식은 사회적 상징성을 내포하고 있으며, 공유 문화로서의 속성을 지닌다. 이를 구체적으로 살펴보면 다음과 같다.

첫째, 음식은 사회적 소속감을 형성하는 요소이다. 한국의 식문화는 공동체 중심적 성격을 강하게 반영하며, 가족과 친족 간의 유대를 강화하는 수단으로 활용된다. 전통적으로 한국에서는 가족 구성원이 한 상에서 함께 식사하는 것이 중요한 문화적 관습이었으며, 이는 식사를 단순한 생리적 행위가 아니라 공동체적 연대감을 형성하는 의례적 행위로 만들었다.

둘째, 음식은 지역성과 역사적 특성을 반영하는 요소이다. 한국의 각 지역은 기후와 지형에 따라 독특한 식문화를 발전시켜 왔으며, 이러한 음식들은 단순한 영양 섭취 이상의 문화적 의미를 지닌다. 예를 들어 전라도 음식은 화려한 반찬과 강한 양념이 특징이며, 강원도 음식은 감자, 옥수수 등의 농산물을 활용한 소박한 음식이 발달했다. 이는 단순한 식습관의 차이가 아니라 해당 지역의 역사와 생활 방식을 반영하는 문화적 요소로 기능한다.

셋째, 음식은 문화적 상호작용과 변화의 중심에 있다. 전통적으로 한식은 가족과 공동체를 중심으로 발전했지만 현대에는 한식의 글로벌화가 이루어지면서 새로운 형태로 변화하고 있다. 퓨전 한식의 등장, 한식 밀키트 및 간편식 시장의 성장, SNS를 통한 한식 홍보 등은 음식이 단순한 전통 보존이 아니라, 시대적 변화와 사회적 요구에 따라 적응하고 발전하는 과정을 보여준다.

(3) 주거와 가족: 공간 구조와 사회적 역할 변화

주거 공간은 단순한 생활의 장소를 넘어 가족 구조와 사회적 관계를 반영하는 공간으로 작용한다. 특히 사회적 공간과 가족 제도 개념을 바탕으로 주거 공간의 변화를 살펴볼 수 있다.

첫째, 전통적 주거 형태는 유교적 가치와 가족 중심 문화를 반영했다. 전통적인 한옥 구조는 남성과 여성의 공간을 구분하고, 연령과 신분에 따른 위계를 반영하는 형태였다. 안채(여성 공간)와 사랑채(남성 공간)로 구분되는 한옥 구조는 가부장적 가족 제도를 반영하는 공간적 형태였다.

둘째, 산업화와 도시화로 인해 주거 공간이 개인화되고 기능적으로 변화했다. 한국 전쟁 이후 경제 개발과 도시화가 급격히 진행되면서 주거 공간은 핵가족화와 1인 가구 증가에 따라 새로운 형태로 변화했다. 고층 아파트와 빌라가 등장하면서, 주거 공간은 개인의 프라이버시를 보장하는 방향으로 발전했으며, 공동체적 가치보다 효율성과 실용성이 강조되는 방식으로 변화했다.

셋째, 현대의 주거 공간은 개인화와 공동체적 가치가 공존하는 형태로 변화하고 있다. 최근에는 공유 주거 모델이 등장하면서 개인의 독립성을 유지하면서도 공동체적 삶을 함께 영위할 수 있는 주거 형태가 확산되고 있다. 또한 친환경 주거 공간, 스마트 홈 등 기술이 접목된 주거 형태가 등장하면서 주거 공간이 단순한 생활 공간을 넘어, 개별적 가치와 사회적 요구를 반영하는 방식으로 변화하고 있다.

인구 구조 변화와 함께 작은 규모의 주택이 점점 더 선호되는 경향을 보이고 있다. 하지만 작은 규모라도 중형 이상의 주택에서 제공하는 기능과 편리함을 동일하게 기대하는 소비자들이 많다. 소규모 주택을 선호하는 가구들은 공간 효율성을 중요하게 생각한다. 이는 작은 공간에서 최대한의 기능을 구현하는 모듈형 가구나 다기능 가구를 사용하는 방식으로 나타난다. 소형 주택이더라도 중형 주택 이상의 기능을 제공하는 방식으로 설계되며, 공간의 활용도를 극대화하는 것이 주요 특징이다. 작은 주택은 단순히 주거 기능을 넘어서 업무 공간, 취미 공간 등 다양한 기능을 한 공간에서 제공하는 기능 복합화를 강조한다. 이러한 주택은 1인 가구나 노령 가구에게 특히 매력적이며, 주거 공간의 다용도가 중요해지고 있다.

2) 한국인의 가치관과 생활 문화

(1) 가족 중심 문화와 효(孝)의 재해석

전통적으로 한국 사회는 유교적 가치관을 기반으로 한 가족 중심 문화를 유지해 왔다. 가족은 단순한 생활 공동체가 아니라 사회적 관계와 정체성을 형성하는 핵심 단위로 작용했다. 특히 '효'는 오랜 기간 한국 가족 문화의 중심 가치였으며, 조선시대에는 가부장적 질서와 함께 가족 간의 위계 구조를 강조하는 역할을 했다.

그러나 현대 사회에서는 효의 개념이 변화하고 있다. 전통적인 '부모 봉양' 중심의 효에서 '심리적 유대'와 '자발적 돌봄'으로 그 의미가 확장되고 있다. 산업화와 도시화로 인해 가족 구성원 간의 물리적 거리가 멀어졌으며, 노년층의 독립성이 강조되면서 부모와 자녀 간의 관계도 보다 평등한 형태로 변화하고 있다. 이에 따라 실버타운, 노인 공동체 주거, 사회적 돌봄 시스템이 등장하면서, 가족 내 돌봄의 역할이 사회적으로 분배되는 방향으로 이동하고 있다.

또한 주거 공간에서도 이러한 변화가 반영되고 있다. 과거의 전통 가옥(한옥)은 가족 구성원 간의 상호작용을 강조하는 구조였지만 현대의 아파트와 주택은 개인 공간을 중시하는 형태로 변화했다. 전통적 공동체 가치가 약화되는 한편, 개별적인 삶의 질을 높이는 방식으로 공간이 재구성되고 있다.

(2) 개인주의와 공동체 문화의 공존

현대 한국 사회는 개인주의의 확산과 공동체 문화의 변형이 공존하는 양상을 보이고 있다. 특히 주거 환경의 변화는 개인주의적 생활 방식을 강화하는 한편, 새로운 형태의 공동체적 삶을 형성하는 기제로 작용하고 있다. 중요한 것은 개인주의와 공동체성이 대립하는 것이 아니라 새로운 방식으로 결합하고 변형되는 과정이 진행되고 있다.

① 아파트 문화와 개인주의의 확산

아파트는 오늘날 한국 사회에서 가장 보편적인 주거 형태로 자리 잡으며 개인의 생활적 독립성을 강화하는 긍정적 효과와 동시에 사회적 연대의 약화를 불러오는 이중적 성격을 지닌다. 대량 공급을 통해 주택 보급 확대에 크게 기여했으나 획일화된 구조와 설계는 주거 문화의 다양성과 창의성을 제한하였다. 또한 한옥의 마당과 같은 공동 공간이 사라지면서 이웃 간 자연스러운 교류가 줄어들고 공동체적 유대가 점차 약화되었다. 더불어 아파트가 투자 자산으로 인식되면서 거주의 본래 의미보다 경제적 가치가 중시되고, 그로 인해 주택 소유 여부에 따른 사회·경제적 양극화 문제가 심화되는 결과를 낳고 있다.

② 공동체의 새로운 형태: 공유 주거와 네트워크 공동체

현대 사회에서 공동체적 요소는 단순히 소멸된 것이 아니라 새로운 방식으로 재편되고 있다. 대표적으로 공유 주거 모델은 청년층과 1인 가구를 중심으로 확산되며, 개인의 독립적인 생활을 유지하면서도 일정한 범위 안에서 상호 교류와 협력을 가능하게 한다. 이는 개인주의적 생활 방식 속에서도 공동체적 유대를 형성할 수 있는 새로운 주거 형태로 주목받는다. 또한 SNS와 온라인 플랫폼을 기반으로 한 가상 공동체는 전통적인 지역 공동체의 약화를 보완하며, 물리적 거리를 넘어선 사회적 연대의 장을 마련한다. 이러한 변화는 공동체적 가치가 단절된 것이 아니라 시대적 환경에 맞추어 새로운 형태로 디지털화·다양화되고 있음을 보여준다.

(3) 공정성과 형평성: 윤리적인 문화와 지속가능한 삶

최근 한국 사회에서는 공정성과 형평성을 반영한 소비와 생활 방식이 중요한 가치로 자리 잡고 있다. 특히 공정 소비, 윤리적 소비, 지속 가능성이라는 개념이 강화되면서 생활 문화 전반에 영향을 미치고 있으며, 단순한 소비와 주거의 개념을 넘어서, 공정성과 지속가능성을 고려하는 생활 문화가 점점 확대되고 있다.

① 윤리적 소비와 공정한 식문화

한국 사회에서는 공정성을 중시하는 사회적 분위기와 맞물려 식문화에서도 윤리적 소비가 점차 확산되고 있다. 공정 무역 커피, 유기농 식재료, 친환경 패키징 제품 등이 대표적인 예로 개인의 건강뿐 아니라 생산자의 권리 보장과 환경 보전까지 고려한 소비 방식으로 자리 잡아가고 있다. 동시에 음식물 쓰레기 문제를 해결하기 위한 노력도 활발해져 푸드쉐어링 플랫폼이나 제로 웨이스트 식문화가 주목받고 있다. 이러한 변화는 한국 사회의 식문화가 단순한 소비를 넘어 지속 가능성과 윤리적 가치를 중시하는 방향으로 전환되고 있음을 보여준다.

② 지속가능한 주거 공간과 환경친화적 건축

최근 한국 사회에서는 주거 공간에서도 공정성과 지속가능성을 반영하려는 경향이 두드러지고 있다. 에너지 효율적인 스마트 주택은 태양광 패널, 친환경 자재, 자동화된 에너지 관리 시스템을 통해 환경 보호와 지속가능한 생활 문화를 확산시키고 있다. 이는 주거 공간이 단순한 편의성을 넘어 사회적 책임을 실천하는 장으로 변화하고 있음을 보여준다. 동시에 주택 가격 상승과 불평등 문제를 해소하기 위해 사회적 주택과 공공 임대주택 모델이 확대되고 있으며, 주거를 기본적 권리로 인식하는 사회적 흐름이 강화되고 있다.

3) 세계화와 한국 생활 문화

(1) 한류의 세계화 사례

한국 생활 문화의 글로벌 확산은 K-POP, K-드라마, K-영화 등의 한류 콘텐츠와 함께 이루어지고 있으며, 이러한 콘텐츠들은 한국의 패션, 음식, 뷰티, 주거 공간 등 다양한 생활 양식을 전 세계적으로 알리는 역할을 하고 있다. 특히 K-패션은 글로벌 트렌드에 빠르게 반응하는 특성을 지니고 있으며, 한복을 현대적으로 재해석한 '모던 한복'과 같은 스타일이 전통과 현대를 결합한 대표적인 사례로 주목받고 있다. 한국의 패션 브랜드들은 케이팝 스타와 협업하여 해외 소비자들에게 더욱 친숙한 이미지로 다가가고 있으며, 이커머스와 SNS 플랫폼을 통해 전 세계에서 K-패션을 쉽게 접할 수 있도록 유통 구조를 확장하고 있다.

한식 역시 한류 콘텐츠를 통해 자연스럽게 확산되면서 해외에서 김치, 불고기, 떡볶이 등의 음식이 인기를 끌고 있다. 한국 드라마와 예능 속에 등장하는 음식들이 외국인들의 관심을 불러일으키고 있으며, 이에 따라 한식 레스토랑과 한식 관련 식재료의 글로벌 유통망이 확대되고 있다. 최근에는 한식이 건강식으로 각광받으면서 웰빙 트렌드와 결합하여 유럽과 미국에서도 한식이 점점 대중적인 음식으로 자리 잡고 있다.

(2) 한국의 확산과 문화 혼종성

한국 생활 문화가 세계로 확산되는 과정에서 문화 혼종성의 특징이 두드러지게 나타나고 있다. 이는 단순히 한국의 전통적인 요소가 해외로 전파되는 것이 아니라, 다양한 지역의 문화와 결합하며 새로운 형태로 변화하는 과정을 의미한다.

특히 한식의 경우 해외에서 각국의 입맛과 문화적 배경에 맞게 변형되면서 퓨전 한식이라는 새로운 형태가 등장하고 있다. 예를 들어 미국에서는 불고기 타코나 김치버거 같은 한식 기반의 퓨전 요리가 대중적으로 자리 잡았으며, 유럽에서는 김치를 활용한 샐러드나 한식 기반의 비건 메뉴가 인기를 끌고 있다. 이는 한국 음식이 단순히 기존의 형태를 유지하면서 확산되는 것이 아니라 현지의 문화적 취향과 융합하여 변화하는 과정을 보여준다.

주거 문화에서도 이러한 문화 혼종성이 나타나고 있다. 전통적인 한옥 건축은 현대적인 친환경 건축 기술과 결합하여 '스마트 한옥'으로 발전하고 있으며, 한국의 온돌 시스템은 해외에서도 에너지 효율적인 난방 방식으로 주목받아 일부 지역에서 채택되고 있다. 전통 한옥의 미적 가치와 자연 친화적인 구조가 글로벌 주거 트렌드와 융합하면서, 한옥이 단순한 전통 건축을 넘어 현대적인 친환경 주거 모델로 자리 잡는 사례가 늘어나고 있다.

패션 산업에서도 한복과 서양식 디자인이 결합한 '네오 한복' 스타일이 해외 패션계에서 주목받고 있다. 이는 단순히 한복이 세계적으로 확산되는 것이 아니라 현대적인 감각과 글로벌 패션 트렌드에 맞추어 변형되면서 새로운 스타일로 자리 잡는 과정이다.

⑶ 문화 산업: 전통 문화의 현대적 계승

한국의 전통 문화는 현대적인 감각과 결합하면서 새로운 산업적 가치를 창출하는 방향으로 발전하고 있다. 한식의 경우 단순한 가정식에서 벗어나 미쉐린 가이드에 선정되는 고급 레스토랑을 중심으로 한 '한식 파인다이닝'이 등장하면서 전통 한식이 현대적 감각을 입은 프리미엄 요리로 변모하고 있다. 이러한 변화는 한식이 단순한 향토음식이 아니라, 세계적인 미식 문화 속에서 경쟁력을 확보하는 과정이라 할 수 있다.

또한 한지와 같은 전통 공예가 현대 디자인과 결합하여 친환경 포장재나 인테리어 소품으로 재탄생하고 있으며, 한국 전통 악기와 서양 음악이 결합한 K-퓨전 음악이 새로운 장르로 자리 잡고 있다. 이는 전통문화가 보존의 대상이 아니라, 현대적 감각과 융합하여 새로운 문화 콘텐츠로 발전하는 과정을 보여준다.

디지털 기술과의 결합도 한국 생활 문화의 현대적 재해석을 촉진하는 요소 중 하나이다. 최근에는 메타버스(Metaverse)와 가상현실(VR) 기술을 활용하여 한옥을 탐방하거나, 한복을 입고 아바타를 꾸미는 등의 체험이 가능해지면서, 전통문화가 디지털 공간 속에서 새로운 방식으로 경험되는 사례가 증가하고 있다.

3. 한국 생활 문화의 미래 전망

1) 의식주의 변화

(1) 한국의 복식 문화

현대 한국 의복 문화는 개인의 개성과 가치 표현을 넘어 사회적 지위와 소비문화를 드러내는 수단으로 자리잡으면서 여러 문제를 드러내고 있다.

첫째, 명품 선호와 과시 소비로 인해 의복이 신분을 과시하는 도구로 변질되고, 집단에 동조하기 위한 소비 패턴이 확산되면서 소비문화가 왜곡되고 있다.

둘째, 유행을 무비판적으로 추종하는 경향이 강해지면서 의복의 몰개성화가 심화되고, 개성 표현의 기능은 약화되고 있다.

셋째, 패스트 패션의 확산은 대량생산·대량폐기를 초래해 환경 오염과 자원 낭비를 심화시키고 있다.

넷째, 의복이 자본주의 사회에서 물신화된 소비재로 자리잡으면서 과잉 소비와 사회·환경적 문제를 가중시키고 있다.

이러한 문제의 해결을 위해서는 소비자 차원에서 비판적 사고와 책임 있는 소비, 즉 지속 가능한 패션을 지향하는 태도가 필요하다. 동시에 패션 산업은 친환경적이고 윤리적인 생산 방식을 확대하여 의복이 단순한 소비재가 아니라 사회적 가치를 반영하는 문화적 매개체로 기능할 수 있도록 전환해야 한다.

나아가 한국 복식 문화의 미래는 새로운 방향성을 모색해야 한다.

첫째, 지속 가능성을 핵심 가치로 하며, 친환경 소재와 재활용 섬유의 활용, 공정무역과 윤리적 생산 방식의 도입이 필수적이다.

둘째, 전통과 현대의 융합이다. 한복의 미학과 철학을 현대적 디자인과 기술에 접목한 생활한복이나 '모던 한복'은 한국 복식 문화의 독창성을 세계적으로 확산시키는 동력이 될 수 있다.

셋째, 개성과 다양성의 존중이 강화이다. 획일적 유행 추종이 아닌 개인의 취향과 라이프스타일을 반영하는 맞춤형·소규모 생산 패션이 확대되며, 의복을 통해 자기 정체성을 표현하는 문화를 복원하는 것이 강조된다.

넷째, 디지털 기술과 패션의 결합이다. 가상현실(VR), 증강현실(AR), 메타버스 등 디지털 환경에서 활용되는 '디지털 의상'과 3D 프린팅 기반 맞춤형 제작은 의복 문화의 새로운 영역을 열 것이다.

(2) 한국의 음식 문화

한식의 세계화는 단순히 한국 음식을 해외에 전파하는 차원을 넘어 다양한 전략과 과제를 종합적으로 추진해야 하는 과제다. 무엇보다 한식은 각국의 입맛과 식문화를 고려한 현지화와 퓨전화 과정을 통해 글로벌 수용성을 높일 필요가 있다. 전통적인 조리법과 맛을 유지하면서도 현지에서 선호되는 재료와 방식으로 변형된 메뉴를 개발한다면 한식은 보다 폭넓게 세계인의 식탁에 오를 수 있다.

또한 한식은 고급화 전략을 통해 세계 외식 시장에서의 위상을 강화할 수 있다. 전통적인 한식 상차림을 현대적인 코스요리로 재해석하여 고급 레스토랑에 적합한 형태로 제공한다면 한식은 미식 문화 속에서 경쟁력을 확보할 수 있다. 동시에 떡볶이, 김밥, 불고기 버거 등과 같은 간편한 메뉴를 통해 패스트푸드 시장과 길거리 음식 문화에도 적극적으로 진출할 수 있으며, 이를 통해 한식은 고급화와 대중화를 동시에 이룰 수 있다.

한식의 세계화를 위해서는 홍보 역량과 교육 기반을 강화하는 것도 필수적이다. SNS와 영상 콘텐츠, 국제 요리 대회 등을 활용하여 한식의 매력을 적극적으로 알리고, 레시피와 조리법을 표준화하여 교육과 보급 과정에서 일관성을 유지하는 노력이 필요하다. 이를 통해 세계 어디서나 안정적인 품질과 맛을 제공할 수 있을 것이다.

더 나아가 한식은 발효식품과 채소 위주의 식단이라는 고유한 특성을 바탕으로 건강식으로서의 이미지를 강화할 수 있다. 김치, 된장, 고추장 등 발효식품은 웰빙과 슬로우푸드 트렌드에 부합하며, 나물, 두부, 비빔밥 등은 채식주의자들에게 매력적인 선택지가 될 수 있다. 이는 한식을 세계적인 건강식으로 자리매김하게 하는 중요한 기반이 될 것이다.

마지막으로 한식은 단순한 음식이 아니라 역사와 철학을 담고 있다는 점에서 문화적 스토리텔링을 통해 더 큰 가치를 전달할 수 있다. 김치에 담긴 발효 기술과 공동체적 전통, 음식은 곧 약이라는 의식동원의 철학은 세계인들에게 깊은 인상을 줄 수 있다. 이러한 이야기를 함께 전하는 것은 한식이 단순한 먹거리에서 벗어나 한국의 문화와 가치가 담긴 글로벌 아이콘으로 발전하는 길이 될 것이다.

(3) 한국 주거문화

한국 주거문화의 미래는 인구 구조의 변화, 환경 의식의 강화, 세대별 선호의 차이, 첨단 기술의 도입이라는 복합적 요인에 의해 재편될 것으로 전망된다. 우선 1인 가구와 고령 가구의 증가는 소규모·고기능 주택에 대한 수요를 확대시킬 것이다. 작은 공간에서도 업무, 휴식, 취미를 모두 충족할 수 있는 다기능·모듈형 주거가 일반화되며, 이는 개인화된 생활 방식과 맞물려 주거 공간의 효율적 활용을 중시하는 흐름으로 이어질 것이다.

동시에 환경 친화적이고 에너지 절감형 주택에 대한 관심이 높아지면서 태양광·지열 등 재생에너지 활용, 제로 에너지 주택, 녹지와 재활용 자재를 활용한 친환경 설계가 미래 주거문화의 핵심이 될 전망이다. 이러한 변화는 단순히 비용 절감을 넘어 지속 가능한 삶을 위한 필수 조건으로 자리잡을 것이다.

세대별 주거 선호의 차이도 뚜렷해진다. 20~40대는 직장과 교육 환경 접근성이 우수한 도심형 주거를 선호하는 반면 50대 이상은 쾌적성과 공동체성을 강조하는 교외형 주거를 선호할 것이다. 또한 도심형과 교외형을 병행하는 통합형 주거, 여가와 휴식을 위한 주말주택 등 다양한 형태가 확산되며 주거 양식의 다원화가 이루어질 것으로 보인다.

마지막으로 인공지능(AI)과 사물인터넷(IoT)을 기반으로 한 스마트 주거가 보편화되면서 주거는 단순한 거주 공간을 넘어 맞춤형 생활 플랫폼으로 발전할 것이다. 냉난방, 조명, 보안이 자동화되고, 홈 오피스·헬스룸·발코니 정원 등 개인화된 기능 공간이 결합되며 주거는 개인의 정체성과 생활 방식을 표현하는 핵심 공간으로 변화할 것이다.

2) 한국 생활 문화의 세계적 도전 과제

(1) 초경계성 문화: 정체성과 혼종성의 공존

현대 한국 생활 문화는 단순히 과거의 전통을 유지하는 것이 아니라 새로운 정체성을 형성하며 지속적으로 변모하는 과정에 놓여 있다. 문화적정체성은 본질적으로 고정된 것이 아니라 사회적 맥락 속에서 재구성되고 협상되는 개념이다. 한국의 생활 문화 또한 전통과 현대, 지역성과 세계성, 고유성과 혼종성이라는 요소들이 결합하며 새롭게 형성되고 있다.

전통 문화의 보존과 현대적 변형은 일방적인 이분법적 관계가 아니라, 상호 교차적이고 유동적인 관계로 작동한다. 예를 들어 한복은 과거와 같은 신분의 상징에서 벗어나 현대적 디자인과 결합하면서도 특정한 의례나 행사에서는 여전히 전통적인 의미를 유지하는 방식으로 변화하고 있다. 한식 또한 글로벌 미식 문화 속에서 퓨전화된 형태로 소비되면서도 특정 음식이 한국의 정체성을 나타내는 문화적 코드로 자리 잡고 있다.

이러한 변화는 호미 바바(Homi Bhabha)가 주장한 '문화적 혼종성' 개념과도 연결된다. 호미 바바는 문화가 단순히 기존 정체성을 고수하거나 완전히 새로운 것으로 대체되는 것이 아니라 다양한 요소들이 만나 새로운 형태로 재구성되는 '제3의 공간(third space)'을 창출한다고 보았다. 한국 생활 문화의 글로벌 방향성 역시 기존의 전통을 유지하는 방식이 아니라 글로벌 문화와의 접점을 통해 새로운 문화적 형태를 창출하는 방식으로 이루어지고 있다.

비건 문화와 한국의 전통 채식 문화는 문화적 혼종성이 작용하는 대표적인 사례다. 한국의 사찰음식은 오랜 전통을 가진 채식 문화이며, 현대 사회에서 비건 라이프 스타일이 확산되면서 사찰음식이 글로벌 웰니스 푸드의 일부로 자리 잡고 있다. 이는 단순히 한국의 전통 음식이 세계로 확산된 것이 아니라 글로벌 가치와 결합하여 새로운 소비 형태를 창출한 예시라고 할 수 있다. 이러한 흐름 속에서 한국 생활 문화의 정체성은 경계를 넘어 유동적으로 변화하며, 전통과 혼종의 요소가 공존하는 방식으로 확장되고 있다.

또한 한류의 확산 과정에서 이러한 혼종성이 더욱 극명하게 드러난다. K-패션, K-뷰티, K-푸드 등은 한국적 요소를 기반으로 하지만 글로벌 시장의 소비 트렌드와 결합되면서 새로운 하위 문화로서 소비되는 방식으로 변화하고 있다. 이는 단순히 '한국적 문화'를 그대로 수출하는 것이 아니라 세계 각지에서 현지의 문화와 결합하여 변화하는 '문화적 조합'의 형태로 나타난다.

결국 한국 생활 문화의 세계적 방향성은 정체성을 유지하는 동시에 변화를 수용하는 역동적인 혼종 과정 속에서 지속될 것이며, 전통과 현대, 지역성과 세계성의 교차점을 탐색하는 방식으로 발전할 가능성이 크다. 이는 고정된 문화정체성이 아니라 지속적으로 의미가 협상되고 구성되는 유동적인 문화정체성의 모델을 반영하는 방향으로 나아가고 있다.

(2) 문화 확장의 도전 과제: 정체성의 재구성 vs. 문화 자본

한국 생활 문화의 세계적 확산은 긍정적인 측면과 동시에 몇 가지 도전 과제를 내포하고 있다. 첫째, 전통과 현대의 균형 속에서 정체성이 어떻게 재구성될 것인가 하는 문제이다. 문화적 정체성은 변화 속에서도 일정 부분 고유성을 유지할 필요가 있지만, 지나치게 '전통성'을 강조하는 방식은 정체성을 박제화하는 결과를 초래할 수 있다. 예를 들어 한식의 세계화 과정에서 '전통적 한식'의 의미를 지나치게 고정시키고, 이를 정통성이라는 개념으로 마케팅하는 방식은 한식의 다양성과 유연성을 제한할 수 있다. 실제로 한식이 건강식으로 브랜딩되면서 전통적인 발효식품이 강조되고 있지만, 동시에 현대적 퓨전 한식이 세계적 트렌드로 자리 잡으면서 일부에서는 한식의 본래 정체성이 희석된다는 우려가 나오고 있다.

이와 관련해 에드워드 사이드(Edward Said)는 '오리엔탈리즘' 개념을 통해 서구 중심적 시각에서 동양 문화가 특정 이미지로 고착되는 현상을 비판한 바 있다. 한류가 세계적으로 확산되는 과정에서도 'K-컬처'라는 브랜드화된 이미지가 일종의 '전시된 문화'로 소비될 가능성이 있으며, 이는 생활 문화가 자율적으로 변형되고 확장될 수 있는 가능성을 제한할 수 있다. 예를 들어 한복이 전통적 이미지에만 고정되고, 실용적인 변형이 제한된다면 글로벌 시장에서 문화적 다양성을 반영하는 데 한계가 있을 수 있다.

둘째, 문화적 자본화와 소비주의적 문제이다. 생활 문화의 글로벌 확산은 필연적으로 경제적 가치와 연결되지만, 문화가 지나치게 상품화될 경우 본래의 문화적 의미가 약화되고 단순한 소비 대상으로 전락할 위험이 있다. 한류의 성공과 함께 한국의 다양한 생활 문화가 글로벌 시장에서 상품으로 자리 잡았지만, 동시에 '소비할 수 있는 문화'로 축소되는 문제도 함께 제기되고 있다. 부르디외의 '문화 자본' 개념을 적용해 보면 생활 문화는 특정한 사회적 계층이 가진 자산으로 작용하며, 이는 경제적 이익과 결합되면서 특정한 이미지로 형성될 가능성이 크다. 예를 들어 한국 패션과 뷰티 산업은 글로벌 트렌드 속에서 경쟁력을 확보했지만, 동시에 '한류 스타일'이라는 특정한 이미지로 고정될 경우 지속적인 창의성과 혁신이 제한될 위험이 있다.

셋째, 문화 확산의 일방성과 상호성의 문제이다. 생활 문화가 글로벌하게 확산될수록 문화 간의 교류와 상호작용이 더욱 필수적이지만, 일방적인 확산이 아닌 상호적인 문화 교류가 이루어져야 한다. 즉 한국 문화가 세계로 확산되는 것뿐만 아니라, 세계 여러 문화와의 상호성을 기반으로 지속적인 협력과 교류가 이루어지는 방향으로 나아가야 한다. 이는 문화적 제국주의를 방지하고, 다양한 문화가 공존할 수 있도록 하는 중요한 과제다. 한류가 전 세계적으로 영향력을 가지게 되면서, 일방적인 확산이 아닌 문화 간 협력과 상호적인 교류가 가능한 구조를 마련하는 것이 필요하다.

결론적으로 한국 생활 문화의 세계적 확장은 정체성과 혼종성의 공존을 기반으로 지속될 것이며, 동시에 문화 자본화와 소비주의적 문제, 문화 확산의 상호성을 고려한 방향으로 조정될 필요가 있다. 앞으로의 도전 과제는 단순히 문화의 세계적 영향력을 확장하는 것이 아니라 다양한 문화와의 상호작용을 통해 지속가능하고 유연한 방식으로 발전하는 데 초점을 맞추어야 할 것이다.

생각해 볼 문제

1. 한국의 생활 문화(한식, 한복, 주거 양식 등)는 글로벌화와 함께 변화하고 있으며, 전통과 현대적 요소가 융합되면서 새로운 형태로 발전하고 있다. 이 과정에서 한국 문화의 정체성이 고정되거나 상업적으로 소비되는 경향도 나타난다. 학습자들에게 한국 문화를 교육할 때, 전통성과 현대적 변화를 어떻게 균형 있게 설명할 수 있을지 고민해 보자.
2. 한국 생활 문화는 지역성과 시대에 따라 다양하게 변하고 있으며, 현대적 생활 양식과 전통적인 가치가 함께 공존한다. 학습자들에게 생활 문화를 가르칠 때, 단순한 정보 전달이 아니라 문화적 맥락과 의미를 효과적으로 전달할 수 있는 교수 전략은 무엇인지 논의해 보자.

✔ 더 읽을거리

강영환(2020). 『새로쓴 한국 주거문화의 역사』. 기문당.

이 책은 선사시대부터 근대 이후까지의 한국의 주거 문화에 대해, 고고학적·역사학적·지리학적·민속학적·건축학적인 측면에서 건축과 주거생활의 문화적 변천 과정을 체계적으로 분석, 정리한 책이다. 기존의 "한국주거 문화의 역사"를 새로 재구성하여 대학 교재·참고도서는 물론, 건축을 전공하지 않은 일반인에게도 유익한 교양도서가 될 수 있도록 하였다.

참고문헌

김순영·염정하·이민정(2022). 한국복식문화사. 전북대학교출판문화원.

이규태(2000). 한국인의 주거문화 2. 신원문화사.

임경순(2009). 한국문화의 이해. 한국외국어대학교출판부.

한국고문서학회(2006). 조선시대 생활사, 3: 의식주, 살아있는 조선의 풍경. 역사비평사.

7장

한국의 복지, 교육, 의료

1. 한국의 복지

1) 복지의 개념과 정의

복지는 모든 국민이 인간다운 삶을 영위할 수 있도록 국가와 사회가 보장하는 제도적 장치이자 경제적·사회적·문화적 측면에서 안정성과 형평성을 추구하는 개념이다. 이는 단순히 빈곤을 구제하는 차원을 넘어 국민 모두가 기본적인 삶의 질을 유지하고 사회적 안전망 속에서 안정적으로 생활할 수 있도록 지원하는 종합적인 체계이다. 복지는 개인의 삶의 질 향상을 목표로 하지만 궁극적으로는 사회 전체의 통합과 발전을 위한 필수적인 요소이기도 하다.

복지는 현대 사회에서 국가의 중요한 역할 중 하나로 자리 잡고 있으며, 복지국가의 개념은 국민의 기본권을 보장하는 국가의 책무를 강조한다. 복지국가는 사회적 권리를 보호하고 국민이 교육·의료·노동·주거·사회보장 등 다양한 영역에서 기본적인 권리를 실현할 수 있도록 국가가 적극적으로 개입하는 체제를 의미한다. 이를 통해 모든 국민이 사회적·경제적 조건과 관계없이 인간다운 삶을 유지할 수 있도록 지원한다.

복지제도의 핵심은 사회권 보장에 있다. 사회권은 모든 국민이 최소한의 인간다운 삶을 영위하기 위해 필요한 기본권으로 교육, 의료, 노동, 주거, 사회보장 등의 영역을 포함한다. 교육권을 통해 모든 국민이 기본적인 학습 기회를 보장받으며, 의료권을 통해 소득에 관계없이 적절한 의료 서비스를 이용할 수 있도록 지원한다. 노동권을 보장함으로써 안전한 근로 환경과 고용 기회를 제공하며, 주거권을 통해 적절한 생활 공간을 확보할 수 있도록 한다. 또한 사회보장제도를 통해 실업, 장애, 질병, 노령 등의 이유로 경제적 어려움을 겪는 국민을 지원함으로써 사회적 불평등을 완화하고 사회통합을 촉진한다.

국가의 역할은 이러한 복지제도를 통해 사회적 약자를 보호하고, 불평등을 해소하며, 국민 모두가 동등한 기회를 가질 수 있도록 공공서비스를 제공하는 데 있다. 복지제도는 단순한 국가의 시혜가 아니라 사회 구성원 전체가 함께 책임지는 공동체적 성격을 띠며, 복지를 통해 국민 간의 연대를 형성하고 지속가능한 사회 발전을 이루는 것이 중요하다.

2) 복지의 기능과 역할

(1) 경제적 안정과 사회적 형평성 보장

복지는 개인과 가정이 직면할 수 있는 경제적 불안을 완화하고, 사회적 형평성을 실현하는 핵심적인 역할을 한다. 실업, 질병, 장애, 노령과 같은 요인으로 인해 경제적 어려움에 처한 국민들에게 복지제도는 필수적인 안전망을 제공한다. 국민기초생활보장제도, 실업급여, 기초연금과 같은 정책들은 사회적 약자들이 기본적인 생활을 유지할 수 있도록 지원하며, 이를 통해 빈곤을 완화하고 사회적 불평등을 줄인다.

또한 복지제도는 소득 재분배를 통해 사회적 형평성을 보장하는 기능을 한다. 누진적 조세제도와 사회보험을 활용하여 소득이 높은 계층이 상대적으로 더 많은 부담을 지도록 하고, 저소득층에게는 교육·의료·주거와 같은 공공 서비스를 제공하여 기회의 평등을 실현한다. 이러한 구조는 사회 구성원 간의 경제적 격차를 완화하고, 사회적 이동성을 보장하여 보다 공정한 사회를 이루는 데 기여한다.

(2) 사회적 연대와 민주주의 강화

복지는 사회 구성원 간의 연대를 강화하는 역할을 하며, 이를 통해 민주주의 발전에도 긍정적인 영향을 미친다. 복지제도는 국민들에게 안정적인 생활을 제공함으로써 사회적 신뢰를 높이고, 서로 간의 연대감을 형성할 수 있도록 한다. 사회가 구성원들에게 최소한의 삶의 질을 보장할 때, 국민들은 공동체 의식이 강화되며, 서로를 지지하는 사회적 분위기가 조성된다.

민주주의 사회에서는 모든 국민이 동등한 권리를 가져야 하며, 복지는 이러한 권리를 실질적으로 보장하는 중요한 역할을 한다. 복지 정책을 통해 교육과 정보 접근성이 확대되면 시민들은 정치적 참여 기회를 더욱 넓히고, 사회적 의사결정 과정에서 보다 적극적으로 목소리를 낼 수 있다. 또한 소외 계층이 배제되지 않도록 지원함으로써 민주주의의 핵심 가치인 평등과 정의를 실현할 수 있다.

(3) 인간다운 삶 보장

모든 국민은 기본적인 삶의 질을 유지할 권리가 있으며, 복지제도는 이를 실현하기 위한 필수적인 수단이다. 인간다운 삶을 위해서는 적절한 주거 환경, 의료 서비스, 교육 기회, 고용 안정성이 보장되어야 하며, 국가는 이러한 영역에서 적극적으로 개입해야 한다.

교육 복지는 평등한 교육 기회를 제공하여 국민들이 경제적 배경에 상관없이 자신의 능력을 개발할 수 있도록 돕는다. 의료 복지는 누구나 소득 수준과 관계없이 필요한 치료를 받을 수 있도록 보장함으로써 국민 건강을 유지하는 역할을 한다. 또한 주거 복지는 경제적 어려움을 겪는 계층에게 안정적인 생활 공간을 제공하며, 이를 통해 삶의 질을 향상시킨다.

사회 구성원이 인간다운 삶을 누릴 수 있도록 복지제도가 작동할 때 개인은 자아실현을 이루고 사회는 지속가능한 발전을 도모할 수 있다. 복지는 개인의 삶의 질을 높이는 데 그치지 않고, 사회 전체의 안정성과 지속가능성을 강화하는 핵심적인 요소로 작용한다.

3) 한국의 복지제도

⑴ 한국 복지제도의 특징

한국의 복지제도는 경제 성장과 사회적 변화에 따라 점진적으로 발전해 왔다. 1960~70년대 경제 개발 초기에는 경제 성장과 산업 발전이 최우선 과제였으며, 복지 정책은 제한적인 수준에서 운영되었다. 이 시기에는 최소한의 사회보장제도만이 존재했고, 기업 중심의 복지가 강조되었다.

1980년대에 들어서면서 한국 사회는 민주화의 흐름과 함께 복지 확대의 필요성을 논의하기 시작했다. 1987년 민주화 이후 국민들의 복지에 대한 요구가 증가하면서 정부는 사회보장제도를 점진적으로 확대하였다. 이 시기에는 국민연금제도(1988)와 의료보험의 전국민 확대(1989)가 이루어졌으며, 근로자 보호를 위한 고용보험제도(1995)도 도입되었다.

1997년 외환위기는 한국 복지제도의 중요한 전환점이 되었다. 대규모 실업과 경제적 불안정성이 심화되면서 공공부조 및 사회보험의 필요성이 부각되었고, 이에 따라 정부는 국민기초생활보장제도(2000)를 도입하여 최저 생계 보장을 위한 공공부조 체계를 강화했다. 또한 실업급여와 사회안전망 확대 정책이 추진되면서 복지의 국가적 역할이 강조되기 시작했다.

2000년대 이후 한국은 본격적인 복지국가의 틀을 갖추게 되었다. 노령화가 심화되면서 기초연금제도(2014)가 도입되었고, 저출산 문제 해결을 위한 보육 및 가족 정책이 강화되었다. 보편적 복지 확대를 위한 무상급식과 아동수당 등이 도입되었으며, 최근에는 건강보험 보장성 강화, 청년 지원 정책, 돌봄 서비스 확대 등 다양한 복지 정책이 추진되고 있다.

그러나 한국의 복지제도는 여전히 선진국에 비해 제한적인 수준이며, 공공 복지 지출 비율이 OECD 평균보다 낮은 편이다. 또한 복지 재정의 지속가능성 문제와 사각지대 해소, 저출산·고령화 대응 등의 과제가 남아 있다. 향후 한국 복지제도는 보다 포괄적이고 지속가능한 방향으로 발전해야 할 필요가 있다.

⑵ 한국 복지제도의 종류

한국의 복지제도는 크게 사회보험, 공공부조, 사회서비스로 구분된다. 각각의 제도는 국민의 기본적인 생활 보장과 사회적 형평성을 실현하는 역할을 수행한다.

첫째, 사회보험은 국민이 일정한 보험료를 납부하고 필요할 때 급여를 받는 방식으로 운영된다. 대표적으로 국민연금, 건강보험, 고용보험, 산재보험, 노인장기요양보험이 포함된다. 국민연금은 노후 소득을 보장하는 제도로, 가입자의 소득에 따라 보험료를 납부하고 일정 연령이 되면 연금을 수령하는 방식이다. 건강보험은 의료비 부담을 줄이고 누구나 의료 서비스를 이용할 수 있도록 보장하는 제도로, 한국은 전 국민 건강보험 체계를 운영하고 있다. 고용보험은 실업 상태에 있는 근로자에게 실업급여를 제공하고, 재취업을 위한 지원 프로그램을 운영하는 역할을 한다. 산재보험은 업무상 재해를 입은 근로자에게 치료비와 생활비를 지원하며, 노인장기요양보험은 고령층의 간병과 돌봄 서비스를 보장하는 제도다.

둘째, 공공부조는 국가가 경제적으로 취약한 계층을 지원하는 제도다. 대표적으로 국민기초생활보장제도가 있으며, 이는 저소득층이 최저 생활을 유지할 수 있도록 생계급여, 의료급여, 주거급여, 교육급여 등을 제공하는 방식으로 운영된다. 또한 기초연금과 장애인연금 같은 제도도 공공부조의 일환으로, 경제적 어려움을 겪는 노인과 장애인을 지원한다.

셋째, 사회서비스는 국민의 삶의 질을 향상시키기 위해 제공되는 복지 서비스다. 보육, 교육, 주거, 돌봄, 문화 복지 등이 이에 해당한다. 대표적으로 보육 서비스는 영유아 보육료 지원과 어린이집 운영을 포함하며, 노인 돌봄 서비스는 독거노인 및 장기요양이 필요한 노인을 위한 돌봄 서비스를 제공한다. 또한 공공임대주택과 주거 급여 등을 통해 주거 안정을 지원하며, 문화·체육 활동을 위한 공공시설 운영과 복지 프로그램을 통해 국민의 여가와 문화생활을 보장하고 있다.

한국의 복지제도는 경제 발전과 사회 변화에 따라 점진적으로 확대되고 있으며, 앞으로 지속가능성과 형평성을 높이는 방향으로 발전해야 할 과제를 안고 있다. 저출산·고령화, 노동시장 변화, 복지 재정의 지속가능성 문제 등을 해결하기 위해 보다 적극적인 복지 정책 개혁이 필요하며, 공공부조와 사회보험의 균형 잡힌 운영, 사회서비스의 확대가 중요한 과제로 남아 있다.

(3) 한국 복지제도의 한계

한국의 복지제도는 경제적 안정과 사회적 연대를 강화하는 데 중요한 역할을 하고 있지만 여러 한계와 도전 과제도 존재한다. 가장 큰 문제는 재정적 지속가능성이다. 복지 지출이 증가함에 따라 정부 재정 부담이 가중되고 있으며, 특히 저출산·고령화로 인해 향후 복지 재원의 안정적인 확보가 더욱 어려워질 전망이다.

또한 복지제도의 사각지대 문제도 여전히 존재한다. 기존의 제도가 모든 계층을 완벽하게 포용하지 못하고 있으며, 특히 비정규직 노동자, 영세 자영업자, 청년층 등의 계층은 복지 혜택에서 소외되는 경우가 많다. 이로 인해 복지 정책이 실질적으로 형평성을 보장하는 데 한계를 보일 수 있다.

복지에 대한 인식과 사회적 합의 부족도 또 다른 문제로 지적된다. 일부에서는 복지를 개인의 책임이 아닌 국가의 시혜적 지원으로 인식하는 경향이 있으며, 복지 확대에 따른 조세 부담 증가에 대한 저항도 크다. 복지제도의 지속가능성을 높이기 위해서는 국민적 공감대 형성과 복지 체계의 효율적 운영이 필수적이다.

⑷ 한국 복지정책의 발전 방향

현대 한국 사회는 경제적 불평등, 저출산·고령화, 계층 이동 둔화 등 다양한 사회적 문제에 직면하고 있다. 이에 따라 복지정책은 단순한 경제 성장 중심에서 벗어나 사회적 불평등 해소와 삶의 질 향상을 위한 포괄적 복지로 전환될 필요가 있다. 주요 발전 방향은 다음과 같다.

첫째, 보편적 복지 확대와 사각지대 축소이다. 한국은 기존의 선별적 복지에서 벗어나 모든 국민이 기본적인 생활을 보장받을 수 있도록 건강, 교육, 주거 등 핵심 영역에서 공적 지원을 강화해야 한다. 특히 자영업자, 비정규직, 이주민 등 기존 제도의 틀 밖에 있는 집단을 포용할 수 있는 세밀한 복지 시스템이 필요하다.

둘째, 불평등 해소와 삶의 질 향상이다. 심화되는 소득·자산 격차를 완화하기 위해 조세제도를 통한 소득재분배 기능을 강화하고, 저소득층에 대한 공공 지출을 확대해야 한다. 나아가 저출산 문제 해결을 위해 육아·돌봄 지원을 강화하고, 국민이 건강·교육·주거 등 다양한 영역에서 실질적 혜택을 누릴 수 있는 정책 설계가 요구된다.

셋째, 포용적 성장과 공정한 기회 보장이다. 포용적 성장은 경제 성과를 모든 계층이 공유하도록 하는 것으로 이를 위해 교육, 취업, 창업 등 사회 전반에서 공정한 기회 제공이 필수적이다. 특히 청년층과 여성의 사회 진출을 지원하고, 교육복지 확대를 통해 계층 간 격차를 줄여야 한다.

넷째, 계층 이동 사다리 강화와 일자리 복지이다. 단순한 현금 지원에서 벗어나 자립 역량 강화를 중심으로 한 복지가 필요하다. 저소득층의 고용을 촉진하고, 교육·훈련 프로그램을 통해 노동시장 경쟁력을 높여야 한다. 또한 사회적 기업과 공공 일자리 창출을 통해 취약계층의 자립 기반을 마련하는 정책이 중요하다.

다섯째, 사람에 대한 투자와 사회적 약자 배려이다. 복지정책은 사회적 안전망 제공을 넘어 개인의 역량 개발과 자립을 지원해야 한다. 교육, 건강, 직업훈련에 대한 투자를 강화함과 동시에 저소득층, 장애인, 노인, 이주민 등 사회적 약자들이 동등한 기회를 누릴 수 있도록 배려해야 한다. 특히 고령화 사회에 대응하기 위해 연금·의료·요양 서비스 확대가 필수적이다.

따라서 한국 복지의 방향은 보편성과 포용성 확대, 불평등 완화, 자립 기반 강화, 사회적 약자 배려라는 네 가지 축으로 요약할 수 있다. 이는 단순한 경제 성장 지표를 넘어 국민 모두의 삶의 질을 향상시키는 지속가능한 복지국가로 나아가는 길이다.

2. 한국의 교육

1) 교육의 개념과 정의

교육은 인간이 삶을 영위하는 데 필요한 다양한 행위를 가르치고 배우는 과정이며, 개인의 성장과 사회의 발전을 위한 필수적인 요소이다. 인간은 태어나면서부터 환경에 적응하고 사회적 존재로서 역할을 수행하기 위해 지속적으로 배우며, 이러한 학습 과정은 전 생애에 걸쳐 이루어진다. 교육은 단순히 지식을 전달하는 행위를 넘어 인간이 지적·정서적·사회적 능력을 발달시키는 전인적 성장의 과정이며, 개인이 자신의 잠재력을 최대한 실현하도록 돕는다. 또한 교육은 사회 변화에 대응하고, 발전을 이끄는 중요한 원동력으로 작용한다.

근대 이후 교육은 인간 형성과 사회 개조의 기능을 가지게 되었다. 전통적인 교육이 생존과 사회 적응을 위한 필수적인 지식과 기술을 전달하는 데 초점을 맞추었다면, 현대 교육은 개인이 타고난 역량을 최대한 발휘하고, 보다 나은 인간으로 성장할 수 있도록 지원하는 방향으로 발전하였다. 교육은 인간의 도덕적·윤리적 성장을 돕고, 비판적 사고와 창의력을 함양하는 과정으로 이해된다. 즉, 교육은 단순한 지식 습득을 넘어, 자아 실현과 사회적 기여를 포함하는 보다 넓은 개념으로 정의될 수 있다.

(1) 교육의 다양한 정의

첫째, 규범적 정의는 교육이 본질적으로 가치 지향적인 성격을 지닌다는 점에 초점을 둔다. 즉 교육이 단순한 지식 전달이나 기술 습득의 과정이 아니라 보다 높은 이상적 가치를 실현하는 활동이라는 점을 강조한다. 이 정의에 따르면 교육의 궁극적인 목표는 자아 실현, 도덕적 성장, 전인적 발달과 같은 가치의 실현에 있으며, 교육이 단순한 도구적 수단이 아닌 인간 형성의 핵심적인 과정이라는 점을 부각한다. 규범적 정의에서는 교육이 지향해야 할 목표를 설정하고, 이를 통해 교육의 질적 향상과 방향성을 규정할 수 있다.

둘째, 기능적 정의는 교육을 사회적·경제적·정치적 목적을 달성하기 위한 수단으로 바라본다. 이 관점에서 교육은 개인의 성장뿐만 아니라 사회 발전과 국가 경쟁력을 강화하는 데 기여하는 역할을 한다. 예를 들어 교육은 노동 시장에서 필요한 인재를 양성하거나, 민주 시민 교육을 통해 사회적 안정성을 유지하는 기능을 수행한다. 기능적 정의는 교육이 개인과 사회의 필요에 의해 이루어진다는 점에서 실용적인 접근 방식이며, 특히 국가가 교육 정책을 수립하는 과정에서 중요한 기준이 된다.

셋째, 조작적 정의는 교육의 개념을 보다 구체적이고 측정 가능한 방식으로 정의하려는 접근이다. 이는 교육의 목표와 효과성을 명확히 설정하고, 교육 활동이 어떻게 이루어지고 있는지를 객관적으로 분석하는 데 도움을 준다. 예를 들어 특정 교육 프로그램이 학습자의 성취도 향상에 얼마나 기여했는지를 분석할 때 조작적 정의를 활용하여 교육의 실질적인 효과를 측정할 수 있는 기준을 마련할 수 있다. 조작적 정의는 교육 연구 및 정책 결정 과정에서 활용되며, 교육의 실질적인 변화를 이끌어 낼 수 있는 중요한 방법론적 도구로 기능한다.

(2) 교육의 목표와 역할

교육의 궁극적인 목표는 바람직한 인간을 형성하고, 개인과 사회가 조화를 이루며 발전할 수 있도록 하는 것이다. 이는 단순히 학문적 성취를 이루는 것이 아니라 인간이 도덕적·윤리적 책임을 다하고, 타인과 협력하며, 공동체 속에서 조화롭게 살아가는 능력을 함양하는 것을 포함한다. 교육을 통해 개인은 자신을 발전시키고, 이를 통해 더 나은 삶을 영위할 수 있으며, 나아가 사회 발전에 기여할 수 있다.

현대 사회에서 교육은 더 이상 단순한 학습 과정이 아니라 인간이 사회적 맥락 속에서 보다 의미 있는 존재로 성장할 수 있도록 돕는 포괄적인 과정이다. 또한 교육은 개인의 행복을 증진할 뿐만 아니라 지속가능한 사회 발전을 위한 중요한 수단이 된다. 개인이 교육을 통해 자신의 역량을 극대화하고, 이를 사회적 목표와 연계할 수 있을 때 교육은 사회 발전의 주요 동력이 된다. 따라서 교육은 단순한 지식 습득을 넘어 인간 형성과 사회 개조를 동시에 수행하는 중요한 역할을 담당하며, 미래 사회에서도 더욱 중요한 가치로 자리 잡을 것이다.

2) 교육의 기능과 역할

(1) 소극적·수동적 기능

교육은 사회적 질서와 가치를 개인에게 전달하고, 사회적 통합과 안정을 유지하는 역할을 한다. 교육의 사회화 기능은 사회가 요구하는 규범과 가치관을 학생들에게 내면화시켜 사회의 일원으로 자리 잡게 한다. 학교 교육을 통해 학생들은 공동체의 규범을 익히고, 생활지도를 통해 사회적 기대에 부합하는 행동을 학습한다. 이를 통해 사회는 구성원 간의 공통된 가치와 문화를 공유하고 유지할 수 있다.

교육은 또한 문화유산을 전달하는 기능을 수행한다. 한 사회의 역사,

언어, 전통적 가치관 등은 교육을 통해 보존되며, 이는 사회의 지속성과 정체성을 유지하는 데 기여한다. 이전 세대가 축적한 문화적 지식과 경험이 교육을 통해 전수되며, 이를 기반으로 사회가 발전할 수 있는 토대가 마련된다.

교육은 사회적 통합과 통제의 역할도 수행한다. 사회가 요구하는 행동 양식과 가치관 교육을 통해 개인에게 전달하여, 사회적 갈등을 완화하고 질서를 유지하는 역할을 한다. 특히 학교는 사회적 규범을 내면화하는 중요한 기관으로 기능하며, 이를 통해 개인은 사회에 적응하고 안정적인 생활을 영위할 수 있게 된다.

(2) 적극적·능동적 기능

교육은 단순히 기존 사회 구조를 유지하는 것을 넘어 사회 변화를 이끌고 문화 창조에 기여하는 역할을 한다. 교육은 개인이 비판적 사고 능력을 배양하고, 사회문제를 인식하며, 이를 해결할 수 있도록 돕는다. 이를 통해 사회적 불평등, 경제적 불균형, 문화적 갈등 등의 문제를 해결하는 데 중요한 역할을 수행한다. 교육은 민주주의 가치 확산, 평등 의식 고취, 사회 개혁을 위한 역량 배양 등의 기능을 수행하면서 사회 변화를 주도한다.

교육은 또한 새로운 문화를 창조하는 기능을 한다. 개인은 교육을 통해 창의적 사고를 기르고, 새로운 지식과 기술을 창출하며, 이를 통해 기존 문화를 개조하거나 발전시키는 과정을 경험한다. 교육은 단순한 전달의 도구가 아니라 문화적 발전의 핵심적 요소로서 작용하며, 혁신적인 사고를 바탕으로 지속가능한 사회 발전을 이끌어 낸다.

(3) 도구적 기능

교육은 개인의 사회적 기회를 확대하고, 사회적 지위 이동을 가능하게 하는 중요한 역할을 한다. 교육은 능력과 성취도를 기준으로 사회적 역할을 배분하는 과정에서 중요한 역할을 하며, 학교는 학생들의 성과를 평가하고, 이를 통해 사회에서 요구하는 인재를 양성하는 역할을 한다. 또한 교육을 통해 개인은 사회적 자원을 배분받고, 이를 통해 자신의 직업적·경제적 기회를 확대할 수 있다.

교육은 개인이 출신 배경과 관계없이 사회적 성공을 이룰 수 있는 기회를 제공한다. 능력 중심 사회에서 교육은 공정한 경쟁을 가능하게 하며, 계층 이동의 기회를 열어준다. 이를 통해 개인이 더 나은 직업과 경제적 기회를 가질 수 있도록 하며, 사회적 유동성을 촉진하는 중요한 수단이 된다.

(4) 교육의 역할

교육은 인간의 신체적·심리적 능력을 발달시키고, 반복적인 학습과 훈련을 통해 숙달된 기술을 습득하는 데 중요한 역할을 한다. 스포츠 훈련이나 악기 연습을 통해 신체적 조절 능력이 향상되며, 반복 학습을 통해 기억력과 문제 해결 능력이 발전한다. 교육은 또한 개인이 사회적 존재로서 역할을 수행할 수 있도록 돕는다. 인간은 본질적으로 사회적 존재이며, 교육을 통해 사회적 책임과 의무를 이해하고, 협력을 통해 공동체의 발전에 기여할 수 있다. 교육은 사회적 문제를 인식하고 해결할 수 있는 능력을 배양하며, 이를 통해 사회 발전을 촉진하는 역할을 한다. 교육은 자율적인 판단력을 키우고 도덕적 행동을 촉진한다. 인간은 교육을 통해 자신의 신념과 가치관에 따라 독립적으로 판단할 수 있는 능력을 기른다. 비판적 사고 교육은 학생들이 문제를 해결하고 자율적인 결정을 내릴 수 있도록 돕는다. 또한 창의적 사고를 배양하여 새로운 아이디어와 혁신적인 해결책을 제시할 수 있도록 한다.

3) 한국의 교육제도

(1) 한국 교육의 역사

한국의 현대 교육은 사회적·경제적 변화에 따라 지속적으로 개편되었다. 1950년대 1차 교육과정은 한국전쟁 이후 사회 재건과 국가 발전을 위한 교과 중심 교육을 도입하였으며, 반공교육과 실업교육이 강조되었다. 이후 2차 교육과정에서는 경험 중심 교육이 도입되어 실용성과 생활 밀착형 학습을 강조하였다.

1970년대 3차 교육과정에서는 학문 중심 교육이 강조되며, 국사 국정 교과서가 도입되고 국민교육헌장이 강조되었다. 1980년대 4차 교육과정에서는 인간 중심 교육이 도입되어 학생의 개별적 성장과 인격 발달을 중시하였다. 이 시기에 과외 금지 조치와 학교 자율학습 허용이 이루어졌다.

1987년 5차 교육과정은 통합 중심 교육을 지향하며, 교과 간 연계를 강화하고 학생들의 다양한 학습 경험을 존중하는 방향으로 개편되었다. 1990년대 6차 교육과정은 미래 사회 대비를 목표로 개정되었으며, 초등학교 명칭이 확립되고 대입 수능 제도가 개편되었다.

1998년 7차 교육과정은 학생 중심 교육을 도입하며, 국민공통기본교육과정을 설정하여 기초 학습을 강화하고, 이후 학생들이 적성과 흥미에 맞춰 선택 과목을 이수할 수 있도록 하였다.

2007년 이후 교육과정은 수시 개정 체제로 전환되었다. 2007년 개정에서는 국정교과서 체제가 검인정 교과서 체제로 바뀌었으며, 2009년 개정에서는 학교의 자율성을 확대하여 창의적 교육 활동을 활성화했다. 2015년 개정에서는 문·이과 통합 교육이 도입되었으며, 학생들의 융합적 사고를 기를 수 있도록 하였다.

최근 2022년 개정에서는 고교학점제가 도입되어 학생들이 자신의 적성과 흥미에 따라 과목을 선택하고 이수할 수 있도록 하였다. 2023년에는 디지털 교육 인프라 확충과 AI 교육 도입이 주요 과제로 설정되었으며, 2024년부터 미래형 교육 공간 구축과 맞춤형 학습 지원이 중점적으로 추진된다.

(2) 한국의 교육제도

한국의 초·중등교육은 만 6세부터 18세까지를 대상으로 하며, 초등학교(6년), 중학교(3년), 고등학교(3년)로 구성된다. 초등교육에서는 읽기, 쓰기, 수학, 사회, 과학 등의 기초 학습과 도덕 교육, 예체능 활동을 포함한 전인적 교육이 이루어진다. 중학교는 의무교육의 일환으로 모든 학생이 반드시 이수해야 하며, 기초 학력을 심화하고 사회적 역할을 익히는 과정이다. 고등학교는 일반고, 특수목적고, 특성화고, 자율형고 등으로 나뉘며, 대학 진학, 직업 교육, 전문 분야 심화 교육 등 학생의 진로에 따라 다양한 학습 기회를 제공한다. 초·중등 의무교육은 9년간 시행되며, 이 기간 동안 교육 비용은 국가가 부담한다. 학교는 국립, 공립, 사립으로 운영되며, 모든 학교는 정부의 관리·감독을 받는다. 고등학교 졸업 후에는 검정고시를 통해 학력을 인정받을 수도 있다.

고등교육은 중등교육을 마친 학생들이 전문 학문과 기술을 습득하는 단계로, 대학, 전문대학, 원격대학, 대학원대학교 등의 기관에서 이루어진다. 대학은 학사, 석사, 박사 과정을 운영하며, 학문 연구와 사회 진출을 위한 전문 인재 양성을 목표로 한다. 전문대학은 실무 중심의 교육을 제공하며, 졸업 후 즉시 취업할 수 있는 실질적인 역량을 배양한다. 원격대학은 시간과 장소의 제약 없이 학습할 수 있는 기회를 제공하며, 특히 성인 학습자와 직장인들이 많이 이용한다. 대학원대학교는 석·박사 과정만 운영하며, 연구 중심의 교육을 통해 고급 전문 인력을 양성한다. 고등교육은 학문적 연구뿐만 아니라 국가 경쟁력 강화를 위한 핵심 역할을 하며, 최근에는 평생교육의 중요성이 강조되면서 성인 학습자에게도 교육 기회가 확대되고 있다.

(3) 한국 교육의 문제와 대안

① 한국의 교육열과 사회적 영향

한국은 교육을 통해 경제 성장과 사회 발전을 이룬 대표적인 국가로 평가된다. 한국 사회에서 교육은 단순한 학문적 성취를 넘어 개인의 사회적 이동성과 경제적 성공을 결정짓는 중요한 요소로 작용해왔다. 이는 전통적인 유교 문화와 경쟁 중심의 사회 구조가 결합되면서 더욱 강화되었다.

특히 1960년대 이후 한국은 교육열을 바탕으로 빠른 경제 성장을 이루었으며, 지식 기반 산업을 발전시키는 데 중요한 역할을 했다. 교육을 통한 인재 양성은 경제 발전과 민주주의 정착에도 기여하며, 한국을 글로벌 경제 강국으로 성장시키는 원동력이 되었다.

그러나 교육열이 지나치게 경쟁적인 구조로 변화하면서 학업 성취보다는 학벌과 입시 경쟁에 초점이 맞춰지는 현상이 나타났다. 이로 인해 공교육이 약화되고, 사교육 의존도가 증가하면서 사회적 불평등이 심화되는 등의 문제가 대두되고 있다.

② 교육열의 문제점과 한계

한국의 교육열은 국가 발전에 기여한 중요한 요소였지만 그 과정에서 여러 가지 부작용과 구조적 한계를 드러냈다.

첫째, 공교육의 부실화와 사교육 의존도의 증가가 심각한 문제로 대두되고 있다. 공교육이 대학 입시 준비에 초점을 맞추면서 학생들에게 창의적이고 자기주도적인 학습 기회를 제공하지 못하고 있다. 이에 따라 많은 학부모와 학생들은 공교육이 제공하지 못하는 학습 기회를 사교육을 통해 보완하려 하고 있으며, 이는 교육비 부담 증가로 이어지고 있다. 공교육이 충분한 경쟁력을 갖추지 못하면서 학부모들은 사교육에 의존하게 되고, 사교육을 받을 수 있는 경제적 여건이 되는 가정과 그렇지 못한 가정 간의 교육 격차가 심화되고 있다.

둘째, 과도한 교육비 부담과 출산율 감소 문제도 교육열과 관련된 주요 사회적 문제 중 하나이다. 한국 가정의 월평균 사교육비는 상당한 수준이며, 이는 가계 경제에 큰 부담을 주고 있다. 특히 저소득층 가정에서는 경제적 이유로 사교육에 대한 접근이 제한되며, 이로 인해 교육 기회의 불평등이 심화된다. 높은 교육비는 단순히 가계 부담으로 끝나는 것이 아니라, 한국 사회의 저출산 문제와도 연결된다. 부모들은 높은 교육비 부담 때문에 출산을 꺼리게 되며, 이는 한국의 낮은 출산율 문제를 더욱 악화시키는 요인으로 작용하고 있다.

셋째, 학력 경쟁과 학생들의 심리적 부담이 심각한 수준에 이르렀다.

한국의 학생들은 대학 입시 경쟁 속에서 극심한 학습 부담과 정신적 스트레스를 경험하고 있다. 특히 한국은 OECD 국가 중 청소년 자살률이 높은 국가 중 하나로, 이는 과도한 학업 스트레스와 밀접한 관련이 있다. 학생들은 장시간 학습과 높은 기대치 속에서 생활하며, 학업 성취가 개인의 가치와 성공을 결정짓는 사회적 분위기 속에서 살아가고 있다. 이러한 경쟁적 교육 환경은 학생들의 창의성과 자기주도적 학습을 저해하며, 장기적으로 정신 건강에 부정적인 영향을 미칠 수 있다.

넷째, 학교 내 문제로 교권 추락과 학교폭력 증가현상이 심화되고 있다. 최근 들어 교사의 권위가 약화되면서 교권 보호에 대한 논의가 증가하고 있으며, 교사들이 학생을 효과적으로 지도하고 통제할 수 있는 권한이 약화되면서 교육 현장의 혼란이 가중되고 있다. 또한 학교 내에서 발생하는 학교폭력 문제도 심각한 수준이며, 사이버 폭력과 집단 따돌림 문제도 증가하고 있다. 이러한 환경은 학생들의 정서적 안정과 학습 환경에 부정적인 영향을 미친다.

다섯째, 입시 위주의 교육과 학벌 중심 사회가 지속되면서 교육의 본래적 의미가 왜곡되고 있다. 한국 사회에서는 학벌이 개인의 사회적 성공을 결정짓는 중요한 요인으로 작용하고 있으며, 대학 서열화가 교육과정 전반에 큰 영향을 미치고 있다. 이에 따라 학생들은 학문적 탐구보다는 높은 학벌을 얻기 위한 수단으로 교육을 받아들이고 있으며, 사교육과 과도한 경쟁 속에서 자율적이고 창의적인 학습이 어려운 상황이 지속되고 있다.

여섯째, 교육 격차의 심화도 한국 교육이 직면한 중요한 문제 중 하나이다. 도시에 비해 농촌 지역의 교육 자원이 부족하며, 소득 수준에 따라 학생들이 받을 수 있는 교육의 질이 다르다. 이는 장기적으로 사회적 불평등을 심화시키고, 계층 이동을 어렵게 만드는 요인으로 작용할 수 있다.

마지막으로 직업 교육과 대안 교육의 미흡도 중요한 문제 중 하나로 지적된다. 한국의 교육 시스템은 대학 진학 중심의 학문 교육에 집중되어 있으며, 실무 중심의 직업 교육이 체계적으로 마련되지 않았다. 이에 따라 직업 교육을 받은 학생들이 부족하고, 산업 현장에서 요구하는 실무 능력을 갖춘 인재를 양성하는 데 한계를 드러내고 있다. 또한 정규 교육과정을 이탈한 학생들을 위한 대안 교육 시스템도 충분히 마련되지 않아 다양한 학습 요구를 충족시키지 못하는 상황이다.

③ 교육 개혁을 위한 대안과 방향성

첫째, 주입식 교육에서 창의적 교육으로 전환해야 한다. 기존의 암기식·주입식 교육에서 벗어나 창의적 사고와 문제 해결 능력을 강조하는 교육 방식이 필요하다. 이를 위해 프로젝트 기반 학습이나 문제 해결 중심 학습 등을 도입하고, 학생들이 스스로 탐구하고 해결하는 능력을 배양하도록 해야 한다.

둘째, 입시 위주 교육에서 벗어나 공교육을 정상화해야 한다. 대학 입시가 교육의 최우선 목표가 되어서는 안 되며, 학생들이 다양한 학습 경험을 쌓을 수 있도록 고교학점제 등 맞춤형 교육 시스템을 정착시키고, 선택형 교육과정을 확대해야 한다.

셋째, 지식 교육뿐만 아니라 인성 교육과 자기주도적 학습을 강조해야 한다. 교육 과정에서 도덕적 가치와 사회적 책임을 강조하며, 협력과 공동체 의식을 배양할 수 있도록 인성 교육을 강화해야 한다. 또한 자기주도적 학습 역량을 길러 학생들이 능동적으로 학습할 수 있도록 하는 교육 방식이 필요하다.

넷째, 직업 교육과 대안 교육을 활성화해야 한다. 마이스터고, 특성화고 등 직업 교육 중심의 학교를 확대하고, 학생들이 자신의 적성과 능력에 맞는 직업 교육을 받을 수 있도록 지원해야 한다. 또한 대안 교육을 강화하여 학문 중심 교육을 원하지 않는 학생들에게 다양한 학습 기회를 제공할 필요가 있다.

다섯째, 학벌 중심 사회에서 능력 중심 사회로 전환해야 한다. 기업과 정부는 학력 중심의 채용 시스템을 개선하고, 직무 중심의 평가 방식을 도입하여 다양한 배경을 가진 인재들이 동등한 기회를 가질 수 있도록 해야 한다.

여섯째, 미래 사회 대비를 위한 융합 교육을 강화해야 한다. 4차 산업혁명 시대에 맞춰 AI, 데이터 분석, 소프트웨어 교육과 같은 미래형 교육 과정을 강화해야 한다. 또한 STEAM(과학, 기술, 공학, 예술, 수학) 교육을 통해 융합적 사고력을 배양하고, 변화하는 사회 환경에 적응할 수 있는 인재를 양성해야 한다.

3. 한국의 의료

1) 의료의 개념과 정의

의료는 사람의 건강을 유지, 회복, 촉진하는 모든 활동을 포함하는 용어로 매우 광범위한 의미를 갖는다. 질병의 치료뿐 아니라 예방적 차원에서도 의료는 중요한 역할을 하며, 의료 기술의 발전을 통해 건강 증진의 범위가 확대되고 있다. 의료는 단순히 병이 발생했을 때만 필요한 것이 아니라 건강한 상태를 유지하고 건강 증진을 위한 모든 활동을 포함한다. 이를 통해 의료는 개인뿐만 아니라 사회 전체의 건강을 향상시키는 데 기여한다.

의료 행위는 환자의 질병 치료뿐만 아니라 그 질병의 예방까지도 포함하는 활동을 의미한다. 이는 의사나 의료인이 직접적으로 행하는 진단, 치료, 수술 등의 활동을 가리킨다. 의료 기술은 이러한 의료 행위를 지원하는 다양한 전문적 기술과 지식으로, 의료 기구, 진단 기술, 치료 방법 등으로 구성된다.

첫째, 의료 행위는 주로 의사, 간호사, 한의사 등 면허를 가진 의료인들이 수행하는 활동으로, 환자의 질병을 진단하고 치료하는 과정에서 이루어진다. 이 과정에는 다양한 의료 장비와 기술이 활용된다.

둘째, 의료인은 최신의 의료 기술을 바탕으로 질병을 진단하고 치료하며, 기술의 발전에 따라 보다 효율적이고 안전한 치료 방법이 개발되고 있다. 이는 환자의 건강을 개선하는 중요한 요소로 작용한다.

셋째, 예방적 의료이다. 예방은 현대 의료에서 중요한 역할을 하며, 예방을 통해 많은 질병을 사전에 방지할 수 있다. 예방 접종, 건강 검진, 공중보건 캠페인 등이 여기에 해당한다.

넷째, 치료적 의료이다. 질병이 발생한 후에는 적절한 치료가 필요하며, 의료인들은 이를 통해 환자의 건강을 회복하고 삶의 질을 향상시킨다.

2) 의료의 기능과 역할

(1) 건강 증진

건강 증진은 개인이 스스로 자신의 건강을 관리하고, 건강을 최적화할 수 있도록 돕는 활동이다. 이 과정은 예방적 차원에서 이루어지며, 건강에 대한 인식을 높이고, 생활 습관을 개선하는 것이 주요 목표이다. 건강 증진은 개인뿐만 아니라 지역사회 전체의 건강 수준을 향상시키기 위한 프로그램과 활동으로 구성된다.

건강 교육은 건강 증진의 중요한 부분으로, 사람들이 건강한 생활을 유지할 수 있도록 정보와 기술을 제공한다. 예를 들어 식습관 개선, 운동 촉진, 스트레스 관리 등이 포함된다. 또한 정부와 보건기관이 주도하는 공공 건강 캠페인이나 금연 운동, 비만 예방 프로그램 등이 건강 증진의 일환으로 시행된다.

(2) 예방

예방은 질병이 발생하기 전에 이를 방지하는 조치를 취하는 활동이다. 이는 개인의 건강 상태가 악화되기 전에 사전 예방적 조치를 취하는 것이며, 이를 통해 질병의 발생 빈도를 낮추고, 건강 유지의 비용을 절감할 수 있다. 예방은 크게 1차 예방, 2차 예방, 3차 예방으로 나뉜다.

첫째, 1차 예방은 질병이 발생하기 전의 예방 조치로 예방접종, 금연 운동, 정기 건강검진 등이 여기에 해당한다. 이는 질병의 원인을 제거하거나 건강한 생활 방식을 촉진하는 활동을 포함한다.

둘째, 2차 예방은 질병이 초기 단계에서 발견될 경우 이를 신속하게 치료하여 더 이상 악화되지 않도록 하는 과정이다. 조기 진단과 조기 치료가 중요하다.

셋째, 3차 예방은 질병이 이미 발병한 후 이를 관리하고 재발을 방지하기 위한 재활 치료와 관리가 포함된다.

(3) 진단과 치료

진단과 치료는 의료서비스의 핵심 부분으로, 환자가 특정한 증상이나 질병을 가지고 있을 때 이를 정확히 진단하고 치료하는 과정이다. 이 단계에서는 환자의 상태를 평가하고, 적절한 치료 방법을 적용하여 건강을 회복시키는 것이 목표다.

첫째, 진단은 의료진이 검사와 평가를 통해 질병이나 상태를 정확히 파악하는 단계이다. 혈액 검사, X-ray, MRI, CT 스캔과 같은 진단 기술을 통해 질병을 식별하고 치료 계획을 세운다.

둘째, 치료는 진단이 완료된 후, 환자의 상태에 따라 적절한 치료를 시행한다. 치료는 약물 치료, 수술, 물리치료 등의 다양한 방식으로 이루어지며, 질병의 원인을 제거하거나 증상을 완화하는 데 중점을 둔다.

(4) 재활

재활은 질병이나 부상 후 환자가 정상적인 생활로 복귀할 수 있도록 돕는 의료 서비스이다. 재활은 신체적, 정신적, 사회적 기능을 회복하고 유지하는 데 중점을 둔다. 이 단계에서는 장기적인 관리와 지원이 필요하며, 환자가 독립적으로 생활할 수 있도록 하는 데 목표를 둔다.

첫째, 물리 치료는 신체적 기능을 회복하기 위해 운동 치료나 전기 자극 등을 통해 근육과 관절의 기능을 향상시키는 과정이다.

둘째, 심리적 재활은 환자가 질병이나 부상으로 인한 정신적 충격을 극복하고 긍정적인 삶의 태도를 유지할 수 있도록 돕는 심리 치료가 포함된다.

셋째, 사회적 재활은 장애를 가진 환자가 사회로 복귀하여 일상 생활을 영위할 수 있도록 지원하는 프로그램이다. 이는 환자의 자립을 촉진하는 중요한 과정으로 직업 재활이나 사회적 지원 서비스가 포함된다.

3) 한국의 의료 제도

(1) 의료보장제도의 개념과 특징

의료보장제도는 국민이 경제적 부담 없이 적절한 의료 서비스를 받을 수 있도록 국가가 운영하는 사회적 안전망이다. 의료 서비스에 대한 접근성이 소득, 지역, 성별, 직업, 연령 등에 따라 차이가 발생하면서 의료 불평등 문제가 심화되고 있다. 이러한 불평등을 해소하고 국민의 건강권을 보장하기 위해 의료보장제도가 필요하다.

이 제도는 국민건강보험, 의료급여, 산재보험 등 다양한 형태로 운영되며, 개인이 부담해야 할 의료비를 사회적으로 분산시키는 역할을 한다. 특히 국민건강보험은 한국 의료보장제도의 핵심으로, 소득 수준에 따라 보험료를 부과하지만, 의료 서비스는 동일한 기준으로 제공하는 특징을 가진다. 이를 통해 의료비 부담을 완화하고, 질병이나 사고로 인해 경제적 어려움을 겪는 상황을 방지한다.

의료보장제도는 다음과 같은 특징을 가진다.

첫째, 사회보험 방식의 운영이다. 한국의 의료보장제도는 모든 국민이 가입하는 국민건강보험 체계를 바탕으로 운영되며, 보험료를 기반으로 재정을 마련하는 사회보험 형태를 갖는다.

둘째, 재정 부담의 분산이다. 국민은 소득 수준에 따라 보험료를 납부하며, 이를 통해 의료 재정을 마련한다. 이를 통해 개인이 감당하기 어려운 의료비를 사회적 부담으로 전환하여 안정적인 의료 서비스를 제공한다.

셋째, 의무적 가입과 균등한 급여 제공이다. 국민건강보험은 모든 국민이 의무적으로 가입해야 하며, 보험료는 차등 부과되지만 의료 서비스는 동일한 기준으로 제공된다. 이는 소득 재분배 효과를 가져오며, 사회적 연대를 강화하는 역할을 한다.

넷째, 국가의 역할과 보장성 확대이다. 의료보장제도는 국가가 의료 서비스의 질을 관리하고, 필수 의료 서비스에 대한 보장성을 지속적으로 확대하는 방향으로 운영된다. 이를 통해 국민의 건강권을 보장하고 의료 접근성을 높이는 것이 목표이다.

(2) 사회보험으로서 의료보장제도

의료보장제도는 국민이 경제적 부담 없이 필수적인 의료 서비스를 받을 수 있도록 국가가 마련한 사회적 안전망이다. 각국은 의료보장을 위해 다양한 방식을 운영하며, 대표적으로 의료보험 방식과 국가보건서비스 방식이 있다. 이 두 가지 방식은 의료비 부담을 사회적으로 분산시키고 국민의 건강권을 보장하는 공통된 목적을 가지지만 재정 운영 방식과 의료 서비스 제공 주체에서 차이를 보인다.

① 의료보험 방식과 국가보건서비스 방식

세계적으로 의료보장제도는 크게 의료보험 방식과 국가보건서비스 방식으로 구분된다. 한국은 건강보험을 중심으로 한 의료보험 방식을 운영하고 있으며, 영국을 비롯한 일부 국가는 조세 기반의 국가보건서비스 방식을 채택하고 있다.

의료보험 방식은 국민이 일정한 보험료를 납부하고, 이를 기반으로 의료비 지원을 받는 형태다. 한국, 독일, 프랑스, 일본 등이 이 방식을 채택하고 있으며, 공적 보험 운영기관이 관리하는 형태를 띤다. 의료 서비스 이용 시 본인 부담금이 일부 부과되지만, 국민 간의 상호 부담을 통해 의료비의 상당 부분이 지원된다.

국가보건서비스 방식은 국가가 직접 의료 서비스를 제공하며, 국민의 의료비를 조세를 통해 부담하는 방식이다. 영국과 스웨덴이 대표적인 사례로 정부가 의료기관을 운영하며, 국민에게 무료 또는 저비용으로 의료 서비스를 제공한다. 이 방식은 의료 서비스의 형평성을 높이는 장점이 있지만 국가 재정 부담이 크고 의료 서비스의 질 저하 가능성이 존재한다.

한국은 의료보험 방식을 채택하고 있으며, 건강보험을 통해 국민의 의료비 부담을 줄이고 있다. 그러나 건강보험제도만으로는 의료보장의 한계를 극복하기 어려운 경우가 많아 의료급여제도, 산재보험, 노인 장기요양보험 등 다양한 보완적 제도를 운영하고 있다.

② 건강보험제도의 특징과 필요성

건강보험제도는 의료비 부담을 개인이 아닌 사회 전체가 나누어 부담하는 방식으로 운영되며, 국민 건강을 보호하고 사회적 불평등을 완화하는 역할을 한다.

첫째, 의료비 부담 경감 측면에서 건강보험제도는 국민이 예상치 못한 질병이나 사고로 인해 과중한 의료비를 감당해야 하는 상황을 예방한다. 의료비는 일반적으로 가계에 큰 경제적 부담이 될 수 있으며, 특히 고액의 치료비가 발생하는 경우 경제적 파탄으로 이어질 가능성이 높다. 건강보험제도는 개인이 아닌 사회 전체가 의료비를 공동 부담하도록 함으로써 이러한 위험을 분산시키고, 국민 개개인이 필요할 때 의료 서비스를 원활하게 이용할 수 있도록 한다.

둘째, 형평성 보장 차원에서 건강보험제도는 소득, 직업, 지역에 관계없이 국민 누구나 동일한 의료 서비스를 받을 수 있도록 하는 역할을 한다. 특정 계층이나 지역에만 의료 서비스가 집중되는 현상을 방지하고, 의료 격차를 완화하여 국민 전체의 건강 수준을 향상시키는 것이 목표다.

셋째, 예측 불가능한 질병 발생에 대한 대비 기능을 한다. 질병이나 사고는 누구에게나 갑작스럽게 발생할 수 있으며, 건강보험제도는 이러한 불확실성에 대비할 수 있는 사회적 안전망 역할을 한다. 국민들이 일정한 보험료를 납부하고 이를 공동 기금으로 조성함으로써 의료 서비스의 지속가능성을 유지하고 의료비 부담을 장기적으로 분산시킨다.

③ 건강보험제도의 사회적 역할

건강보험제도는 단순히 개인의 의료비를 지원하는 제도를 넘어 사회 전체의 건강권을 보장하고 사회적 연대를 강화하는 역할을 수행한다.

첫째, 사회적 연대 강화를 통한 건강권 보장이 가능하다. 건강보험은 국민 모두가 가입하는 사회보험의 형태로 운영되며, 가입자의 건강 상태와 상관없이 보험료를 납부하고 필요한 경우 동일한 의료 혜택을 받을 수 있도록 한다. 이를 통해 건강한 사람과 그렇지 않은 사람, 고소득층과 저소득층이 의료비 부담을 나누며, 사회 전체적으로 의료 서비스의 접근성을 보장하는 역할을 한다.

둘째, 국가 경제와 노동 시장의 안정성 확보에 기여한다. 건강보험이 제대로 운영되지 않으면 노동자들은 의료비 부담으로 인해 경제적 어려움을 겪거나, 치료를 받지 못해 생산성이 저하될 가능성이 높다. 건강보험제도는 노동자들이 치료를 받을 수 있도록 지원함으로써 노동 시장의 안정성과 국가 경제의 지속가능성을 높이는 데 기여한다.

셋째, 보건의료 체계의 지속가능성을 확보하는 데 필수적이다. 건강보험이 없을 경우 의료 서비스는 개인 부담 중심으로 운영될 가능성이 높고, 이는 저소득층이 적절한 의료 혜택을 받지 못하는 결과로 이어질 수 있다. 건강보험제도는 의료비를 사회적으로 분산하여 보건의료 체계가 지속적으로 운영될 수 있도록 지원한다.

(3) 한국의 의료보장제도의 명과 암

한국의 건강보험제도는 국가 주도의 단일 건강보험 시스템으로 운영되며, 전 국민이 필수적으로 가입하는 강제 가입 방식을 따른다. 이를 통해 의료 접근성을 높이고 국민의 건강권을 보장하는 역할을 수행하고 있다. 그러나 빠르게 증가하는 의료비, 민간 의료 의존, 재정 부담 등의 문제도 함께 존재한다.

① 건강보험제도의 강점: 높은 의료 접근성과 국민 건강 증진

한국의 건강보험제도는 의료 접근성을 크게 향상시켜 국민 건강 증진에 기여했다. 의료비 부담을 사회적으로 분산하여 국민들이 경제적 걱정 없이 의료 서비스를 이용할 수 있도록 했으며, 그 결과 평균 기대수명과 영아사망률 같은 주요 건강 지표에서 우수한 성과를 거두었다.

첫째, 전 국민 의료보장 실현이다. 한국은 단일 건강보험 체계를 운영하여 국민 누구나 의료보험 혜택을 받을 수 있도록 보장하고 있다. 1989년 전 국민 건강보험이 도입된 이후 한국은 짧은 기간 내에 의료보장률을 거의 100% 수준까지 끌어올리며 보편적 의료보장을 달성했다.

둘째, 높은 의료 접근성과 방역 시스템이다. 한국은 전국적으로 잘 구축된 의료 인프라와 건강보험 시스템 덕분에 병원 진료가 용이하며, 특히 감염병 대응과 같은 공공보건 영역에서도 효과적으로 작동하고 있다. 국제기구들은 한국의 건강보험제도가 높은 의료 접근성과 우수한 방역 시스템을 지원하는 중요한 요소라고 평가한다.

셋째, 국제적으로 인정받는 의료 기술과 시스템이다. 한국은 의료 기술, 병원 시스템, 의료 인력의 우수성 덕분에 해외에서도 의료 서비스가 인정받고 있다. 외국인 환자 유치를 위한 의료 관광 산업이 확대되고 있으며, 한국식 건강보험 모델을 참고하려는 국가들도 늘어나고 있다.

② 건강보험제도의 한계: 재정 부담 증가와 민간 의료 의존

건강보험제도의 성공에도 불구하고 한국의 의료보장 시스템은 여러 한계를 안고 있다. 의료비 증가, 건강보험 재정 부담, 민간 의료 의존 등의 문제가 심화되고 있으며, 이는 지속가능한 운영을 어렵게 만들고 있다.

첫째, 빠르게 증가하는 의료비와 고령화 문제이다. 한국의 의료비 증가 속도는 OECD 회원국 중 가장 빠르며, 고령화로 인해 의료비 부담은 지속적으로 증가할 전망이다. 2023년 한국의 경상의료비는 GDP의 9.9% 수준인 221조 원에 달했으며, 의료비 증가율은 OECD 평균보다

2.5배 높은 8.4%를 기록했다. 특히 2050년경 65세 이상 인구가 전체의 40% 이상을 차지할 것으로 예상되면서 의료비 부담과 건강보험 재정 압박이 더욱 가중될 것으로 보인다.

둘째, 건강보험 보장률이 상대적으로 낮다. 2023년 기준 한국의 건강보험 보장률은 OECD 평균(76.3%)에 미치지 못하는 64.9% 수준에 머물고 있으며, 이는 의료비의 상당 부분이 본인 부담금이나 민간 보험을 통해 충당됨을 의미한다. 특히 비급여 항목에 대한 통제가 미흡하여 환자들이 예상치 못한 의료비 부담을 겪는 경우가 많다.

셋째, 공공의료 비중이 낮고 민간 의료기관 의존도가 높다. 한국의 의료 공급 구조는 민간 병원이 압도적으로 우세한 상황이며, 공공 병상 비율이 OECD 국가 중 최저 수준이다. 반면, 병상 수 자체는 OECD 평균보다 세 배 가까이 많아 의료 자원의 비효율적 배분 문제가 발생할 가능성이 크다. 민간 의료기관 중심의 의료 공급 체계는 의료비 증가의 원인이 될 수 있으며, 의료서비스의 공공성을 강화할 필요성이 대두되고 있다.

넷째, 비급여 의료비용 통제가 미흡하다. 다른 국가들은 건강보험과 의료기관 간의 계약을 통해 비급여 항목을 통제하지만, 한국은 이와 같은 체계가 미흡한 실정이다. 이에 따라 일부 병원에서는 비급여 항목을 과잉 제공하여 의료비 부담을 증가시키고 있다.

③ 향후 과제: 지속가능한 건강보험 운영을 위한 개선 방향

한국의 건강보험제도가 지속가능성을 유지하고 국민 건강을 안정적으로 보호하기 위해서는 몇 가지 정책적 개선이 필요하다.

첫째, 건강보험 재정 안정화 대책 마련이다. 저출산·고령화로 인한 의료비 증가에 대비하여 건강보험 재정을 더욱 효율적으로 운영할 필요가 있다. 보험료율 조정, 정부 재정 지원 확대, 의료비 절감 정책 등을 통해 재정 지속가능성을 확보해야 한다.

둘째, 공공의료 비중 확대 및 의료서비스 효율화가 필요하다. 현재 한국은 공공병상 비율이 낮아 의료 서비스의 공공성이 부족한 상황이다. 공공병원을 확충하고 지역별 의료 격차를 해소하는 정책이 요구되며, 의료 자원의 효율적 배분을 위한 시스템도 구축해야 한다.

셋째, 비급여 의료비 통제 강화이다. 비급여 항목의 급여화 확대 및 합리적인 가격 책정을 통해 환자들의 부담을 줄이고 건강보험 보장성을 강화해야 한다. 이를 위해 보험공단과 의료기관 간의 협약을 통해 비급여 항목을 체계적으로 관리하는 방안이 필요하다.

넷째, 예방 중심의 의료 시스템 전환이 필요하다. 의료비 절감을 위해서는 예방의료와 건강 증진 프로그램을 활성화하는 것이 중요하다. 건강검진 확대, 만성질환 관리 강화, 생활습관 개선을 위한 국가 지원 프로그램을 통해 국민 건강을 사전에 관리하는 시스템을 구축할 필요가 있다.

(4) 한국 의료보장제도의 미래

한국의 의료 시스템은 급격한 고령화, 디지털 기술의 발전, AI와 로봇 등 혁신 기술의 도입으로 인해 앞으로 큰 변화를 맞이할 것으로 예상된다. 의료 산업의 발전 방향은 보다 융합적이고 디지털 중심의 예방 의료로 전환될 가능성이 크며, 이를 통해 의료 서비스의 질적 향상과 공공성 강화를 목표로 하고 있다. 한국 의료의 미래를 다섯 가지 주요 주제에 따라 정리하면 다음과 같다.

① 고령화에 따른 보건의료산업의 성장 예상

한국은 세계에서 가장 빠르게 고령화가 진행되는 국가 중 하나로, 2021년 기준 65세 이상 인구가 전체 인구의 16.6%를 차지했으며, 2050년에는 40% 이상으로 증가할 전망이다. 이러한 고령화는 보건의료산업의 성장을 견인할 중요한 요인으로 작용한다.

고령화가 진행될수록 만성질환 관리와 노인 대상 의료 서비스에 대한 수요가 급격히 증가할 것이다. 이에 따라 재활의료, 장기요양 서비스, 노인성 질환 치료 등이 보건의료산업의 핵심 분야로 떠오를 것이다.

② 디지털 범용기술의 도입을 통한 예방 중심의 디지털 의료

디지털 기술은 한국 의료의 미래에서 중요한 역할을 할 것으로 보인다. 빅데이터, 클라우드 컴퓨팅, 사물인터넷(IoT) 등을 활용한 디지털 헬스케어는 예방 중심의 의료 패러다임을 촉진할 수 있다. 디지털 기술은 개인의 건강 데이터를 실시간으로 모니터링하고, 이를 분석하여 건강 상태를 예측하거나 질병 발생 가능성을 조기에 진단하는 데 기여할 수 있다. 이를 통해 질병 치료보다 예방에 초점을 맞춘 의료 모델이 확산될 것으로 예상된다.

③ 인공지능과 로봇의 등장으로 인한 의료방식의 변화

AI와 로봇 기술의 도입은 의료 시스템에 큰 변화를 가져올 것이다. AI는 의료 데이터를 분석하여 질병 진단과 치료 계획 수립에 도움을 줄 수 있으며, 로봇은 정밀 수술과 환자 돌봄에서 중요한 역할을 할 수 있다.

AI는 방대한 의료 데이터를 분석하여 정확한 진단을 가능하게 하고,

맞춤형 치료 계획을 제시할 수 있다. 예를 들어 AI는 이미 영상 진단에서 유용하게 사용되고 있으며, 앞으로 더 많은 분야에서 그 활용도가 높아질 것이다. 로봇 수술은 더욱 정밀하고 안전한 수술을 가능하게 하며, 로봇 재활 장비는 환자들의 회복을 돕는 데 큰 기여를 할 수 있다.

④ 디지털 원격의료에 따른 법제 정비와 시스템 구축

원격의료는 팬데믹 이후 더욱 중요하게 부각되었다. 한국은 디지털 원격의료 기술을 적극 도입하고 있으며, 이를 뒷받침하기 위한 법적, 제도적 정비와 시스템 구축이 필수적이다.

원격의료의 활성화를 위해서는 법적 정비가 필요하다. 비대면 진료나 원격 모니터링 등의 시스템을 정착시키기 위해 개인정보 보호와 의료 서비스 표준화에 대한 규제가 마련되어야 한다.

원격의료를 효과적으로 운영하기 위해서는 IT 인프라와 데이터 관리 시스템을 강화하는 것이 중요하다. 이는 의료 서비스의 접근성을 높이며, 특히 농어촌 및 외진 지역에서의 의료 불평등을 해소할 수 있다.

⑤ 의료산업의 융합적 접근

미래 의료산업은 다양한 분야의 전문가들이 협력하는 융합적 모델로 발전할 것이다. 의료 전문가뿐만 아니라 생명공학, IT, 인공지능, 비즈니스 전략 전문가 등이 참여하는 지식산업 모델이 구축될 것으로 기대된다.

의료 분야에 생명공학, 인공지능, 빅데이터 분석 등이 융합되면 새로운 진단 및 치료 기술이 개발되고, 맞춤형 의료가 가능해질 것이다. 이는 의료 서비스의 질을 향상시키며, 보다 효율적이고 경제적인 의료 시스템을 구축하는 데 기여할 것이다.

생각해 볼 문제

1. 한국은 다문화가정이 점차 증가하면서 이들에 대한 복지 정책도 중요한 이슈가 되고 있다. 여러분들이 알고 있는 다문화가정 자녀를 위한 정책에 대해서 찾아보자.
2. 한국의 교육열은 과도한 입시위주의 경쟁에 의해서 나타나고 있다. 이러한 경쟁을 줄이기 위한 방안에 대해서 이야기해보자.

✔ 더 읽을거리

김영순, 김선정 외(2020). 『한국 다문화 사회의 교육과 복지 실천』. 집문당.

이 책은 다문화 사회로 빠르게 변화하는 한국에서 교육과 복지 분야의 실천적 접근을 다룬다. 특히 다문화가정의 특성과 이들이 직면한 다양한 문제를 심도 있게 분석하며, 교육 현장과 복지 시스템에서 적용할 수 있는 구체적인 해결책을 제시합니다. 특히 다문화가정의 자녀들이 겪는 교육적 어려움과 사회적 통합을 위한 전략을 상세하게 다루고 있어, 관련 분야 종사자와 연구자들에게 유용한 지침서가 될 수 있다.

또한 이 책은 다문화 사회에서의 효과적인 교육 방법론과 복지 서비스 모델을 탐구하며, 실제 사례를 통해 독자들이 현장에서 바로 적용할 수 있도록 돕는다. 다문화가정의 복지 향상을 위한 정책 제안과 함께, 교육자와 사회복지사들이 알아야 할 문화적 감수성 및 실천 방안도 상세하게 다루고 있다.

참고문헌

김연수 외(2017). 의료사회복지의 이해와 실제. 나눔의집.

김영순·김선정 외(2020). 한국 다문화 사회의 교육과 복지 실천. 집문당.

박성민·송지홍(2021). 복지로 모두의 인권을 지킨다면. 다른.

한양대학교 한국교육문제연구소(2024). 교육복지의 이해. 한양대학교출판부.

8장

한국의 대중 문화와 한류

1. 대중 문화와 대중 매체

1) 대중 문화의 개념

대중 문화는 대중 매체를 통해 상품으로 대량 생산·재생산되어 대중들이 쉽게 접근하고, 소비하는 다양한 문화 현상을 의미한다. 이는 영화, 음악, TV, 디지털 콘텐츠, 패션, 스포츠 등의 여러 분야로 나뉘며, 현대에서 광범위하게 나타난다.

이러한 대중 문화는 특정 계층이나 집단에 국한되지 않고 사회 전반의 다양한 계층이 향유할 수 있는 문화로서, 대중의 취향과 수요를 반영하여 제작 및 소비되고 오락적 요소까지 더해지며 상업적 성격이 강하게 나타나고 있다. 또한 단순한 오락을 넘어서 사회적 규범과 가치관을 반영·재구성하는 기능을 수행하며 때로는 사회·정치적 메시지를 전달하여 사회 변화를 유도하는 매개체로 작용하기도 한다. 대중 문화는 이처럼 사회·경제·정치·문화·교육적 측면에서 다양한 기능과 의미를 지니고 있다.

(1) 사회적 측면

대중 문화는 특정 계층이나 집단에 국한되지 않고 사회 전반의 다양한 계층이 함께 향유하는 문화이며, 서로 다른 배경을 지닌 사람들이 동일한 주제나 이슈를 중심으로 사회적 대화를 나누고 공감대를 형성할 수 있게 해줌으로써 사회 통합의 중요한 매개체로 기능한다는 점에서 의미가 있다. 또한 대중 문화가 사회적 이슈나 트렌드를 반영함으로써 사회적 규범과 가치관 형성에 영향을 미치고, 때로는 의식 변화나 사회적 움직임을 이끄는 주체로 작용한다. 예를 들어 TV 프로그램이나 스포츠 이벤트는 공동의 관심사를 통해 사람들을 하나로 묶는 역할을 수행하며, 영화나 음악에서 인권이나 환경 문제를 다루며 대중의 인식 변화를 유도하고 실제 사회적 행동으로 이어지기도 한다.

(2) 경제적 측면

대중 문화 산업은 전 세계적으로 다양한 문화 컨텐츠를 제작·유통하며 이를 통해 고용의 기회를 제공하고 다양한 경제 활동을 촉진하여 국가 경제에 중요한 영향을 끼치고 있다. 특히 세계적으로 확산된 대중 문화의 영향력은 국제적인 문화 교류를 촉진하고 문화 수출을 기반으로 한 경제 성장의 핵심 동력으로 작용하고 있다. 이는 다양한 연관 산업과의 시너지 효과를 창출하며, 산업 전반에 긍정적인 파급 효과를 미치고 있다. 예를 들어 최근 '한류' 열풍은 한국의 문화 산업을 급격히 성장시켰을 뿐 아니라 기타 관련 여러 산업 분야 전체에서 경제적 이익을 창출하고 있다.

(3) 정치적 측면

대중 문화는 정치적 메시지를 효과적으로 전달하는 수단으로 활용되며, 콘텐츠를 통해 정치적 사안에 대한 대중의 관심을 불러일으키고 참여를 유도함으로써 사회적 변화를 촉진하는 데 중요한 역할을 한다. 예를 들어 대중 문화 컨텐츠가 특정한 정치적 메시지를 담아 사회적 불의에 대한 저항의 수단이 되기도 하며, 정치적 메시지를 전달하여 대중의 관심을 유도하고 참여를 이끌어내는 역할을 하기도 한다.

(4) 문화적 측면

대중 문화는 사회 구성원이 공유하는 정체성을 형성하고 다양한 문화적 정체성과 배경을 포용함으로써 문화적 다양성을 유지하고 형성하는 데 핵심적인 역할을 한다. 대중 문화는 각 시대의 고유한 사회적, 문화적 분위기를 반영하며, 당대의 문화적 정체성을 형성하는 데 중요한 역할을 한다. 이를 통해 대중은 개인의 정체성과 집단의 문화적 정체성을 공유하며, 공감과 소통을 기반으로 공동의 문화를 만들어 나간다. 나아가 문화적 교류의 확대를 통해 문화다양성에 대한 인식을 높이고, 다양한 문화 간의 이해와 수용을 통해 새로운 문화적 융합과 발전을 이끌어낸다.

(5) 교육적 측면

대중 문화 콘텐츠는 학습자의 흥미를 이끌어내고 복잡하거나 추상적인 개념을 보다 쉽게 이해하도록 도와주는 효과적인 학습 도구로 활용될 수 있다. 또한 콘텐츠 속의 다양한 메시지를 분석하며 비판적 사고 능력을 향상시키는 데 기여한다. 예를 들어 역사적 사건을 다룬 영화나 다큐멘터리는 학습자의 몰입도를 높이고 내용을 보다 쉽게 이해하도록 도와준다. 이러한 콘텐츠를 기반으로 한 평가 과정은 비판적 사고 능력 향상에 도움을 준다.

2) 대중 문화의 구분

대중 문화는 대중 매체를 기반으로 대중이 중심이 되는 문화라는 관점에서 초기에는 매스 컬처(mass culture)라는 표현을 많이 썼는데[1], 최근에는 대중 매체가 사회 구성원 다수의 취향을 반영하는 민주적 성격을 강조한다는 측면에서 일반적으로 포퓰러 컬처(popular culture; pop culture)[2]로 보고 있다.

매스 컬처(mass culture)에서 대중(Mass)은 주체적이지 못하고 고립된 집단이자 비합리적인 집단으로서의 대중을 의미한다. 매스 컬처는 대량 생산된 문화 상품을 의미하며, 대중 매체에 의해 형성되고 소비되는 특징을 가지고 있다. 이는 문화가 상업적 가치에 따라 대량 생산되고, 대중이 소비하는 방식으로 이루어진다는 것을 의미한다. 주로 문화의 생산

---

1 '협의의 대중문화(대중매체 – 예컨대 신문, 잡지, 방송 – 에 의해 제공되고 형성된 문화)'에 해당한다.

2 '광의의 대중문화(사회의 다수 사람들이 소비하거나 향유하는 문화)'에 해당한다.

과정에 초점을 맞추고 있으며, 대량 복제 미디어가 등장한 근대 이후의 문화 산물을 지칭한다. 따라서 대량 생산과 소비를 전제로 하기 때문에 문화의 상품화, 획일화, 저속화라는 특징을 보인다.

포퓰러 컬처(popular culture; pop culture)는 일반 대중이 향유하는 문화를 의미하며, 이는 사회의 다수에 의해 소비되기 때문에 사회의 다양한 취향을 반영하는 민주적 성격을 띠고 있다. 문화의 수용과 소비라는 측면에 초점을 맞춘 개념이며, 대중이 쉽게 접근하고 소비할 수 있는 컨텐츠로 구성되어 있다. 따라서 다양성과 자발성이 강조되며, 지역성과 개인적 취향이 반영되는 특징을 보인다.

매스 컬처(mass culture)와 포퓰러 컬처(popular culture; pop culture)는 대중 문화를 설명하는 두 가지 주요 개념이지만, 형성 방식과 소비 주체, 그리고 사회적 역할에 따라 차이가 있다.

〈표 8-1〉 Mass Culture와 Popular Culture

구분	Mass Culture	Popular Culture
정의	산업화된 대중 매체를 통해 대량으로 생산되고, 상업적 목적으로 소비되는 문화	대중이 자발적으로 형성하고 향유하는 문화로, 대중의 취향과 생활을 반영하는 문화
형성 방식	상업적 목적을 위해 기획되고 대량으로 생산된 콘텐츠를 통해 형성됨	대중의 자발적 참여와 소비를 통해 자연스럽게 형성됨
대중의 역할	수동적 소비자로서 콘텐츠를 수용함	능동적 소비자로서 콘텐츠를 선택하고, 생산 과정에 참여할 수 있음
콘텐츠의 목적	상업적 이익을 창출하기 위해 기획되고 생산됨	대중의 취향, 요구, 생활 방식에 맞춰 형성됨
콘텐츠의 특징	획일적이고 표준화된 콘텐츠, 대중 매체를 통해 대규모로 유통	다양성과 자발성이 강조되며, 지역적, 개인적 취향이 반영됨
대표 매체	영화, TV, 라디오, 대중 잡지, 대형 광고 등	인터넷, 소셜 미디어, 스트리트 패션, 음악 팬덤, 커뮤니티 기반 콘텐츠

상업성	매우 강함, 콘텐츠가 경제적 이익을 창출하기 위해 제작됨	상업성이 덜 강조되며, 대중의 자발적 참여와 공감이 주요 요소로 작용함
사회적 역할	대중을 통제하고, 대중의 취향을 주도하기 위한 도구로 사용되기도 함	대중의 목소리와 의견이 반영되며, 사회적 변화와 진보를 촉진하는 역할을 함
소비 방식	대규모의 대중이 동일한 콘텐츠를 수용하며, 일방적 전달 방식	대중이 개인적인 취향에 따라 다양한 콘텐츠를 선택하여 소비함
예시	헐리우드 블록버스터 영화, TV 시트콤, 글로벌 광고 캠페인	K-POP 팬덤 문화, 스트리트 패션, 밈(Meme) 문화, 유튜브 콘텐츠

대중 문화는 고급 문화 및 민속 문화와 비교하여 보다 구체적인 특징을 확인할 수 있다.

고급 문화는 주로 사회의 엘리트층이 향유하는 문화로, 예술적·지적 가치가 높은 것으로 여겨지는 문화이다. 고급 문화는 오랜 전통을 가지고 있으며, 특별한 교육과 지식을 통해 더 깊이 이해될 수 있다. 고급 문화는 대개 높은 교육 수준과 문화적 소양을 가진 소수 엘리트들에 의해 소비되며, 종종 대중 문화와 대립적 관계로 여겨진다. 대중 문화에 비해 시간이 지나도 그 가치를 유지하거나 더해가는 경향이 있으며, 예술적, 철학적 깊이가 있어서 높은 미적 기준을 요구한다. 오페라, 발레, 고전 음악, 순수 미술, 문학적 고전 등을 대표적 예를 들 수 있다.

민속 문화는 특정 지역이나 공동체에서 전통적으로 전해 내려오는 문화적 관습, 의례, 예술 등을 의미하며, 이는 주로 구술 전통과 같은 비형식적 경로를 통해 전수된다. 민속 문화는 대중 문화와 달리 지역 사회나 특정 집단에서 일상적으로 소비되고, 세대를 통해 전승되며, 오랜 시간 동안 형성된 공동체의 전통적인 생활 방식, 가치, 신념을 반영한다. 따라서 대개 상업적 목적보다는 공동체의 정체성과 연관된 것이 많다. 전통 민요, 민속춤, 축제, 지역적 전설, 민간 의례 등이 대표적인 예이다.

대중 문화, 고급 문화, 민속 문화는 각기 다른 사회적 기능을 수행하며, 서로 영향을 주고받기도 한다. 대중 문화는 빠르게 변화하는 현대 사회에서 광범위하게 소비되고, 고급 문화는 예술적 깊이를 추구하며, 민속 문화는 지역 공동체의 정체성과 전통을 유지하는 데 중요한 역할을 한다.

〈표 8-2〉 대중 문화, 고급 문화, 민속 문화

구분	대중 문화	고급 문화	민속 문화
소비 계층	일반 대중	엘리트, 교육받은 소수	특정 지역 및 공동체
목적	상업적 소비, 오락	예술적, 지적 성취	공동체 전통 및 정체성 유지
전파 방식	대중 매체를 통한 빠른 확산	교육 기관, 갤러리, 공연장 등	세대 간 구전 및 비공식적 전파
지속성	빠른 변화, 유행	시간이 지나도 유지	오랜 전통을 유지
예시	K-POP, 영화, 드라마	오페라, 고전음악, 미술	전통 민요, 춤, 민속 의례

3) 대중 문화를 바라보는 시각

(1) 긍정적 시각

대중 문화에 대한 긍정적인 시각은 대중 문화가 사회 전반에 미치는 긍정적인 영향과 민주화된 문화적 경험을 강조한다. 이는 대중 문화가 고급 문화와 대중 문화 간의 경계를 허물고, 대중의 삶의 질을 향상시키는 역할을 한다고 본다.

첫째, 고급 문화의 대중화를 통한 사회의 민주화 기여이다. 대중 문화는 고급 문화를 대중에게 더 가까이 다가가게 함으로써 문화적 접근성을 높이고, 사회의 민주화에 기여한다. 전통적으로 고급 문화는 상류층의 전유물이었지만, 대중 문화의 발달로 인해 모든 계층이 고급 문화에 접근할 수 있게 되었다. 예를 들어 영화, 문학, 음악 등의 다양한 형태의 문화가 대중에게 널리 퍼짐으로써 대중들이 보다 깊이 있는 문화적 경험을 누릴 수 있게 되었다. 이는 사회적 불평등을 완화하고 문화적 민주화를 촉진하는 역할을 한다.

둘째, 문화의 민주화를 통한 평등한 문화적 욕구 충족이다. 대중 문화는 다양한 계층의 사람들이 평등하게 문화적 욕구를 충족할 수 있도록 한다. 현대의 대중 매체는 누구나 접근할 수 있는 형태로 제공되며, 이는 대중 문화의 평등성을 높인다. TV, 영화, 음악, 소셜 미디어 등은 다양한 사람들이 자신의 경제적 지위와 관계없이 문화 콘텐츠를 쉽게 접할 수 있게 해주며, 이는 문화 향유의 기회를 확대하는 데 중요한 역할을 한다.

셋째, 삶의 질 향상을 위한 정보와 지식 제공이다. 대중 문화는 단순한 오락을 넘어 다양한 정보와 지식을 제공함으로써 대중들의 삶의 질을 향상시킨다. 다큐멘터리, 시사 프로그램, 교육 콘텐츠는 대중에게 새로운 지식을 전달하고, 이를 통해 대중들은 자신의 생활을 개선할 수 있는 정보를 얻는다. 이는 대중 문화가 지식과 교양의 원천이 될 수 있음을 보여준다.

넷째, 사회 전체의 문화 수준 향상이다. 대중 문화는 고급 문화의 대중화를 통해 사회 전체의 평균적인 문화 수준을 향상시키는 데 기여한다. 예술 작품, 문학, 고전 음악 등은 대중 매체를 통해 보다 많은 사람들에게 전달되며, 이를 통해 문화에 대한 대중의 이해와 감수성이 높아진다. 이는 대중 문화가 단순한 오락을 넘어 사회 전체의 문화적 성장을 이끌 수 있다는 점에서 긍정적으로 평가된다.

다섯째, 휴식과 오락의 기회 제공이다. 대중 문화는 바쁜 현대인들에게 휴식과 오락의 기회를 제공한다. 영화, 음악, 스포츠 경기 등은 사람들에게 즐거움과 활력을 주며, 이를 통해 스트레스를 해소하고 정신적 안정을 찾을 수 있게 해준다. 이러한 오락적 요소는 대중 문화가 현대인의 삶에서 중요한 역할을 하는 이유 중 하나이다.

여섯째, 정치적 비판 가능성이다. 대중 문화는 정치적 비판의 도구로도 활용될 수 있다. 대중 문화 속에서 표현되는 다양한 사회적 이슈와 메시지는 대중들에게 정치적 문제에 대한 관심을 환기시키고, 비판적 사고를 촉진하는 역할을 한다. 예를 들어 풍자 코미디나 사회적 문제를 다룬 영화는 정치적 권력에 대한 비판을 제기할 수 있으며, 이는 민주 사회에서 중요한 기능이다.

(2) 부정적 시각

대중 문화에 대한 부정적인 시각은 대중 문화의 상업화와 그로 인한 부작용에 중점을 둔다. 대중 문화는 때로는 획일화된 문화로 전락하고 대중을 피동적인 소비자로 만들며, 정치적 무관심을 조장할 위험이 있다고 평가된다.

첫째, 상업화된 문화이다. 대중 문화는 본질적으로 상업화된 문화라는 비판을 받는다. 대중 문화는 이윤을 창출하기 위해 상품화되며, 이는 문화적 가치를 저해할 수 있다. 상업적 목적을 위해 제작된 콘텐츠는 대중의 흥미를 끌기 위한 자극적이거나 저속한 요소를 포함할 가능성이 높다. 이는 대중 문화의 질적 저하로 이어질 수 있으며, 문화가 경제적 이익에 종속되는 현상을 초래할 수 있다.

둘째, 획일성과 몰개성이다. 대중 문화는 대량 생산의 결과로 획일성을 띠는 경우가 많으며, 이는 개인의 개성을 억제하는 요인으로 작용할 수 있다. 대중 문화는 대중 매체를 통해 대규모로 유통되면서 동일한 콘텐츠가 반복적으로 전달되며, 이는 문화의 다양성을 감소시키고 몰개성을 초래한다. 대중은 점차 유사한 문화 콘텐츠에 익숙해지면서 창의적이고 독창적인 문화의 가치는 상대적으로 축소된다.

셋째, 대중 문화의 왜곡과 대중의 객체화이다. 대중 문화는 대중 매체를 보유한 소수의 기업에 의해 통제되며, 이는 대중 문화의 왜곡을 초래할 수 있다. 대중 매체의 소유주들은 자신의 경제적, 정치적 이익을 위해 대중 문화를 조작할 가능성이 있으며, 이로 인해 대중은 자신들이 소비하는 문화 콘텐츠에 대해 비판적 사고를 할 기회를 상실하게 된다. 결국 대중은 대중 문화의 능동적 주체가 아닌 피동적인 객체로 전락할 위험이 있다.

넷째, 사회의 퇴폐화와 저속화이다. 대중 문화는 때로는 사회의 퇴폐화와 저속화를 초래한다는 비판을 받는다. 이는 상업적 이익을 위해 대중의 본능적 욕구를 자극하는 콘텐츠가 제작되면서 사회 전반의 문화적 수준이 저하되는 현상을 의미한다. 선정적이고 자극적인 콘텐츠는 사회적으로 부정적인 영향을 미칠 수 있으며, 대중 문화가 사회의 도덕적 기준을 저해할 수 있다.

다섯째, 정치적 무관심 조장(3S 정책)이다. 대중 문화는 대중의 관심을 현실에서 분리시켜 정치적 무관심을 조장할 수 있다. 이는 정부나 권력자가 대중을 통제하기 위해 대중 문화와 오락을 활용하는 3S 정책(Sports, Screen, Sex)의 일환으로 해석되기도 한다. 대중이 스포츠, 영화, 성적 콘텐츠에 집중하게 되면서 사회적, 정치적 문제에 대한 관심이 줄어들고, 이는 권위주의적인 정부가 대중을 통제하기 위한 수단으로 작용할 수 있다.

여섯째, 배금주의적 가치 양산이다. 대중 문화는 종종 배금주의적 가치를 양산한다는 비판을 받는다. 상업화된 대중 문화는 물질적 부와 소비를 강조하는 경향이 있으며, 이는 대중에게 물질적 성공이 최우선이라는 메시지를 전달할 수 있다. 이러한 배금주의적 가치관은 대중이 인간관계, 도덕적 가치, 사회적 책임보다는 경제적 이익을 우선시하게 만들 수 있다.

일곱째, 대중 조작 가능성이다. 대중 문화는 권위주의적 정부에 의해 대중을 조작하는 도구로 사용될 가능성이 있다. 대중 매체는 대중의 여론을 형성하는 중요한 수단으로, 이를 통해 대중을 통제하거나 특정 이념을 주입하는 것이 가능하다. 권력자는 대중 문화 콘텐츠를 통해 대중을 정치적, 사회적으로 수동적인 존재로 만들 수 있으며, 이를 통해 정치적 목적을 달성할 수 있다.

2. 한국의 대중 문화

1) 대중 문화의 성장과 발전

(1) 초기 대중 문화의 탄생과 성장

대중 문화는 산업화와 도시화의 진전에 힘입어 19세기 말과 20세기 초에 본격적으로 등장했다. 특히 서구 사회에서 산업혁명은 농업 중심의 전통 사회에서 도시 중심의 산업 사회로의 변화를 가져왔으며, 이러한 변화는 대중 문화의 성장에 결정적인 역할을 했다. 도시로 몰려든 대중들은 이전보다 더 많은 여가 시간을 가질 수 있었고, 그 여가 시간을 채

워 줄 오락과 문화 콘텐츠에 대한 수요가 증가하게 되었다.

대중 문화의 첫 번째 성장 동력 중 하나는 인쇄 매체였다. 19세기 말부터 대중적인 잡지, 신문, 소설 등이 대중에게 널리 퍼지기 시작했으며, 이는 대중 문화가 대규모로 확산되는 계기가 되었다. 인쇄 기술의 발달은 대량 인쇄를 가능하게 했고, 이는 다수의 대중이 동일한 콘텐츠를 동시에 소비할 수 있게 만들었다. 특히 소설이나 만화와 같은 문학적 형태는 대중들에게 큰 인기를 끌었으며, 이는 이후 영화와 라디오 등 새로운 미디어의 등장으로 이어졌다.

20세기 초반, 영화와 라디오의 등장은 대중 문화의 성장을 가속화했다. 영화는 시각적 요소와 스토리텔링을 결합하여 대중들에게 강력한 문화적 경험을 제공하였으며, 라디오는 청각을 통해 실시간으로 정보를 전달할 수 있는 중요한 매체로 자리잡았다. 이 두 매체는 대중 문화가 대량으로 생산되고 소비될 수 있는 기반을 마련했으며, 대중 매체를 통한 문화 콘텐츠의 글로벌 확산을 가능하게 만들었다. 특히 1920년대 할리우드의 영화 산업은 세계 영화 시장을 주도하며 대중 문화의 상업적 성공 모델을 구축하게 되었다.

(2) 대중 문화의 황금기: TV와 팝 문화의 부상

2차 세계대전 이후, 대중 문화는 본격적인 황금기를 맞이하게 되었다. 특히 1950년대 TV의 보급과 팝 음악의 등장은 대중 문화가 대규모로 확산되고, 대중의 일상 속에서 중요한 역할을 하게 되는 계기가 되었다.

1950년대와 1960년대는 TV가 전 세계적으로 보급되면서 대중 문화가 급속도로 확산되는 시기였다. TV는 대중에게 즉각적이고 시각적인 문화 경험을 제공하였으며, 이를 통해 대중 문화 콘텐츠는 빠르게 전파되었다. TV는 뉴스, 드라마, 예능, 스포츠 등 다양한 콘텐츠를 제공함으로써 대중들이 일상 속에서 접할 수 있는 주요 오락 수단으로 자리 잡았다. TV 프로그램은 특정 국가 내에서만 소비되는 것이 아니라 전 세계적으로 방영되며 글로벌 대중 문화 형성에 기여했다.

1950년대와 1960년대는 팝 음악이 대중 문화의 중심으로 자리 잡은 시기이기도 하다. 미국에서 시작된 로큰롤(Rock 'n' Roll)과 영국에서 발달한 비틀즈(Beatles)와 같은 밴드는 전 세계적으로 큰 인기를 끌며 대중음악의 성장을 이끌었다. 팝 음악은 대중 문화의 글로벌화에 중요한 역할을 하였으며, 음악을 통해 국가 간 문화 교류가 활발해졌다. 이는 오늘날의 K-POP과 같은 대중 음악의 국제적 확산의 기반이 되었다.

(3) 대중 문화의 발전: 디지털 시대와 글로벌화

21세기로 접어들면서 대중 문화는 디지털 혁명과 글로벌화의 흐름 속에서 더욱 빠르게 발전하게 되었다. 인터넷과 스마트폰의 발달은 대중문화 콘텐츠의 생산, 유통, 소비 방식을 혁신적으로 변화시켰으며, 이를 통해 대중 문화는 전 세계 어디서나 동시에 소비될 수 있는 새로운 형태로 진화하였다.

인터넷의 등장은 대중 문화의 생산과 소비 방식을 근본적으로 변화시켰다. 인터넷은 대중이 언제 어디서나 콘텐츠에 접근할 수 있게 만들었으며, 소셜 미디어는 새로운 형태의 대중 문화를 탄생시켰다. 유튜브, 페이스북, 인스타그램과 같은 소셜 미디어 플랫폼은 개인이 직접 콘텐츠를 제작하고 공유할 수 있는 환경을 제공하며, 대중 문화의 참여적 성격을 강화하였다. 이제 대중은 단순한 소비자가 아닌 콘텐츠의 생산자이자 유통자가 되었다. 이러한 변화는 대중 문화가 더욱 다원화되고 개별적인 취향에 맞춘 콘텐츠 소비가 가능해지게 하였다.

또한 넷플릭스와 같은 스트리밍 서비스의 등장은 대중 문화 콘텐츠의 소비 방식을 혁신적으로 변화시켰다. 기존의 TV나 영화관 중심의 콘텐츠 소비에서 벗어나 대중은 원하는 시간과 장소에서 다양한 콘텐츠를 소비할 수 있는 자유를 얻었다. 이는 대중 문화 콘텐츠의 소비가 더욱 개인화되고, 글로벌화되는 과정을 촉진했다. 스트리밍 서비스는 특정 지역에 국한되지 않고 전 세계적으로 콘텐츠를 제공하며, 대중 문화의 글로벌화를 더욱 가속화하고 있다.

(4) 대중 문화의 글로벌화와 문화적 교류

대중 문화는 21세기 들어 더욱 글로벌화되었으며, 이는 국가 간의 문화 교류를 촉진하는 중요한 역할을 담당하고 있다. 특히 한국의 K-POP과 같은 대중 문화 현상은 특정 국가의 문화가 전 세계적으로 확산되는 글로벌 대중 문화의 대표적인 사례로 볼 수 있다.

한국의 K-POP은 2010년대 들어 전 세계적으로 큰 인기를 끌며, 대중 문화의 글로벌화 과정에서 중요한 위치를 차지하게 되었다. BTS와 같은 K-POP 그룹은 전 세계 팬덤을 형성하며 음악뿐만 아니라 패션, 뷰티, 라이프 스타일 등 다양한 분야에서 영향을 미치고 있다. K-POP의 성공은 대중 문화가 더 이상 특정 국가나 지역에 국한되지 않고 글로벌 차원에서 소비되고 재생산되는 현상을 잘 보여준다. 이는 대중 문화가 글로벌화됨에 따라 문화적 경계가 허물어지고, 다양한 문화가 상호작용하는 시대를 열었다.

대중 문화의 글로벌화는 문화적 교류와 융합을 촉진하고 있다. 영화, 음악, 패션 등 다양한 대중 문화 요소들이 국경을 넘나들며 상호작용하고 있으며, 이를 통해 새로운 문화적 혼합이 이루어지고 있다. 서양의 팝 문화가 아시아 대중 문화와 결합하는 형태로 새로운 스타일의 음악이나 패션이 등장하는 것이 그 예이다. 이러한 문화적 융합은 대중 문화가 보다 다양한 형태로 진화하고 있음을 보여준다.

2) 한국 대중 문화의 특징

(1) 짧은 역사와 빠른 발전 속도

한국 대중 문화는 서양 대중 문화에 비해 그 역사가 훨씬 짧다. 서구에서 대중 문화가 19세기 말부터 발달하기 시작한 것과 달리 한국 대중 문화는 본격적으로 발전한 시기가 1960년대 이후에 불과하다. 그러나 이러한 짧은 역사에도 불구하고 한국 대중 문화는 매우 빠르게 성장해 왔으며, 오늘날에는 세계적 영향력을 가진 문화 현상으로 자리잡았다.

한국 대중 문화가 발전할 당시 신문, 라디오, TV와 같은 매체들의 보급이 활발하게 이루어졌다. 1960년대와 1970년대에 걸쳐 TV 수신기의 보급률이 급격히 증가하였으며, 라디오와 신문 역시 대중 사이에서 주요한 정보 전달 수단으로 자리 잡았다. 이러한 매스 미디어의 확산은 대중 문화 콘텐츠가 전국적으로 빠르게 전파될 수 있는 토대를 마련했으며, 대중 문화의 성장을 촉진하는 중요한 역할을 했다.

정보통신기술의 발달 역시 한국 대중 문화의 빠른 발전을 가능하게 했다. 1990년대에 들어 컴퓨터와 인터넷이 보급되면서 한국 대중 문화는 디지털 콘텐츠 중심으로 빠르게 변화했다. 21세기에 들어서는 스마트폰과 소셜 미디어의 보급이 확산되면서 K-POP, 한국 드라마와 같은 한국 대중 문화가 전 세계로 퍼져나가는 기반이 마련되었다. 이러한 기술적 변화는 한국 대중 문화가 글로벌화되는 데 중요한 역할을 했다.

(2) 미국과 일본의 영향

한국 대중 문화는 미국과 일본 대중 문화의 영향을 상당히 많이 받았다. 한국 전쟁 이후 미국의 대중 문화는 한국 사회에 강하게 유입되었으며, 일본 문화 역시 1960년대 이후 한국 대중 문화에 큰 영향을 미쳤다. 이러한 외부 문화의 수용 과정에서 한국 대중 문화는 때로는 표절, 모방, 상업주의 등의 문제를 겪기도 했다.

1960년대와 1970년대 한국 대중 문화는 외국 콘텐츠를 표절하거나 모방하는 사례가 많았다. 이는 당시 국내 콘텐츠 제작 과정에서 드러난 기술적·창의적 제약을 보완하기 위한 불가피한 선택이었지만, 외국 콘텐츠의 무분별한 수용이 장기적으로는 한국 대중 문화 고유의 창의성과 독자성을 약화시킬 수 있다는 우려도 제기되었다.

미국과 일본 대중 문화의 상업적 성격 역시 한국 대중 문화에 영향을 미쳤다. 특히 1980년대 이후 대중 문화는 상업적 성공을 목표로 제작되는 경향이 강해졌으며, 대중의 취향에 맞춘 자극적이고 소비지향적인 콘텐츠가 늘어났다. 이러한 상업주의는 대중 문화의 대중화와 확산에 기여했으나 동시에 대중 문화가 문화적 가치보다 경제적 이익을 우선시하는 경향을 강화하기도 했다.

(3) 독재 정권과 대중 문화의 통제

한국 대중 문화는 1960년대와 1970년대 독재 정권하에서 강력한 정치적 통제를 받았다. 당시 군사 정권은 대중 문화가 정치적 불안정을 초래할 수 있다는 우려로 문화 발전을 의도적으로 관리하였으며, 대중 문화를 통제하고 이를 정치적 도구로 활용했다.

독재 정권 시기에는 3S 정책을 통해 대중의 시선을정치적 문제에서 분산시키고자 하였다. 이를 위해 프로야구, 영화, 가요 등과 같은 오락 중심 문화 콘텐츠를 장려하면서, 한편으로는 정치적 메시지를 담은 표현물에 대한 철저한 검열을 시작하였다. 이 시기의 대중 문화는 체제 유지를 위해 사회적 저항의 도구로 활용되는 것을 사전에 차단당했다. 이 시기의 대중 문화는 정치 권력에 종속된 관료적, 권위적인 체제하에서 발전했다. 방송국, 영화사, 신문사 등 주요 문화 기관들은 정부의 통제 아래 운영되었으며, 대중 문화는 상업적이거나 오락적인 요소를 중심으로 성장했다. 이는 대중 문화가 사회적, 정치적 담론을 형성하는 데 제약을 받는 한계를 초래했다.

(4) 민주주의와 대중 문화의 발전

1987년 6월 항쟁을 계기로 한국 사회는 빠르게 민주화를 이루었으며, 이러한 변화는 대중 문화에도 전환점을 가져왔다. 한국 사회에서 표현의 자유가 확대되고 정치적 검열이 약화되면서, 대중 문화는 민주주의의 체제 안에서 더욱 창의적이고 다양하게 성장할 수 있게 되었다. 이후 한국 사회는 급속한 민주화를 겪었고, 이와 함께 대중 문화 역시 새로운 전기를 맞이하게 되었다.

특히 1980년대 후반 민주화 이후 대중 문화가 정치적 제약에서 벗어나 자율적으로 성장하고 발전할 수 있는 토대를 제공하였다. 정부의 검열이 완화되면서 이전에 억눌려 있던 비판적 콘텐츠들이 점차 대중 문화 콘텐츠에서 다뤄지기 시작했고, 다양한 문화 콘텐츠 소재로 활용되며 단순한 오락을 넘어 사회적이고 정치적인 논의를 형성하는 통로로 기능하게 되었다.

민주화 이후 청소년과 청년 세대가 대중 문화의 핵심 소비층으로 등장했다. 1990년대에 들어서면서 10대와 20대는 음악, 패션, 영화 등 다양한 분야에서 유행을 주도하며 문화 산업의 중심에 자리잡게 되었고, 이에 따라 이들을 겨냥한 콘텐츠가 빠르게 증가했다. 특히 K-POP을 비롯한 청소년 중심의 문화 콘텐츠는 이후 글로벌 시장까지 영향력을 확대하며 한국 대중 문화의 대표 콘텐츠로 자리매김하게 되었다.

3) 한국 대중 문화에 관한 윤리적 규제 논쟁

(1) 제도적 차원의 논쟁

대중 문화의 규제는 법적·제도적 차원에서 주로 논의되며, 대중 문화의 상업성으로 인해 발생하는 윤리적 문제에 대한 대응책으로 제안되고 있다. 대중 문화의 상업적 목적은 때로 선정성, 폭력성 등의 문제를 심화시킬 수 있으며, 이에 대한 규제의 필요성은 찬반 논쟁을 일으키고 있다.

첫째, 찬성 측면에서 선정성과 폭력성 문제에 대한 규제 필요성이다. 대중 문화 규제를 찬성하는 입장은 대중 문화의 상업성이 초래하는 선정성, 폭력성 등 유해 요소에 주목한다. 대중 문화는 종종 시장 논리에 따라 제작되면서 대중의 관심을 끌기 위해 자극적이고 선정적인 콘텐츠를 생산하는 경향이 있다. 이러한 콘텐츠는 특히 청소년들에게 부정적인 영향을 미칠 수 있으며, 사회적 도덕성과 미풍양속을 해칠 수 있다는 우려가 제기된다.

청소년은 대중 문화의 주요 소비층으로, 그들이 접하는 콘텐츠는 그들의 정서와 가치관 형성에 중요한 영향을 미친다. 선정적이거나 폭력적인 콘텐츠는 청소년에게 왜곡된 세계관을 심어줄 수 있으며, 따라서 이를 방지하기 위해 대중 문화에 대한 규제가 필요하다.

사회적 가치와 도덕성을 유지하기 위해 선정적이거나 퇴폐적인 문화 요소를 규제할 필요가 있다. 대중 문화가 자극적인 콘텐츠에 지나치게 의존할 경우 이는 사회 전반의 도덕적 기준을 약화시키고 퇴폐적인 사회 분위기를 조성할 수 있다. 따라서 규제 찬성 입장에서는 "청소년 보호"와 "미풍양속 유지"를 위해 국가나 공공기관이 일정 수준의 규제를 통해 유해 요소를 차단해야 한다고 주장한다.

둘째, 반대 측면에서 표현의 자유와 문화 향유권의 침해 우려이다. 대중 문화 규제를 반대하는 입장은 과거 검열제도를 통해 나타났던 정치적 억압과 표현의 자유 제한에 주목한다. 국가가 대중 문화 콘텐츠를 규제할 경우 그 규제가 공정하지 않게 적용되거나, 정치적 의도를 담아 특정 문화적 표현을 억압할 가능성이 있다는 우려가 제기된다.

대중 문화는 창작자들의 예술적 표현의 결과물로, 이들의 표현의 자유를 제한하는 것은 문화적 다양성을 축소시키고 예술 활동의 자유를 억압하는 결과를 낳을 수 있다. 규제는 창작의 자유를 억제할 위험이 있으며, 이는 문화의 풍요로움을 저해할 수 있다.

대중 문화는 개인의 문화적 경험과 향유의 중요한 수단이다. 불공정한 규제는 대중이 원하는 콘텐츠를 자유롭게 소비하지 못하게 만들 수 있으며, 이는 문화 향유권을 제한하는 결과를 초래할 수 있다.

따라서 규제 반대 입장에서는 "표현의 자유"와 "문화 향유권"을 보호하기 위해 대중 문화에 대한 지나친 규제를 반대하며, 대신 자율적 조정과 사회적 감시가 더 적합한 방안이라고 주장한다.

(2) 개인적 차원의 논쟁

첫째, 생산자 차원의 규제이다. 대중 문화 콘텐츠 생산자는 윤리적 책임을 지고, 사회적으로 긍정적인 영향을 미칠 수 있는 양질의 콘텐츠를 제공할 의무가 있다. 상업적 이익을 우선시하면서도 건전한 문화를 보급하기 위한 자정작용이 필요하며, 이를 위해 법적·제도적 지원도 함께 이루어져야 한다.

건전한 대중 문화 보급을 위해 콘텐츠 제작자는 대중 문화의 상업적 성공을 추구하면서도 사회적 책임을 다하는 양질의 콘텐츠를 제공해야 한다. 이는 폭력성, 선정성을 자제하고 청소년들에게 긍정적인 영향을 미칠 수 있는 문화 콘텐츠를 생산하는 노력이 필요하다.

법적·제도적 자정작용을 위해서는 대중 문화 산업 내에서 자율적인 규제와 함께 법적·제도적 시스템을 통해 윤리적인 기준을 강화할 필요가 있다. 예를 들어 콘텐츠 등급 제도나 청소년 보호법 등의 강화는 대중 문화의 생산자들이 사회적 책임을 다할 수 있도록 돕는 수단이 될 수 있다.

둘째, 소비자 차원의 규제이다. 소비자는 대중 문화를 단순히 수동적으로 소비하는 존재가 아니라, 능동적이고 주체적인 문화 참여자로서 행동해야 한다. 대중 문화 콘텐츠를 비판적 시각으로 성찰하고 이를 주체적으로 수용하는 능력을 갖추어야 한다.

소비자들은 대중 문화 콘텐츠를 무비판적으로 받아들이지 않고 비판적인 시각을 가지고 성찰할 수 있어야 한다. 이를 통해 폭력적이거나 선정적인 콘텐츠를 능동적으로 배제할 수 있으며, 양질의 콘텐츠를 선택하여 소비할 수 있다.

소비자는 단순한 콘텐츠 소비자가 아니라 문화의 주체로서 적극적인 역할을 해야 한다. 소셜 미디어나 다양한 플랫폼을 통해 자신의 의견을 표현하고, 건강한 문화 콘텐츠를 생산하거나 지원하는 활동에 참여함으로써 양질의 문화가 형성될 수 있도록 기여해야 한다.

3. 한류

1) 한류의 개념

한류는 1990년대 이후 한국의 대중문화가 아시아를 중심으로 전 세계로 확산되면서 형성된 문화적 현상을 가리키는 용어다. 좁게는 음악, 영화, 드라마 같은 대중문화 콘텐츠부터 시작하여 넓게는 패션, 화장품, 음식, 관광, 무술, 산업 등 한국 문화 전반이 세계적으로 소비되고 인기를 끌게 된 현상이다. 한류는 한국의 경제적, 문화적, 사회적 성장과 더불어 세계 무대에서 독창적인 문화적 영향력을 행사하며 글로벌 문화 현상의 중요한 부분으로 자리 잡았다.

한류는 좁은 의미에서는 음악, 영화, 드라마와 같은 대중문화의 소비로 시작되었으나 이후 점차 패션, 화장품, 음식, 관광, 무술, 산업 등의 다양한 분야로 그 범위가 확장되었다. 한류는 단순히 문화적 콘텐츠에 국한되지 않고 한국의 라이프 스타일과 소비문화, 대한민국이란 국가 자체에 대한 관심으로 발전하게 되었다.

'한류'라는 용어는 1990년대 대한민국 대중문화의 급격한 해외 확산과 그에 따른 인기를 배경으로 등장한 신조어다. 이 용어는 처음에 중국 언론에서 한국 대중문화의 급성장을 표현하기 위해 사용되었으며, 이후 아시아 전역에서 한국 문화의 인기를 설명하는 용어로 자리 잡았다. 한류는 영어로 Korean Wave로 번역되며, 한자의 '한'(韓)과 '류'(流)를 음차한 'Hallyu'라는 표기도 함께 사용된다.

한류는 단순히 아시아 내 문화적 현상에 머무르지 않고 전 세계로 확산되면서 국제적인 문화 트렌드로 자리 잡았다. 가장 권위 있는 영어사전 중 하나인 옥스퍼드 영어사전(Oxford English Dictionary)에는 'Hallyu'라는 단어가 등재되었으며, 이는 한류가 세계적으로 인정받는 문화적 현상임을 상징적으로 보여준다.

2) 한류의 역사

(1) 한류의 기원: 1990년대 대중문화의 성장

한류의 기원은 1990년대 대한민국의 대중문화가 급격히 성장한 시기와 맞물려 있다. 1987년 6·29 선언 이후 대한민국에 민주주의가 정착되면서 국민들은 보다 개방적이고 자유로운 문화 소비 환경을 누리게 되었고, 대중문화에 대한 관심이 폭발적으로 증가했다. 이 시기에는 대중문화 산업이 체계적으로 발전하기 시작했으며, 특히 방송 및 미디어 환경의 변화가 대중문화 성장을 가속화했다.

민주화 이후 한국 사회는 정치적, 사회적 개방과 함께 대중문화에 대한 관심이 급증했다. 특히 SBS를 비롯한 케이블 TV와 위성방송 채널의 등장으로 상업 방송이 활성화되었고, 다양한 대중문화 콘텐츠가 만들어지기 시작했다. 이러한 방송 환경의 발전은 대기업 자본이 문화 산업에 참여하는 계기가 되었으며, 이를 통해 보다 체계적이고 질 높은 콘텐츠 생산이 가능해졌다.

1990년대에는 문화의 경제적 효과에 대한 인식이 높아지면서 문화 산업을 국가 차원에서 적극적으로 지원하는 문화산업론이 등장했다. 문화 콘텐츠의 수출은 국가 경제에 중요한 기여를 할 수 있다는 인식이 확산되었고, 이는 쥬라기 공원이 150만 대의 자동차 수출에 해당하는 수익을 거두었다는 예시로 잘 드러난다. 이러한 인식 속에서 한국은 문화 산업에 대한 국가적 지원을 강화하였고, 이를 통해 대중문화가 성장할 수 있는 환경을 조성했다.

이 시기에는 본격적으로 기획사가 등장하고, 대중문화 산업에 필요한 전문 인력을 양성하는 시스템이 구축되었다. 기획사들은 대중문화의 상업적 성공을 목표로 체계적인 아이돌 그룹을 기획·제작했으며, 이는 후일 한류의 기반이 되는 중요한 요소로 자리 잡았다.

(2) 한류의 초기 등장: 1990년대 후반

한류라는 용어는 1990년대 후반 한국의 대중문화가 중화권에서 큰 인기를 끌면서 등장했다. H.O.T.와 같은 아이돌 댄스 그룹과 한국 드라마가 중화권 청소년들 사이에서 폭발적인 인기를 끌었고, 이를 통해 한국 대중문화의 영향력이 본격적으로 확산되었다.

한류(韓流)라는 용어는 1990년대 후반에 중화권에서 사용되기 시작했다. H.O.T. 신드롬과 함께 대만과 중국에서는 한국 대중문화가 빠르게 확산되었으며, 한국 드라마와 음악이 청소년층 사이에서 큰 인기를 끌면서 한국 문화의 파급력이 커지기 시작했다. 1998년부터는 한국의 대중음악이 본격적으로 해외 시장에 진출하면서 한류라는 신조어가 만들어졌다.

한류라는 단어가 공식적으로 사용된 것은 1999년으로 대한민국 문화관광부가 대중음악을 해외에 홍보하기 위해 제작한 〈韓流-Song from

Korea〉라는 음반에서 처음으로 사용되었다. 이는 한류가 국가 차원에서 적극적으로 지원되고, 대중문화 콘텐츠가 전략적으로 수출되기 시작한 시기를 상징한다.

(3) 한류의 확산: 2000년대

2000년대에 들어서면서 한국 대중문화는 대한민국 내에서의 성공에 만족하지 않고 해외 시장으로 진출하기 시작했다. 대중문화 산업은 한국 시장만으로는 감당할 수 없는 규모로 성장했고, 이에 따라 대기업과 기획사들은 더 넓은 글로벌 시장을 모색하게 되었다.

2000년대 초반 한국 가수들이 아시아를 중심으로 해외 시장에 성공적으로 진출하면서 한류는 더욱 가속화되었다. 한국의 대중음악과 드라마는 아시아 전역에서 선풍적인 인기를 끌었고, 이를 통해 한국 문화에 대한 관심이 증가했다.

2002년 일본 NHK에서 방영된 한국 드라마 '겨울연가'는 일본에서 엄청난 인기를 끌었으며, 한국 대중문화에 대한 일본인의 인식을 크게 변화시켰다. 이후 2003년에 공개된 드라마 '대장금'은 한국의 전통문화를 소개하면서 한국 브랜드의 세계화를 본격적으로 시작하게 되었다. 중동 지역에서는 '주몽', '허준'과 같은 한국 사극이 인기를 끌며 한국 드라마와 스타들이 전 세계적으로 주목받는 계기가 되었다.

한류가 빠르게 확산된 데는 홍콩 영화산업의 쇠퇴도 중요한 배경으로 작용했다. 홍콩이 중국으로 반환된 이후 홍콩 영화산업이 할리우드에 의해 지배되면서 아시아의 대표 문화로서의 기능을 상실하자 이를 대체할 새로운 문화적 대안으로 한국 문화가 떠오르게 되었다. 한류는 점차 스타 중심에서 한국 문화 전반으로 관심이 확장되었으며, 한국 음식, 관광, 제품 등 다양한 분야로 확산되면서 한국의 국가 브랜드가 상승했다.

(4) 한류의 세계화: 2010년대 이후

2010년대에 이르러 한류는 아시아를 넘어 글로벌 현상으로 자리 잡았다. 특히 싸이의 '강남스타일'이 전 세계적으로 폭발적인 인기를 끌면서 한류는 서양에서도 주류 문화로 자리매김하는 계기를 마련했다.

2012년 싸이의 '강남스타일'은 처음으로 유튜브 조회수 10억 뷰를 기록하며 세계적인 대중음악 열풍을 일으켰다. 이 곡의 성공은 한류가 아시아를 넘어 서구 사회에서도 큰 인기를 끌 수 있음을 보여주었고, 한류의 영향력이 글로벌 주류 문화로 수용되는 중요한 전환점이 되었다.

한류의 대표적인 아이콘인 방탄소년단(BTS)은 2010년대 중반부터 전 세계적인 인기를 끌며 한류를 새로운 차원으로 끌어올렸다. BTS는 제2의 비틀즈로 불리며 서구 주류 음악 시장에서 놀라운 성과를 거두었고, 전 세계적으로 K-팝의 위상을 높였다. BTS의 성공은 한국 가수들이 서양 음악 시장에서도 주류 무대에서 활동할 수 있다는 것을 입증하며 한류의 글로벌 확장을 가속화했다.

봉준호 감독의 '기생충'은 아카데미 시상식에서 주요 상을 휩쓸며 한국 영화가 세계적으로 인정받는 계기가 되었다. 또한 한강 작가의 노벨문학상 수상은 한국 문학이 세계적으로 인정받는 계기가 되었다. 또한 '오징어 게임', '케이팝 데몬 헌터스'와 같은 한국 콘텐츠는 넷플릭스를 통해 전 세계에서 큰 인기를 얻었으며, 이를 통해 한류 콘텐츠가 글로벌 무대에서 경쟁력을 갖추고 있음을 보여주었다.

3) 한류의 성과

한류는 한국의 이미지를 문화적 콘텐츠로 새롭게 구축하며 글로벌 브랜드로 확장했다. 전통적으로 한국전쟁과 경제발전에 초점을 맞추었던 한국의 이미지는 한류를 통해 '힙'하고 세련된 문화 국가로 변화했다. 한류 스타들이 세계 패션과 트렌드의 선도자로 자리 잡으면서 한국 문화가 주목받고 있으며, 이를 통해 세계 젊은이들이 한국어를 배우고 한국 역사를 공부하며 한국을 방문하게 되었다. 이러한 국제적 관심과 한류 팬층의 확대는 한국의 국가 이미지를 프리미엄 브랜드로 격상시키고, 한국 제품과 대중문화의 세계적 수요를 증가시키는 데 기여하고 있다.

한국국제문화교류진흥원의『2024 한류 생태계 연구』보고서에서 2024년 한류로 인한 총수출액을 151억 8,300만 달러(한화 약 20조 9,000억 원)로 추정했으며, 이는 전년 대비 약 6억 5,300만 달러(한화 9,051억 원) 증가한 수치다. 한류에 따른 생산 유발효과는 약 37조 6,195억 원, 부가가치 유발효과는 15조 7,313억 원으로 나타났으며, 이에 따른 고용 유발효과는 총 17만 5,381명에 달했다. K-콘텐츠의 파급력이 수출은 물론 고용 창출과 부가가치 증대에도 영향을 미쳤다는 점이 수치로 입증된 것이다.

2024년 US News & World Report가 발표한 세계 최고의 국가(Best Countries) 순위에서 한국은 종합 18위를 기록했으며, 문화 영향력 부문에서 7위를 차지했다. 특히 한국은 국력 6위, 기업가 정신 7위와 같은 높은 순위를 동시에 기록하며 문화와 경제를 아우르는 입지를 공고히 했다. 이는 한국이 단순히 경제적 성취를 넘어 문화적 영향력으로 세계인의 인식 속에 자리매김했음을 의미한다.

4) 한류의 성장 가능성

한류는 음악과 드라마를 넘어 패션, 음식, 관광 등으로 확장되며 세계적 문화 현상으로 자리 잡았다. 이는 한국의 국가 이미지를 높이고, 한국어 학습과 문화 소비를 촉진하며, 디지털 플랫폼과 맞물려 더욱 지속적인 성장 가능성을 보여주고 있다.

(1) 지속적인 성장세와 다각화된 한류 콘텐츠

한류는 일시적인 문화 유행이 아니라 다양한 문화 영역에서 지속적으로 성장하고 있다. 음악과 드라마뿐 아니라 패션, 화장품, 음식, 관광, 영화, 도서 등에서 영향력이 확산되고 있으며, 다각화된 콘텐츠가 글로벌 문화 현상으로 자리 잡고 있다. 한류가 초기에는 방송과 연예인 중심에 머물러 있을 것이라는 우려가 있었으나 현재는 패션, 한식, 한국어, 한국 역사 등으로 확장되며 한류의 개념이 더욱 확고해지고 있다.

(2) 국가 이미지 상승과 경제적 효과

한류는 한국의 국가 이미지를 전 세계적으로 제고하고 있다. 한류 콘텐츠의 인기로 한국 문화, 역사, 언어에 대한 관심이 높아졌으며, 이는 한국어 학습의 붐으로 이어지고 있다. 세종학당과 같은 한국어와 한국문화 교육 프로그램의 확산은 한국의 문화적 소프트 파워를 강화하고 있다. 한류는 관광 산업과 소비재 수출을 촉진하고 있다. K-뷰티와 K-푸드는 한국 제품의 글로벌 시장 경쟁력을 높이고 있으며, 한류 스타를 활용한 브랜드 마케팅은 해외 진출을 촉진하고 있다.

(3) 아시아 시장의 경제 성장과 한류 콘텐츠 수요 증가

아시아 국가들의 경제 성장은 한류 콘텐츠 수요 증가를 촉진하고 있다. 중국, 동남아시아 등의 경제적 발전이 콘텐츠 소비를 늘리고 있으며, 한국 드라마, 음악, 영화가 큰 인기를 끌고 있다. 아시아에서 한류 콘텐츠 수요는 계속 증가할 것으로 보이며 이는 한류 성장 가능성을 높인다.

(4) 한국 문화와 역사 인식의 확산

한류는 한국의 역사와 문화를 세계에 알리는 중요한 수단으로 작용하고 있다. 한류를 통해 한국의 전통, 문화유산, 언어에 대한 관심이 높아졌으며, 이는 한국의 국제적 위상을 강화하고 미래 성장 동력으로 활용될 가능성을 보여준다.

(5) 4차 산업혁명과 비대면 문화 콘텐츠 수요 증가

IT/통신 기술 발전과 비대면 시대는 한류 콘텐츠 수요를 급격히 증가시키고 있다. 4차 산업혁명과 함께 디지털 콘텐츠와 스트리밍 서비스의 성장은 한류 콘텐츠의 글로벌 접근성을 높이고 있다. 넷플릭스, 유튜브 같은 글로벌 플랫폼을 통해 한류 콘텐츠가 전 세계로 확산되고 있으며, 비대면 소비가 트렌드로 자리 잡고 있다.

5) 한류의 잠재적 위협

한류는 세계적 문화 현상으로 성장했지만 그 과정에서 여러 위협에 직면하고 있다. 일부 국가의 반한류 정서와 문화 간 갈등, 스타 의존적 구조로 인한 콘텐츠 경쟁력 저하, 산업 내부의 불안정한 근로 환경 등이 대표

적이다. 이러한 문제를 극복하기 위해서는 현지화 전략과 제도적 개선, 창의적 콘텐츠 개발이 필수적이다.

(1) 반한류와 혐한 정서

한류의 급속한 확산은 긍정적 성과와 동시에 일부 국가에서 반한류 혹은 혐한 정서의 확산을 야기하고 있다. 이러한 정서는 단순한 문화적 반감에 그치지 않고 콘텐츠의 불법 복제 및 표절 문제와 맞물려 한국 문화에 대한 부정적 인식을 강화하는 요인으로 작용한다. 이는 한류의 안정적 확산을 저해할 수 있는 잠재적 위험 요소이며, 이에 대한 외교적 차원의 대응과 체계적인 현지화 전략의 수립이 필수적이다.

(2) 문화 간 갈등의 위험

한류 콘텐츠가 전 세계적으로 확산되는 과정에서 현지 문화와 충돌할 가능성 역시 존재한다. 특정 국가나 지역의 문화적 가치와 한국 콘텐츠가 상충할 경우 문화적 갈등이 발생할 수 있으며, 이는 장기적 관점에서 한류에 대한 거부감을 심화시킬 위험이 있다. 따라서 한류의 지속적 확산을 위해서는 상대 문화에 대한 존중과 이해를 기반으로 한 상호문화적 접근 전략이 필요하다.

(3) 콘텐츠의 질적 경쟁력 확보 필요

현재 한류 콘텐츠는 일부 스타나 특정 장르에 대한 의존도가 높은 구조적 한계를 지니고 있다. 이는 단기적으로는 폭발적인 인기를 얻을 수 있으나 장기적이고 지속 가능한 성장을 담보하기에는 취약하다. 따라서 창의성과 다양성을 갖춘 새로운 콘텐츠 개발이 요구되며, 이를 통해 한류가 세계 문화 시장에서 경쟁력을 지속적으로 확보할 수 있는 토대를 마련해야 한다.

(4) 문화 산업의 내재적 문제

한류 산업의 외형적 성장에도 불구하고 그 내부에는 구조적 취약성이 내재되어 있다. 불안정한 임금 체계, 비효율적 운영 관행, 열악한 근로 환경은 문화 산업 종사자들의 노동권과 창작 역량을 저해하는 요인으로 지적된다. 이러한 문제는 한류의 장기적 발전을 저해할 수 있으므로, 제도적 개선과 정책적 지원을 통해 산업 전반의 건강한 생태계를 조성하는 것이 시급하다.

6) 한류의 미래

한류의 빠른 성장에도 불구하고 한국의 문화 콘텐츠 산업은 여전히 글로벌 경쟁력 확보를 위해 해결해야 할 과제가 많다. 대표적으로 많은 문화 콘텐츠 기업들은 여전히 소규모이고, 몇몇 스타에 의존하는 구조적 한계가 있다. 예를 들어 방탄소년단(BTS)과 같은 특정 그룹에 대한 의존도가 높아 이들 멤버의 군 복무 등으로 인한 공백에 따라 기업의 생존이 위협받을 수 있다. 또한 근로환경의 열악함, 인권 문제, 대중문화예술인과 연습생의 정신건강 문제가 지속적으로 제기되고 있으며, 이는 한류의 장기적 성장에 부정적인 영향을 미칠 수 있다.

한류의 지속적 발전을 위해서는 인프라 구축과 정책적 지원이 필수적이다. 현재 K-POP은 전 세계적으로 인기를 끌고 있지만 이를 위한 대형 공연장이 부족하고, 한류 콘텐츠를 직접 체험할 수 있는 드라마, K-POP,

영화 박물관 등의 문화 인프라가 여전히 미비한 상황이다. 이러한 인프라 구축은 한류 팬들에게 직접적인 체험 기회를 제공하고, 한국의 문화와 역사를 더욱 깊이 이해할 수 있는 기회를 제공하여 관광 산업 활성화에도 기여할 수 있다.

글로벌 콘텐츠 시장이 급변함에 따라 한국의 문화산업도 지속적인 혁신과 변화에 적응해야 한다. OTT 플랫폼의 확산으로 영화와 드라마의 장르 경계가 모호해지고, AR, VR, 메타버스와 같은 신기술이 콘텐츠 시장의 새로운 흐름을 형성하고 있다. 한류 콘텐츠가 이러한 변화를 선도하려면 콘텐츠 산업의 선진화를 위한 정부와 기업의 협력과 투자 확대가 필요하다.

정부는 콘텐츠 기업에 직접적인 지원보다는 산업의 인프라와 생태계를 강화하는 방향으로 접근해야 한다. 이는 시장의 자유를 보장하면서도 장기적인 성장을 도모할 수 있는 환경을 조성하는 데 중점을 둬야 한다. 금융지원 확대와 인프라 확충을 통해 기업들이 자발적으로 한류 콘텐츠 제작에 투자할 수 있도록 유도하는 것이 중요하다. 이를 통해 한류가 지속적으로 세계 문화 시장에서 경쟁력을 유지하고, 앞으로도 한국의 국가 브랜드와 경제 성장에 기여할 수 있는 기반을 마련할 수 있다.

생각해 볼 문제

1. 문화 산업을 흔히 '굴뚝 없는 산업'이라고 칭한다. 그 이유가 무엇인지를 우리가 앞에서 배운 대중 문화의 개념을 들어 설명해보자.
2. 〈오징어 게임〉과 같은 한국의 대중 문화 콘텐츠가 세계적으로 각광을 받고 있다. 이와 같은 한국 문화 산업의 성공 배경에는 어떤 것들이 있는지를 인터넷 기사를 통해 조사해 보자.

✔ 더 읽을거리

이명현 외(2023). 『문화다양성 시대의 문화콘텐츠』. 경진출판.

'문화다양성'은 이제 현상에 대응하기보다 미래를 준비하는 학문이어야 한다. 관련 연구는 더 이상 문화 콘텐츠를 단순히 이론적으로 분석하는 데 그치지 않고, 새로운 형태의 콘텐츠 생산과 소비 방식을 포괄하며 흐름을 이끌어야 한다. 키치 문화나 서브컬쳐 등의 문화들도 산업화된 상품으로 자리매김하고 있다. 이는 문화 콘텐츠가 더 이상 연구 대상에만 한정되지 않고, 다양한 플랫폼에서 소비되는 실질적인 상품으로 기능하고 있음을 보여준다. 이 과정에서 '재매개(remediation)'와 같은 콘텐츠 재구성 방식과 각각의 플랫폼이 지닌 고유한 특성은 문화다양성과 콘텐츠 연구의 지평을 넓히는 데 기여했다. 동시에 문화 콘텐츠는 하나의 주제로 다양한 학문 간 융합을 가능하게 하며, 복합적이고 창의적인 연구의 장을 열어가고 있다.

참고문헌

김문환·양건열(1998). 한국문화정책 연구의 동향. 한국문화정책개발원

김세영·이재규(2014). 문화콘텐츠를 활용한 유휴공간의 재생에 관한 연구, 9(3), 17–29.

이봉녀(2006). 문화콘텐츠닷컴 콘텐츠를 활용한 초등학교 멀티미디어교수–학습 교재 제작과 활용방안 연구, 14(–), 311–316.

문화산업진흥 기본법 제2조 4항.

9장

한국의 4차 산업혁명과 미래 변화

1. 과학기술과 사회 변화

1) 과학기술의 발전과 영향

(1) 과학기술의 발전 과정

과학기술은 인류 문명의 발전과 함께 끊임없이 변화하며 진보해 왔다. 초기 인류는 생존을 위해 자연을 활용하는 기술을 발전시켰으며, 이후 과학적 사고와 체계적인 연구를 통해 더욱 정교한 기술을 개발해 왔다.

① 인류 문명의 형성과 기술 발전

인류는 자연을 이해하고 활용하면서 사냥과 채집을 위한 도구를 만들었으며, 정착 생활이 시작되면서 농경과 가축 사육이 본격화되었다. 이에 따라 농기구와 금속 가공 기술이 발달하였고, 청동기와 철기의 등장은 농업 생산성과 무기 제조의 혁신을 가져왔다. 고대 문명에서는 강물의 흐름을 조절하고 수로를 건설하며 농업 생산력을 증대시켰고, 수레와 가축을 활용한 이동 기술이 발달하면서 교역과 정복 활동이 활발해졌다.

② 자연 에너지를 활용한 기술 발전

중세에는 수력과 풍력을 동력으로 활용하는 기술이 발전하면서 물레방아, 풍차 등의 기계 장치가 등장하였다. 이는 농업, 광업, 금속 가공, 제지 산업 등 다양한 분야에서 생산성을 높이는 데 기여하였다. 돛을 이용한 선박 기술의 발전으로 해상 무역이 활성화되었으며, 경제 활동과 도시 발전이 촉진되었다. 이러한 자연 에너지를 활용한 기술은 향후 기계 문명의 발전을 위한 중요한 기초가 되었다.

③ 산업혁명과 기계 문명의 발전

16세기부터 18세기에 걸쳐 산업과 생산 활동이 확대되면서 증기기관이 개발되었고, 이는 공장, 광산, 운송 수단 등의 산업에서 동력 문제를 해결하며 산업혁명의 기반이 되었다.

19세기에는 전기의 등장이 통신과 조명 기술의 발전을 이끌었으며, 전신과 전화의 발명은 인간의 의사소통 방식을 혁신하였다. 백열전등의 개발로 야간 활동이 가능해지면서 생활 방식도 변화하였다.

④ 현대 과학기술과 미래 혁신

20세기 이후 생명 공학과 정보통신 기술이 급격히 발전하면서 식량 부족 해결과 의학 기술의 발전을 이끌었으며, 인터넷, 컴퓨터, 스마트 기기의 등장은 인간의 생활 방식을 혁신하였다. 교통기술의 발전으로 이동 범위가 확대되었고, 우주 항공 기술이 발전하면서 인류는 새로운 탐사의 시대를 맞이하였다. 21세기에는 나노기술이 전자, 의료, 환경, 에너지 산업에 적용되며 변화의 중심이 되고 있다.

이처럼 과학기술은 인류 문명의 진화를 이끌어 왔으며, 앞으로도 사회 전반에 걸쳐 혁신을 주도하는 핵심 요소로 자리 잡을 것이다.

(2) 과학기술의 발전 방향

과학기술은 끊임없이 발전하며 인류 사회의 변화를 주도하고 있다. 특히 21세기에는 기술 간 융합과 혁신이 가속화되면서 경제, 사회, 문화 전반에 큰 영향을 미치고 있으며, 지속가능한 미래를 위한 해결책 마련이 중요한 과제가 되고 있다.

① 기술 융합과 혁신의 가속화

과학기술의 발전 속도는 점점 빨라지며, 다양한 분야의 기술이 융합되면서 신산업이 창출되고 있다. 정보기술(IT), 생명공학기술(BT), 나노기술(NT), 환경기술(ET) 등의 첨단 기술이 결합하여 연구개발의 효율성을 높이고, 생산성과 경제성을 극대화하고 있다. 과거 증기기관, 전기, 컴퓨터, 통신기술이 사회를 변화시켰듯이 현재는 기술 융합을 통한 산업 혁신이 핵심 흐름으로 자리 잡고 있다.

이에 따라 국가와 기업들은 연구개발 투자를 확대하고 협력을 강화하고 있으며, 우리나라는 정보기술, 생명공학기술, 환경기술, 나노기술, 문화기술(CT), 우주항공기술(ST) 등 6대 핵심 기술을 선정해 연구·투자를 확대하고 있다. 정보기술은 고속 인터넷과 전자상거래를 촉진하고, 생명공학기술은 의학·제약·농업 분야에서 활용되며, 환경기술은 대기오염 저감과 재생 에너지 활용을 목표로 한다. 나노기술은 신산업혁명을 주도하고, 문화기술은 디지털 콘텐츠와 VR·AR 산업을 발전시키며, 우주항공기술은 미래 우주 개발을 위한 기반을 마련한다.

이처럼 미래 과학기술은 더욱 융합적이고 혁신적인 방향으로 발전하고 있으며, 연구와 투자는 계속 증가할 전망이다. 이러한 발전이 국가 경쟁력 확보와 산업 성장의 핵심 동력이 되는 만큼 기술 융합을 활용한 혁신적 연구개발이 필수적이다.

② 신재생 에너지와 지속가능한 미래

과학기술의 발전과 함께 지속가능한 미래를 위한 노력도 필수적이다. 1970년대 석유파동 이후, 세계 각국은 화석 연료 의존도를 줄이기 위해 신재생 에너지 개발을 강화해 왔으며, 1980년대 후반부터는 환경 문제가 대두되면서 친환경 에너지 기술이 핵심 과제로 떠올랐다.

신재생 에너지는 재생에너지(태양광, 풍력, 수력, 지열 등)와 신에너지(수소 에너지, 연료전지, 석탄 액화·가스화 등)로 나뉜다. 우리나라는 태양광, 풍력, 연료전지, 해양 바이오 연료 등을 국가 신성장 동력으로 지정하고 이를 적극 지원하고 있으며, '녹색성장' 전략과 신재생 에너지 공급 의무화 제도(RPS)를 통해 친환경 에너지 전환을 추진하고 있다.

지속가능한 발전을 위해서는 환경 문제 해결과 경제 성장의 균형 유지가 중요하다. 신재생 에너지는 환경 친화적인 대체 에너지원이 될 뿐만 아니라 새로운 산업과 일자리를 창출하며 경제적 파급 효과도 크다. 세계 각국은 신재생 에너지 기술 개발을 적극 추진하고 있으며, 한국도 에너지 전환과 지속가능한 기술 개발을 위한 연구를 확대하고 있다.

과학기술의 발전은 인류의 삶을 더욱 풍요롭게 만들고 있지만 환경과 사회적 지속가능성 또한 고려해야 한다. 앞으로도 과학기술은 산업 혁신과 경제 성장뿐만 아니라 지속가능한 발전을 위한 핵심 요소로 자리 잡을 것이며, 기술 융합과 친환경 에너지 개발이 미래 사회의 중요한 축이 될 것이다.

2) 과학기술과 인간

(1) 과학기술의 발전과 인간 생활의 변화

과학기술의 발전은 인류 사회를 끊임없이 변화시키며 생활 방식을 혁신해 왔다. 현대 사회에서는 정보화, 생명공학, 환경기술 등 다양한 분야에서 기술이 발전하며 인간의 삶의 질을 향상시키고 있다. 이러한 변화는 산업, 경제, 환경 등 여러 영역에서 나타나며, 미래 사회에도 지속적인 영향을 미칠 것이다.

① 과학기술과 사회 변화

과학기술은 인류의 생활 방식을 크게 변화시켜 왔다. 컴퓨터의 보급은 업무 효율을 높였으며, 유전공학 기술은 슈퍼쌀, 슈퍼콩 등의 개발을 통해 식량 문제 해결에 기여했다. 생명공학 기술은 의료 발전과 수명 연장을 가능하게 했으며, 미래에는 태양열 자동차 등의 친환경 기술이 확산되어 공해 없는 환경이 조성될 것으로 기대된다.

경제적으로도 변화가 두드러진다. 과거 농업사회에서는 농토, 산업사회에서는 자본과 기술이 경쟁력을 결정했지만, 현대 사회에서는 지식 재산권이 가장 중요한 자산으로 자리 잡았다. 지식 기반 경제에서는 무형자산이 경쟁력을 좌우하는 핵심 요소가 되며, 산업 재산권과 저작권, 신지식 재산권이 창작과 기술 혁신을 촉진하는 중요한 제도로 작용하고 있다. 특히 산업 재산권은 창작자에게 일정 기간 독점적 권리를 부여하면서도 기술 발전을 위해 공개하는 구조를 갖추고 있어, 새로운 기술 개발을 활성화하는 역할을 한다.

② 환경 변화와 지속가능한 발전

과학기술의 발전은 생활을 풍요롭게 만들었지만 환경 오염, 자원 고갈, 건강 위협 등의 문제도 초래했다. 20세기까지는 개발과 환경보전이 대립되는 개념으로 여겨졌으나, 21세기에는 경제 성장과 환경 보호의 조화를 이루는 방향으로 변화하고 있다. 이에 따라 환경 관리는 사전 예방적 접근 방식으로 전환되고 있으며, 시민 참여와 협력을 기반으로 한 자율적 환경 관리가 강조되고 있다. 기업들도 환경 경영 시스템을 도입하며 지속가능한 발전을 위한 전략을 강화하고 있다.

환경기술의 발전 또한 빠르게 이루어지고 있다. 과거 오염 해결 중심의 1세대 기술에서 벗어나, 친환경 생산을 목표로 하는 2·3세대 기술로 전환되고 있으며, 환경 정책과 연계된 산업도 급격히 성장하고 있다. 미국(뉴 아폴로 프로젝트), 일본(쿨 어스 계획), 독일(녹색 산업 육성 정책) 등 각국은 친환경 기술을 미래 핵심 산업으로 육성하고 있다.

이처럼 환경 관리의 패러다임은 사후 처리에서 사전 예방 중심으로 변화하고 있으며, 환경 기술과 지속가능한 발전을 위한 투자는 더욱 확대될 것이다. 과학기술이 인류의 지속가능한 미래를 위해 기여할 수 있도록 경제 성장과 환경 보호의 균형을 유지하는 노력이 필수적이다.

(2) 과학기술과 인간적 가치

과학기술은 인류 문명을 발전시키는 핵심 동력으로 작용해 왔다. 우리는 과학기술을 통해 더 나은 삶을 기대하지만 그 과정에서 예상치 못한 문제들도 함께 발생하고 있다. 과학기술이 사회와 인간의 가치에 미치는 영향을 살펴보고, 지속가능한 방향으로 나아가기 위해 어떻게 활용해야 하는지 고민하는 것이 중요한 과제가 되고 있다.

① 과학기술의 양면성과 사회적 책임

과학기술은 불과 300년 만에 인류 역사상 가장 혁신적인 변화를 가져왔다. 산업화, 정보기술, 생명공학, 인공지능 혁명 등은 인류에게 편리하고 풍요로운 생활을 제공했지만 동시에 환경 파괴, 기술 오남용과 같은 새로운 위협을 초래하고 있다. 과거에는 과학기술이 테크노피아(Technopia)를 실현할 것이라 기대했지만, 현실에서는 기술이 인류를 위협하는 존재가 될 수도 있다는 '프랑켄슈타인 현상'에 대한 우려도 커지고 있다.

또한 과학기술이 발전할수록 일반 대중과의 거리가 점점 멀어지고 있으며, 과학기술이 특정 집단의 이익을 중심으로 발전하는 경향도 강해지고 있다. 과거에는 과학이 객관적이고 중립적인 학문으로 여겨졌지만 역사적으로 보면 과학기술은 국가와 자본의 이데올로기에 의해 적극적으로 이용되어 왔다. 두 차례의 세계대전 동안 과학기술이 무기로 활용되었으며, 오늘날에도 기술 발전은 정치·경제적 이해관계와 연결되어 있다. 이에 따라 과학기술이 가져올 사회적 영향을 고려하고, 기술 발전이 인간과 환경에 미치는 영향을 신중하게 검토하는 자세가 필요하다.

② 기술 발전을 바라보는 관점과 사회적 조율의 필요성

과학기술의 발전을 바라보는 관점은 크게 기술결정론과 사회문화결정론으로 나뉜다.

기술결정론은 기술 발전이 사회 변화를 주도하는 핵심 요인이라고 본다. 즉 기술은 독립적인 발전 논리를 가지며, 사회는 기술이 만들어내는 변화를 수동적으로 받아들일 뿐이라는 것이다. 이러한 시각에서는 기술이 발전하면 필연적으로 더 나은 시스템과 인공물이 등장하며, 사회는 이에 맞춰 변화하게 된다. 따라서 사회가 할 수 있는 일은 기술 발전의 방향을 예측하고 이에 적응하는 것뿐이라는 입장이다.

반면 사회문화결정론은 기술이 사회적 요구와 가치, 경제적·정치적 맥락 속에서 발전한다고 본다. 즉 기술 발전은 단순한 필연적 과정이 아니라, 정부, 기업, 소비자 등 다양한 이해관계자들의 필요와 조정에 의해 발전 방향이 결정된다는 것이다. 기술은 사회적 맥락과 요구 속에서 이루어지는 것이므로 기술이 인간과 환경에 긍정적인 영향을 미칠 수 있도록 사회적 합의와 윤리적 고려가 필요하다.

결국 과학기술의 발전이 특정 집단의 이익이 아니라 사회 전체의 이익을 위해 활용될 수 있도록 방향을 설정하는 것이 중요하다. 기술 발전이 단순한 경제적 이익을 넘어 사회적 책임을 다할 수 있도록 조율하고 관리하는 체계가 요구된다. 이를 위해 윤리적 기준을 마련하고, 기술 혁신과 사회적 가치가 조화를 이루는 방향으로 나아가야 한다.

(3) 과학기술의 발전에 대한 올바른 태도

과학기술은 인간 생활을 혁신하는 강력한 도구지만 인간적 가치를 최우선으로 고려하고 윤리적 책임을 수반해야 한다. 현대 과학기술은 편리함과 발전을 가져오지만, 동시에 생명윤리와 사회적 책임에 대한 논란도 함께 제기된다. 이에 따라 우리는 기술이 인류의 본질적 가치와 윤리를 해치지 않도록 신중하게 접근해야 한다.

① 인간적 가치와 윤리적 책임

과학기술이 발전하면서 인간의 존엄성과 윤리에 대한 고민도 깊어지고 있다. 동물 복제 기술이 보편화되면서 인간 복제 문제가 논의되기 시작했으며, 생명 복제 기술에 대한 사회적 가치 판단도 변화하고 있다. 이는 과학기술이 단순한 발전을 넘어 윤리적 기준과 인간 존엄성을 고려해야 함을 시사한다.

고대 철학자 플라톤의 프로메테우스 신화에서도 기술의 남용이 초래할 위험성을 경고한다. 기술은 인간에게 이로운 도구가 될 수도 있지만 남용될 경우 위협이 될 수도 있다. 따라서 과학기술이 발전할수록 인간적 가치와 윤리를 최우선으로 고려하는 균형 있는 접근이 필요하다. 과거에는 과학이 가치중립적 학문으로 여겨졌지만 19세기 이후 과학기술이 급격히 발전하며 사회적 영향력이 커지고 윤리적 논란도 증가했다. 다이너마이트를 발명한 노벨은 과학이 인류 평화에 기여해야 한다고 믿었지만, 두 차례의 세계대전 동안 과학기술이 무기 개발과 파괴적인 용도로 집중되면서 윤리적 문제가 부각되었다. 특히 원자폭탄의 투하는 과학기술이 초래할 수 있는 극단적 결과를 보여주는 사례이다. 과학적 발견 자체는 가치중립적이지만 과학의 실천 과정은 도덕적 행위이며, 과학은 단순한 연구가 아니라 사회적 영향을 고려해야 한다.

② 과학기술의 사회적 책임과 실천

오늘날 과학기술이 인간 존엄성과 윤리를 훼손하지 않도록 하기 위해서는 반성적 통찰과 윤리적 기준이 필요하다. 이러한 고민 속에서 등장한 개념이 '생명윤리'로, 이는 과학기술과 인간 가치의 관계를 성찰하며 연구와 기술 개발이 윤리적 한계를 준수해야 함을 강조한다.

유전자 조작, 인간 배아 연구, 인공 자궁을 통한 배아 성장 실험 등은 생명과학 발전을 이끌고 있지만 동시에 생명의 존엄성을 도구적으로 활용할 위험도 내포하고 있다. 배아 복제나 특정 형질 강화 연구는 인간 생명에 대한 존중을 훼손할 가능성이 있으며, 연구가 윤리적 규범 내에서 이루어지도록 사회적 논의와 규제가 필수적이다.

과학기술이 사회와 인류의 미래에 긍정적인 영향을 미치려면 연구자, 기업, 정부, 시민사회 등 모든 이해관계자가 책임 있는 결정을 내려야 한다. 과학기술이 인간을 위한 도구로 기능하려면 기술 발전을 통제하고 올바르게 활용하려는 사회적 책임과 실천이 반드시 필요하다. 이를 위해 과학기술이 경제적 이익을 넘어 사회 전체의 복지를 고려하는 방향으로 발전할 수 있도록 윤리적 기준을 마련하고, 지속적인 논의를 통해 균형 잡힌 기술 발전이 이루어져야 한다.

2. 4차 산업혁명과 정보화 사회

1) 4차 산업혁명의 이해

(1) 4차 산업혁명의 이해

4차 산업혁명은 물리 세계, 디지털 세계, 그리고 생물 세계가 융합되어, 경제와 사회의 모든 영역에 영향을 미치게 하는 새로운 산업 시대를 말한다. 1차 산업혁명의 기계화, 2차 산업혁명의 대량생산화, 3차 산업혁명의 정보화에 이은 4차 산업혁명은 물리 사물인터넷(IoT), 로봇공학, 가상현실(VR) 및 인공지능(AI)과 같은 혁신적인 기술이 우리가 살고 일하는 방식을 변화시키는 현재 및 미래를 의미한다. 디지털 혁명(Digital Revolution)이라고 하는 3차 산업혁명이 일으킨 컴퓨터와 정보기술(IT)의 발전이 계속 이루어지고 있는 형태이지만 발전의 폭발성과 파괴성 때문에 3차 산업혁명이 계속된다고 하기보다 새로운 시대로 여겨지기도 한다.

(2) 4차 산업혁명의 등장 배경

4차 산업혁명은 2016년 세계경제포럼(WEF) 다보스포럼에서 처음 정의된 개념으로 인공지능(AI), 사물인터넷(IoT), 빅데이터, 클라우드 등 첨단 기술이 융합되어 물리적 세계와 디지털 세계가 통합되는 혁명을 의미한다. 이는 기존 산업혁명과 연속성을 가지면서도 기술 융합을 통해 경제·사회 전반에 새로운 변화를 촉진하고 있다. 4차 산업혁명의 등장 배경은 기술·경제적 요인과 사회·환경적 요인으로 나누어 설명할 수 있다.

① 기술·경제적 요인: 디지털 혁신과 경제 구조 변화

4차 산업혁명의 핵심 동력은 디지털 기술의 급속한 발전과 경제적 변화에 있다. 정보통신기술(ICT)이 발전하면서 데이터 처리 속도가 비약적으로 증가했고, 인공지능(AI)과 사물인터넷(IoT)의 발전으로 기계가 스스로 학습하고 연결되는 환경이 조성되었다. 또한 클라우드 컴퓨팅과 5G 기술의 확산은 방대한 데이터를 신속하게 처리할 수 있는 기반을 마련했으며, 로봇과 자동화 기술의 발전은 산업 전반에서 생산성과 효율성을 극대화하는 데 기여하고 있다.

경제적으로는 글로벌 경쟁 심화와 생산성 향상 요구가 4차 산업혁명을 가속화했다. 기업들은 자동화와 인공지능을 활용한 스마트 공장 등을 통해 생산 비용을 절감하고 효율성을 높이고 있으며, 디지털 경제가 확대되면서 전통적인 제조업 중심의 경제 구조에서 지식과 정보 중심의 경제로 빠르게 전환되고 있다. 온라인 플랫폼, 전자상거래, 핀테크 등의 디지털 비즈니스 모델이 성장하면서 데이터 기반의 새로운 시장이 형성되고 있다.

② 사회·환경적 요인: 노동 시장 변화와 지속가능한 발전 요구

4차 산업혁명은 노동 시장과 사회 구조의 변화와 지속가능한 발전에 대한 요구 속에서 더욱 강조되고 있다. 자동화와 인공지능의 발전으로 반복적인 노동이 기계로 대체되면서 기존의 직업 구조가 변화하고 있으며, 창의적이고 지식 기반의 노동이 중요해지고 있다. 또한 고령화 사회가 진행되면서 의료, 복지, 교육 분야에서 맞춤형 서비스 수요가 증가하고 있다. 이에 따라 빅데이터와 AI를 활용한 개인 맞춤형 의료 서비스, 온라인 교육 플랫폼 등이 사회적 요구를 충족하는 방향으로 발전하고 있다.

한편 기후 변화와 환경 문제는 4차 산업혁명을 촉진하는 중요한 요인 중 하나다. 기존 산업 구조는 탄소 배출과 환경 오염 문제를 심화시켜왔으며, 이에 따라 친환경 기술과 지속가능한 성장 모델이 요구되고 있다. 재생에너지 기술, 스마트 그리드, 전기차, 탄소 배출 저감 기술 등이 발전하면서, 4차 산업혁명은 친환경 기술과 융합하여 지속가능한 발전을 위한 해결책을 제시하는 방향으로 전개되고 있다.

(3) 4차 산업혁명의 특성

4차 산업혁명은 '초연결성', '초지능성', '자동화'라는 핵심 특성을 바탕으로 산업과 사회 전반에 변화를 가져오고 있다. 또한 이를 주도하는 핵심 기술인 인공지능(AI), 사물인터넷(IoT), 빅데이터, 클라우드 컴퓨팅, 블록체인, 로봇공학, 3D 프린팅 등은 개별적으로 중요한 역할을 하면서도 서로 융합되어 더욱 강력한 혁신을 만들어가고 있다.

4차 산업혁명의 특징은 초연결성, 초지능성, 자동화로 요약된다.

첫째, 초연결성은 사람뿐만 아니라 사물과 공간까지 네트워크로 연결하는 것을 의미하며, 사물인터넷(IoT), 빅데이터, 클라우드 컴퓨팅이 이를 지원한다. 이를 통해 온디맨드 서비스, 공유경제, 디지털 유통 확대 등 경제 패러다임이 변화하고 있다. 둘째, 초지능성은 방대한 데이터를 수집·분석하여 패턴을 파악하고 예측하는 능력으로 AI와 딥러닝 기술이 발전하면서 자율적 판단과 의사결정이 가능해지고 있다. 셋째, 자동화는 기존 기계적 자동화를 넘어 지능형 자동화로 발전하고 있으며, 스마트 팩토리, 자율주행차, AI 기반 서비스 산업 등에서 실현되고 있다. 이러한 특성을 기반으로 4차 산업혁명을 주도하는 주요 기술들은 다음과 같다.

〈표 9-1〉 4차 산업혁명을 주도하는 주요 기술

주요 기술	핵심 내용
인공지능(AI)	자율주행, 의료 진단, 자동화된 고객 서비스 등 다양한 분야에서 활용
사물인터넷(IoT)	스마트홈, 스마트시티, 산업 자동화에 적용되어 효율성과 편리성 극대화
빅데이터	개인 맞춤형 서비스와 기업의 의사결정 최적화를 지원하며, 공공 정책 수립에도 활용
클라우드 컴퓨팅	기업 IT 운영의 유연성과 협업 환경을 강화하고, 원격 근무와 교육 접근성을 제고
블록체인	금융 거래, 공급망 관리 등에서 데이터 보안과 투명성 강화
로봇공학	산업용·서비스 로봇이 자동화와 인간의 보조 역할 수행
3D 프린팅	제조·의료·건축 등 다양한 산업에서 맞춤형 제작과 비용 절감 효과

이처럼 4차 산업혁명의 핵심 기술들은 산업과 사회 전반에 걸쳐 혁신을 일으키고 있으며, 서로 융합하면서 더욱 강력한 변화를 만들어가고 있다. 앞으로 이러한 기술이 지속적으로 발전함에 따라 경제, 의료, 교육, 제조 등 다양한 분야에서 새로운 기회와 도전 과제가 등장할 것으로 예상된다.

(4) 4차 산업혁명의 명암

4차 산업혁명은 인공지능, 빅데이터, 사물인터넷, 로봇, 블록체인 등 첨단 기술이 결합하면서 인류 사회 전반에 걸쳐 대변화를 이끌고 있다. 긍정적인 측면에서 보면 이러한 기술은 생산성과 효율성을 크게 향상시키며, 경제 성장의 새로운 동력을 제공한다. 기존 산업의 혁신은 물론, 스마트 제조, 디지털 헬스케어, 자율주행차, 핀테크, 메타버스와 같은 신산업이 등장하여 새로운 일자리와 부가가치를 창출하고 있다. 또한 의료, 교통, 교육, 문화 영역에서도 눈에 띄는 변화를 가져오고 있다. 예를 들어 인공지능 기반의 의료 진단과 원격 진료는 환자의 치료 접근성을 높이고, 자율주행차와 스마트 교통 체계는 안전성과 편의성을 향상시키고 있다. 교육과 문화 영역에서는 가상현실과 메타버스를 통한 몰입형 경험이 가능해져 학습 효과와 여가의 질을 높이고 있으며, 행정과 공공 서비스 역시 디지털화되면서 접근성과 투명성이 강화되고 있다. 나아가 친환경 기술, 재생에너지 산업, 스마트 그리드와 같은 혁신은 기후 위기에 대응하고 지속가능한 발전을 도모하는 긍정적 효과를 가져올 수 있다.

그러나 이러한 변화에는 부정적인 측면도 공존한다. 자동화와 로봇 기술이 빠르게 확산되면서 기존 제조업과 서비스업의 일자리를 대체하고, 저숙련 노동자의 일자리가 줄어드는 등 고용 불안이 심화되고 있다. 이로 인해 고숙련·고소득층과 저숙련·저소득층 사이의 격차가 커지고, 디지털 기기에 익숙하지 않은 계층은 소외되는 '디지털 디바이드' 문제가 발생한다. 또한 개인정보 수집과 활용이 일상화되면서 개인의 프라이버시 침해와 감시 사회화에 대한 우려가 증대되고, 사이버 범죄와 해킹 같은 새로운 형태의 위협도 늘어나고 있다. 더 나아가 메타버스와 SNS 사용이 확산되면서 인간관계 단절, 가짜뉴스 확산, 디지털 중독과 같은 사회적·심리적 문제가 나타날 수 있다. 국가 간의 기술 경쟁 역시 격화되어 첨단 기술을 보유한 국가와 그렇지 못한 국가 사이의 경제적 격차가 확대될 가능성도 크다.

2) 정보화 사회의 이해

(1) 정보화 사회의 특징

정보화 사회는 정보의 생산과 처리에 경제적 가치가 부여되는 것이 핵심이며, 정보의 생산·전달·축적에 필요한 비용이 사회와 기업의 비용 구조에 포함된다. IT 인프라와 네트워크 발전으로 정보 접근성과 처리 효율성이 높아지면서 정보화 사회가 본격화되었다.

정보화 사회는 정보 혁명을 통해 발전하며, 지식 사회, 기술 사회, 고학력 사회로의 변화를 촉진한다. 디지털 경제와 지식 경제로의 전환을 통해 글로벌 네트워크가 형성되며, 국가와 기업의 경쟁력이 정보화 수준에 의해 결정되는 시대가 되었다.

또한 정보기술 발전은 교육, 의료, 행정 서비스 등 다양한 분야에서 혁신을 유도하며, 지속가능한 발전과 사회적 통합을 가능하게 한다. 이러한 변화 속에서 사회 구조와 일상생활도 변화하며, 개인과 기업 간의 경계가 점차 흐려지고 정보의 공유와 협업이 더욱 촉진되고 있다.

(2) 정보화 사회와 사회적 변화

정보화 사회로의 전환은 과학기술 발전과 사회적 변화에 의해 이루어진다. 특히 디지털 기술과 정보통신기술(ICT)의 혁신은 산업과 생활 전반에 걸쳐 새로운 변화를 촉진하며, 사회적 욕구와 맞물려 정보화 사회의 형성을 가속화하고 있다.

과학기술의 발전은 산업의 생산성을 높이고, 다양한 시스템을 자동화하는 데 중요한 역할을 하고 있다. 마이크로일렉트로닉스(ME), 컴퓨터, 로봇, 유연생산방식(FMS), 사무자동화, 뉴미디어 기술 등의 발달은 스마트 공장과 같은 자동화 시스템을 가능하게 하였으며, 생산 효율을 극대화하는 데 기여하고 있다. 또한 정보기술의 발전은 개인 맞춤형 서비스의 확대를 이끌고 있다. 빅데이터 분석과 AI 기반 플랫폼은 소비자 욕구의 개별화와 다양화에 대응하여 맞춤형 서비스를 제공하고 있으며, 스마트폰과 디지털 기기의 보편화는 빠르고 효율적인 정보 전달과 서비스 이용을 가능하게 하였다.

이러한 변화 속에서 정보화 사회는 산업 사회보다 훨씬 빠르게 발전하고 있으며, 기술 발전이 새로운 시장과 응용 분야를 창출하고 있다. 기업과 국가 간 경쟁이 심화되면서 정부와 사회는 신기술 도입과 활용을 위한 정책적 노력을 요구받고 있으며, 정보화 사회에 적응하기 위한 지속적인 대응이 필수적이다. 과학기술과 사회적 요구가 상호작용하면서 이루어지는 이러한 변화 속에서 정보 사회는 앞으로도 더욱 빠르게 발전해 나갈 것으로 예상된다.

(3) 정보화 사회를 보는 다양한 관점

정보화 사회의 등장은 사회 전반에 걸쳐 큰 변화를 가져왔으며, 이를 바라보는 시각도 다양하다. 대표적으로 낙관론과 비관론, 단절론과 연속론이 있으며, 각각 정보화 사회가 기존 사회와 어떻게 연결되거나 변화하는지를 설명한다.

① 낙관론과 비관론

낙관론은 정보 기술의 발전이 정치·경제·사회·문화적 측면에서 긍정적인 변화를 촉진한다고 본다. 정치적으로는 정보 접근성이 확대되면서 직접 민주주의가 강화되고, 경제적으로는 지식과 서비스 중심의 경제로 변화하며 노동 생산성이 향상된다고 평가한다. 또한 전자상거래 확산으로 경제 활동이 활발해지고, 정보 공유를 통한 기회의 평등이 진전되며, 다양한 문화 간의 상호작용이 촉진된다고 본다.

반면 비관론은 정보 기술의 역기능에 주목한다. 정치적으로는 정보 독점과 감시 강화, 정보 왜곡과 과잉으로 인해 시민들의 올바른 판단이 저해될 위험이 있다. 경제적으로는 정보 불균형이 경제적 격차를 심화시키고, 자동화로 인해 실업 증가 가능성이 커진다. 또한 인터넷 중독, 사이버 범죄, 대면 관계 단절 등의 사회적 문제와 함께 문화적 종속과 자문화 중심주의 확산의 위험도 존재한다.

결국 정보화 사회는 긍정적 측면과 부정적 측면을 모두 지니며, 정보 기술의 활용 방식과 사회적 대응에 따라 그 영향이 달라질 수 있다. 따라서 정보기술의 장점을 극대화하고 역기능을 최소화하기 위한 제도적 장치와 윤리적 인식이 필요하다.

② 단절론과 연속론

정보화 사회를 해석하는 또 다른 관점으로 단절론과 연속론이 있다.

단절론은 정보화 사회가 기존 산업 사회를 대체한 완전히 새로운 형태의 사회라고 본다. 다니엘 벨(Daniel Bell)은 노동 중심 경제에서 정보 중심 경제로 변화했다고 주장하며, 앨빈 토플러(Alvin Toffler)도 정보화 사회가 농업·산업 문명과는 단절된 사회라고 설명한다.

반면 연속론은 정보화 사회가 기존 자본주의 사회의 연장선에 있다고 본다. 허버트 쉴러(Herbert Schiller)는 정보화 사회에서도 시장 논리가 작용하며, 계급 불평등이 정보 접근성을 결정하는 주요 요인이 된다고 주장한다. 즉 정보기술의 발전은 새로운 사회를 창출한 것이 아니라 기존 자본주의 체제가 변화에 적응하는 과정이라는 것이다.

실제로 정보화 사회는 기존 자본주의 구조를 유지하면서도 지식과 정보가 핵심 자원으로 부상하는 특징을 갖는다. 따라서 정보화 사회를 단절적 변화나 연속적 변화로 단정 짓기보다 두 관점을 절충적으로 고려하는 것이 현실적이다.

(4) 한국 정보화 사회의 변화

한국 정보화 사회의 미래는 4차 산업혁명과 기술 발전을 중심으로 다양한 변화를 맞이하게 된다.

첫째, 일자리·산업·경제 영역에서는 AI와 자동화의 확산으로 신산업과 새로운 일자리가 창출되는 긍정적 효과가 나타나는 반면 전통 산업에서는 일자리 감소와 고용 불안이 심화될 수 있다. 이에 따라 기술 발전과 고용 안정 간의 균형을 맞추는 정책이 필요하다.

둘째, 초지능화 사회가 도래하면서 데이터와 정보의 축적을 통해 사회 전반의 생산성과 지식 수준이 향상된다. 그러나 인공지능 의존이 커지면서 인문학적 사고와 창의성이 약화될 우려가 있어 균형 잡힌 발전이 요구된다.

셋째, 초연결사회에서는 원격교육, 재택근무, 원격진료 등으로 공간 제약이 완화되고, 효율성이 높아진다. 그러나 해킹, 개인정보 유출 같은 보안 문제도 증가해 이를 관리할 제도적 장치가 필요하다.

넷째, 공유경제와 공유사회의 확산은 자원의 효율적 활용과 경제적 부담 경감에 기여하지만 기존 산업과의 갈등 및 가치관 혼란을 야기할 수 있다. 따라서 신뢰 기반의 사회적 합의와 제도 마련이 중요하다.

(5) 한국 정보화 사회의 현실과 미래 전략

한국은 세계 최고 수준의 인터넷 속도와 5G 네트워크를 기반으로 한 정보화 사회를 구축하였다. 전자정부 서비스와 스마트 인프라 확장은 시민 생활의 편의성과 행정 효율성을 높였으며, 글로벌 ICT 경쟁력에서도 상위권을 유지하고 있다. 그러나 이러한 성과에도 불구하고 고령층과 저소득층의 디지털 접근성 제한, 사이버 보안 위협, 가짜 뉴스와 정보 과잉, 기술 의존으로 인한 사회적 위험 등 구조적 문제들이 여전히 존재한다. 또한 4차 산업혁명의 핵심 기술에서 미국·중국 등 선진국과의 격차, 첨단 인력 양성 부족, 스타트업 지원 미흡, 소프트웨어 경쟁력 취약성과 같은 산업적 과제도 해결해야 할 중요한 문제로 지적된다.

이러한 현실 속에서 한국 정보화 사회의 미래 전략은 지능형 통합 정보시스템과 초연결 지능화 서비스로의 전환을 중심으로 전개되고 있다. 정부는 협치 플랫폼과 맞춤형 공공서비스를 통해 '지능형 정부'를 구현하고, 데이터·네트워크·AI로 대표되는 DNA 인프라를 강화하여 산업 전반의 지능화를 촉진하고자 한다. 또한 의료·교통 등 분야별 빅데이터 체계를 확립하고, 개인 데이터의 통제권을 보장함으로써 안전하고 효율적인 데이터 생태계를 조성하려 한다.

나아가 신산업 발굴과 중소기업·스타트업 지원을 통한 기업 혁신, 기초과학과 응용연구의 연계 강화를 통한 기술 경쟁력 제고가 강조된다. 국민 모두를 대상으로 한 디지털 소양 교육, 최고 수준의 전문 인재 육성, 평생교육 체계 구축은 인적 자원 강화를 위한 핵심 전략이다. 동시에 취약계층의 디지털 접근성 확대와 정보 윤리의 재정립을 통해 사람 중심의 지능정보사회를 실현하려 한다.

한국 정보화 사회는 초연결·초지능 기술을 기반으로 한 효율성과 혁신을 추구하면서도 사회적 격차 해소와 윤리적 기준 확립을 통해 지속가능한 발전을 이루는 방향으로 나아가야 한다. 이는 단순한 기술 발전을 넘어 국민 모두가 공정하게 혜택을 누리는 균형 잡힌 정보화 사회를 구축하는 데 그 목표가 있다.

3. 한국 사회의 미래 변화

1) 미래사회의 변화 예측

'메가트렌드'라는 개념은 미래 사회의 중장기적인 변화를 예측하고, 그 흐름을 분석하는 데 중요한 이론적 틀을 제공한다. 미래학자 존 네이스비츠(John Naisbitt)의 저서 메가트렌드(Megatrends)에서 유래한 이 용어는 장기적이고 포괄적인 변화의 방향성을 설명하며, 개인, 사회, 세계적인 삶에 영향을 미치는 중요한 요소로 자리잡았다.

메가트렌드는 10년 혹은 그 이상의 기간 동안 사회 전반에 걸쳐 지속되는 중장기적 변화의 방향성을 의미한다. 정치, 경제, 사회, 기술 등 다양한 분야에서 발생하는 중요한 변화를 포괄적으로 분석하여 그 변화가 개인과 사회, 나아가 세계에 미치는 영향을 설명했다. 이 개념은 단기적 변화가 아닌 지속적으로 사회 구조를 재편하고 삶의 방식에 깊이 뿌리내리는 변화를 예측하는 데 중점을 둔다.

메가트렌드는 한 국가나 특정 지역에 국한되지 않고 전 세계적으로 나타나는 광범위한 변화를 반영한다. 이는 장기적인 흐름을 분석함으로써 미래 사회의 변화를 준비할 수 있는 중요한 이론적 도구가 된다.

메가트렌드라는 용어는 처음 등장한 이후 다양한 분야에서 중장기적인 변화를 설명하는 보편적인 개념으로 자리잡았다. 과거에는 주로 경제나 사회적 변화를 중심으로 메가트렌드가 논의되었지만 오늘날에는 기술 발전, 환경 변화, 정치적 동향, 인구 구조 변화 등 다양한 영역에서 메가트렌드가 다루어지고 있다.

이러한 확장된 의미에서 메가트렌드는 단순한 한 분야의 변화가 아닌 상호 연결성을 가진 다차원적 트렌드를 포괄한다. 예를 들어 기술 발전은 경제와 사회 구조뿐만 아니라 정치적 변화, 환경 문제와도 밀접하게 연결되어 있다. 따라서 메가트렌드는 한 분야에서만 끝나는 것이 아니라 서로 다른 분야에서 동시에 일어나는 변화의 상호작용을 이해하는 데 중요한 역할을 한다.

2) 주요 요인별 미래 변화

(1) 사회

전 세계는 저출산과 기대수명 증가로 빠르게 고령화되며, 2040년 이후 인구 증가 속도는 둔화될 전망이다. 선진국과 중국은 노동력 감소와 생산성 저하로 경제적 부담을 겪을 것이고, 일부 개발도상국은 경제활동 인구 증가로 성장 기회를 맞이할 수 있다. 저출산·고령화에 따른 인력 부족과 이주 증가가 심화되고 이는 공공 지출 증가와 사회적 부담으로 이어질 것이다. 동시에 신종 감염병과 만성질환 확산은 보건 시스템에 큰 부담을 주며 정신건강 문제도 사회적 이슈로 부상한다.

사회구조 변화 측면에서는 다문화사회 확산, 가족 형태의 다양화, 비정규직·플랫폼 노동 증가로 인한 고용 불안정, 양극화 심화와 계층 이동

둔화가 나타난다. 이러한 변화는 사회 전반의 불신과 비관적 분위기를 확산시키며, 정치적 불안정으로 이어질 수 있다. 그러나 기술 발전과 정보 확산은 국가를 초월한 가치 결집을 촉진해 글로벌 이슈 중심의 새로운 정체성을 형성할 수 있다. 종교는 여전히 사회적 영향력을 유지하며 불안정한 지역에서 공동체 안정의 중요한 역할을 할 것이다.

(2) 환경

앞으로 20년 내 지구 기온은 1.5도 이상 상승할 것으로 예상되며, 이는 대형 폭풍·가뭄·홍수·빙하 해빙·해수면 상승 등 심각한 기후 재해를 가속화시킬 것이다. 이러한 변화는 식량 생산과 식수 부족, 건강 문제, 생물다양성 위기, 인구 이동 증가로 이어지며, 일부 지역은 거주 불가능한 공간으로 전락할 가능성도 있다. 이로 인해 국가 간 분쟁 위험 역시 높아질 수 있다.

또한 탄소중립(Net Zero) 달성과 이산화탄소 감축을 둘러싼 정치적 갈등이 심화되고, 재생에너지로의 전환은 신기술 개발과 함께 글로벌 에너지 산업의 구조적 변화를 촉진할 것이다. 나아가 심해 광물이나 우주 자원과 같은 새로운 자원 개척도 활발히 시도될 전망이다.

결국 기후변화와 환경오염은 인류 생존을 위협하는 핵심 과제이며, 탄소중립 실현·재생에너지 확대·자원 개척과 같은 대응이 필수적이다. 이는 환경 보호와 사회적 형평성, 경제 성장을 균형 있게 조화시키는 방향으로 이루어져야 한다.

(3) 정치와 경제

미래 사회의 정치와 경제는 복합적인 변화와 도전에 직면할 것으로 전망된다. 정치적으로는 민주주의 거버넌스가 약화되고 권위주의가 부상하면서 정부와 시민사회 간의 긴장이 심화될 가능성이 크다. 특히 정부가 사회적 요구에 충분히 대응하지 못할 경우 시민사회와 NGO·글로벌 기업 같은 비국가행위자의 영향력이 확대되며 정치적 역학 구도는 더욱 복잡해질 것이다. 동시에 디지털 행정과 인공지능을 활용한 거버넌스 혁신은 효율성을 높이는 긍정적 효과를 가져오지만 감시 강화와 프라이버시 침해라는 새로운 위험을 동반할 수 있다.

경제적으로는 세계 경제의 중심이 점차 미국과 유럽에서 아시아로 이동할 것으로 전망된다. 특히 중국과 인도의 성장은 2040년 아시아가 세계 경제에서 약 35%의 비중을 차지하도록 만들 것이지만 1인당 소득 수준에서는 여전히 선진국에 미치지 못할 것이다. 이와 함께 고령화와 코로나19 팬데믹으로 인한 부담은 각국의 공공부문 지출을 늘리고, 국가 부채를 가속적으로 증가시킬 전망이다. 이에 따라 정부는 재정 건전성을 유지하기 위해 세금 인상, 지출 조정, 긴축 정책 등 어려운 선택을 해야 할 가능성이 높다.

(4) 기술

기술 발전은 인류의 삶과 사회를 근본적으로 변화시키는 동시에 양면성을 지닌다. 한편으로는 고령화, 기후변화, 생산성 둔화 등 글로벌 난제를 해결할 열쇠가 되지만 다른 한편으로는 불평등 심화와 윤리적 갈등을 초래할 수 있다. 특히 인공지능은 의료, 교통, 교육, 농업 등 다양한 분야에서 혁신을 이끌며 핵심 경쟁력을 결정하는 요소로 부상하고 있으며, 미래에는 인간 지능을 초월하는 인공일반지능(AGI) 등장 가능성도 제기된다. 이러한 디지털 혁명은 인공지능, 빅데이터, 가상현실, 증강현실,

메타버스 등을 통해 초연결 사회를 형성하고 인간의 생활양식을 전면적으로 바꾸고 있다. 동시에 국가 간 기술 경쟁이 격화되고 사회적 불안, 프라이버시 침해 같은 부정적 영향도 함께 증가하면서 기술은 문제 해결의 도구이자 새로운 갈등의 원천으로 작용할 것이다.

(5) 국제사회

국제사회는 앞으로 미국 중심의 단극 체제를 벗어나 중국, 유럽, 신흥국 등이 함께 영향력을 행사하는 다극적 질서로 재편될 전망이다. 경제·군사력뿐 아니라 기술·정보력·회복력이 새로운 권력의 핵심 요소로 부상하면서 국가뿐 아니라 NGO, 글로벌 기업 등 비국가행위자의 영향력도 확대될 것이다. 이러한 변화는 국제 규범과 기술 표준을 둘러싼 경쟁을 심화시키고, 글로벌 공급망과 자원 확보 문제를 둘러싼 갈등을 가중시킬 가능성이 크다.

또한 신무기 개발과 확산으로 국제적 긴장이 높아지고, 테러와 핵무기 사용 가능성도 증가할 수 있다. 첨단 기술은 테러 집단의 공격 수단이 되는 동시에 각국 정부의 감시와 대응 능력을 강화하는 도구로도 활용될 것이다. 이에 따라 전쟁과 테러에 대한 대응력은 향상되겠지만 국가 간 갈등은 오히려 격화될 위험이 존재한다.

동시에 기후변화, 전염병, 난민 문제와 같은 초국가적 위기는 국제 협력의 필요성을 더욱 높이고 있다. 그러나 자국 우선주의와 보호무역주의의 확산은 협력을 어렵게 만들며, 세계 질서의 불안정성을 심화시킬 것이다.

3) 한국의 미래 메가트렌드

(1) 디지털 세상의 도래

첫째, 디지털화의 가속화이다. 디지털 기술의 급속한 발전은 미래 사회의 핵심 메가트렌드 중 하나로 한국 사회도 이에 발맞춰 변화할 것이다. 인공지능(AI), 빅데이터, 블록체인, 사물인터넷(IoT)과 같은 디지털 기술들은 사회 전반에 걸쳐 다양한 분야에서 혁신을 이끌어낼 것이며, 이는 경제 구조, 고용 형태, 생활 방식에도 큰 변화를 초래할 것이다.

디지털 경제는 새로운 산업을 창출하며, 노동 시장에서도 디지털화된 일자리가 증가할 것이다. 동시에 기존 일자리는 자동화와 인공지능에 의해 대체될 가능성이 높아 한국은 디지털 전환에 따른 경제적, 사회적 충격을 관리하는 방안을 모색해야 한다.

둘째, 개인정보 보호와 기술 윤리이다. 디지털 세상에서는 기술의 편리함과 함께 개인정보 보호 및 윤리적 문제가 중대한 이슈로 부상할 것이다. 디지털 거버넌스가 발전하면서 국민들의 데이터를 효율적으로 활용할 수 있는 기회가 증가하지만 데이터 남용이나 프라이버시 침해와 같은 문제가 대두될 가능성이 크다. 한국은 이러한 문제를 해결하기 위한 윤리적 기준과 규제 체계를 강화할 필요가 있다.

(2) 사회구조의 변화

첫째, 인구 구조의 변화이다. 한국은 저출산과 고령화로 인해 급격한 인구 구조 변화를 맞이하고 있다. 이러한 인구 변화는 경제 성장 둔화, 노동력 부족, 사회 복지 지출 증가 등 경제적 도전 과제를 안겨줄 것이다. 특히 노동력 감소는 경제 생산성에 직접적인 영향을 미칠 수 있어 청년층의 노동 시장 참여를 촉진하고, 고령층의 경제적 자립을 지원하는 정책이 필요하다.

둘째, 가족 및 공동체의 변화이다. 가족 구조의 변화도 한국 사회에서 중요한 이슈로 자리잡을 것이다. 1인 가구의 증가, 결혼과 출산의 지연 또는 기피 현상은 전통적인 가족 개념을 변화시키고 있으며, 이는 사회 복지 제도의 변화와 공동체 생활의 새로운 형태를 요구할 것이다. 한국 사회는 이러한 변화를 수용하기 위한 새로운 정책과 제도를 마련해야 할 것이다.

(3) 지구 환경 변화와 자원 개척

첫째, 기후 변화와 환경 위기이다. 기후 변화는 미래 사회에 가장 큰 영향을 미칠 글로벌 이슈 중 하나다. 한국 역시 극한 기후, 해수면 상승, 자원 부족 등 환경 문제에 직면할 것이며, 이는 국가의 경제적 및 사회적 안정성에 심각한 영향을 미칠 것이다. 탄소 배출을 줄이기 위한 글로벌 협력이 중요해지며, 한국은 친환경 에너지로의 전환과 지속 가능한 발전 전략을 강화해야 한다.

둘째, 자원 확보의 중요성이다. 미래 사회에서는 자원 확보가 국가 간 경쟁에서 중요한 요소가 될 것이다. 한국은 자원 빈국이므로 해외 자원 확보와 자원 효율성을 극대화하는 방안이 필요하다. 이를 위해 친환경 에너지 기술 개발 및 해외 자원 탐사, 국제 자원 협력 강화가 중요한 과제로 부각될 것이다.

(4) 세계 질서의 변화

첫째, 다극적 세계 질서의 형성이다. 국제 사회에서는 경제력, 군사력,

기술력 등의 권력 원천이 다각화되면서 다극적 세계 질서가 형성될 것이다. 미국, 중국, 유럽 연합을 중심으로 한 주요 강대국들뿐만 아니라 기술 기업과 비국가 행위자들이 국제 질서에 중요한 역할을 하게 될 것이다. 한국은 이러한 다극적 질서 속에서 외교적 유연성과 협력 전략을 강화해야 할 필요가 있다.

둘째, 국제 협력과 경쟁이다. 미래 국제 사회에서는 기술 표준을 둘러싼 국가 간 경쟁이 심화될 것이며, 특히 신기술 개발과 관련된 표준 설정에서 각국의 외교적 경쟁이 치열할 것으로 예상된다. 한국은 이러한 글로벌 기술 경쟁에서 경쟁력을 강화하고, 국제 협력의 중심에 설 수 있는 전략을 마련해야 한다.

(5) 위험의 일상화

첫째, 새로운 형태의 위협과 대응이다. 미래 사회에서는 기후 변화, 팬데믹, 사이버 공격, 테러 등의 위험이 일상화될 가능성이 높다. 이러한 위협은 국가 안보뿐만 아니라 경제와 사회의 안정성에도 직접적인 영향을 미칠 것이다. 한국은 이러한 새로운 형태의 위협에 대응하기 위한 국가 안보 전략과 국제 협력 체계를 강화해야 할 것이다.

둘째, 기술을 통한 위험 대응이다. 첨단 기술은 미래 사회에서 위험을 관리하고 대응하는 데 중요한 역할을 할 것이다. 특히 인공지능, 빅데이터, 블록체인 등의 기술은 위기 예측과 대응에 큰 도움을 줄 수 있으며, 한국은 이러한 기술을 활용하여 사회적 위험을 관리하고 안전성을 증대시키는 방안을 마련해야 한다.

생각해 볼 문제

1. 4차 산업혁명으로 인해 인공지능과 자동화가 확산되면서 일자리 구조와 노동의 개념이 변화하고 있다. 반복적인 업무는 기계가 대체하는 반면, 창의성과 감성적 역량이 더욱 중요해지고 있다. 인간이 인공지능과 차별화할 수 있는 핵심 역량은 무엇이고, 여러분의 전공과 진로에서 인공지능과 자동화의 영향을 고려할 때, 어떤 역량을 키워야 할지 토론해 보자.

2. 빅데이터와 인공지능 기술의 발전으로 개인정보 수집과 활용이 확대되면서, 정보 보호와 프라이버시 침해 문제가 더욱 중요해지고 있다. 일상 속에서 개인 정보를 보호하기 위해 어떤 노력을 기울이고 있는지 이야기해 보자.

더 읽을거리

최연구(2017). 『4차 산업혁명시대 문화경제의 힘』. 중앙경제평론사.

『4차 산업혁명시대 문화경제의 힘』은 미래사회, 미래자본주의, 인공지능 시대에서 살아남는 법을 알려주는 책이다. 저자는 서비스, 정보통신, 문화콘텐츠, 문화산업에 주목하라면서 문화라는 관점에서 사회변화를 이해해야 큰 흐름을 읽을 수 있다고 강조한다. 이 책에서는 현대 자본주의 사회에서 문화가 부각되는 현상과 원인에 대해 살펴보고, 자본의 개념, 가치론 등의 이론에 비추어 문화자본이나 문화적 가치에 대해 알아보며, 마지막으로 미래자본의 모습과 미래사회 변화에 대해 전망하고 인공지능 시대의 문화에 대해서 살펴본다.

참고문헌

김영순·이수진·박지연·김소영·임지혜·김재민(2014). 고등학교 인류의 미래사회. 인천광역시 교육청.

김용성(2023). 챗GPT 충격, 생성형 AI와 교육의 미래. 프리렉.

한국현(2023). 세상을 바꿀 미래기술 12가지. 위키북스.

황 근(2020). 4차산업혁명과 미디어의 진화. 도서출판 온샘.

최연구(2017). 4차 산업혁명시대 문화경제의 힘. 중앙경제평론사.

10장

한국의 다문화와 세계화

1. 다문화와 세계화

1) 다문화의 이해

(1) 다문화의 개념

다문화(multiculture)는 단일문화 사회와 대비되는 개념으로 한 사회 안에서 다양한 문화가 공존하는 상태를 의미한다. 좁은 의미에서는 자유민주주의적 합의와 지지를 바탕으로 다양한 문화적 주체들이 제도적으로 보장받으며 살아가는 것을 뜻한다. 반면 넓은 의미에서는 성별, 연령, 국적, 인종, 계층 등에 관계없이 인간이 누려야 할 보편적 가치를 향유하는 것을 포함한다.

다문화 개념은 문화가 사회 구성원의 생활양식이라는 정의에서 비롯되며, 집단 간 생활양식의 차이를 포함한다. 현대 사회에서 다문화는 국제화 과정 속에서 서로 다른 문화와의 접촉·상호작용으로 형성되었고, 단순한 인정 차원을 넘어 문화 간 조화와 통합을 지향하는 사회적 필요성에서 등장한 개념이다. 따라서 다문화는 다양한 문화가 고유성을 유지하면서도 조화를 이루며 공존하는 사회적 상태를 말한다.

(2) 다문화사회의 개념과 형성

다문화사회는 한 사회 안에서 다양한 문화가 공존하며 조화를 이루는 사회를 의미한다. 단순히 문화의 수가 많은 상태가 아니라 서로 다른 문화가 제도적으로 수용되고 존중되는 방식을 강조한다. 다문화사회는 국민 모두가 인종, 민족, 종교, 언어 등에 의해 차별받지 않고 정치·경제·사회·문화적 권리를 평등하게 누릴 수 있는 공동체를 지향한다. 협의의 개념은 결혼이민자 증가와 같은 구체적 현상에 주목하며, 중의적 개념은 이주민의 정체성과 문화를 인정하는 사회를 뜻한다. 광의적으로는 다양한 소수자의 문화적 표현을 사회의 고유한 특성으로 받아들이는 것을 말한다.

오늘날 다문화사회의 형성은 교통과 통신 수단의 발달, 세계화와 정보화의 가속화로 인한 국제적 교류 확대 속에서 나타났다. 과거에는 단일 민족과 단일 문화를 중심으로 국가 정체성을 형성하던 사회가 많았지만 현대 사회는 국가 간 경계가 점차 약화되면서 사람과 자본, 문화가 활발히 이동하고 있다. 이러한 흐름은 필연적으로 다양한 문화가 한 사회 안에서 공존하는 다문화사회의 출현으로 이어졌다.

특히 세계화는 상품과 서비스의 교류를 넘어서 인간의 이동을 촉진하였고, 노동력 부족이나 경제적 필요에 따라 국가들은 적극적으로 외국인 노동자와 이민자를 받아들이기 시작하였다. 이 과정에서 다문화사회는 세 가지 대표적인 유형으로 전개되었다.

첫째, 독일처럼 경제 성장기에 노동력이 부족하여 단기적으로 외국인 노동자를 초청하면서 다인종사회로 전환된 경우이다.

둘째, 미국, 캐나다, 호주처럼 국가의 발전 전략 차원에서 이민을 제도적으로 장려하여 다인종사회가 형성된 경우이다.

셋째, 영국과 프랑스처럼 과거 식민지와의 역사적 관계 속에서 이주민을 받아들이며 다문화사회를 경험하게 된 경우이다.

또한 저출산과 고령화로 인한 인구구조 변화는 노동력 확보를 위한 이주 정책을 필연적으로 요구하였으며, 인권운동과 민주주의 확산은 소수 집단의 권리 보장과 문화적 다양성 존중을 뒷받침하였다. 냉전 종식 이후 국제적 교류가 확대되면서 국경을 넘어선 이주가 활발해졌고, 이는 다문화사회를 제도적으로 정착시키는 기반이 되었다.

그러나 다문화사회의 형성은 단순히 인구 이동에 따른 결과만이 아니라 현대 사회가 지향하는 자유주의적 가치와도 연결되어 있다. 자유주의는 인간의 이동과 선택의 자유를 강조하며, 이를 바탕으로 다양한 문화와 인종이 공존할 권리를 정당화한다. 따라서 다문화사회는 경제적 필요와 정치적 변화, 인권 의식의 성장, 자유주의적 사상 등이 복합적으로 작용한 결과라고 할 수 있다.

(3) 다문화정책

다문화정책은 현대 사회에서 이주민 인구가 증가함에 따라 발생하는 다양한 사회적 문제에 대응하기 위한 제도적 장치로 이해된다. 이주민 유입은 단순히 인구 이동에 그치지 않고 정치, 경제, 인권, 주거, 사회, 문화 등 여러 영역에 영향을 미친다. 따라서 정부와 시민사회는 이주민이 주류 사회에 안정적으로 정착할 수 있도록 정책적 대안을 마련해야 하며, 이는 장기적으로 사회의 안녕과 국가적 발전을 보장하기 위한 필수적인 과제라 할 수 있다. 다문화정책은 소수 집단이 차별이나 배제를 당하지 않도록 방지하고, 차이에서 비롯된 갈등을 완화하며, 모든 인간이 보편적 권리를 누릴 수 있도록 제도적 개입을 통해 실현되는 정책적 대응이라고 정의할 수 있다.

이론적으로 다문화정책은 크게 세 가지 모형으로 구분된다.

첫째, 차별 배제 모형은 특정 노동력 수요에 따라 단기적으로 외국인을 수용하지만 정주나 시민권 부여에는 소극적인 유형이다. 이 모형은 이민자를 사회 구성원으로 인정하지 않고 일시적 노동 자원으로 한정하는 특징을 지닌다. 한국 사회는 표면적으로 이 모형을 지양하고 있으나, 여전히 제도적·문화적으로는 상당 부분에서 차별 배제적 성격을 띠고 있다는 평가가 존재한다.

둘째, 동화 모형은 이주민이 자신의 출신 문화를 포기하고 이주국의 주류 사회에 빠르게 동화되도록 지원하는 정책 유형이다. 이는 시민권이나 국민으로서의 동일성을 확보하는 것을 목표로 하며, 한국의 경우 결혼이민자를 중심으로 이러한 형태의 정책이 다수 시행되어 왔다.

셋째, 다문화주의 모형은 문화적 다양성을 존중하면서 이주민이 자신의 문화적 정체성을 유지하는 동시에 주류 사회와 조화를 이루도록 지원하는 정책 방향이다. 한국에서는 2000년대 중반 이후 이러한 다문화주의 담론이 정책적으로 제기되었으며, 이는 세계적인 다문화 추세를 반영한 결과라 할 수 있다. 그러나 실제 정책 내용은 실질적 다문화주의보다는 선언적 구호의 성격이 강하며, 상황에 따라 차별 배제·동화·다문화주의 모형이 혼합적으로 나타나는 것이 특징이다.

(4) 다문화사회의 특징

다문화사회의 첫 번째 특징은 다양성과 특수성이다. 근대사회가 동일한 언어와 문화를 바탕으로 동질성과 단일성을 추구했다면 다문화사회는 이민자의 유입과 토착민의 분화로 인해 문화적 다양성과 집단의 특수성이 새롭게 강조된다. 다문화주의는 이러한 다양한 민족, 언어, 인종, 종교, 계층이 공존하는 환경 속에서 나타나는 갈등을 조율하고 조화를 이루려는 사회적 이념과 정책을 포함한다. 따라서 다문화사회는 다양한 정체성과 문화가 서로 교차하는 가운데 끊임없이 협력과 갈등을 동시에 경험하는 사회라고 할 수 있다.

두 번째 특징은 욕구 충돌과 집단 간 갈등이다. 다문화사회에서는 기존 집단과 새롭게 유입된 집단 사이에서 서로 다른 욕구가 상충하면서 갈등이 발생한다. 기존 시민들은 노동시장에서의 경쟁 심화, 문화의 변질과 소멸에 대한 우려로 자신들의 전통과 생활양식을 지키려는 보존 욕구를 가진다. 동시에 이주민들이 사회에 잘 정착하기를 바라는 동화 욕구도 함께 존재한다. 반면 이주민들은 사회의 구성원으로서 동등하게 인정받고 참여하며 성취하기를 바라는 동화 욕구와 자신의 문화적 정체성을 유지하고 존중받기를 바라는 보존 욕구를 동시에 지니고 있다. 결국 이러한 욕구의 충돌이 다문화사회에서 갈등을 야기하며, 이를 해결하기 위해서는 모든 집단의 권리와 문화를 존중하는 다문화주의적 원칙이 필요하다.

세 번째 특징은 유입집단에 대한 고정관념이다. 기존 집단은 새로운 이주민에 대해 왜곡된 인식을 바탕으로 그들을 문제시하거나 신비화하는 태도를 취하기 쉽다. 이러한 고정관념은 이주민을 실제와 다르게 이해하거나 타자화하는 결과를 낳으며, 나아가 제도적·의식적 차별로 이어질 수 있다. 이는 다문화사회가 지속적으로 극복해야 할 과제 중 하나이다.

(5) 국제 이주의 증가와 다문화사회의 갈등

국제 이주는 다양한 요인으로 발생하지만 본질적으로는 노동력 이동이 중심을 이룬다. 초기에는 개인의 선택에 따른 이동이 주를 이루었으나 역사적으로 대규모 이주는 유럽의 식민지 개척과 노예무역에서 비롯되었다. 18세기에는 아프리카인의 강제 이주가 노동력 확보 수단으로 활용되었으나, 산업혁명과 인구 증가, 미국의 노예 해방으로 이러한 형태는 점차 줄어들고 대신 전쟁이나 식민지 출신 인구 유입과 같은 강제 이동이 늘어났다.

20세기 이후에는 유럽의 산업화와 인구 과잉, 미국의 성장으로 노동력 격차가 확대되면서 외국인 근로자의 유입이 증가하였다. 이후 중동과 아시아 일부 국가도 산업화에 성공하며 노동력 부족 문제를 해결하기 위해 적극적으로 이주민을 수용하였다. 제2차 세계대전 이후에는 유럽이 식민지 출신 주민들에게 입국 기회를 제공하며 노동력 확보와 인도주의적 가치를 동시에 추구하였다. 이 과정에서 가족 단위 이주가 본격화되며 이민은 사회 전반으로 확산되었다.

그러나 2015년 시리아 난민 사태 이후 대규모 난민 유입은 유럽 사회의 구조적 긴장을 고조시키며 다문화 갈등의 확산을 불러왔다. 특히 무슬림 중심의 이주는 범죄율 증가, 문화적 충돌, 사회적 불안정을 초래한다는 인식으로 이어지면서 다문화주의 정책에 대한 비판이 거세졌다. 이로 인해 일부에서는 다문화주의의 실패와 후퇴를 주장하는 반면 다른 측에서는 여전히 다문화 정책의 지속성과 사회 통합의 긍정적 효과를 강조하는 목소리도 존재한다.

다문화 갈등이 확산되는 배경에는 몇 가지 요인이 있다.

첫째, 이민 문제가 단순한 사회정책이 아니라 국가 안보의 문제로 전환되면서 이민자에 대한 거부감이 크게 증폭된다.

둘째, 이민자들이 자국 문화를 고집하며 민주적 가치와 충돌할 경우 사회 갈등은 심화된다.

셋째, 국경 통제가 불분명하거나 불법 이민이 늘어난다는 인식이 확산되면 사회적 불안과 반감이 더욱 커진다.

넷째, 특정 종교나 국가 출신 이민자가 대규모로 유입될 경우 주류 사회의 정체성이 위협받는다는 우려가 증대된다.

반대로 다양한 배경을 가진 이민자가 균형을 이루거나 이들이 국가 경제에 긍정적 기여를 한다는 인식이 확산될 경우 다문화주의에 대한 수용성은 높아진다. 하지만 현실적으로는 '위협'으로 인식되는 경우가 늘어나면서 다문화 갈등이 정치적, 사회적 쟁점으로 확산되고 있다.

(6) 다문화 역량과 다문화 시민성

다문화 역량은 문화적 배경이 다른 사람들과 원활히 소통하고 협력할 수 있는 능력으로 단순한 문화 이해를 넘어 편견과 차별을 극복하며 주류 문화와 소수 문화 간의 경계를 허무는 힘을 의미한다. 이를 위해 개인은 자신의 문화적 고정관념을 성찰하고 타문화를 공정하게 바라보는 중

재자의 역할을 수행하며, 다양한 문화적 관점을 이해하고 소통하는 능력, 타인의 관점을 존중하고 공감하는 감수성을 갖추어야 한다. 다문화 역량은 다문화사회에서 실제로 살아가기 위해 필요한 실천적 능력이다.

반면 다문화 시민성은 다양한 문화적 배경을 지닌 사람들이 서로를 동등한 시민으로 인식하고 차별 없이 공동체의 일원으로 살아가는 태도와 실천을 뜻한다. 이는 법적 지위를 넘어 사회적 연대와 문화적 이해, 상호 존중을 기반으로 한 공동체 의식을 포함한다. 다문화 시민은 문화적 다양성을 존중하고, 사회적 연대와 협력에 참여하며, 권리와 책임을 균형 있게 수행해야 한다. 결국 다문화 시민성은 평등한 시민으로서 공존할 수 있는 사회적 기반을 마련하는 것을 목표로 하며, 다문화사회의 지속 가능한 발전을 이끄는 핵심 요소라 할 수 있다.

2) 세계화의 이해

(1) 세계화의 개념

세계화는 정치·경제·사회·문화 전반에서 국가 간 상호 의존성이 심화되며, 세계가 하나의 단일 체계로 통합되는 현상이다. 교통과 통신의 발달, 기술 혁신으로 자본·사람·상품·정보가 자유롭게 이동하고, 국경의 의미가 약화되면서 세계가 하나의 지구촌처럼 작동한다. 이는 자본주의적 시장 확장의 형태이자 국제 교류·협력의 심화 과정이다.

국제화가 각국이 국제 기준에 맞추어 제도와 관행을 개혁하는 과정이라면 세계화는 이를 넘어 국가의 경계를 약화시키고 세계 공통의 가치와 기준을 강조한다. 따라서 세계화 시대에는 배타적 민족주의를 지양하고, 국제적 감각과 합리적 사고를 기르는 태도가 요구된다.

(2) 세계화의 의미

세계화는 여러 차원에서 이해될 수 있다. 우선 국제화의 관점에서 세계화는 국가 간 무역, 금융, 투자, 인적 교류 등이 확대되면서 상호 의존성이 심화되는 과정을 의미한다. 이는 다국적 기업과 국제 기구의 성장으로 자본과 노동, 정보가 국경을 넘어 활발히 이동하는 현상으로 나타난다.

둘째, 자유화로서 세계화는 국가 간의 무역 장벽과 규제를 완화하고 자유 무역을 촉진하는 과정이다. 이를 통해 자본과 상품, 서비스가 자유롭게 이동하며 경제 효율성이 높아지지만 동시에 불평등과 경제적 종속을 심화시킬 수 있다는 문제점을 안고 있다.

셋째, 보편화는 인권, 환경, 무역 규범과 같은 국제적 기준과 표준이 형성되어 전 세계적으로 공유되는 현상이다. 이를 통해 글로벌 차원의 규범이 확립되지만 특정 지역의 전통이나 문화가 약화될 수 있다.

넷째, 서구화의 측면에서 세계화는 미국과 서유럽 중심의 정치·경제·문화적 가치가 전 세계로 확산되는 것을 뜻한다. 이는 민주주의, 자본주의, 대중문화의 전파로 나타나지만 문화 다양성을 약화시키는 부정적 효과도 동반한다.

다섯째, 탈국경화는 교통과 정보통신기술의 발달로 국경의 의미가 약화되고, 사람·자본·정보가 자유롭게 이동하는 과정을 가리킨다. 이로 인해 글로벌 차원의 협력이 더욱 필요해졌으며, 환경·팬데믹·안보 문제와 같은 초국가적 과제가 부각되고 있다.

(3) 세계화의 영향

① 정치 분야

세계화는 국가 주권을 약화시키고, UN·EU·WTO 같은 초국가적 기구의 영향력을 강화시켰다. 민주주의 확산과 다자외교가 촉진되었으며, NGO의 역할이 확대되었다. 그러나 동시에 일부 국가는 고립주의와 반세계화 움직임을 보인다.

② 경제 분야

무역과 자본 이동의 자유화로 국가 간 경제적 상호 의존성이 커졌다. 다국적 기업 활동으로 생산·소비가 세계화되었고, 세계시장이 형성되었다. 하지만 경제적 불평등과 선진국·개도국 간 격차 심화로 반세계화 운동도 확산되고 있다.

③ 문화 분야

인터넷과 대중매체를 통한 문화 확산이 활발해지고, 소프트 파워의 중요성이 커졌다. 그러나 문화적 세계화는 전통 문화의 쇠퇴와 문화 동질화 문제를 동반하기도 한다. 동시에 종교, 언어, 패션, 라이프스타일 같은 문화 아이템이 세계적으로 교류·확산된다.

④ 사회 분야

세계화는 NGO 활동과 시민사회를 강화하고, 인권·민주주의·성평등 등 자유주의적 가치를 확산시켰다. 이민과 국제결혼으로 다문화사회가 형성되었으며, 난민 문제와 같은 글로벌 이슈가 부각된다. 또한 정보·교통 발달로 세계가 실시간으로 연결된 생활권으로 변화하였다.

(4) 세계화에 대한 평가

세계화에 대한 평가는 크게 긍정론, 부정론, 절충론으로 나눌 수 있다.

먼저 긍정론은 세계화를 인류 발전의 원동력으로 본다. 세계화는 국가 간 무역과 협력을 촉진하여 경제 성장을 가속화하고, 각국이 비교우위를 살려 효율적인 경제 구조를 형성하도록 돕는다. 또한 세계화는 기술과 혁신의 빠른 확산을 가능하게 하여 생산성과 생활 수준을 향상시킨다. 따라서 긍정론자들은 세계화가 인류 전체의 번영과 삶의 질 향상에 기여한다고 평가한다.

반면 부정론은 세계화의 부작용에 주목한다. 일부는 세계화가 초국적 자본과 다국적 기업에 의한 세계 경제 지배를 심화시켜 불평등을 확대하고, 개발도상국 노동자에게 저임금·열악한 노동환경을 강요한다고 비판한다. 또 다른 관점은 세계화를 전면 부정하기보다 대안을 제시하는 것으로 환경 파괴, 인권 침해, 사회적 갈등을 완화하면서 지속 가능하고 인간적인 세계화를 실현하려는 움직임이다. 이러한 반세계화 운동은 환경, 평등, 인권을 강조하며 공정한 세계화의 필요성을 주장한다.

절충론은 세계화를 단순히 긍정이나 부정으로 규정할 수 없는 양면적인 과정으로 본다. 세계화는 경제 성장과 문화 교류, 기술 혁신을 촉진하는 동시에 불평등과 환경 문제를 악화시키기도 한다. 따라서 세계화는 위기와 기회가 공존하는 복합적 현상으로 이해되어야 하며, 그 영향을 균형 있게 평가할 필요가 있다. 절충론자들은 세계화의 혜택을 공정하게 나누고 부정적 영향을 최소화하는 제도적·정책적 노력이 중요하다고 강조한다.

2. 한국 사회의 다문화

1) 한국의 다문화사회 변화요인

한국의 다문화사회는 국제적 요인과 국내적 요인이 복합적으로 작용하여 형성되었다. 국제적으로는 20세기 말 동구권의 몰락과 신자유주의 경제 질서의 확산으로 인해 자본이 자유롭게 이동하게 되었고, 이에 따라 경제 선진국으로 노동력이 유입되는 현상이 두드러졌다. 특히 경제적으로 취약한 국가 출신 여성들의 국제적 이동이 증가하면서 '이주의 여성화' 현상이 나타났으며, 이는 현대 다문화사회의 뚜렷한 특징이 되었다. 또한 세계화의 가속화로 교통과 통신이 발달하고 정보 접근성이 높아지면서 세계는 점차 하나의 생활권으로 변화하였다. 이러한 환경은 국가 간 경계를 약화시키고 인구 이동을 더욱 촉진하여 다문화사회의 국제적 배경을 마련하였다.

국내적으로는 여러 요인이 작용하였다.

첫째, 급속한 경제 성장은 한국을 '코리안 드림'의 대상으로 만들며 외국인 노동자들의 유입을 촉진하였다. 특히 국내 노동자들이 기피하는 3D 업종을 중심으로 외국인 노동력 의존도가 커졌다.

둘째, 저출산과 고령화로 인한 인구 구조의 위기는 노동력 부족 문제를 심화시켰고, 정부는 이를 완화하기 위해 해외 동포 포용, 방문 취업 확대, 귀화 정책 등을 추진하였다.

셋째, 전통적인 남아선호사상으로 인한 성비 불균형은 농촌 총각과 도시 저소득층 남성의 결혼 문제를 심화시켰으며, 이를 해결하기 위해 결혼이민자 정책이 활성화되었다.

넷째, 국가 경쟁력 강화를 위한 외국인 전문 인재와 유학생 유치 정책이 적극적으로 추진되면서 가족 초청, 체류 기간 확대, 장학 제도 마련 등이 이루어졌다.

다섯째, 1986년 아시안게임과 1988년 서울올림픽의 성공적 개최는 한국의 국제적 위상을 높였고, 이어 확산된 한류는 한국을 동경의 대상으로 만들며 특히 동남아시아인들의 이주를 촉진하는 중요한 요인으로 작용하였다.

결국 한국의 다문화사회는 국제적 인구 이동과 세계화라는 외부적 변화와 경제 성장·인구 구조 변화·성비 불균형·인재 유치·한류 확산이라는 국내적 변화가 맞물리며 형성된 결과라고 할 수 있다.

2) 한국의 다문화사회 진입 특징

한국의 다문화사회 진입은 역사적으로 강조되어 온 민족주의와 단일민족 정체성과 긴밀히 연결되어 있다. 한국은 오랫동안 '한 핏줄'이라는 순혈주의를 바탕으로 강한 공동체 의식을 유지해 왔으며, 이는 국민적 자긍심을 고취하는 긍정적 역할을 해왔다. 그러나 동시에 외부 집단에 대한 배타성과 이질성에 대한 거부감을 심화시켜 다문화주의 수용에 있어 도전 과제가 되고 있다. 실제로 다문화가정과 외국인 근로자 등 다양한 배경을 지닌 사람들이 사회에 유입되면서 기존 민족주의적 태도가 차별과 소외로 이어지는 경우도 나타나고 있다. 이는 다문화사회로의 전환을 어렵게 만드는 요인 중 하나다.

또한 한국은 이민을 장려하기보다 '단기 노동력 유입'과 '정주허용금지 원칙'을 기반으로 외국인을 받아들여 왔다. 서구 사회가 대규모 가족 단위 이민을 통해 다인종사회로 발전한 것과 달리 한국은 주로 단기 체류 노동자와 결혼이민자를 중심으로 다문화사회가 형성되었다는 점에서 차이를 보인다.

이 과정에서 단일민족과 순혈주의는 여전히 사회 전반에 영향을 미치고 있다. 한국은 역사적으로 단일민족국가라는 이미지를 유지해 왔으나 국제사회는 한국이 다민족적 성격을 인정해야 한다고 권고하고 있다. 실제로 교과서 서술과 공적 용어에서 '혼혈인'을 '다문화가정 자녀'로 바꾸는 등 변화가 시도되었지만 단기간에 인식 전환을 이루기에는 한계가 있다. 따라서 다문화사회 정착을 위해서는 용어의 단순 교체 차원이 아닌 사회적 인식의 전환이 필요하다.

또 다른 특징은 가부장적 가족구조에서 찾을 수 있다. 한국 사회에서 결혼이주는 단순한 외부인의 체류가 아니라 '가족의 일'로 받아들여지기 때문에 다문화 담론에서 결혼이주여성이 중요한 위치를 차지한다. 이들은 한국 사회에 동화될 것을 기대받으며, 가족 중심의 사고 속에서 공동체의 일부로 통합되기를 요구받는다.

마지막으로 한국은 역사적으로 외부 문화를 단순히 수용하기보다 한국적 맥락에서 재해석하고 융합해 새로운 문화를 창출해온 경험을 가지고 있다. 이러한 문화 융합적 태도는 오늘날 다문화사회 수용 과정에서도 중요한 자산이 될 수 있다. 다문화사회는 한국 사회가 다양한 문화를 사회 발전의 동력으로 활용하고, 차별과 편견을 극복하여 새로운 성장을 이루는 기회가 될 수 있다.

한국의 다문화사회 진입은 민족주의와 순혈주의의 잔존, 단기적 이민 구조, 가부장적 가족구조, 문화 융합적 수용 태도라는 특징을 지니며, 이는 한국 사회가 앞으로 다문화주의를 제도적으로 정착시키는 과정에서 반드시 고려해야 할 요소라 할 수 있다.

3) 다양한 이주민의 등장

한국 사회는 최근 수십 년 동안 다양한 형태의 이주민 유입을 경험하면서 점차 다문화적 성격을 띠게 되었다. 이러한 변화는 단순한 인구 증가에 그치지 않고 정치·경제·문화 전반에 걸쳐 영향을 미치고 있다. 특히 결혼이민자, 이주노동자, 유학생, 난민, 북한이탈주민, 이주배경청소년 등 다양한 집단의 등장은 한국 사회가 다문화 사회로 전환하는 과정에서 중요한 과제가 되고 있다.

먼저 결혼이민자는 대한민국 국민과 혼인한 외국인으로 주로 F-6 체류자격을 부여받아 가정 내 정착과 자녀 양육, 지역사회 참여를 통해 한국 사회의 일원으로 자리 잡는다. 이들은 「다문화가족지원법」에 따라 언어·문화 교육, 취업 지원, 사회 적응 프로그램 등 다양한 제도적 지원을 받는다.

이주노동자는 경제적 목적을 위해 한국에 입국하여 임금을 목적으로 근로하는 외국인으로, E-9(비전문취업), H-2(방문취업) 등의 체류자격을 부여받는다. 한국 경제의 필수 노동력을 담당하지만, 국적 취득의 제약과 제도적 한계 속에서 불안정성을 겪는다.

유학생은 한국의 대학이나 연구기관에서 학업이나 연구를 위해 입국한 외국인으로, D-2(학위 과정), D-4(어학연수) 비자를 통해 체류한다.

학위 취득 후 구직(D-10), 전문직 취업(E-7) 등으로 체류자격을 전환해 국내에 머무는 경우가 늘고 있으며, 이는 한국의 국제적 위상과 글로벌 인재 네트워크 확대에 기여하고 있다.

난민은 정치적·인도적 사유로 본국의 보호를 받지 못해 한국에 체류하는 외국인을 의미한다. 난민법에 의가해 난민 인정자에게 F-2 비자를 부여하고 기본적인 생활·교육·의료를 지원하도록 하고 있으며, 인도적 체류 허가를 통해 난민 지위를 인정받지 못한 이들에게도 일정한 보호를 제공한다. 이는 한국이 국제사회 일원으로서 인도적 책임을 이행하는 과정이라 할 수 있다.

북한이탈주민은 군사분계선을 기준으로 북한에 주소, 가족, 직장을 두고 있다가 북한을 벗어난 후 외국 국적을 취득하지 않은 사람을 뜻한다. 헌법상 대한민국 국민으로 인정되므로 별도의 국적 취득 절차가 필요 없으며, 「북한이탈주민의 보호 및 정착지원에 관한 법률」에 따라 보호·정착 지원을 받는다. 과거 '귀순용사'로 불리며 이념적 상징으로 소비되던 이들은 2000년대 들어 '북한이탈주민'이라는 법적 용어로 정리되면서 사회적 합의를 거쳐 현실적 구성원으로 자리 잡아 가고 있다. 이는 결혼이민자나 외국인근로자 등 다른 이주민과는 근본적으로 다른 법적 지위를 보여준다.

이주배경청소년은 결혼이민자 가정, 외국인근로자 가정, 난민가정, 북한이탈주민 가정 등에서 성장한 다양한 배경의 청소년을 포괄한다. 특히 중도입국청소년은 청소년기에 한국에 들어와 언어·학업·문화 적응에 큰 어려움을 겪는다. 부처별 분류 기준이 상이해 정책적 혼선이 발생하기도 하지만 사회 적응과 학업 수행을 위한 지원 대상임은 명확하다.

이처럼 한국 사회는 다양한 이주민 집단의 증가로 인해 다문화 사회로의 이행이 가속화되고 있다. 결혼이민자와 그 자녀, 경제적 이유로 입국한 이주노동자, 학업을 위한 유학생, 인도적 사유의 난민, 북한이탈주민, 그리고 이주배경청소년은 모두 한국 사회의 새로운 구성원으로 자리 잡고 있다. 이들의 존재는 한국 사회의 다양성과 역동성을 확대하는 동시에 사회통합을 위한 정책적 과제를 제기하며, 향후 한국 사회가 지속 가능한 다문화 사회로 발전하기 위해 반드시 고려해야 할 중요한 축이라 할 수 있다

4) 한국 사회의 다문화 수용과 갈등

한국 사회의 다문화 수용은 빠르게 진행되었지만 그 과정에서 다양한 갈등과 한계가 드러나고 있다. 한국은 오랫동안 단일민족과 순혈주의를 강조해 왔으며, 이는 강한 공동체 의식을 형성하는 데 기여했지만 동시에 이주자에 대한 배타성과 차별적 태도를 낳았다. 이러한 민족주의적 배경 속에서 한국은 외국인을 수용하면서도 여전히 단일민족국가라는 정체성을 유지하려는 경향을 보였고, 이는 다문화사회의 정착을 어렵게 하는 요인이 되었다.

이주자에 대한 태도 역시 출신 국가나 인종에 따라 차별적으로 나타났다. 선진국 출신 이주자에게는 호의적이지만 동남아시아나 저개발국 출신 이주자에게는 경계하거나 무시하는 태도가 존재했다. 이러한 차별은 이주자들이 한국 사회에 부정적인 인식을 갖게 하고 상호 갈등을 심화시켰다.

2000년대 이후 저출산·고령화로 인해 외국인근로자와 결혼이민자가 급격히 증가했으나 이들을 위한 법적·제도적 보장은 여전히 미흡하다.

외국인근로자는 저임금과 열악한 노동환경 속에서 인권침해를 경험하고 있으며, 결혼이민자는 가정 내 문화적 차별과 사회적 소외를 겪는다. 특히 산업연수생제도와 고용허가제 같은 정책은 외국인 노동자의 권리를 충분히 보장하지 못해 인권 문제를 초래했고, 결혼이민자들은 체류 연장이나 국적 취득 과정에서 남편에게 의존하게 되는 구조적 문제를 경험하고 있다.

문화적 차이 또한 갈등의 중요한 배경이다. 이주자들은 고유 문화를 유지하려 하고, 원주민은 이를 받아들이는 데 어려움을 느끼면서 상호 불신이 발생한다. 여기에 더해 종교적 차이 역시 잠재적 갈등 요인으로 작용한다.

실제 다문화가정의 경우 국적 취득의 어려움, 경제적 갈등, 자녀 교육 문제, 문화적 차이, 가정폭력, 높은 이혼율 등이 나타나고 있다. 외국인 근로자들은 인권침해, 열악한 노동환경, 차별, 가족과의 분리, 의료·복지 사각지대 등 복합적인 문제에 직면해 있다.

결국 한국 사회의 다문화 수용은 사회 변화와 글로벌 흐름 속에서 불가피하게 진행되었지만 아직 제도적 미비와 사회적 인식 부족으로 인해 갈등이 심화되고 있다. 앞으로는 이주자와 다문화가족을 독립적 주체로 인정하고, 인권 보장과 제도 개선을 통해 상호 존중과 공존을 실현하는 방향으로 나아가는 것이 한국 사회의 중요한 과제라 할 수 있다.

3. 한국 사회의 세계화

1) 경제 영역에서의 세계화

한국의 경제 세계화는 1990년대 이후 본격적으로 진행되었으며, 특히 1997년 외환위기를 기점으로 미국식 기업 운영 방식과 글로벌 스탠더드의 도입이 가속화되었다. 이는 한국 경제의 탈국가화를 촉진하며, 무한 경쟁과 국가경쟁력의 중요성을 강조하는 계기가 되었다.

첫째, 탈국가화와 글로벌 스탠더드의 도입이다. 1990년대 중반부터 한국은 경제적 세계화의 흐름에 적극적으로 동참했다. 글로벌 시장에서의 경쟁력을 강화하기 위해 정부와 기업은 경제 구조를 개방하고, 규제 개혁과 기업 지배구조의 투명성을 강화하는 등의 노력을 기울였다. 특히 외환위기를 계기로 한국 기업들은 미국식 경영 원칙을 받아들여 기업 지배구조를 개선하고, 글로벌 시장에서 경쟁할 수 있는 역량을 갖추게 되었다.

둘째, 고용, 소득, 소비에서의 양극화이다. 경제 세계화는 한국이 외환위기를 빠르게 극복하는 데 기여했으나 그 과정에서 사회적 양극화가 심화되었다. 경제적 개방과 구조조정은 고용 불안을 초래했으며, 비정규직과 정규직 간의 고용 격차가 확대되었다. 또한 고소득층과 저소득층 간의 소득 격차가 심화되었으며, 이에 따른 소비 패턴의 차별화가 나타나면서 경제적 불평등 문제가 대두되었다.

셋째, 노동시장 유연성과 안정성이다. 한국은 글로벌 스탠더드를 도입하는 과정에서 노동시장의 유연성과 안정성을 동시에 추구하는 정책을 추진했다. 노동시장 유연화는 기업이 글로벌 경쟁에서 살아남기 위해 필수적인 과정이었지만 노동자들에게는 고용 불안과 생계 불안정을 야기할 수 있었다. 이에 따라 정부는 사회안전망을 확충하고 복지 정책을 강화하여 노동자들의 불안정성을 완화하려는 노력을 기울였다.

넷째, 시장경제 선진화와 정경유착 근절이다. 한국 경제의 세계화 과정에서 중요한 과제 중 하나는 정경유착과 같은 전근대적인 경제 관행을 근절하는 것이었다. 경제적 투명성과 공정성을 강화하기 위해 다양한 규제 개혁이 이루어졌으며, 특히 기업과 정치권 간의 유착 관계를 해소하기 위한 법적·제도적 장치들이 도입되었다. 이는 한국 경제의 시장경제 선진화를 촉진하는 중요한 계기가 되었다.

다섯째, 폐쇄적 경제구조의 개혁이다. 한국은 압축적 산업화 과정에서 형성된 폐쇄적이고 비효율적인 경제 구조를 세계화를 통해 개혁하고자 했다. 이를 위해 글로벌 경쟁을 강화하고, 국내 시장의 개방을 추진하여 경제의 효율성과 생산성을 높이려는 노력을 기울였다. 이러한 과정은 한국 경제가 세계 시장에서 경쟁력을 갖추고 글로벌 경제의 중요한 축으로 자리 잡는 데 기여했다.

2) 문화 영역에서의 세계화

한국의 문화 세계화는 미국식 가치와 생활양식의 영향력 하에서 이루어졌다. 특히 1990년대 이후 미국식 문화가 한국 사회 전반에 걸쳐 강한 영향을 미치며 한국인의 생활양식과 가치관에 깊이 뿌리내리게 되었다.

첫째, 미국식 문화의 영향이다. 해방 이후 한국 사회는 경제적, 군사적 측면에서 미국과의 관계가 강화되었고, 이를 통해 미국식 가치와 생활양식이 한국 사회에 널리 퍼졌다. 미국 영화, 음악, 패션 등 대중문화는 한국인의 일상생활에 중요한 영향을 미쳤으며, 경제적 세계화와 더불어 서구 문화는 한국의 물질문화와 정신문화 전반에 큰 파급력을 발휘했다.

둘째, 민족주의와 민족문화의 중요성 강조이다. 미국식 문화에 대한 대응으로 민족주의와 민족문화의 중요성이 강조되기도 했다. 이는 외래 문화의 침투로부터 한국 고유의 전통과 문화를 보호하려는 움직임이었으며, 민족적 자부심과 정체성을 강화하는 역할을 했다. 특히 전통 예술과 문화유산을 보존하려는 노력이 활발히 전개되었다.

셋째, 한류의 부상이다. 1990년대 후반부터 한류가 전 세계적으로 확산되면서 한국 문화는 단순히 외래 문화를 수용하는 수동적인 위치에서 벗어나 세계화의 역전 현상을 경험하게 되었다. K-팝, 드라마, 영화 등 대중문화는 전 세계적인 인기를 끌며 한국은 문화적 세계화의 중심에 서게 되었다. 이는 한국이 문화적 소프트 파워를 통해 세계 무대에서 중요한 역할을 할 수 있음을 보여주는 대표적인 사례다.

3) 정치 영역에서의 세계화

한국의 정치 영역에서 세계화는 민주주의와 인권 보장의 확립, 정치적 자유의 증진 등으로 나타났으며, 국제적 기준에 맞는 정치 체제로 성장하는 계기를 마련했다.

첫째, 민주주의와 인권 보장의 확립이다. 세계화 과정에서 한국은 민주주의를 안정적으로 정착시키고, 보편적 인권을 보장하는 정치 체제를 발전시켰다. 1987년 민주화 이후 한국은 세계적 수준의 정치적 자유를 보장받는 민주국가로 자리매김했으며, 인권 보호와 사회적 약자의 권리

보장을 위한 법적·제도적 장치들이 도입되었다.

둘째, 시민 참여의 확대이다. 정치적 세계화는 한국 사회에서 시민 참여의 확대를 가져왔다. 다양한 시민사회 단체들이 등장하여 정부 정책에 대한 비판적 감시와 정책 참여를 활발히 전개하였으며, 시민들은 직접 정치적 의사결정에 참여하는 경로를 확보하게 되었다. 이는 한국 민주주의의 질적 성장을 촉진하는 중요한 요소로 작용했다.

셋째, 소득 재분배와 복지 시스템 구축이다. 세계화 과정에서 한국 사회는 이득을 얻는 계층과 피해를 보는 계층 간의 소득 재분배 문제를 해결하기 위한 다양한 정책을 강구했다. 특히 사회적 약자를 보호하고 평등 사회를 구현하기 위한 복지 시스템이 점차 확대되었다. 이는 경제 세계화로 인해 발생하는 소득 불평등 문제를 해결하고, 사회적 통합을 도모하는 데 중요한 역할을 했다.

넷째, 국제적 역할의 증대이다. 정치적 세계화는 한국이 국제 사회에서 더욱 중요한 역할을 담당하게 되는 계기를 마련했다. 한국은 글로벌 거버넌스에서 책임 있는 국가로서 평화 유지 활동과 개발 협력에 기여하며 국제 사회에서 신뢰를 쌓아가고 있다.

생각해 볼 문제

1. 한국이 다문화 사회로 변화하는 과정에서 가장 중요한 과제는 무엇이며, 문화적 차이를 수용하는 데 있어 우리가 가져야 할 태도에 대해서 설명해 보자.

2. 한국 사회의 세계화 과정에서 세계시민으로서의 역량이 강조되고 있다. 세계시민성을 갖추기 위한 우리 사회와 개인들의 노력은 어떠하며, 어떤 준비가 요구되는지 논의해 보자.

더 읽을거리

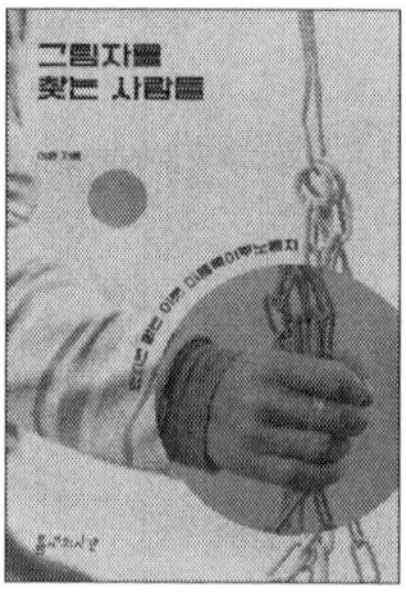

이영(2023). 『그림자를 찾는 사람들』. 틈새의 시간.

이 책은 이주 노동자들이 한국 사회에서 어떤 위치에 놓여 있는지를 다양한 사례를 통해 조명한다. 단순히 노동력을 제공하는 존재가 아닌, 존엄성과 권리를 지닌 한 사람으로서 이주 노동자를 바라보는 관점의 전환을 촉구한다. 노동 현장에서 마주한 부당한 처우, 인권 침해, 법적·제도적 허점들이 어떻게 이들을 사회의 가장자리로 내모는지를 면밀히 분석하며, 잘못된 정책과 법령이 실제 삶에 미치는 영향을 구체적으로 드러낸다.

책에는 현장에서 직접 만난 이주 노동자들의 생생한 목소리가 담겨 있다. 인터뷰를 통해 수집한 경험담은 각자의 삶을 따라가며, 독자들에게 낯설게만 여겨졌던 그들의 일상과 감정을 조금씩 가까이 들여다보게 한다. 특히, 미등록 이주 노동자들이 마주한 현실을 통해 '타자'로만 여겨졌던 존재들이 얼마나 우리 사회를 지탱하는 동료였는지를 되짚게 만든다.

참고문헌

관계기관 합동(2023). 제4차 다문화가족정책 기본계획.

김영순·오영훈·정지현·김창아·최영은·정소민·최승은·조영철(2016). 처음 만나는 다문화교육. 북코리아.

김영순·최유성(2020). 사회통합을 위한 결혼이주여성의 상호문화소통 탐색. 현대 사회와다문화, 10(4), 91-126.
소냐 니에토(2016). 언어, 문화 그리고 비판적 다문화교육. 북코리아.
오경석·김희정·이선옥·박흥순·정진헌·정혜실·양영자·오현선·류성환·이희수·강희복(2007). 한국에서의 다문화주의, 한울아카데미.
이영(2023). 그림자를 찾는 사람들, 틈새의 시간.
임명언, 이영범(2023). 글로벌 이주와 다문화의 이해. 보고사.

11장

한국 사회의 불평등과 갈등

1. 사회 계층과 불평등

1) 사회 계층 구조와 사회 계층 이동

(1) 사회 계층 구조

사회적 희소가치가 불평등하게 분배됨에 따라 개인과 집단이 서열화되는 것을 사회 계층이라 하며, 이러한 계층이 일정한 형태로 정형화된 구조를 사회 계층 구조라고 한다. 계층 구조를 통해 희소 자원의 분배 양상을 파악할 수 있으며, 이는 두 가지 측면에서 분석할 수 있다.

첫째, 사회 이동의 가능성에 따라 폐쇄적 계층 구조와 개방적 계층 구조로 나뉜다. 폐쇄적 계층 구조는 계층 간 이동이 극히 제한되거나 거의 불가능한 형태로, 과거 신분 사회에서 두드러졌다. 신분에 따라 사회적 지위가 고정되며, 부모 세대의 신분이 자녀 세대에도 그대로 이어지는 특징이 있다. 반면 개방적 계층 구조는 근대 산업 사회 이후 개인의 능력과 노력에 따라 계층 이동이 가능해진 형태를 의미하며, 학력, 직업적 성취, 경제적 성공 등이 사회적 지위를 변화시키는 중요한 요소로 작용한다.

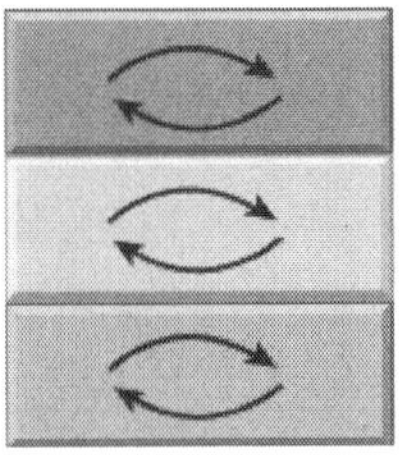
[그림 11-1] 폐쇄적 계층 구조

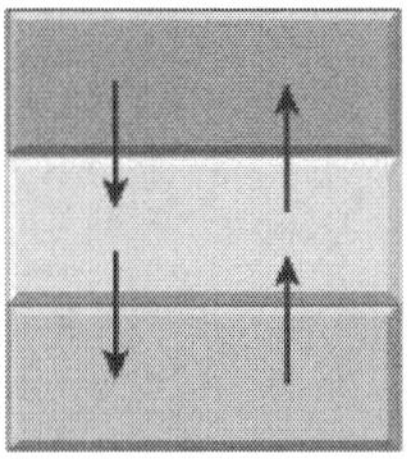
[그림 11-2] 개방적 계층 구조

둘째, 계층 구성원의 비율에 따라 피라미드형과 다이아몬드형 계층 구조로 구분된다. 피라미드형 계층 구조는 하층의 비율이 가장 높고 상층으로 갈수록 줄어드는 형태로, 전근대적 신분 사회에서 나타났다. 반면 다이아몬드형 계층 구조는 중층의 비율이 가장 높은 형태로, 근대 산업 사회와 현대 복지 사회에서 일반적으로 나타난다.

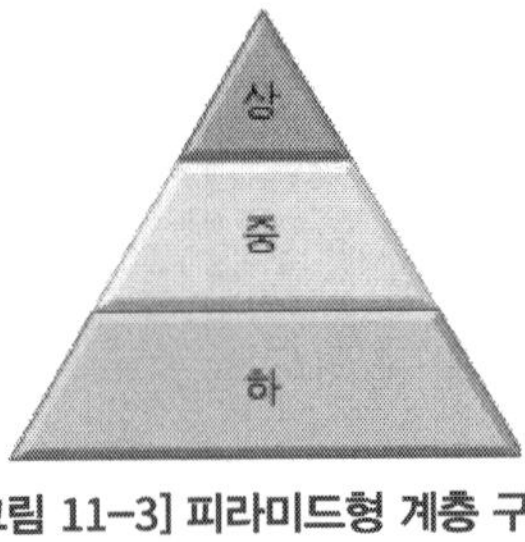

[그림 11-3] 피라미드형 계층 구조

[그림 11-4] 다이아몬드형 계층 구조

근대 이후 다이아몬드형 계층 구조가 보편화되었지만, 정보 사회에서는 계층 구조가 어떻게 변화할 것인지에 대한 논의가 진행되고 있다. 낙관적인 관점에서는 정보 기술의 발전이 정보 접근성을 높여 사회 불평등을 완화하고, 결과적으로 안정적인 타원형 계층 구조로 변화할 것이라 본다. 반면 비관적인 관점에서는 정보의 독점이 기존 불평등을 심화시켜 일부 상층과 다수 하층으로 구분되는 장구형 계층 구조로 변화할 것이라 우려하고 있다.

[그림 11-5] 타원형 계층 구조

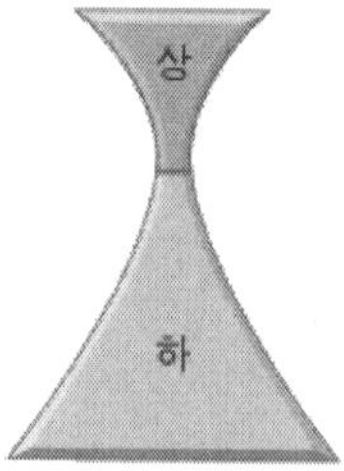

[그림 11-6] 장구형 계층 구조

(2) 사회 이동의 의미와 유형

한 사회에서 개인이나 집단의 계층은 고정되어 있지 않으며, 개인의 능력이나 교육 수준, 산업 및 직업 구조 변화 등의 요인에 따라 이동할 수 있는데 이를 사회 이동이라 한다. 사회 이동은 세 가지 측면에서 파악해 볼 수 있다.

첫째, 이동 방향에 따라 수직 이동과 수평 이동으로 나뉜다. 수직 이동은 계층적 지위가 변하는 것으로 하위 계층에서 상위 계층으로 올라가는 상승 이동과 그 반대인 하강 이동이 있다. 예를 들어 회사원이 사장으로 승진하는 것은 상승 이동이다. 반면 수평 이동은 동일한 계층 내에서 직업이나 소속이 바뀌는 경우로 한 학교에서 다른 학교로 전근하는 교사가 이에 해당한다.

둘째, 세대 범위 또는 이동 범위에 따라 세대 간 이동과 세대 내 이동으로 구분된다. 세대 간 이동이란 부모 세대와 자녀 세대 사이에서 나타나는 계층적 위치의 변화 혹은 한 세대와 그 다음 세대 간에 걸쳐 일어나는 사회 이동을 말한다. 가난한 농부의 아들로 태어나 대통령이 된 링컨이 세대 간 대표적 사례이다. 반면 세대 내 이동은 개인의 생애 동안 이루어지는 계층 변화로 평범한 회사원이 최고 경영자가 되는 경우가 이에 해당한다.

셋째, 이동 원인에 따라 개인적 이동과 구조적 이동으로 나뉜다. 개인적 이동은 개인의 노력으로 계층적 위치가 변화하는 것이며, 구조적 이동은 전쟁, 혁명, 산업화 등 사회 변동으로 인해 계층 구조 자체가 변하는 것을 의미한다. 예를 들어 남북전쟁 후 노예제 철폐, 시민 혁명으로 인한 시민 계급의 부상, 정보화 시대의 골드 칼라 등장 등이 구조적 이동의 사례이다.

(3) 사회 이동의 결과

개인이 사회 이동을 경험하면 심리적 만족감이나 좌절감을 느낄 수 있는데, 이는 기존의 지위 체계가 변화하면서 내적 균형이 깨지기 때문이다. 특히 상승 이동이나 하강 이동의 경우 가족이나 친구 집단과의 관계가 단절될 수 있으며, 개인이 열망하는 바와 실제 이동 기회 사이에 차이가 클 경우 혼란과 갈등을 겪게 된다.

그러나 개인의 노력으로 사회 이동이 가능성이 큰 사회에서는 사회 이동이 정치적·사회적 통합에 긍정적으로 기여할 수 있다. 공평한 기회가 보장되는 개방적 계층 구조를 가진 사회는 폐쇄적 계층 구조를 가진 사회보다 국민의 사회 통합 수준이 높다. 따라서 민주주의 사회에서는 기회의 평등과 공정한 경쟁을 보장함으로써 개방적 계층 구조를 실현하려 노력한다.

2) 사회 불평등의 의미와 관점

(1) 사회 불평등의 의미

재산, 권력, 명예와 같은 희소한 가치는 모든 사회에 존재하며, 사회 구성원들은 이를 더 많이 차지하기 위해 경쟁한다. 이 과정에서 개인 간 사회적 기회나 조건이 차별적으로 부여되며, 결국 희소한 가치가 불평등하게 분배된다. 이처럼 사회 구성원들이 희소 가치를 소유하거나 접근할 기회에서 차이를 보이는 현상을 사회 불평등이라 한다. 사회 불평등은 정도의 차이는 있지만 거의 모든 사회에서 나타나는 보편적인 현상이다.

고대 그리스 철학자들은 선천적 소질의 차이가 불평등을 초래한다고 보았다. 그러나 서양 근대 철학자들은 불평등을 자연적 불평등과 사회적 불평등으로 구분하였다. 자연적 불평등은 타고난 신체적·지능적 차이에서 비롯되는 반면 사회적 불평등은 출생 이후 사회적 환경과 제도에 의해 형성된다. 또한 자연적 불평등의 많은 부분이 사회적으로 평가되고 규정된다고 보았다. 근대 이후에는 사회적 불평등의 원인과 해결 방안에 대한 관심이 더욱 높아졌다.

(2) 사회 불평등의 형태

근대 이전에는 신분제로 인해 사회 구조적 불평등이 존재했다. 그러나 천부인권 사상 등의 영향을 받은 시민 혁명을 계기로 신분제가 붕괴되고, 평등을 기반으로 한 이념과 사상이 널리 확산되면서 사회 불평등이 일부 해소되었다. 그럼에도 불구하고 현대 사회에서도 여전히 경제적 불평등, 성(性)차별, 사회적 소수자에 대한 차별 등 다양한 형태의 사회 불평등이 존재하고 있다. 사회 불평등은 구성원이 보유한 자원의 성격과 종류에 따라 여러 형태로 나타난다. 경제적 불평등은 재산이나 소득과 같은 자본이 불균등하게 분배되는 현상을 의미하며, 정치적 불평등은 권력의 획득과 행사 과정에서 발생하는 불평등을 가리킨다. 또한 사회·문화적 불평등은 명예, 교육 수준, 문화 자본 등의 차이로 인해 사회·문화적 기회와 삶의 질에서 격차가 발생하는 현상이다. 최근 정보 사회에서는 정보 접근성, 정보 활용 능력 등의 차이에 의해 정보 불평등이 새롭게 등장하고 있다.

(3) 사회 불평등 현상을 바라보는 관점

사회 불평등 현상에 대한 해석은 관점에 따라 거시적·미시적 입장으로 나누어 볼 수 있다. 먼저 거시적 입장에서는 기능론적 관점과 갈등론적 관점으로 볼 수 있는데, 기능론적 관점은 사회 불평등이 사회 발전과 질서 유지에 기여한다고 보며, 갈등론적 관점은 불평등이 지배 집단의 기득권 유지 수단이라고 해석한다. 다음으로 미시적 입장에서의 상징적 상호작용론 관점은 사회 불평등을 사람들 간의 일상적 상호작용에서 발생하는 의미 부여와 낙인의 결과로 본다. 그러나 이러한 관점들을 균형적으로 이해하는 것이 사회 불평등을 보다 깊이 있게 분석하는 데 도움이 된다.

① 기능론적 관점

기능론적 관점에서는 사회적 역할의 중요성과 수행 능력에 따라 지위와 보수가 차등적으로 배분되는 것을 자연스럽고 필연적인 현상으로 본다. 사회 불평등이 존재함으로써 개인들은 경쟁을 통해 중요한 역할을 성취하려는 동기를 가지며, 자신의 능력을 최대한 발휘하여 사회 발전에 기여할 수 있다고 본다. 또한 이러한 불평등 구조가 인재를 적재적소에 배치하여 사회가 원활하게 기능하도록 돕는다고 해석한다.

② 갈등론적 관점

갈등론적 관점에서는 지배 집단이 기득권을 유지하기 위해 사회적 희소 가치를 불공정하게 분배하면서 사회 불평등이 발생한다고 본다. 이에 따라 개인의 능력보다 부모의 소득, 학력, 사회적 지위 등이 사회적 지위를 결정하는 주요 요인으로 작용한다고 해석한다. 또한, 모든 직업은 각기 나름의 중요성을 가지며, 특정 역할이 더 중요하게 평가되는 것은 지배 집단의 자의적 기준일 뿐이라고 본다. 이 관점에서는 사회 불평등이 사회적 갈등과 혼란을 야기하는 요소로 작용한다고 주장한다.

③ 상징적 상호작용론적 관점

상징적 상호작용론적 관점에서는 사회 불평등이 개인들 간의 일상적인 상호작용 속에서 구성되고 유지되는 사회적 의미의 산물이라고 본다. 이 관점은 불평등이 구조나 제도뿐 아니라 사람들이 서로를 해석하고 규정하는 의미 부여의 과정에서 비롯된다고 본다. 예를 들어 특정 브랜드의 소비나 여가 방식(예: 해외여행, 문화예술 활동 등)은 단순한 취향의 차이가 아니라, 사회적으로 '세련됨'이나 '높은 계층'의 상징으로 해석되기도 한다. 반면 비용이 적게 드는 여가나 소비 행태는 '수준 낮다'거나 '문화적 자본이 부족하다'는 평가를 받을 수 있으며, 이는 개인의 사회적 자존감과 타인과의 관계에도 영향을 준다. 이처럼 상징적 상호작용론은 소비와 일상의 상징을 통해 계층 간 구별과 위계가 만들어지고 재생산되는 과정에 주목한다.

④ 거시적 관점과 미시적 관점의 균형적 이해

사회 불평등 현상을 이해하는 데 있어 기능론과 갈등론과 같은 거시적 관점은 사회 구조와 제도의 역할을 분석하는 데 유용하지만 일상적인 삶의 맥락에서 불평등이 어떻게 구성되고 경험되는지를 충분히 설명하기는 어렵다. 반면 상징적 상호작용론과 같은 미시적 관점은 개인 간 상호작용을 통해 불평등이 어떻게 의미화되고 재생산되는지를 조명하지만, 구조적 요인의 영향을 간과할 수 있다. 따라서 사회 불평등을 보다 깊이 있고 다각적으로 이해하기 위해서는 거시적 관점과 미시적 관점을 함께 고려하는 통합적 시각이 필요하다.

3) 한국 사회 계층 변화의 특징

한국 사회 계층 변화는 크게 경제성장, 사회적 불평등, 세대 간 이동성, 민주화 과정, 공정성에 대한 인식 문제를 중심으로 이해할 수 있다.

1960년대 이후 지속적인 경제성장은 국민 생활 수준을 향상시키고, 산업화와 도시화를 촉진하면서 농촌 중심 사회를 도시 산업 사회로 변화시켰다. 이러한 경제 발전은 중산층의 확대를 가능하게 하고, 교육·직업·주거 등 다양한 영역에서 개인이 사회적 지위를 향상시킬 수 있는 기회를 제공하였다. 과거의 신분제적 제약이 약화되면서 능력과 성취에 기반한 계층 이동이 가능해졌고, 특히 교육은 사회적 상승의 핵심 통로로 자리 잡았다.

그러나 동시에 사회경제적 불평등과 양극화가 심화되었다. 상류층과 하류층 간 소득 격차가 확대되면서 사회적 박탈감이 커졌으며, 이른바 '금수저론'과 같은 담론은 젊은 세대의 좌절감을 반영한다. 노력에 따른 정당한 격차와 부당한 차별에 대한 인식 차이는 사회 갈등을 증폭시켰으며, 지역·세대 갈등과도 결합해 더욱 복잡한 양상을 띠고 있다.

산업화 초기에는 부모 세대와 자녀 세대 간의 사회적 지위 차이가 뚜렷하게 나타나며 활발한 세대 간 이동성이 가능했지만 최근에는 상위 계층으로의 이동성이 점차 줄어들고 있다. 이는 사회적 지위가 경제적 배경에 의해 고착화되는 현상을 강화하며, 젊은 세대에게는 미래에 대한 불안과 좌절감을 안겨 준다. 교육은 여전히 계층 상승의 주요한 수단이지만 과도한 교육열과 사교육 의존은 교육 격차를 심화시켜 불평등 구조를 고착화하는 문제를 낳고 있다.

민주화는 정치적 권리와 자유를 보장하고 다양한 사회 집단이 등장할 수 있는 기반을 마련하였다. 그러나 한국 사회는 여전히 전통적인 가족주의와 산업 자본주의적 가치가 혼재하는 구조 속에 있으며, 이는 가족 내 역할 갈등이나 사회적 역할의 충돌을 유발한다. 전통과 현대가 공존하는 복합적 사회구조는 한국 사회만의 독특한 특징이지만 동시에 갈등 요소로 작용하기도 한다.

소득 격차와 사회적 불공정성에 대한 불신은 사회 전반의 신뢰를 약화시키고 있다. 정치권과 재벌, 사회 지도층에 대한 법 집행의 공정성에 의문이 제기되면서 국민들은 사회 체제 전반에 대한 신뢰를 잃고 있으며,

이는 계층 갈등을 더욱 심화시킨다. 이러한 불신은 사회 이동성에 대한 기대를 약화시키고, 결과적으로 한국 사회의 통합을 저해하는 요인으로 작용한다.

4) 한국 사회 계층 갈등의 해결 방안

한국 사회의 계층 갈등 해결 방안은 크게 개방적 계층 구조 실현, 다이아몬드형 계층 구조 정착, 제도 개선, 의식 개혁으로 정리할 수 있다.

첫째, 개방적 계층 구조를 실현하기 위해서는 개인의 노력과 능력에 따라 사회적 지위 상승이 가능하도록 수직적 이동성을 확대해야 한다. 이를 위해 교육·취업 기회의 평등을 보장하고, 출신 배경이 아닌 성취에 기반한 사회 구조를 마련해야 한다.

둘째, 다이아몬드형 계층 구조를 형성하기 위해 중산층 비중을 확대하고, 소득 격차를 줄이는 것이 중요하다. 이를 위해 사회적 희소가치의 분배를 공정하게 하고, 복지와 사회 안전망을 강화하여 하류층의 생활 수준을 개선하며 동시에 경제성장과 고용 창출을 통해 중산층을 안정적으로 유지·확대해야 한다.

셋째, 제도 개선 차원에서는 소득 재분배 기능과 사회보장제도의 확충이 필요하다. 누진세를 강화하여 고소득층이 더 많은 세금을 부담하게 하고, 이를 하류층 복지와 사회적 안전망에 활용함으로써 불평등을 완화할 수 있다. 또한 의료, 교육, 주거 등 기본 권리를 보장하는 사회보장제도를 확대하여 계층 이동의 기회를 높여야 한다.

넷째, 의식 개혁도 필수적이다. 출세와 경쟁만을 중시하는 가치관을 지양하고, 사회적 연대와 협력을 강조하는 공동체적 가치로 전환해야 한다. 아울러 상류층은 노블레스 오블리주를 실천하며 사회적 책임을 다해야 하고, 시민들은 민주주의적 가치와 공정성을 실천하여 사회 신뢰를 강화해야 한다.

2. 젠더 갈등

1) 젠더(Gender) 개념의 이해

성별의 개념을 이해할 때 가장 기본적으로 구분해야 할 것은 섹스와 젠더의 차이다. 섹스는 인간의 생물학적 성을 의미하며, 이는 개인 생식기의 해부학적 구조와 2차 성징을 기반으로 구분된다. 일반적으로 생태학적 성은 남성과 여성이라는 두 가지 범주로 나뉘며, 이는 생물학적 차이에 의해 결정된다. 생리적 요인, 염색체, 호르몬, 생식기 등의 요소는 섹스를 구분하는 기준이 된다. 반면 젠더[1]는 개인의 생물학적 성과 구별되는 사회적인 성을 의미한다. 젠더는 개인이 속한 사회에서 기대하는 역할과 행동, 그리고 이러한 역할이 성별에 따라 형성되는 방식에 대한 개념이다. 즉 젠더는 생물학적 성에 기초한 자연적인 개념이 아니라 사회적·문화적으로 구성된 개념으로 이해해야 한다.

1 옥스포드 영어사전에서 젠더는 "성별의 생물학적 차이에 반대하고 사회적 문화적인 점을 강조하는 성별을 뜻하는 완곡어"로 정의하고 있다. 세계보건기구는 젠더에 대해 사회에서 남자나 여자에게 적합하다고 여기는 사회에 의해 구성된 역할, 행동이나 활동, 태도로 정의하며, 남성적과 여성적을 젠더 범주에 넣는다. 미국 식품의약국(FDA)은 2011년에 sex를 생물학적 분류로 gender를 "남자나 여자라는 사람의 자기 표현 또는 개인의 젠더 표현에 기반한 사회 제도에 대한 사람의 반응"으로 정의했다.

섹스가 인간의 생물학적 성별을 의미한다면, 젠더는 성별을 둘러싼 사회적·문화적 요소를 강조한다. 생물학적 차이는 선천적으로 주어진 반면, 젠더는 후천적으로 형성된 개념이다. 젠더는 사회적 규범과 기대, 행동 양식, 역할 등이 집합적으로 구성된 것이며, 이는 개인이 소속된 사회나 문화에 따라 달라질 수 있다. 한 사회에서 남성 혹은 여성으로 기대되는 역할이나 규범이 다른 사회에서는 다를 수 있으며, 이러한 차이점은 젠더의 사회적 구성성을 더욱 강조한다. 따라서 젠더는 특정한 성별이 어떻게 행동해야 하는지에 대한 사회적 규정이나 기대에 따라 달라지며, 이는 시간이 지남에 따라 변하거나 문화에 따라 다양하게 나타날 수 있다.

젠더는 단순히 개인의 사회적 성별을 넘어 사회적 구조체로서의 의미를 지닌다. 이는 특정 성별에 대한 역할이나 기대가 개인에게 미치는 영향을 말하는 것이다. 전통적으로 남성은 사회적·경제적 역할을 수행하고, 여성은 가정 내 역할을 중시하는 식으로 성별에 따른 역할 분배가 이루어졌다. 그러나 현대 사회에서는 이러한 성 역할에 대한 인식이 변화하면서 젠더의 역할도 달라지고 있다.

젠더는 남성과 여성 간의 권력 구조나 사회적 역할 분배에서 중요한 역할을 한다. 젠더의 개념은 특정 성별이 가지는 사회적 지위나 역할이 고정된 것이 아니라, 사회적 규범과 문화적 맥락에 따라 변할 수 있음을 보여준다. 따라서 젠더는 개인의 사회적 지위, 직업, 가족 내 역할 등을 결정짓는 중요한 요소로 작용한다.

젠더는 단순히 남성과 여성을 구분하는 개념이 아니라 이 둘이 사회적으로 평등한 관계를 유지해야 한다는 함의를 내포하고 있다. 역사적으로 많은 사회에서 남성과 여성 간의 권력 구조는 불평등한 경우가 많았으며, 남성은 사회적·경제적 권력을, 여성은 가사와 양육을 담당하는 역할로 제한되었다. 하지만 이러한 성 역할 분배는 현대에 들어서 점차 변화하고 있으며, 남성과 여성이 대등한 사회적 관계를 형성해야 한다는 인식이 확산되고 있다.

젠더라는 개념은 특히 페미니즘 이론에서 활발하게 논의되었다. 페미니즘은 젠더가 단순히 생물학적 성별에서 비롯된 것이 아니라 사회적·문화적 맥락에서 형성된 개념임을 강조한다. 젠더는 사회가 특정 성별에 대해 기대하는 역할이나 행동을 나타내는 '사회적 성'으로서의 의미를 지니고 있다. 페미니즘은 이러한 사회적 성이 성별 불평등의 근본적인 원인이라고 주장하며, 젠더의 개념을 사회적·정치적으로 재구성할 필요가 있다고 강조한다. 이를 통해 젠더는 성별에 따른 사회적 불평등을 분석하고 비판하는 중요한 도구로 자리 잡았다.

젠더 평등은 성별에 따른 차별 없이 모든 개인이 동등한 기회를 누릴 수 있어야 한다는 이념을 바탕으로 한다. 이는 교육, 직업, 정치적 참여, 법적 권리 등 모든 사회적 영역에서 남성과 여성이 동등한 위치에 서야 한다는 것을 의미한다. 젠더 평등을 실현하기 위해서는 기존의 성 역할에 대한 고정관념을 탈피하고, 성별에 관계없이 모든 사람이 자신의 능력을 최대한 발휘할 수 있도록 사회적·제도적 장치가 마련되어야 한다.

2) 젠더 갈등의 이해

(1) 젠더 갈등의 개념과 배경

젠더 갈등은 남성과 여성 간, 또는 다른 젠더 집단 간의 사회적, 경제적, 정치적 불평등과 차별로 인한 갈등을 의미한다. 이 갈등은 주로 젠더에 따른 불평등한 권력 구조, 성 역할의 고정관념, 경제적 기회 및 자원의 불균등한 분배에서 비롯된다. 특히 최근에는 경제적 위기, 고용 불안, 변화하는 사회적 규범과 기대가 복합적으로 작용하면서 젊은 세대들 간의 젠더 갈등이 두드러지게 나타나고 있으며, 중장년층과 청년 세대 간의 젠더 관련 인식 차이 역시 중요한 갈등 요소로 부각되고 있다.

(2) 최근 젠더 갈등의 핵심 요인

현대 사회에서 젠더 갈등이 심화되는 데는 여러 요인이 작용하고 있다. 이를 구체적으로 제시하면 다음과 같다.

첫째, 경제적 불안과 경쟁 심화이다. 최근 젠더 갈등의 주요 요인 중 하나는 청년 세대 사이에서 발생하는 경제적 불안과 고용 시장에서의 경쟁 심화다. 특히 2008년 글로벌 금융위기 이후 경제적 기회가 축소되면서, 고용 불안정과 취업 경쟁은 남성과 여성 모두에게 큰 압박을 준다. 이러한 상황에서 남성 청년들은 과거에 비해 취업 시장에서의 경쟁이 더욱 치열해졌으나, 여성의 경우 여성 할당제나 고용 평등 정책이 시행되어 일부 청년 남성들에게는 이를 불공정하게 인식하기도 한다. 이는 남성들에게 여성들이 제도적 우대를 받는다는 생각을 하게 만들며, 젠더 갈등을 심화시키는 요인으로 작용한다. 특히 공기업이나 대기업에서 여성에게 가산점을 부여하는 정책이 청년 남성들 사이에서 불평등의 원인으로 지목되기도 한다.

둘째, 변화하는 성 역할과 문화적 갈등이다. 성 역할에 대한 전통적 인식이 변화하면서 젊은 세대 간 젠더 갈등이 더욱 두드러지고 있다. 특히 여성들이 교육 수준이 높아지고 사회적, 경제적 지위를 추구하는 과정에서 전통적인 가부장적 성 역할에 도전하는 모습이 보인다. 남성들은 여성들의 경제적 자립과 커리어 성공을 지지하면서도 전통적으로 남성에게 부여된 경제적 부양 역할을 여전히 부담스럽게 받아들이는 경향이 있다. 이러한 변화는 청년 남성들이 여성들에게 더 많은 기회가 주어진다는 인식을 형성하게 하고, 여성들은 남성들이 여전히 전통적인 성 역할을 강조하려 한다고 느끼게 만든다. 이러한 상호 불신은 청년 세대 간 젠더 갈등의 중요한 요인이 된다.

셋째, 성평등 담론과 페미니즘에 대한 반감이다. 최근 청년 세대 내에서 페미니즘에 대한 반감이 젠더 갈등을 심화시키는 중요한 요소로 나타났다. 특히 젊은 남성들 사이에서는 페미니즘이 남성의 권리를 침해하거나 남성을 억압하는 이데올로기로 인식되는 경향이 있다. 이는 '반(反)페미니즘' 또는 '탈(脫)페미니즘' 운동으로 이어지며, 젠더 평등 담론 자체가 왜곡되어 갈등을 증폭시키는 결과를 낳는다. 반면 여성들은 여전히 성차별적 구조가 존재한다고 느끼며, 성평등을 위한 더 강력한 정책과 제도적 지원이 필요하다고 주장한다.

넷째, 청년 세대와 중장년층 간의 가치관의 차이에 따른 갈등이다. 청년 세대와 중장년층 간의 갈등은 주로 성 역할에 대한 가치관과 젠더에 대한 인식 차이에서 발생한다. 중장년층은 전통적인 가부장제와 남성 중심의 사회 구조에서 살아온 세대로 남성과 여성의 역할을 비교적 고정된 개념으로 보는 경향이 강하다. 이들은 남성은 경제적 부양자, 여성은 가정 내 돌봄을 담당하는 역할을 자연스러운 사회적 질서로 받아들이는 경우가 많다. 반면 청년 세대는 성평등의 가치를 중시하며, 성별에 따른 역할 구분이 불필요하다는 인식을 가지고 있다. 특히 여성 청년층은 결혼과 출산에 대한 사회적 압박에서 벗어나 개인의 자유와 커리어를 중시하는 경향이 있다. 이러한 차이는 중장년층과 청년층 간에 젠더에 대한 갈등을 유발하며, 특히 가족 내에서 젠더에 따른 역할 분배 문제에서 충돌이 발생하기도 한다.

다섯째, 온라인 공간에서의 젠더 갈등의 증폭현상이다. 온라인 플랫폼은 젠더 갈등을 증폭시키는 중요한 공간이 되고 있다. 특히 젊은 세대는 인터넷 커뮤니티와 소셜 미디어를 통해 성별 갈등에 대해 활발히 논의하며, 서로의 입장을 극단적으로 표현하는 경향이 있다. 이러한 온라인 공간에서는 남성과 여성이 각각 피해자 의식을 강화하며, 상대 성별에 대한 불신과 반감을 키워가는 양상을 보인다. 특히 혐오 발언과 같은 극단적 표현이 빈번하게 등장하면서 갈등은 더욱 고조된다.

3) 젠더 갈등의 대표 사례

(1) 남성만의 군복무와 '남성 역차별론'

한국에서는 모든 남성들이 일정 기간 동안 의무적으로 군복무를 해야 하는 반면 여성에게는 이러한 의무가 부과되지 않는다. 일부 남성들은 이를 성별에 따른 불공평한 제도로 인식하고, 군복무 기간 동안의 경력 단절과 사회적 비용을 감안할 때 자신들이 차별받고 있다고 주장한다. 군복무 기간 동안 남성들은 학업이나 경력을 이어가지 못하는 경우가 많아 경쟁에서 불리해진다고 주장한다. 또한 이러한 부담이 남성들에게만 가중됨으로써 남성과 여성 간의 권리와 의무가 불평등하게 배분된다고 느끼는 것이다. 이로 인해 남성 역차별론이 대두되며, 군복무 문제는 젠더 갈등을 촉발하는 중요한 이슈가 되었다.

(2) 성별에 따른 임금 격차

성별 임금 격차(Gender Pay Gap)는 여성들이 주장하는 불평등의 대표적인 사례로 여러 국가에서 지속적으로 제기되고 있는 문제다. 성별 임금 격차는 같은 직종이나 유사한 경력을 가진 남성과 여성 사이에서 여성의 임금이 상대적으로 낮게 책정되는 현상을 의미한다. 이는 직무 내 차별적 대우, 승진 기회에서의 불평등, 여성들이 주로 종사하는 직종의 저평가 등 다양한 요인에서 비롯된다. 한국의 경우 OECD 국가 중에서도 성별 임금 격차가 가장 큰 편에 속하며, 이는 여성계에서 중요한 젠더 갈등의 문제로 다루어진다. 여성들은 동일한 업무를 수행함에도 불구하고 남성보다 낮은 임금을 받는 현실을 비판하며, 이를 해결하기 위한 정책적 개입과 제도적 변화가 필요하다고 주장한다. 성별 임금 격차 문제는 고용 시장 전반의 성별 불평등을 보여주는 대표적인 사례다.

(3) 민·관 고위직의 여성 비율 문제

많은 나라에서 민간 기업과 공공 부문에서 고위직에 여성이 차지하는 비율이 매우 낮다는 지적이 꾸준히 제기되고 있다. 한국의 경우에도 정부 및 공공기관, 대기업의 고위직에서 여성 비율은 여전히 남성에 비해 현저히 낮은 편이다. 이 문제는 유리천장(glass ceiling)으로 설명되며, 여성들이 일정 수준 이상으로 승진하거나 권력을 얻는 데에 있어 보이지 않는 장벽이 존재한다는 것을 의미한다. 고위직에서 여성의 비율이 낮은 원인으로는 성별에 따른 전통적인 역할 기대, 출산 및 육아로 인한 경력 단절, 여성의 리더십에 대한 사회적 편견 등이 주요한 이유로 꼽힌다. 이 문제는 여성들의 경제적 자립과 사회적 지위에 영향을 미치는 중요한 요인이며, 성평등을 추구하는 여성계에서는 여성 고위직 비율 확대를 위한 정책적 지원을 촉구하고 있다.

(4) 여성할당제 문제

여성할당제는 사회 각 분야에서 일정 비율의 자리를 여성에게 할당하는 제도를 말하며, 이는 젠더 갈등의 중요한 논쟁거리 중 하나다. 여성할당제는 여성들의 정치적, 경제적 참여를 확대하고 고위직에서의 성별 불균형을 해결하기 위한 방안으로 도입되었다. 그러나 이 제도에 대해 일부 남성들은 공정성 문제를 제기하며, 여성할당제가 남성들에게 불리한 역차별을 초래한다고 주장한다. 여성할당제에 대한 찬반 논쟁은 크게 두 가지로 나눌 수 있다. 찬성 측에서는 여성할당제가 여성들에게 구조적 불평등을 극복할 수 있는 기회를 제공하며, 오랜 기간 동안 성별에 따른 차별로 인해 저평가된 여성들의 사회적 지위 향상에 기여할 수 있다고 주장한다. 반면 반대 측에서는 여성할당제가 성별에 따른 할당으로 능력보다 성별이 우선시되기 때문에 불공정하다고 주장하며 역차별 논리를 펼치고 있다.

(5) 경력 단절과 육아휴직 문제

경력 단절은 결혼과 출산, 육아로 인해 많은 여성들이 직장에서 퇴사하거나 경력이 단절되는 현상을 의미한다. 이는 여성들이 노동 시장에서 지속적으로 불리한 위치에 놓이게 만들며, 젠더 갈등을 야기하는 주요 요인 중 하나다. 특히 한국 사회에서는 육아와 가사노동이 여전히 여성의 역할로 인식되는 경향이 강해 경력 단절 문제는 젠더 불평등을 심화시키고 있다. 이에 따라 육아휴직과 관련된 제도가 마련되었지만 남성들의 육아휴직 사용률은 여전히 저조한 편이다. 이는 남성이 육아에 적극적으로 참여할 수 있도록 제도적 장치가 부족하거나, 육아를 여성의 책임으로 보는 사회적 인식이 여전히 강하게 작용하기 때문이다. 경력 단절 문제는 성별에 따른 사회적 기대와 역할 구분에서 기인한 갈등 요소이며, 남성도 육아에 동등하게 참여할 수 있는 환경 조성이 중요한 해결 과제로 제시되고 있다.

(6) 성범죄와 직장 내 성희롱 문제

성범죄와 직장 내 성희롱은 젠더 갈등을 심화시키는 또 다른 중요한 사례다. 여성들은 직장 내에서 성희롱, 성차별 등의 문제를 자주 겪으며, 이는 직업적 발전에 악영향을 미치고 있다. 특히 이러한 문제를 제기하는 과정에서 여성들이 2차 피해를 입거나, 문제 제기 자체가 좌절되는 경우가 많다. 이로 인해 여성들은 성범죄와 관련한 문제에 대해 더 민감하게 반응하며, 이는 젠더 갈등의 주요한 원인 중 하나로 작용하고 있다.

4) 젠더 갈등의 해결 방안과 전망

(1) 상호 이해 증진을 위한 대화

젠더 갈등은 동 세대 간 혹은 다른 세대 간에서도 복합적으로 나타난다. 청년 세대 간, 그리고 청년과 중장년층 간의 젠더 갈등을 완화하기 위해서는 서로의 입장을 이해하고 소통할 수 있는 대화와 토론의 장이 필요하다. 이를 위해 정부, 교육 기관, 민간 단체는 양성평등 교육과 성 역할에 대한 고정관념을 해체하는 프로그램을 운영할 수 있다. 특히 성별에 따른 차이를 이해하고, 차이를 존중하는 문화를 형성하는 것이 중요하다.

⑵ 양성평등 정책의 지속적 강화

정부 차원에서 양성평등 정책을 강화하는 것이 갈등을 줄이는 데 중요한 역할을 할 수 있다. 그러나 단순히 여성에게만 혜택을 주는 방식이 아닌 모든 성별이 평등한 기회를 가질 수 있도록 공정한 제도를 마련해야 한다. 이를 통해 남성과 여성 모두가 양성평등에 대한 긍정적인 인식을 가질 수 있도록 유도할 필요가 있다.

⑶ 미디어와 교육의 역할

미디어는 젠더 갈등을 증폭시키기도 하지만 동시에 갈등을 완화하는 데 중요한 역할을 할 수 있다. 미디어는 성별 고정관념을 해체하고, 양성평등을 촉진하는 다양한 콘텐츠를 제공해야 한다. 또한 학교 교육에서도 젠더에 대한 편견과 고정관념을 극복할 수 있는 양성평등 교육이 강화되어야 한다.

3. 사회적 소수자

1) 소수자의 개념

소수자는 다수자에 대립하는 개념으로 단순히 숫자의 많고 적음에 따라 결정되는 것이 아니라 사회적·문화적·정치적으로 주류에서 벗어나 있는 집단을 의미한다. 소수자는 그 사회에서 지배적인 위치에 있지 않으며, 사회적·경제적·정치적 권력에서 배제되거나 억압받는 위치에 있다. 이들의 소수성은 수적인 소수성에 국한되지 않으며, 그들이 속한 사회의 주류 가치나 규범에 포함되지 않거나 소외된 상태를 나타낸다.

소수자는 인종, 민족, 문화, 성별, 성적 지향, 종교 등 다양한 요인에 따라 규정될 수 있다. 이들은 사회적 다수의 규범이나 문화와 다르게 행동하거나, 다수자의 기대와 다른 정체성을 가짐으로써 차별과 억압의 대상이 될 수 있다. 따라서 소수자 개념은 그 사회에서 사회적 권력 구조의 맥락에 의해 결정되며, 단순한 수적 소수성보다는 그들의 사회적 위치와 권리 상태에 주목한다.

비슷한 개념으로 사회적 약자는 사회적으로 힘이나 세력이 약해 불리한 위치에 처한 사람이나 집단을 의미한다. 이는 시대와 문화에 따라 달라질 수 있으며, 외모, 능력, 성격, 성향, 문화 등이 사회의 주류와 다르거나 부족하여 차별과 불이익을 겪는 사람들이다. 사회적 약자는 단순히 불리한 위치에 있는 개인이나 집단을 뜻하는 반면 소수자는 특정 특성으로 인해 차별받는 집단의식을 가진 경우를 말한다.

2) 소수자 문제에 대한 접근

소수자 보호는 민주주의에서 중요한 원칙 중 하나로 다수의 횡포로부터 소수자의 권리를 지키기 위한 제도적 장치이다. 소수자는 사회의 주류 계층과는 다른 정체성이나 배경을 가지고 있으며, 이로 인해 차별받거나 억압받을 수 있다. 이러한 차별과 억압은 단순한 개인적 불이익에 그치는 것이 아니라 그 집단의 문화적·사회적 정체성까지 부정되는 경우도 있다.

소수자는 대개 사회적 지위가 종속적이거나 피차별적인 상태에 놓여 있다. 예를 들어 인종적·민족적·문화적·언어적·종교적 배경으로 인해 사회에서 주류 집단과 다른 소수 집단은 다수자의 지배적 위치에 의해 권리나 경제적 기회에서 배제될 수 있다. 이러한 상황은 소수자의 기본적 권리와 인간적 존엄성을 훼손하는 결과를 낳을 수 있으며, 따라서 소수자는 특별히 보호받아야 할 필요가 있다.

소수자 보호의 중요성은 단순히 그들의 생존을 위한 것이 아니라 사회 내에서 다양성을 존중하고, 공정하고 평등한 사회를 이루기 위한 필수적인 요소로 간주된다. 소수자의 권리를 보장하는 것은 그들의 집단적 정체성을 보호하며, 궁극적으로 사회 전체의 조화와 통합을 이루는데 중요한 역할을 한다.

3) 소수자의 유형

(1) 신체적 소수자

신체적 소수자는 신체적 조건이나 질병 등으로 인해 사회적 차별과 제약을 경험하는 집단이다. 대표적으로 장애인이 포함되며, 이들은 일상생활이나 사회참여 과정에서 신체적 불편뿐 아니라 제도적 한계와 사회적 편견으로 차별을 받는다. 또한 후천면역결핍증후군(HIV/AIDS) 감염인과 한센인 등도 역시 신체적 소수자에 해당하는데 이들은 질병과 관련된 부정적 낙인과 배제 속에서 살아가며, 그로 인해 사회적 고립을 경험하기 쉽다.

(2) 권력적 소수자

권력적 소수자는 정치적, 제도적 권력이 부족해 사회적 불평등을 겪는 집단을 의미한다. 탈북자는 남한 사회에 정착하는 과정에서 언어와 문화적 차이, 제도적 장벽으로 어려움을 겪으며, 사회적 통합 과정에서 소외되기 쉽다. 또한 양심적 병역거부자는 개인의 종교적·윤리적 신념에 따라 병역 의무를 거부함으로써 사회적 비난과 법적 불이익을 동시에 감수해야 한다. 이들은 다수의 권력 구조 속에서 제도적으로 불리한 위치에 놓여 있다.

(3) 경제적 소수자

경제적 소수자는 경제적 기반이 취약하여 사회적 약자로 분류되는 집단이다. 비정규직 근로자와 외국인 노동자는 낮은 임금과 고용 불안정, 사회적 안전망 부족 속에서 구조적 불평등을 겪는다. 또한 노숙자는 안정적인 주거와 생계를 유지하기 어려운 상태에서 사회의 주변부로 밀려나 있으며, 경제적 빈곤으로 인해 각종 사회적 배제와 낙인을 동시에 경험한다. 이들은 경제적 격차 속에서 가장 큰 불평등을 체감하는 소수자라 할 수 있다.

(4) 문화적 소수자

문화적 소수자는 성적 지향, 성 정체성, 문화적 배경, 가족 형태 등의 차이로 인해 차별을 받는 집단이다. 성적 소수자는 사회적 편견과 제도적 배제 속에서 살아가며, 종교적 소수자나 오해와 차별로 인한 고통을 받는 경우가 있다. 또한 국제결혼을 통해 한국에 정착한 이주 배우자는 언어와 문화 차이, 사회적 편견으로 인해 적응 과정에서 다양한 어려움에 직면한다. 미혼모 역시 전통적인 가족제도와 사회적 인식 속에서 부정적인 시선과 양육 부담을 홀로 감당해야 하는 위치에 놓여 있다.

4) 소수자 보호를 위한 제도적 장치

(1) 헌법적 보호

많은 국가의 헌법은 소수자의 권리를 보호하는 조항을 포함하고 있다. 이러한 헌법적 장치는 소수자들이 차별받지 않고 동등한 권리를 누릴 수 있도록 보장하며, 소수자에 대한 부당한 차별이 발생했을 때 이를 시정할 수 있는 법적 근거를 제공한다.

(2) 반차별법

반차별법은 인종, 성별, 성적 지향, 종교 등을 이유로 한 차별을 금지하는 법이다. 이 법은 소수자들이 직장, 교육, 주거 등 사회 전반에서 차별을 당하지 않도록 보호하며, 차별을 경험한 소수자가 법적 구제를 받을 수 있도록 지원한다.

(3) 소수자 보호 정책

정부는 소수자의 권리를 보장하기 위해 다양한 정책을 수립해야 한다. 예를 들어 소수자를 위한 교육 프로그램, 취업 기회 확대, 경제적 지원 등이 포함될 수 있다. 또한 소수자들이 정치적 의사결정 과정에 참여할 기회를 제공하여 그들의 목소리가 사회적으로 반영되도록 해야 한다.

5) 한국 사회 소수자의 차별 사례와 대책

(1) 외국인 근로자의 차별 문제

외국인 근로자는 한국 경제에 중요한 역할을 하지만 3D 업종에서 저임금과 열악한 근로 환경, 비인간적 대우를 받는 경우가 많다. 특히 불법 체류 신분일 경우 의료 서비스 등 기본 권리조차 보장받기 어렵다. 정부는 외국인 근로자 보호법과 산업재해보상법을 통해 보호하고자 하지만 실효성이 부족하다. 외국인 근로자 인권 및 고용주 교육 강화, 법률 및 상담 지원 센터 확충, 사회 통합 프로그램 강화가 필요하다.

⑵ 성적 소수자(LGBTQ+)와 성전환자의 법적 처우 문제

성적 소수자와 성전환자는 법적 절차와 사회적 차별에서 어려움을 겪고 있다. 특히 성전환자는 신분증과 법적 성별 변경 과정에서 성전환 수술을 요구받는 등 까다로운 요건에 맞닥뜨린다. 성적 소수자 차별금지법 제정이 시급하며, 성전환자의 성별 변경 절차는 수술 여부와 상관없이 완화되어야 한다. 성소수자 인권 교육과 법률·심리 상담 서비스 확대도 필요하다.

3) 초국적 이주민의 차별 문제

초국적 이주민은 외모나 문화적 차이로 인해 학교, 직장 등에서 차별과 배제를 경험하며, 정체성 혼란을 겪는다. 한국 사회에서 한국인으로 인정받기 어렵고, 외국인으로 분류되는 경우가 있다. 다문화가정 지원 정책을 강화하고, 혼혈인을 위한 특화된 정체성 형성 프로그램과 초·중·고 교육 현장에서의 차별 방지 인식 개선 교육이 필요하다. 미디어를 통해 긍정적인 이미지를 확산하는 것도 중요하다.

⑷ 장애인 차별

장애인은 고용, 교육, 대중교통 접근성 등에서 차별을 겪으며 경제적

불안정 속에서 생활한다. 장애인고용촉진법이 시행 중이지만 안정적인 일자리 확보는 여전히 어렵다. 장애인 접근성을 개선하는 인프라 구축, 고용 환경 개선, 교육 기회와 복지 서비스 접근성을 확대해야 한다. 사회적 인식 개선을 위한 교육과 캠페인도 필요하다.

(5) 종교적 소수자에 대한 부정적 인식

이슬람교와 같은 종교적 소수자는 종종 부정적인 인식과 편견에 직면해 차별을 경험하며, 특정 종교 집단은 고용과 사회생활에서 어려움을 겪는다. 종교자유법 강화와 교육 현장에서 종교적 다양성 존중 교육을 강화할 필요가 있다. 종교적 소수자 보호 법적 장치와 사회적 인식 개선 캠페인도 중요하다.

(6) 노인층에 대한 차별

고령화 사회에서 노인층은 경제적 취약성과 사회적 고립 문제를 겪고 있으며, 일부에서는 노인에 대한 부정적 인식과 연령 차별이 발생하고 있다. 노인의 경제적 자립을 위한 일자리 창출 정책과 복지 서비스 확충이 필요하며, 젊은 세대와의 소통을 증진하는 세대 통합 프로그램을 통해 상호 이해를 높이는 것이 중요하다.

(7) 특정 인종이나 북한이탈주민 등에 대한 차별

한국 사회에서는 특정 인종, 특히 동남아인, 흑인 등 외모와 피부색, 경제적 배경, 지식 수준에 기초한 선입견과 편견이 여전히 존재한다. 또한 북한이탈주민은 사회 적응과정에서 차별을 경험하며, 경제적 불안정과 사회적 고립 문제를 겪고 있다. 교육, 고용, 주거 문제에서 어려움을 겪으며 한국 사회에 통합되기 어렵다. 특정 인종과 국적에 대한 차별을 방지하기 위해 차별금지법과 같은 포괄적 법률과 사회적 인식 개선 교육, 탈북자에 대한 차별 해소를 위해 직업 교육, 일자리 제공, 심리 상담 서비스 강화, 사회적 지원 프로그램 등이 필요하다.

(8) 학생 인권 문제

학생들은 성적, 외모, 사회적 배경으로 차별을 겪으며 교육 현장에서 교사나 동료 학생들로부터 부당한 대우를 받을 수 있다. 학생 인권 문제는 종종 간과되어 학생들의 권리가 충분히 보호되지 않는다. 학생 인권 조례 확대와 인권 교육 강화가 필요하며, 학생들이 정서적·심리적으로 안정적인 환경에서 성장할 수 있도록 학교와 지역사회가 함께 심리 상담 및 정신 건강 지원 서비스를 제공해야 한다.

6) 소수자 문제 해결 방안

(1) 소수자 보호와 자유민주주의의 원칙

자유민주주의 사회에서 국가가 소수자에 대해 기본권 보장의 의무를 다하는 것은 자유민주주의의 본질을 유지하기 위한 핵심 원칙이다. 민주주의 사회에서 법체계의 통합적인 이념은 소수자의 기본적 인권을 보호하고, 그들의 권리를 동등하게 보장하는 데 중점을 둔다. 소수자 보호는 다수결 원칙에 의해 발생할 수 있는 다수의 횡포로부터 소수자를 보호하는 법적 장치를 제공하며, 이를 통해 민주주의 사회에서의 공정성과 평등을 실현한다.

(2) 자유와 평등의 조화 및 공정한 분배

소수자 보호는 자유와 평등이라는 두 가지 중요한 가치 사이에서 균형을 맞추는 문제이다. 자유민주주의 사회에서 자유는 모든 개인이 자신의 권리를 자유롭게 행사할 수 있도록 보장하는 중요한 원칙이지만, 동시에 평등은 특정 집단이나 개인이 사회적·경제적으로 차별받지 않고 동등한 기회를 가질 수 있도록 보장하는 것이 필요하다. 분배적 정의는 이러한 자유와 평등의 조화를 이루기 위한 이론적 틀이다. 이는 실질적 평등을 보장하기 위해 자원을 공정하게 분배하는 개념으로 특히 소수자와 같이 사회적 불리함을 경험하는 집단에게 특별한 보호와 지원이 필요함을 강조한다. 소수자에 대한 보호는 단순히 형식적인 법적 평등을 넘어 그들이 처한 불리한 조건을 완화하고 실질적인 평등을 실현하기 위한 구체적인 지원을 제공하는 것을 목표로 한다.

(3) 소수자에 대한 개념 규정 및 사회적 인식 개선

소수자에 대한 개념 정의는 시대와 사회적 맥락에 따라 변화할 수 있다. 소수자는 단순히 숫자의 문제가 아니라 사회적 권력 구조 내에서 차별받거나 억압받는 집단을 의미한다. 따라서 소수자의 개념은 그들이 처한 상황과 맥락에 따라 구체적으로 정의되어야 하며, 이러한 정의가 공정하게 이루어질 수 있도록 사회적 인식 개선이 필수적이다. 사회적 인식 개선을 위해서는 교육과 미디어의 역할이 중요하다. 소수자에 대한 편견과 오해를 해소하고, 그들의 권리와 존엄성을 존중하는 문화를 조성하는 것이 필요하다. 이를 위해 정부와 민간단체는 인권 교육과 인식 개선 캠페인을 지속적으로 시행해야 하며, 소수자들이 사회에서 동등한 시민으로서 존중받을 수 있는 환경을 조성해야 한다.

⑷ 장애인차별금지 및 권리구제에 관한 법률 개선

「장애인차별금지 및 권리구제에 관한 법률」은 장애인의 권리를 보호하고 차별을 금지하기 위한 중요한 법적 장치이다. 그러나 이 법은 여전히 많은 한계를 가지고 있으며, 장애인들이 실제로 차별을 경험하는 상황에서 충분한 보호를 제공하지 못하는 경우가 많다.

법률의 개선 방안으로는 장애인에 대한 접근성 향상, 고용 기회 확대, 교육에서의 차별 해소 등이 포함될 수 있다. 특히 장애인의 사회적 통합을 위해서는 법적 보호뿐만 아니라 장애인이 자립하고 사회에서 동등한 기회를 가질 수 있도록 실질적인 지원이 필요하다. 이를 위해 장애인 고용 촉진, 교육 기회 확대, 복지 서비스 강화 등이 필수적이다.

⑸ 성적 소수자의 보호 방안

성적 소수자는 한국 사회에서 여전히 많은 차별과 억압을 경험하고 있는 소수자 집단 중 하나이다. 성적 지향이나 성 정체성으로 인한 차별을 해소하고, 그들의 인권을 보호하기 위한 구체적인 보호 방안이 필요하다. 성적 소수자에 대한 법적 보호는 차별금지법 제정과 같은 포괄적인 법적 장치를 통해 실현될 수 있다. 또한 성적 소수자들이 사회에서 차별받지 않고 동등한 권리를 누릴 수 있도록 법률 상담 서비스와 심리적 지원 프로그램을 강화하는 것이 필요하다. 학교와 직장에서의 성소수자 차별을 금지하는 구체적인 규정 마련과 함께 인식 개선 교육도 필수적이다.

⑹ 차별금지법 제정의 필요성

차별금지법은 성별, 인종, 종교, 성적 지향, 장애 등 다양한 이유로 발생하는 모든 형태의 차별을 금지하는 법이다. 차별금지법은 소수자의 인권을 보호하고, 모든 시민이 차별 없이 평등한 기회를 가질 수 있도록 보장하는 데 중요한 역할을 한다. 차별금지법은 특히 성적 소수자, 장애인, 이주민 등 다양한 소수 집단의 권리를 보호하는 법적 장치로 작용할 수 있다. 한국에서 차별금지법 제정은 사회적 합의를 이루기 어려운 상황이지만 이러한 법안이 통과된다면 소수자에 대한 차별 문제를 해결하고 평등한 사회를 실현하는 데 큰 도움이 될 것이다.

(7) 인권 침해 요소와 소수자 차별 관련 제도 개선

소수자에 대한 차별은 법적 차원에서 해결될 뿐만 아니라 사회적·제도적 차원에서도 개선되어야 한다. 특히 소수자에 대한 인권 침해 요소를 찾아내고, 이를 제거하는 과정이 필요하다. 교육, 고용, 의료, 주거 등 사회 전반에서 소수자들이 경험하는 차별을 해소하기 위한 제도적 개선이 필수적이다.

소수자 차별과 관련된 제도 개선은 법적 보호뿐만 아니라, 공공 서비스의 접근성 향상, 사회적 편견 해소, 경제적 지원 등 다양한 측면에서 이루어져야 한다. 정부는 소수자들이 공정하게 사회에 참여할 수 있도록 필요한 법적, 제도적 장치를 마련하고, 민간 차원에서도 이를 뒷받침할 수 있는 노력이 필요하다.

생각해 볼 문제

1. 우리 사회의 계층 갈등의 대표적인 사례를 찾아 보고, 이 문제의 원인과 현상에 기반하여 바람직한 해결 방안을 논의해 보자.
2. 본 장에서는 사회적 소수자 보호를 위한 제도적 장치를 정리하고 있다. 그 밖에 사회 구성원의 개인적 차원에서 소수자 보호를 위해 어떤 노력을 해야할 것인지를 생각하고 이를 적어보도록 하자.

✔ 더 읽을거리

백순심(2023). 『불편하게 사는 게 당연하진 않습니다』. 설렘.

소위 말하는 정상의 기준에서 벗어난 사람들'의 상황을 예시로 담아 풀어낸 1부에서는 장애인의 비장애인에게 맞춰져 있는 사회(일상) 안에서 느끼는 잠재되어 있는 차별에 대해 이야기한다.

이어 2부에서는 '다양한 기준이 필요한 사람들'이 살아가는 다양한 모습을 담아, 우리가 조금씩만 더 생각하고 고민한다면 사회적인 관계로써 서로를 대하고 그렇게 서로가 존중받는 사회를 만들 수 있을 거라는 메시지를 담고 있다.

참고문헌

김영순(2017). 시민을 위한 사회문화 리터러시. 박이정.

구정화(2023). 청소년을 위한 사회문제 탐구에세이. 해냄.

박용순·문순영·임원선·임종호(2019). 사회문제론. 학지사.

백순심(2023). 불편하게 사는 게 당연하진 않습니다. 설렘.

장 자크 루소·고봉만 역(2018). 인간 불평등 기원론 주경복. 책세상.

삼정 KPMG 경제연구원(2024). 저출생·고령화 인구 대변혁 시대, 기업은 무엇을 준비해야 하는가, 삼정Insight, 제90호, https://kpmg.com/kr/ko/home/insights/2024/07/kr-insight-90.html

통계청(2022). 2022 고령자 통계 https://kostat.go.kr/board.es?mid=a10301010000&bid=10820&tag=&act=view&list_no=420896&ref_bid

12장

한국 사회의 구조적 문제

1. 저출산·고령화

1) 저출산·고령화의 개념

저출산은 사회 전반에서 합계출산율(Total Fertility Rate, TFR)[1]이 지속적으로 감소하는 현상을 의미한다. 저출산은 수치에 따라 저출산과 초저출산으로 구분된다. 저출산은 한 사회의 합계출산율이 인구 대체 수

1 합계출산율은 가임기 여성(15–49세) 1명이 가임기간(15–49세) 동안 낳을 것으로 예상되는 평균 출생아 수임.

준[2]인 2.1명 미만인 경우, 초저출산은 합계출산율이 1.3명 미만일 경우을 의미한다. 여성 1명이 평생 출산할 것으로 예상되는 평균 자녀 수가 2.1명 미만이 된다면 인구는 자연적으로 감소하는 상태로 진입하게 된다. 그렇다면 그 사회는 인구를 유지하거나 대체할 수 없다. 일부 국가에서는 이민을 통해 부족한 인구를 부분적으로 보충할 수 있지만 출산율이 지나치게 낮아지면 이민만으로는 인구 유지가 어려워진다. 이는 장기적으로 국가의 인구 구조 및 사회 시스템에 심각한 영향을 미칠 수 있다. 특히 경제 발전과 사회복지 시스템이 발달한 선진국에서 저출산 현상이 두드러지게 나타나며, 이로 인해 국가 차원에서 인구 감소를 막기 위한 다양한 정책적 노력이 필요해지고 있다.

고령화는 전체 인구에서 고령자의 비율이 증가하는 사회적 현상을 의미한다. 일반적으로 고령자는 65세 이상의 인구를 가리키며, 이들은 사회에서 노년층으로 분류된다. 고령화 사회는 평균수명이 증가하고 출산율이 감소함에 따라 고령자가 차지하는 인구 비율이 점차 높아지는 현상으로 인구 구조가 점점 노령화됨을 의미한다. 이 현상은 전 세계적으로 공통적으로 나타나는 추세이며, 특히 선진국에서 두드러지게 나타나고 있다.

고령화지수[3]는 65세 이상 인구와 14세 이하 인구의 비로 인구고령화 정도를 나타내는 대표적 지표이다. 한국의 고령화지수는 1970년대 중반까지 10명 이하의 낮은 수준이었으나 1980년대부터 꾸준히 증가하여 1990년 20.0명, 2000년 34.3명, 2010년 67.2명에 이어 2024년에는

2 총인구를 유지하는 데에 필요한 출생률

3 고령화지수 = (65세 이상 인구 ÷ 14세 이하 인구) × 100.

181.2명에 달하였다. 고령화지수의 급속한 상승 추세는 출산력 저하로 유소년인구의 비중이 낮아지고 사망력 저하로 노인 인구의 비중이 높아지는 현상이 동시에 반영된 결과이다. 당분간 저출산 기조가 유지될 것으로 보이고 베이비붐 세대[4]가 노년층에 진입했기 때문에 고령화지수는 계속 높아질 것으로 예상된다.

〈표12-1〉 한국의 고령화지수

구분	2012	2013	2014	2015	2016	2017	2018	2019	2020	2021	2022	2023	2024
고령화 지수	76.1	81.5	87.0	93.0	98.4	105.1	111.7	119.2	129.3	139.4	151.0	165.4	181.2

출처: 통계청(2023). 국가통계포털. 노령화지수
https://kosis.kr/visual/populationKorea/PopulationDashBoardDetail.do?statJipyoId=3776&vStatJipyoId=4883&listId=A_02&areaId=&areaNm=

국제연합(UN)은 전체 인구 중 65세 이상 인구의 비율이 7%를 넘으면 '고령화 사회', 14% 이상이면 '고령 사회', 20% 이상일 경우 '초고령 사회'로 분류한다. 우리나라는 고령화가 빠르게 진행되어 2000년에 65세 이상 인구 비율이 7.2%에 도달하며 고령화 사회에 진입하였고, 2018년에는 그 비율이 14.3%로 증가하며 고령 사회로 전환되었다. 2025년 우리나라는 고령인구 비중 20.6%로 초고령 사회에 진입하게 될 전망이며, 이후에도 국내 고령인구 비중은 점차 확대되어 2035년에 30%, 2050년에는 40%를 넘어설 것으로 예상된다(삼정KPMG 경제연구원, 2024). 우리나라가 초고령 사회(65세 이상 고령인구 비중 20%)에 도달하는 속도는

4 한국의 베이비붐 세대는 6 · 25전쟁 이후인 1955년부터 산아제한 정책의 도입으로 출산율이 줄어드는 1963년까지 출생한 사람들을 지칭함. 1980년 중반 수출산업 호조, 1988년 올림픽 특수 등 고도 경제성장과 1997년 외환위기 및 2008년 글로벌 금융위기를 경험함

OECD 주요국에 비해 빠르게 진행되고 있으며, 고령 사회에서 초고령 사회 도달 소요 연수(65세 이상 고령인구 비중 14% → 20%)는 오스트리아 53년, 영국 50년, 미국 15년, 일본 10년에 비해 우리나라는 7년에 불과할 것으로 전망된다(통계청, 2022). 고령화 사회에서는 노동 인구의 감소와 생산성 하락으로 인해 경제 성장의 속도가 느려지며, 동시에 노인 부양을 위한 비용과 의료 및 복지 지출이 증가하면서 국가 경제에 부담이 가중된다.

2) 저출산·고령화 현황

통계청의 「장래인구추계(2020~2070년)」에 따르면, 우리나라의 총인구는 2020년 5,184만 명에서 향후 10년 동안 연평균 약 6만 명씩 감소하여 2030년에는 5,120만 명이 될 것으로 예상되며, 2050년에는 4,736만 명까지 줄어들 것으로 전망된다. 2070년의 인구 규모는 1979년 수준과 비슷할 것으로 보인다. 총인구의 감소와 더불어 생산연령인구의 변화 또한 주목할 필요가 있다. 2020년 기준 3,783만 명이던 생산연령인구는 2030년에는 3,381만 명, 2070년에는 1,737만 명으로 크게 줄어들 것으로 예측된다.

인구 구조 변화에서 가장 두드러지는 특징은 연령별 인구 구성의 변화이다. 특히 저출산 현상이 빠른 속도로 진행되고 있는 점이 주목된다. 2023년 인구동향조사의 출생·사망 통계에 따르면 국내 출생아 수는 약 23만 명으로 집계되었으며, 이는 2018년 대비 약 30%, 2013년 대비 약 47% 감소한 수치로 저출산이 단기간 내 급격히 진행되고 있음을 보여준다. 같은 해 합계출산율은 0.72명으로 OECD 회원국 가운데 가장 낮은 수준이며, 미국(1.62명), 프랑스(1.64명), 일본(1.21명) 등 주요 국가들보다 현저히 낮은 것으로 나타났다.

이와 함께 고령화도 빠르게 심화되고 있다. 2024년 7월 기준 65세 이상 고령 인구는 1,000만 명을 넘어 전체 인구의 19.5%를 차지하였으며, 2025년에는 고령 인구 비중이 20.6%에 이르러 초고령 사회에 진입할 것으로 예상된다. 이후에도 고령 인구의 비중은 꾸준히 증가하여 2035년에는 30%, 2050년에는 40%를 초과할 것으로 전망된다. 이러한 급속한 고령화는 2050년에 우리나라의 고령 인구 비율이 미국, 독일, 일본보다 높아질 가능성을 시사하며, 인구 피라미드를 통해 그 추세가 더욱 명확히 드러난다.

또한 인구 구조 변화는 가족 형태의 변화와도 밀접하게 관련되어 있다. 혼인 연령의 상승 및 비혼 인구의 증가로 인해 혼인율이 하락하고 있으며, 이에 따라 가구당 평균 구성원 수도 줄어들고 있다. 통계청에 따르면 국내 평균 가구원 수는 2000년 3.1명에서 2010년 2.7명, 2021년에는 2.3명으로 지속적인 감소세를 보이고 있다.

이러한 저출산 및 고령화로 인한 노동력 감소, 대한민국의 국제적 위상 강화에 따른 유학생 증가 등의 요인으로 외국인 유입이 확대되고 있다. 법무부의 통계에 따르면 2023년 기준 국내 전체 인구 중 체류 외국인이 차지하는 비율은 4.9%로, 이는 OECD 기준인 '이주배경 인구 5% 이상'에 근접하여 우리나라가 다문화 사회로 본격적으로 진입하고 있음을 시사한다.

인구 분포 측면에서는 수도권과 대도시에 인구가 집중되는 경향이 뚜렷하다. 2022년 기준 수도권 인구는 전국의 50.5%인 약 2,605만 명에 달했으며, 이러한 수도권 집중은 저출산 및 지역 인구 유출과 맞물려 일부 지방 도시의 소멸 위험을 초래하고 있다. 실제로 국내 전체 시·군·구 가운데 89개 지역이 인구감소 지역으로 지정되었으며, 지역 소멸 문제는 점차 현실적인 과제로 대두되고 있다.

3) 인구 구조 변화와 대응

한국은 지난 20년 이상 초저출산(합계출산율 1.3명 이하) 현상을 지속적으로 경험하고 있으며, 이러한 상황은 가까운 미래에도 개선되기 어려울 것으로 전망된다. 저출산 대책이 실효성을 거두더라도 출산율이 언제부터, 어떤 속도로, 어느 수준까지 상승할지는 불확실하다. 이에 따라 한국 사회는 인구 감소와 고령화라는 구조적 문제를 겪게 될 것이며, 이를 해결하기 위한 체계적인 대책이 필요하다. 이러한 인구 구조 변화가 초래하는 사회적 영향은 다음과 같다.

첫째, 학령인구의 급격한 감소는 초·중·고등학교뿐만 아니라 대학교까지 영향을 미치고 있다. 과거의 고출산기에 맞추어 건립된 학교 시설과 교사 양성 인프라는 이제 과잉 상태가 되었고, 이에 따라 학교 통폐합과 폐교가 진행되고 있다. 폐교는 단순히 잉여 시설의 문제를 넘어 지역사회의 쇠퇴와 지방소멸을 가속화시키는 주요 원인으로 작용하고 있다. 이를 해결하기 위해 초·중·고 통합학교와 학교 간 통합수업을 활성화하고, 지방대학의 경쟁력을 확보하기 위해 교육부의 권한을 지자체에 이양하는 등의 방안이 필요하다. 또한 종합대학 중심의 대학 체계를 단과대학 중심의 특성화된 대학으로 전환해 지역적으로 균형 있는 교육 환경을 조성해야 한다.

둘째, 출생아 수 감소로 인해 병역 의무를 수행할 대상 인구가 줄어들면서 병력자원이 부족해질 것으로 예상된다. 이를 해결하기 위해 4차 산업혁명의 핵심 기술을 활용한 첨단 무기 개발과 병력 대체 기술 도입이 필요하다. 또한 기술병 등 일부 병과에 대해서는 모병제를 도입하는 혼합병제 채택이 제안되고 있다.

셋째, 생산가능인구(15~49세)의 감소는 노동력 부족뿐만 아니라 소비인구 부족으로 이어져 내수 위축과 경제 성장 둔화를 초래할 것이다. 현재 베이비붐 세대(1955~1974년 출생)가 노동 시장에 남아있지만 이들이 대거 노동 시장에서 이탈하는 2030년대 중반부터는 본격적인 노동력 부족 현상이 발생할 것으로 보인다. 이에 대응하기 위해 여성 고용률을 스웨덴 수준(70~80%)으로 끌어올리고, 고령 인구의 노동 시장 참여를 확대하는 한편 외국인 노동력 유입을 활용할 필요가 있다. 다만, 장기 이민자 유입은 사회 통합 비용이 높아 신중한 접근이 요구된다.

넷째, 노인 인구의 증가로 인해 연금, 건강보험, 장기요양보험 등 사회보장 제도의 재정 부담이 크게 증가할 전망이다. 연금보험료를 납부할 인구는 줄어드는 반면 수령자는 늘어나 연금 기금이 고갈될 가능성이 높다. 이를 해결하기 위해 정년 연장을 통해 노년층이 납부자로 전환될 수 있도록 유도하고, 보험료율과 소득대체율을 조정하는 등 구조적 개혁이 필요하다. 이러한 인구 변화에 대한 대응 방안으로 출산율 회복과 인구 구조 변화 적응의 병행이 요구된다. 이에 따른 대응 방안은 다음과 같다.

첫째, 출산율 회복은 인구 감소와 고령화 문제를 해결하기 위한 핵심 과제이다. 이를 위해 양육비 지원, 일·가정 양립 환경 조성, 고용 안정성 강화, 주거비 부담 완화 등 실질적인 지원 정책이 강화되어야 한다. 특히 젠더 평등을 기반으로 한 여성 고용률 상승 및 가족 친화적 정책이 필요하다.

둘째, 초저출산 현상이 장기적으로 지속될 가능성을 고려할 때 인구 감소와 고령화에 대응하는 전략도 병행되어야 한다. 이를 위해 노동 시장의 유연성을 강화하고, 지식기반 산업으로의 전환을 가속화하며, 사회보장 제도의 지속 가능성을 높이는 개혁이 필요하다. 또한 외국인 노동력 유입 정책은 장기적으로 노동 시장 안정화를 위해 신중히 검토되어야 한다.

셋째, 출산율 회복과 인구구조 변화에 대한 적응은 양자택일의 문제가 아니다. 출산율 회복은 인구 변화 적응 비용을 줄이는 데 기여할 수 있으며, 성공적인 인구 변화 적응은 출산율 회복을 촉진하는 시너지 효과를 낼 수 있다. 두 가지 과제를 동시에 추진함으로써 한국 사회의 지속 가능성을 확보해야 한다.

4) 저출산·고령화 사회를 위한 지원 정책과 한계

(1) 저출산 정책

저출산 대응 정책은 임신·출산 지원 확대, 아동수당 및 영유아 돌봄 확충, 일·가정 양립 제도 강화, 청년 주거와 일자리 문제 해결 시도 등 다양한 분야에서 성과를 보였다. 구체적으로는 난임 치료 건강보험 적용과 아동수당 보편 지급, 국공립 보육 시설 확충, 남성 육아휴직 증가와 가족친화 기업 확대 등이 대표적 성과로 꼽힌다. 그러나 이러한 정책에도 불구하고 한계가 분명하다.

첫째, 기혼 부부 중심의 출산 장려에 집중하여 비혼·비출산 선택 증가라는 구조적 변화를 반영하지 못했다.

둘째, 서비스 위주의 정책으로 국민이 체감하는 지원 효과가 낮고, 초등 돌봄 공백과 양육비 부담이 여전하다.

셋째, 일·가정 양립 제도의 실효성이 낮아 직장 문화와 경제적 제약으로 실제 활용률이 저조하다.

넷째, 성평등 노동환경 조성이나 다양한 가족 형태에 대한 제도적 개선은 여전히 미흡해 저출산의 근본 원인을 해결하지 못하고 있다.

(2) 고령화 정책

우리 사회의 고령화 대응 정책은 소득 보장, 건강·돌봄 관리, 고령친화적 환경 조성을 중심으로 추진되어 왔다. 먼저 소득 보장 측면에서는 기초연금 인상과 국민연금, 사적연금 등을 포함한 다층적 노후소득보장 체계가 마련되었고, 노인 일자리 확대 정책을 통해 일정한 소득 보충과 사회활동 참여 기회도 제공되었다. 건강 관리와 돌봄 분야에서는 장기요양보험 제도와 치매 관리 인프라 구축, 정신건강 관리 체계 마련 등이 추진되어 예방적 건강 관리와 공적 돌봄 체계가 강화되었다. 또한 고령친화산업진흥법 제정, 정년 법제화, 주거복지주택 공급, 고령 운전자 안전관리 등은 고령층의 경제활동 지속과 생활환경 개선에 기여하였다. 그러나 이러한 성과에도 불구하고 정책적 한계는 여전히 뚜렷하다.

첫째, 노인빈곤 문제는 여전히 OECD 최고 수준이며, 무연금·저연금 계층과 조기퇴직으로 인한 소득 절벽 문제는 충분히 해결되지 못했다.

둘째, 건강 및 돌봄 서비스는 만성질환 관리, 건강검진 이후의 연계 치료, 지역사회 통합 돌봄에서 실효성이 부족하며, 임종 지원과 같은 생애 말기 돌봄도 미흡하다.

셋째, 고령층의 경제활동 지원은 단순노무 위주로 한정되어 있고, 노인의 경험과 역량을 충분히 활용할 제도적 장치가 부족하다. 주거환경 역시 중산층 고령세대를 포괄하지 못하고 안전사고 예방 대책이 미흡하다는 한계가 존재한다.

5) 저출산·고령화 사회를 위한 미래 추진 전략

제4차 저출산·고령사회 기본계획(2021~2025)은 저출산과 고령화 문제를 동시에 해결하기 위해 마련된 종합 전략으로 출산·육아 지원 강화, 노년층 삶의 질 향상, 사회 전반의 지속가능한 성장이라는 세 가지 목표를 중심으로 추진되었다. 출산과 양육 측면에서는 일·가정 양립 환경 조성을 위해 기업의 유연 근로제와 육아휴직 제도를 확대하고, 남성 육아휴직 사용을 독려하여 양육 책임을 가족 내에서 분담하도록 했다. 또한 보육·교육비 부담을 완화하기 위해 공공 보육 서비스와 어린이집, 유치원의 질적 향상을 추진하고, 신혼부부와 청년층을 대상으로 주거 지원을 강화함으로써 안정된 생활 기반을 마련하고자 했다.

고령화 대응에서는 노후 소득 보장을 위해 기초연금 확대와 국민연금 제도 개선, 사적 연금 활성화가 추진되었고, 장기요양보험과 치매 관리 인프라 확충을 통해 돌봄 체계를 강화했다. 아울러 예방적 건강 관리 프로그램, 만성질환 관리, 지역사회 돌봄 서비스 확대 등을 통해 노인이 건강하게 자립할 수 있는 기반을 조성했으며, 고령친화 일자리 창출과 평생학습 기회를 통해 노인의 사회 참여를 확대하였다.

다만 정책의 실효성 강화, 사회적 인식 변화, 지방자치단체의 맞춤형 대응이라는 과제는 여전히 남아 있다. 이러한 한계와 성과를 토대로 제5차 기본계획(2026~2030)은 AI와 같은 미래 기술을 활용한 정책 전환, 인구통계 기반 목표와 지표의 정합성 확보, 인구 문제 전반을 포괄하는 개혁과제 논의, 완화와 적응을 아우르는 전략, 정책·문화·거버넌스 변화를 통한 총체적 대응이라는 새로운 방향성을 제시하고 있다.

2. 양극화

1) 한국 사회 양극화의 개념과 구조적 요인

(1) 사회 양극화의 개념

사회 양극화란 경제적·사회적 불평등이 심화되면서 사회 계층 간 격차가 극단적으로 벌어지는 현상을 의미한다. 이는 단순한 소득 격차에 국한되지 않으며, 자산 보유의 차이, 교육 기회의 불평등, 고용 형태의 격차, 정치적 영향력의 차이 등 다양한 영역에서 불평등을 심화시키는 경향이 있다. 결과적으로 양극화가 진행되면 사회의 중산층이 축소되고, 상위 계층과 하위 계층 간의 간극이 더욱 벌어지면서 사회 구조의 불안정성이 증가할 수 있다.

현대 사회에서 양극화는 다양한 요인에 의해 발생하고 있으며, 특히 노동 시장의 변화, 기술 혁신의 가속화, 그리고 정부의 정책적 대응 부족이 복합적으로 작용하면서 그 심각성이 더욱 부각되고 있다. 산업 구조의 변화로 인해 전통적인 고용 환경이 변화하면서 안정적인 일자리가 줄어들고 있으며, 이에 따라 노동 계층 간의 격차도 확대되는 추세이다. 또한 부동산 시장의 불안정성과 금융 자산의 집중 현상은 개인과 가정의 경제적 이동성을 저하시켜 계층 간 이동을 더욱 어렵게 만들고 있다. 더욱이 개방 경제 체제에서는 일정 수준의 양극화가 불가피할 수 있지만,

과도한 양극화가 발생할 경우 사회적 통합이 저해되고, 경제 성장의 지속 가능성마저 위협받을 수 있다.

(2) 한국 사회 양극화의 구조적 요인

한국 사회에서 양극화가 심화되는 주요 원인은 노동 시장의 이중구조, 소득 및 자산 불평등, 산업 구조 변화, 기술 혁신, 정책적 대응 부족 등과 같은 구조적 요인에서 비롯된다.

첫째, 노동 시장의 이중구조는 한국 사회의 대표적인 양극화 요인 중 하나이다. 정규직과 비정규직 간의 고용 안정성 차이가 뚜렷하게 나타나면서 경제적 격차가 더욱 심화되고 있다. 정규직 노동자는 안정적인 소득과 복지를 보장받는 반면 비정규직 노동자는 낮은 임금과 고용 불안을 경험하며 사회적 안전망에서 소외되는 경향이 있다. 대기업과 중소기업 간의 임금 및 복지 차이도 이러한 노동 시장 내 격차를 더욱 심화시키는 요인으로 작용하고 있다.

둘째, 소득 및 자산 불평등이 심화되면서 경제적 양극화가 고착화되고 있다. 특히 부동산 가격 상승은 자산 보유 계층과 비보유 계층 간의 경제적 격차를 더욱 확대시키며, 금융 자산의 집중 현상은 상류층이 경제적 부를 더욱 독점하는 결과를 초래하고 있다. 이러한 현상은 중산층의 붕괴를 가속화하고, 사회 계층 이동의 기회를 제한하는 주요 요인이 된다.

셋째, 산업 구조의 변화와 기술 발전도 양극화 심화에 기여하는 요소 중 하나이다. 전통적인 제조업 일자리가 줄어들면서 저숙련 노동자들이 안정적인 고용을 유지하기 어려워지고 있으며, IT 및 플랫폼 경제의 성장으로 인해 고숙련 노동자와 저숙련 노동자 간의 격차가 더욱 벌어지고 있다. AI 및 자동화 기술의 발전은 일부 고숙련 노동자에게는 새로운 기회를 제공하지만, 저숙련 노동자에게는 실업과 소득 감소의 위기를 가져오고 있다.

넷째, 정책적 대응 부족과 복지 체계의 한계 역시 한국 사회의 양극화를 심화시키는 중요한 요인이다. 한국의 조세 및 복지제도는 경제적 불평등을 완화하는 역할을 충분히 수행하지 못하고 있으며, 노동 시장 변화에 적절히 대응하지 못하는 정책적 한계도 존재한다. 사회 안전망이 충분히 마련되지 않은 상태에서 경제 구조 개혁이 지연되면서 저소득층과 취약 계층이 경제적 어려움에서 벗어나기 어려운 상황이 지속되고 있다.

2) 한국 사회에서 나타나는 양극화의 주요 양상

양극화는 단순히 소득 격차에서 그치는 것이 아니라 노동 시장, 교육 기회, 정치·사회적 환경 등 여러 영역에서 심화되고 있다. 특히 한국 사회에서는 경제적 양극화, 교육 및 계층 이동성의 양극화, 그리고 사회적 갈등과 정치적 양극화가 중요한 문제로 대두되고 있다. 이와 같은 양극화의 다양한 양상은 사회 전반의 구조적 불평등을 더욱 고착화시키며 지속 가능한 발전과 사회적 통합을 저해하는 요소로 작용하고 있다.

(1) 경제적 양극화

경제적 양극화는 노동 시장과 자산 시장에서의 불평등이 심화되면서 더욱 가속화되고 있다. 한국 사회에서는 경제 성장을 이루는 과정에서 대기업 중심의 경제 구조가 고착화되었으며, 이에 따라 노동 시장에서도 대기업과 중소기업 간의 격차가 점점 커지고 있다. 대기업에 종사하는 노동자들은 상대적으로 안정적인 고용과 높은 임금을 보장받지만, 중소기업 노동자들은 낮은 임금과 불안정한 노동 환경에 처해 있는 경우가 많다. 이는 동일한 노동 시장 내에서도 소득 수준과 고용 안정성의 차이가 극명하게 드러나는 결과를 초래하고 있다.

특히 정규직과 비정규직 간의 격차는 한국 경제에서 가장 두드러지는 경제적 양극화의 사례 중 하나이다. 정규직 노동자는 장기적인 고용 보장과 다양한 복지 혜택을 받을 수 있는 반면 비정규직 노동자는 낮은 임금과 계약 기간 만료에 따른 고용 불안을 지속적으로 경험해야 한다. 더욱이 동일한 업무를 수행하더라도 고용 형태에 따라 임금 차이가 발생하는 구조적 문제는 노동 시장 내에서의 불평등을 심화시키는 주요 요인으로 작용하고 있다.

이와 더불어 부동산 시장의 양극화도 경제적 불평등을 심화하는 핵심적인 문제로 지적된다. 최근 몇 년간 한국의 수도권, 특히 서울을 중심으로 한 부동산 가격 상승은 자산을 보유한 계층과 그렇지 못한 계층 간의 격차를 더욱 확대시키는 결과를 낳았다. 부동산 가격이 급등하면서 이미 자산을 보유한 계층은 더욱 부를 축적할 수 있는 반면 무주택자는 높은 주거비 부담으로 인해 경제적 어려움에 직면하게 된다. 이는 주거 불안정 문제를 야기할 뿐만 아니라 자산 격차가 세대 간 대물림되면서 사회적 이동성을 저해하는 원인으로도 작용하고 있다.

또한 수도권과 지방 간의 경제적 격차 역시 한국 사회의 구조적 문제로 자리 잡고 있다. 수도권에서는 경제 기회와 인프라가 집중되어 있어 상대적으로 높은 임금을 받을 수 있는 직업 기회가 많지만, 지방에서는 일자리 부족과 경제적 침체로 인해 안정적인 소득을 확보하기가 어려운 실정이다. 이러한 지역 간 격차는 인구의 수도권 집중 현상을 더욱 가속화하며, 지방 경제의 쇠퇴를 초래하는 악순환을 낳고 있다.

(2) 교육 및 계층 이동성의 양극화

교육은 계층 이동성을 결정하는 중요한 요소로 작용하지만, 한국 사회에서는 교육 기회의 불평등이 심화되면서 양극화 문제를 더욱 악화시키고 있다. 특히 사교육 의존도가 높은 한국의 교육 환경은 가정의 경제력이 학생들의 학업 성취도와 대학 입학 기회에 직접적인 영향을 미치는 구조를 형성하고 있다.

사교육 의존도의 증가는 부유층과 저소득층 간의 교육 격차를 심화시키는 주요 원인 중 하나이다. 경제적 여유가 있는 가정에서는 자녀의 교육 경쟁력을 높이기 위해 조기교육, 사립학교 진학, 해외 연수, 대입 준비 과정에서의 과외 등을 적극적으로 활용할 수 있다. 반면 저소득층 가정에서는 사교육비 부담이 커질수록 공교육에 의존할 수밖에 없으며, 이로 인해 명문 대학 진학률에서 현격한 차이가 발생한다.

이와 관련하여 대학 서열화 문제도 계층 이동성을 저해하는 요인으로 작용하고 있다. 한국 사회에서는 대학 졸업장이 취업과 사회적 지위를 결정하는 중요한 요소로 작용하기 때문에 명문 대학과 비명문 대학 간의 졸업생 취업률 및 임금 차이가 크다. 이에 따라 사회 상층 계층은 교육을 통한 신분 상승보다는 기존의 지위를 유지하는 방식으로 교육을 활용하게 되며, 하층 계층은 교육을 통해 계층 이동을 이루기가 점점 어려워지고 있다.

또한 디지털 격차도 교육 양극화의 또 다른 측면으로 작용하고 있다. 최근 온라인 학습 및 디지털 기술 활용이 교육에서 중요한 역할을 하고 있지만 경제적 여건이 열악한 가정에서는 고성능 전자기기나 인터넷 환경을 갖추기 어려운 경우가 많다. 이에 따라 학생들의 학습 경험 자체가 차별화되면서 장기적으로는 노동 시장에서의 격차로까지 이어질 가능성이 높다.

(3) 사회적 양극화와 정치적 갈등

양극화가 심화될수록 사회적 연대가 약화되고, 계층 간 갈등이 증폭될 가능성이 커진다. 특히 소득 및 자산 격차가 확대되면서 상류층과 하류층 간의 생활 방식과 가치관 차이가 점점 커지고 있으며, 이러한 현상은 사회적 불신을 심화시키는 결과를 초래한다.

경제적 양극화는 종종 정치적 양극화로 연결되기도 한다. 경제적으로 어려움을 겪는 계층은 기성 정치에 대한 불신이 커지고, 이로 인해 극단적인 정치적 성향을 지지하는 경향이 증가할 수 있다. 이러한 현상은 특정 계층이 포퓰리즘 정당을 지지하는 것으로 나타날 수 있으며, 이는 사회적 갈등을 더욱 심화시키는 결과를 초래할 수 있다.

또한 양극화가 심화될수록 사회적 이동의 기회가 줄어들기 때문에 개인들은 불만을 표출할 창구로 정치적 극단주의를 선택할 가능성이 높아진다. 이는 사회적 통합을 저해하고, 장기적으로 정치 체제의 불안정성을 초래할 위험이 있다. 특히 계층 간 불신이 심화될 경우 상류층은 자신들의 특권을 지키기 위해 더 폐쇄적인 태도를 보이게 되고, 하류층은 상대적 박탈감을 강하게 느끼며 분노를 표출할 가능성이 높아진다. 이러한 현상이 지속되면 사회적 연대가 무너지고, 결국 정치적 양극화가 더욱 심화되는 악순환이 발생할 수 있다

3) 한국 사회의 양극화 해결을 위한 정책적 대안

한국 사회에서 양극화 문제를 해결하기 위해서는 단순한 소득 재분배 정책을 넘어 고용 안정성 강화, 교육 기회 확대, 사회 안전망 구축 등 구조적인 개선책이 필요하다. 현재 양극화 문제는 노동 시장, 교육, 복지 등 다양한 영역에서 발생하고 있기 때문에, 이를 해소하기 위해서는 다각적인 접근이 필요하다. 단순히 임금 격차를 줄이는 것만으로는 사회적 불평등을 해소하기 어려우며, 보다 근본적인 차원에서 경제 구조를 개혁하고, 교육과 복지제도를 개선하는 등의 총체적인 대책이 마련되어야 한다. 이를 위해 한국 사회에서 가장 시급하게 해결해야 할 세 가지 핵심 과제를 다음과 같이 제시할 수 있다.

(1) 노동 시장 개혁과 경제 구조 개선

노동 시장의 격차를 줄이고 공정한 경제 구조를 확립하기 위해서는 비정규직 노동자의 보호를 강화하고, 정규직 전환을 유도하는 정책이 필요하다. 현재 한국의 노동 시장은 정규직과 비정규직 간의 이중구조가 고착화되어 있어 동일한 업무를 수행하더라도 임금과 복지에서 큰 차이가 발생하고 있다. 따라서 노동자의 권리를 보호하고 고용 안정성을 확보하기 위해 비정규직의 처우 개선과 정규직 전환을 촉진하는 법적·제도적 장치를 마련해야 한다.

또한 중소기업과 자영업자의 경쟁력을 강화하기 위한 정책적 지원도 필수적이다. 한국 경제는 대기업 중심으로 운영되면서 중소기업과 자영업자가 상대적으로 불리한 위치에 놓였으며, 이에 따라 중소기업 근로자들은 낮은 임금과 열악한 근무 환경을 감수해야 하는 상황이다. 이는 노동 시장 내 불평등을 심화시키는 요인이므로 중소기업 및 자영업자의 경쟁력을 높이기 위한 금융 지원, 연구개발 지원, 공정한 거래 환경 조성 등의 대책이 마련될 필요가 있다.

아울러 산업 간 격차를 줄이고 신성장 산업을 육성하는 정책도 요구된다. 기존 제조업 중심의 경제 구조에서 벗어나 디지털 경제, 친환경 산업, 인공지능(AI), 빅데이터 등 신기술 분야를 적극 육성함으로써 노동시장의 불균형을 해소하고 지속 가능한 경제 성장을 도모해야 한다. 이를 위해 정부는 첨단 산업 발전을 위한 지원 정책을 확대하는 동시에 신기술 변화에 맞춰 노동자들의 직업 전환을 지원하는 교육 및 훈련 프로그램을 강화해야 한다.

(2) 교육 개혁 및 계층 이동성 강화

교육 기회의 불평등을 해소하기 위해서는 공교육의 질을 높이고, 지역 간 교육 격차를 완화하는 정책이 시급하다. 한국의 교육 시스템은 여전히 사교육 의존도가 높아 경제적 배경에 따라 교육의 질이 달라지는 구조적 문제가 존재한다. 따라서 모든 학생들이 양질의 교육을 받을 수 있도록 공교육의 질을 높이고, 학교 간 교육 격차를 줄이는 조치가 필요하다. 이를 위해 정부는 교사 역량 강화, 교육 인프라 개선, 지역 간 교육 불균형 해소를 위한 재정 지원 확대 등의 정책을 적극 추진해야 한다.

또한 직업 교육과 평생 교육의 활성화가 필요하다. 현재 한국의 교육 시스템은 대학 중심으로 운영되고 있어 학생들이 학력에 따라 직업을 선택하는 경향이 강하다. 그러나 미래 사회에서는 학력보다 직무 역량이 더욱 중요해질 가능성이 높으므로 다양한 직업 경로를 제공하는 교육 체계가 마련되어야 한다. 이를 위해 전문대학 및 직업 교육 기관의 교육 수준을 향상시키고, 직업 교육 과정과 산업 현장을 연계하는 프로그램을 확대하는 것이 중요하다.

특히 빠르게 변화하는 경제 환경에 적응할 수 있도록 평생 교육 시스템을 구축하는 것도 필수적이다. 4차 산업혁명 시대에는 직업의 형태가 빠르게 변화하고 있으며, 한 직장에서 평생 근무하는 것이 점점 어려워지고 있다. 따라서 노동자들이 지속적으로 새로운 기술을 습득하고, 변화하는 노동 시장에 적응할 수 있도록 평생 교육 기회를 확대하는 정책이 필요하다. 예를 들어 디지털 기술 교육, 성인 대상 직무 교육 프로그램, 기업 내 재교육 시스템 구축 등을 통해 노동자들이 지속적으로 자신의 역량을 개발할 수 있도록 지원해야 한다.

(3) 복지 및 사회 안전망 강화

소득 불평등을 완화하고 경제적 취약 계층을 보호하기 위해 조세 개혁, 공공 주택 확대, 의료 및 복지 서비스 강화 등의 정책적 개입이 필수적이다. 현재 한국의 조세 제도는 중산층과 저소득층에 상대적으로 부담이 크며, 소득 재분배 기능이 충분히 작동하지 않는 한계를 지닌다. 따라서 조세 형평성을 높이고, 부유층의 사회적 책임을 강화하기 위해 누진세율을 조정하고 조세 회피 방지 제도를 마련해야 한다.

아울러 주거 불평등 해소를 위한 공공 주택 정책 강화가 필요하다. 최근 부동산 가격 상승으로 무주택자의 주거 부담이 커지면서 자산 양극화가 심화되고 있다. 이에 따라 공공 임대주택 공급을 확대하고, 부동산 시장의 투기적 요소를 규제하는 정책을 추진해야 한다.

또한 사회 안전망을 확충하여 취약 계층을 보호하는 것이 중요하다. 양극화가 심화될수록 저소득층과 취약 계층이 더욱 어려운 상황에 놓이며, 이는 사회적 불안정성을 초래할 수 있다. 따라서 기본적인 복지 서비스를 확대하고, 고령층, 저소득층, 실업자, 장애인 등의 경제적 자립을 지원하는 정책을 강화해야 한다. 이를 위해 실업급여 확대, 기초연금 및 국민연금 보장성 강화, 의료비 부담 경감 정책 등이 필요하다.

특히 복지 정책이 단순한 현금 지원이 아닌 자립을 돕는 방식으로 운영될 필요가 있다. 예를 들어 맞춤형 일자리 창출, 재취업 교육, 창업 지원 프로그램 등을 통해 저소득층의 장기적 자립을 유도해야 한다. 이를 통해 복지가 단순한 시혜적 성격을 넘어서 사회 구성원이 경제적으로 자립할 수 있도록 돕는 역할을 하도록 설계되어야 한다.

양극화 문제는 단순히 경제적 불평등을 해결하는 차원을 넘어 사회 전체의 지속 가능성을 높이고, 사회적 연대와 통합을 강화하는 방향으로 접근해야 한다. 이를 위해서는 노동 시장의 격차를 줄이고, 교육 기회를 확대하며, 복지제도를 강화하는 종합적인 정책이 필요하다. 정부뿐만 아니라 기업과 시민사회도 함께 노력하여 보다 공정하고 지속 가능한 사회를 만들어 나가야 할 것이다.

3. 남북 분단과 이념 갈등

1) 남북 분단

(1) 한반도 분단의 이해

한반도의 분단은 1945년 제2차 세계대전 종전과 일본의 패망 이후 미국과 소련이 38선을 기준으로 남북을 분할 점령하면서 시작되었다. 본래

임시적 조치였으나 남한에는 친서방·자본주의 체제를 지향하는 대한민국 정부가, 북한에는 친소·공산주의 체제를 따르는 조선민주주의인민공화국이 각각 수립되면서 분단은 고착화되었다. 이는 단순한 민족 내부의 갈등이 아니라 냉전 체제 속에서 미국과 소련이라는 강대국의 이해관계가 얽힌 결과였다.

해방 이후 한반도 내부에서는 좌익과 우익, 중도 세력 간의 갈등이 심화되었고, 민족적 통합 역량 부족은 외세 개입을 용이하게 했다. 미·소 공동위원회가 열렸으나 합의에 실패하면서 통일 정부 수립은 무산되었고, 남북한은 서로 다른 체제를 강화하며 대립 구도를 심화시켰다. 이러한 갈등은 결국 1950년 한국전쟁으로 폭발해 국제적 대리전 양상을 띠었고, 1953년 휴전으로 전쟁은 멈추었으나 한반도의 분단은 더욱 고착되었다.

결국 한반도 분단은 지정학적 요충지로서의 가치, 강대국의 전략적 이해관계, 내부 이념 갈등이 복합적으로 작용한 산물이었다. 그 결과 남북한은 서로 다른 체제 속에서 갈등과 대립을 이어오고 있으며, 오늘날까지도 한반도 주민들에게 정치적·사회적·경제적 어려움을 야기하는 분단 상황을 지속하고 있다.

(2) 한반도 분단의 폐해

남북 분단의 폐해는 한반도의 정치·경제·사회 전반에 걸쳐 심각한 영향을 미치며, 국가 발전을 제약하는 근본적인 장애 요인으로 작용해왔다.

먼저 경제적 측면에서 가장 큰 문제는 막대한 국방비 지출이다. 남북이 군사적으로 대치하면서 매년 엄청난 규모의 국방 예산이 소요되었고,

이는 교육, 복지, 산업 발전과 같은 다른 국가적 과제에 투입될 수 있는 자원을 크게 줄였다. 또한 젊은 세대의 장기 군복무는 개인의 학업과 경력 형성에 큰 지장을 주어 기회비용을 발생시키며, 국가적으로는 생산적인 노동력이 상당 기간 묶이는 비효율을 초래한다. 더불어 남북한의 단일 시장 부재는 내수 규모를 제한하고, 북한의 자원과 남한의 기술·자본이 결합할 기회를 차단하여 경제 성장의 잠재력을 크게 감소시켰다. 대륙과 연결되는 물류 경로를 활용하지 못하고 해상 운송에만 의존해야 하는 현실은 물류비 증가와 국제 경쟁력 저하로 이어졌다. 그 결과 한국은 남북 긴장으로 인해 외국 자본이 투자를 주저하는 '코리아 디스카운트' 현상을 겪고 있으며, 이는 국가 경제의 국제적 평가와 신뢰도를 떨어뜨리고 있다.

사회적 측면에서는 전쟁의 불안감과 심리적 불안이 지속적으로 남북 주민들에게 영향을 미치고 있다. 한국전쟁으로 인해 발생한 수많은 이산가족은 여전히 재회의 기회를 얻지 못하고 있으며, 이는 분단이 낳은 대표적인 인도적 차원의 비극이다. 또한 오랜 분단은 언어와 문화적 차이를 심화시켰다. 남북한 주민들이 같은 민족임에도 불구하고 사회주의와 자본주의 체제 속에서 각기 다른 생활 방식, 언어, 문화를 발전시켜 왔으며, 이는 통일 이후 사회 통합 과정에서 상당한 충돌과 혼란을 불러올 가능성이 크다.

정치적 측면에서도 분단은 국력의 분산을 초래하고 있다. 남북한이 통합된 국가로서 자원을 집중했더라면 국제사회에서 훨씬 큰 영향력을 발휘할 수 있었겠지만 현재는 두 국가가 제한된 자원 속에서 경쟁적으로 체제를 유지하는 데 힘을 쏟고 있다. 또한 남북 대립 구도는 한국 내부의 이념 갈등을 심화시켜 정치적 통합을 어렵게 만들었다. 남북 관계를 둘러싼 협력과 대립 논쟁은 한국 정치의 주요 쟁점이 되어 사회적 갈등을 증폭시키는 원인이 되고 있다. 더 나아가 분단 상황은 남북한 모두에서 독재 체제를 정당화하는 도구로 활용되었다. 남한은 반공주의와 국가 안보를 내세운 군부 독재가 장기간 이어졌고, 북한은 외부의 적을 강조하며 김일성 일가 중심의 권력 세습 체제를 강화했다. 이로 인해 양측 주민들의 민주주의 발전과 정치적 자유는 크게 제한되었다.

2) 이념 갈등

(1) 보수와 진보의 이해

보수와 진보는 현대 사회의 구조와 방향을 결정하는 핵심적인 정치적 이념이며, 서로 다른 가치와 철학을 바탕으로 사회 운영의 원리를 제시한다.

보수는 개인의 자유와 자율성을 중시한다. 민주주의와 경제 성장의 원동력이 개인의 선택과 권리 보장에 있다고 보며, 개인이 스스로의 능력과 창의성을 발휘할 수 있는 환경을 조성하는 것을 중요하게 여긴다. 경제적으로는 자유 시장경제를 지지하며, 시장이 자원을 효율적으로 배분한다고 믿기 때문에 정부 개입을 최소화하는 작은 정부를 선호한다. 또한 성과주의를 바탕으로 노력에 따른 보상을 중시하고, 복지 정책 역시 필요한 사람에게만 제공하는 선별적 복지를 강조한다. 세금 정책에서도 넓은 세원과 낮은 세율을 통해 경제적 활력을 유지하는 것을 지향한다.

반면 진보는 평등과 분배를 핵심 가치로 삼는다. 경제 성장이 중요한 목표임에도 불구하고 그 혜택이 사회 구성원 전체에 공평하게 돌아가지 않는다면 한계가 있다고 본다. 따라서 사회적 약자 보호와 자원의 공정한 분배를 중시하며, 이를 위해 정부의 적극적 개입을 강조한다. 진보는 큰 정부를 선호하고, 교육·의료·복지 등 공공서비스를 통해 사회적 평등을 실현하려 한다. 복지 정책에서는 모든 국민이 기본적인 혜택을 누릴 수 있는 보편적 복지를 지지하며, 세금 정책에서도 부자나 대기업에 더 큰 부담을 부과해 재분배를 실현하려 한다.

⑵ 한국 사회의 이념 갈등

한국의 이념 갈등은 1945년 해방 이후부터 현재까지 이어지며 사회 전반에 깊은 영향을 미쳤다. 이 갈등은 초기 공산주의에 대한 찬반 구도에서 시작되었고, 이후 민주주의와 반민주주의, 경제 성장과 분배라는 다양한 주제로 발전했다. 이념 갈등은 단순한 정치 논쟁을 넘어 국가 정책 방향을 결정하는 중요한 요인으로 작용해 왔다.

첫째, 해방 이후 공산주의 찬반 갈등이다. 1945년 해방 이후 남북은 미국과 소련의 영향 아래 반공주의와 공산주의 대립이 본격화되었고, 이승만과 박정희 정권은 강력한 반공주의 정책을 통해 남한 내 공산주의 세력을 억압했다. 반공주의는 경제 성장을 촉진했지만 민주주의를 억압하는 도구로 사용되기도 했다.

둘째, 1980년대 민주 대 반민주 갈등이다. 박정희 대통령 암살 후 한국은 민주화 요구가 폭발한 '서울의 봄'을 맞이했다. 민주 대 반민주의 갈등은 1987년 대통령 직선제 도입으로 이어졌고, 민주화 이후에도 보수는 반공과 안보를, 진보는 민주주의 강화를 추구하며 갈등이 지속되었다.

셋째, 1997년 이후 성장과 분배 갈등이다. IMF 경제위기 이후 김대중 정부는 분배와 복지 정책을 강화했으며, 보수는 성장 중심의 경제정책을 강조했다. 경제적 양극화가 심화되면서 성장과 분배를 둘러싼 갈등은 정치, 사회 전반으로 확산되었다.

한국이 선진국으로 도약하기 위해서는 진보와 보수 간의 갈등을 넘어 통합적 정책 이념이 필요하다. 성장과 분배, 민주주의와 경제 발전을 균형 있게 조화시키는 비전이 요구된다. 결론적으로 해방 이후 한국의 이념 갈등은 국가 발전과 사회 통합을 저해하는 요소로 작용해 왔으며, 이를 해결하기 위한 정책적 비전이 절실히 필요하다.

(3) 이념 갈등의 대안

한국 사회의 이념 갈등은 보수와 진보라는 자연스러운 차이를 넘어 이분법적 대립 구도가 고착화되면서 사회 전반에 부정적 영향을 미치고 있다. 극단적 편 가르기식 정치문화는 국민을 분열시키고 사회 발전을 저해하며, 정치적 냉소주의와 대의민주주의에 대한 불신을 심화시킨다. 또한 정치권이 정책의 본질보다 진영 논리에 치우치면서 사회적 논의는 건설적인 토론보다는 감정적 대립으로 흐르기 쉽다.

이러한 이념 갈등에 대한 다양한 대안이 제시되고 있다.

첫째, 이념보다 실질적 정책의 효과를 중시하는 탈이념·탈진영적 세대의 부상이 있다. 젊은 세대는 합리성과 실용성을 기반으로 새로운 사회적 흐름을 만들어가고 있으며, 이는 갈등 완화의 중요한 계기가 될 수 있다.

둘째, 다양한 가치와 의견을 존중하고 포용하는 사회적 문화 조성이 필요하다. 이를 위해 대화와 협상, 토론을 통한 소통을 정착시키고, 상호 협력적 문제 해결이 강조되어야 한다.

셋째, 특정 계층이나 이념에 편향된 비합리적 제도를 개혁해 공정하고 투명한 사회 구조를 마련하는 것도 중요하다.

결국 이념 갈등의 해소는 차이를 인정하고 소통을 강화하며 제도를 개선하는 과정 속에서 가능하다.

💬 생각해 볼 문제

1. 한국 사회의 저출산·고령화로 인해 다양한 사회적 문제가 발생하고 있다. 현재 이 문제를 해결하기 위한 대안으로 이민자 확대 정책을 추진하려는 대안이 제시되고 있다. 하지만 유럽 국가들의 경우 이민 확대 정책으로 인한 새로운 문제가 확대되고 있다. 이러한 상황에서 한국은 이민 정책과 저출산·고령화 문제를 연계하여 어떤 방향성을 가지고 접근해야 하는지 제안해 보자.
2. 양극화로 인한 사회적·경제적 갈등이 심화하고 있다. 최근 우리 사회에서 양극화로 인해 발생하고 있는 문제 중 하나를 제시하고 이에 대한 효과적인 정책 방안을 제시해 보자..

✔ 더 읽을거리

마이클 샌델·함규진 역(2020).「공정하다는 착각」. 와이즈베리.

이 책의 저자 마이클 샌델은 능력주의가 진정으로 공정한 사회를 만들고 있는지에 대해 비판적으로 고찰하고 있다. 그는 현대 사회에서 열심히 노력하면 성공할 수 있다는 능력주의적 신념이 오히려 불평등을 심화시키고, 사회적 연대를 약화시키는 원인이 된다고 주장한다. 샌델은 능력주의를 넘어서기 위해, 성공을 개인의 노력만이 아닌 사회적 운과 공동체의 역할로 바라볼 필요가 있다고 강조한다. 이 책은 교육, 경제적 불평등, 사회적 이동성, 복지 정책 등을 고민하는 사람들에게 깊은 통찰을 제공하며, 현대 사회의 불평등 문제를 바라보는 새로운 시각을 제시하고 있다.

✎ 참고문헌

권중돈·조학래·윤경아·이윤화·이영미·손의성·오인근·김동기(2024). 사회복지학개론. 학지사.

김영순·홍배식·정경희·박지연·박서현(2018). 사회·문화, 교학사.

김영순(2021). 시민을 위한 사회·문화 리터러시. 박이정.

노정자·박연옥·박주헌·최광수·최영자(2014). 사회복지개론. 창지사.

마이클 샌델·함규진 역(2020). 공정하다는 착각, 와이즈베리.

이상은(2022). 사회복지정책론. 학지사.

Barker, R.L. (1987). The Social Work Dictionary. NASW, Silver Spring, MD.

Romanyshyn(1971). Social welfare: charity to justice, Publisher : Random House.

13장

한국 사회의 미래와 지속가능한 발전

1. 남북 통일

1) 남북 통일의 개념과 목표

남북 통일은 한반도에 존재하는 남한과 북한이 평화적인 방법으로 정치, 경제, 사회, 문화적 통합을 이루어 단일한 국가공동체를 형성하는 것을 목표로 한다. 남북 통일은 단순히 두 체제를 물리적으로 합치는 것이 아니라 자유민주주의와 법치주의를 바탕으로 새로운 사회를 구성하는 창조적인 과정이다.

첫째, 법적·제도적 통합이다. 남북한은 1945년 이후 정치적 이념과 경제적 체제에서 상이한 길을 걸어왔다. 남한은 자유민주주의와 자유시장경제를 기초로 한 체제를 구축한 반면 북한은 공산주의와 사회주의 경제체제를 기반으로 국가를 운영해왔다. 이로 인해 남북한의 법제도 또한 완전히 다른 양상을 띠고 있다. 남북 통일은 이처럼 서로 다른 법제도를 자유민주적 기본질서와 법치주의에 따라 안정적으로 통합함으로써 법적·제도적 차이를 극복하고 하나의 국가로 통합하는 것을 목표로 한다.

둘째, 자유민주주의와 인간의 존엄성 실현이다. 남북 통일의 궁극적인 목표는 한반도 주민들이 전쟁의 공포와 분단으로 인한 고통에서 벗어나 자유민주주의를 실현하고, 인간의 존엄과 가치를 바탕으로 자유와 행복을 누리도록 하는 것이다. 북한 주민들은 공산주의 체제하에서 자유와 인권이 제한되어 있었으며, 남한 주민들은 분단으로 인해 이산가족 문제나 전쟁의 위협 속에서 살아왔다. 통일은 이러한 불안 요소를 제거하고, 한반도 주민들이 존엄성과 자유를 보장받는 사회를 만드는 것을 지향한다.

2) 통일의 창조적 과정과 새로운 공동체 형성

남북 통일은 단순히 분단 이전의 상태로 돌아가는 것이 아니라 남북한이 서로 상이한 역사적 현실과 조건을 인정하고 이를 바탕으로 새로운 공동체 사회로 발전시키는 창조적인 과정이다. 이는 상이한 정치·경제 체제와 이질화된 문화를 통합하여 새로운 사회를 형성하는 것을 의미한다.

첫째, 정치·군사적 통합이다. 남북한의 정치·군사적 대립을 해소하고, 하나의 통일된 통치기구를 형성하는 것은 남북 통일의 첫 번째 단계이다. 이는 남북한이 유지해온 각각의 군사력을 통합하여 더 이상 한반도에서 무력 충돌이나 전쟁의 위협이 존재하지 않도록 하는 것을 목표로 한다. 또한 통일 이후에도 한반도의 평화와 안정을 유지하기 위한 국제적 협력이 중요하다.

둘째, 경제적 통합이다. 경제적 통합은 남북한의 상이한 경제 체제를 하나로 통합하는 것을 의미한다. 남한의 시장 경제체제와 북한의 사회주의 경제체제를 조화롭게 통합하여 통일 한반도의 경제적 번영을 추구하는 것이 주요 과제가 될 것이다. 북한의 낙후된 경제를 발전시키고, 남한의 경제적 성과와 결합하여 한반도 전체의 경제 성장을 이끌어내는 것이 중요하다.

셋째, 사회적·문화적 통합이다. 남북 통일은 정치적 통일뿐만 아니라 사회·경제·문화적 통합을 포함하는 개념이다. 통일이 이루어지더라도 사회적·문화적 이질감이 남아 있는 한 통일은 완성되지 않는다. 이를 해결하기 위해서는 남북한의 이질적인 문화를 동질적인 민족문화로 통합하고, 사회적 통합을 위한 교육과 교류를 통해 문화적 차이를 극복하는 노력이 필요하다.

3) 남북 통일의 추진 시나리오

남북 통일은 한반도의 오랜 분단을 해소하고 평화와 번영을 이루기 위한 중요한 과제다. 이를 실현하기 위한 방법에는 여러 가지 시나리오가 있으며, 각각 장점과 한계가 존재한다.

첫째, 무력 통일은 군사적 힘을 통해 상대를 굴복시키는 방식이다. 그러나 현재 북한은 핵무기와 미사일을 보유하고 있고, 남한 역시 국제 동맹과 강력한 군사력을 갖추고 있어 전면전은 막대한 피해를 초래한다.

인명 손실과 경제 붕괴가 불가피하고, 국제 사회도 이를 용납하지 않기 때문에 사실상 배제해야 할 극단적인 방법이다.

둘째, 흡수 통일은 상대국의 붕괴를 계기로 흡수하여 통일을 이루는 방식이다. 독일 통일이 대표적인 사례지만 한반도의 경우 중국이 북한을 전략적 완충지대로 삼고 있기 때문에 북한 붕괴 시 적극적으로 개입할 가능성이 크다. 이런 국제적 변수로 인해 흡수 통일은 실현 가능성이 낮다.

셋째, 평화 통일은 남북이 협상과 합의를 통해 무력 사용 없이 새로운 체제를 수립하는 방식이다. 이상적이고 안정적이지만 북한 지도층이 권력을 포기할 가능성이 희박하고 국제적 법적 책임 문제가 얽혀 있어 현실적으로 추진하기 어렵다. 따라서 남북 간 신뢰 구축과 지도층을 설득할 수 있는 방안이 반드시 필요하다.

넷째, 단계적 통일은 단기간에 정치적 통합을 이루기보다 점진적 교류와 협력을 통해 경제·사회적 기반을 다져가는 방식이다. 초기에는 제한적 경제 협력과 교류 확대를 통해 격차를 줄이고, 이후 자유로운 인구 이동과 공동 경제 프로젝트로 사회·문화적 통합을 촉진한다. 최종적으로 정치적 통합을 논의할 수 있는 기반을 마련한다는 점에서 단계적 통일은 사회적 혼란을 줄이고 지속 가능한 통일을 이끌 수 있는 현실적인 방안으로 평가된다.

4) 남북 통일에 대한 찬성과 반대 시각

남북 통일은 한반도의 미래를 결정할 중요한 과제이며, 이를 바라보는 시각은 크게 찬성과 반대로 나눌 수 있다.

먼저 찬성 측은 통일이 민족적 자존감을 회복하고 역사적 정당성을 되찾는 길이라고 본다. 분단은 외세에 의해 강요된 결과이므로 통일은 한민족이 당연히 이루어야 할 과제라는 것이다. 경제적으로도 남한의 산업·기술력과 북한의 자원·인력이 결합되면 강력한 시너지 효과가 발생하며, 한반도가 유라시아와 직접 연결됨으로써 국제적 경제 교류가 활발해질 수 있다. 또한 군사적 대치가 해소되어 안보 불안이 줄고, 징병제 완화 가능성까지 생긴다. 저출산·고령화 문제에도 북한의 젊은 인구 유입이 도움이 되어 장기적인 국가 발전에 기여할 수 있다는 기대도 크다.

반면 반대 측은 통일이 가져올 막대한 비용과 사회적 혼란을 강조한다. 남북은 오랜 분단으로 정치·경제·사회 체제가 달라져 있어 경제 격차 해소와 사회 통합에 긴 시간과 막대한 자원이 필요하다. 독일 통일 사례보다 훨씬 큰 부담이 예상되며, 북한 주민의 대규모 이주, 사회 혼란, 범죄 증가 가능성도 우려하고 있다. 특히 최근에는 통일보다 현재의 경제적 안정과 삶의 질을 더 중시하기 때문에 국민적 공감대 형성도 쉽지 않다. 이런 이유로 반대 측은 급격한 통일보다는 장기간 교류와 협력을 통해 점진적으로 통일을 추진하는 것이 더 현실적이라고 본다.

2. 사회통합

1) 사회통합의 이해

(1) 사회통합의 개념

사회통합은 정치학, 사회학 등 다양한 학문 분야에서 논의되고 있으며, 포용, 조화, 유대, 그리고 권리와 기회의 보장을 핵심으로 하는 개념이다. 1994년 세계 사회발전 정상회의에서는 사회통합을 구성원들에게 정의와 복지, 정치적 자유를 제공하고, 범죄와 부패, 공동체 해체를 방지하는 과정으로 정의하였다. IOM은 이를 동화정책과 다문화정책의 연속선상에 놓인 개념으로 보았으며, 한국행정연구원은 사회적 포용과 배제를 포괄하는 개념으로 정의하였으며, 차이를 인정하고 불평등과 배제를 줄이며 사회적 관계를 통해 사회자본을 강화하는 정책이라고 설명한다. 「재한외국인처우기본법」은 사회통합을 외국인이 한국 사회에 적응해 능력을 발휘하고, 내국인과 상호 이해·존중하는 사회 환경을 조성하는 것으로 규정하고 있다. 사회통합은 단일 집합체로의 흡수라기보다는 상호 존중과 갈등 최소화를 통해 이질적 집단이 함께 공존하는 과정이라 할 수 있다.

(2) 사회통합의 구성 요소

다문화사회 이전의 사회통합은 주로 내국인에 대한 사회복지 분야에 집중되었다. 경제적 취약계층에 대한 주류 사회의 통합을 통해서 진정한 복지사회 구현이 가능하기 때문이다. 사회복지에서는 사회통합을 사회적 포용(social inclusion), 사회적 응집(social cohesion), 사회적 통합(social integration) 등으로 구분하고 있다.

첫째, 사회적 포용(Social Inclusion)이다. 사회적 포용은 배제된 사람들에 대한 보호를 의미하며, 빈곤, 실업 등 사회적 위험으로부터 모든 구성원을 보호하고 지원하는 것을 목표로 한다. 이는 다문화사회의 이주민들이 사회보장제도에 포함되어 경제적 안정과 기본권을 보장받을 수 있는 환경을 조성하는 데 필수적이다.

둘째, 사회적 응집(Social Cohesion)이다. 사회적 응집은 공동체 구성원들이 소속감을 느끼고, 공동의 목표와 비전을 공유하며, 서로 간 긍정적인 관계를 형성하는 과정을 의미한다. 이는 다양한 배경의 사람들이 조화를 이루며 상호 신뢰와 협력을 강화할 수 있도록 한다.

셋째, 사회적 통합(Social Integration)이다. 사회적 통합은 모든 구성원에게 동등한 권리와 기회를 제공하며, 주류사회와 소수집단이 함께 발전할 수 있도록 통합적인 사회 구조를 구축하는 것을 지향한다.

하지만 다문화사회의 등장으로 인해 사회통합은 넓은 범위에서 내국인뿐만 아니라 다양한 문화적 배경의 이주민까지 포함하게 되었다. 이주민들이 가진 이질적인 문화적 배경을 수용하기 위해 일반적인 사회통합 외에 문화적 측면이 고려되어야 한다. 또한 결혼이민자를 비롯한 다수의 이주민들이 경제적인 취약 계층에 속해 있기 때문에 사회복지적 측면도 고려되어야 한다. 사회통합은 이주민의 주류 사회에 대한 적응만을 추구하는 것이 아니라 내국인과 이주민 간의 인권 옹호와 차별 방지를 통해 사전에 갈등을 예방하고, 취약 계층의 사회·경제적 자립을 지원하며, 내국인과 이주민이 공동체의식을 가진 사회구성원으로서 서로 존중하는 사회를 완성하는 것을 목표로 해야 한다.

사회통합의 의미를 다각적인 차원에서 접근하기 위한 다섯 가지의 통합 차원으로 공통된 가치와 시민문화(common values and civic culture)로서의 사회통합, 사회 질서와 사회통제(social order and social control)로서의 사회통합, 사회적 연대와 부의 격차 감소(social solidarity and reductions in wealth disparities)로서의 사회통합, 사회적 관계망과 사회자본(social networks and social capital)으로서의 사회통합, 지역적 소속감과 정체성(Territorial belonging and identity)으로서의 사회통합이 강조된다.

‘공통된 가치와 시민문화’는 구성원이 공통의 목표와 목적을 가지고 공통된 도덕 규범과 행동 원칙과 공유함으로써 사회적·경제적 공동 가치를 추구하는 것을 의미한다. ‘사회질서와 사회통제’는 기존 사회질서와 체계 안에 심각한 충돌이 없는 상태를 추구한다는 의미이며, 사회적 배제가 야기할 수 있는 기존 질서에 대한 위험을 경고하고 있다. ‘사회적 연대와 부의 격차 감소’는 사회구성원과 집단 내의 소득 불평등, 실업과 빈곤, 사회적 배제, 정보 사회로부터의 배제 등 사회·경제적 차별에 대한 대안으로 경제적 이익 및 사회적 기회에 대한 공동의 재분배를 통한 조화로운 발전을 추구하는 것을 의미한다. ‘사회적 관계와 사회적 자본’은 사회구성원 및 집단 간의 사회적 상호작용을 통해 상호 호혜성의 실현과 관계 및 규범을 강화하는 네트워크를 형성하는 것을 의미한다. ‘지역적 소속감과 정체성’은 특정 지역에 대한 강한 애착, 소속에 대한 정체성과 구성원의 정체성 간의 결합이 사회통합에 긍정적인 요인이 된다는 점에서 다양한 개인과 집단에게 소속감과 정체성이 요구한다는 것을 의미한다.

2) 이민·다문화 사회통합

(1) 이민·다문화 사회통합의 개념

이민·다문화 사회통합은 전 세계적인 인구 이동과 더불어 각국이 직면한 사회적 과제로 부상하고 있다. 이민자들은 언어, 학력, 경력 등에서 제약을 지니고 있어 노동시장 진입이나 사회적 지위에서 불리한 위치에 놓이는 경우가 많다. 이에 따라 이민자의 안정적 정착과 사회 참여를 보장하기 위한 정책적 대응이 필요하다. 동시에 선주민 입장에서는 이민자의 증가가 사회적 갈등 요인으로 작용할 수 있기 때문에 사회통합은 단순히 이민자의 적응을 넘어 이민자와 선주민이 상호 협력과 이해를 바탕으로 공동체를 형성하는 방향에서 다루어져야 한다.

한국 사회 역시 외국인 노동력 수요와 국제결혼 확대 등으로 다문화 사회로 빠르게 전환되면서 새로운 사회적 문제에 직면하고 있다. 일부 산업 분야와 생활 영역에서 경쟁과 갈등, 부정적 인식이 나타나고 있으며, 이는 반이민 정서로 이어질 위험이 있다. 따라서 이민자가 공동체의 정식 구성원으로 소속감을 가지고 사회에 참여하며 선주민과 협력적인 관계를 맺는 것은 사회발전의 핵심 조건이라 할 수 있다.

이민·다문화 사회통합은 단순한 동화가 아니라 상호 적응과 조화를 기반으로 한다. 이는 이민자가 기본권을 보장받고 차별없이 생활할 수 있는 환경을 조성하는 동시에 정치·경제·문화 영역에서 기회 평등을 누릴 수 있도록 하는 과정이다. 또한 언어와 문화 적응, 경제적 자립, 선주민과의 유대 관계 형성을 통해 안정된 소속감을 확보하는 것이 중요하다. 이러한 과정은 이민자 개인의 삶의 질을 높일 뿐 아니라 사회 전체의 안정성과 지속 가능한 발전을 위한 토대가 된다.

결국 이민·다문화 사회통합은 사회적 유대 강화, 문화적 다양성의 적극적 활용, 차별과 갈등 예방을 목표로 한다. 이는 이민자와 선주민이 함께 조화로운 공동체를 형성하고, 다양성이 사회 발전의 자원이 되도록 이끄는 핵심적인 사회적 과제라 할 수 있다.

(2) 이민·다문화 사회통합의 중요성

한국은 3D 업종 노동력과 여성 배우자 부족을 해결하기 위해 받아들인 외국인의 증가로 인해 전체 인구 중에서 외국인 또는 이민자의 비율이 빠르게 증가하여 다민족·다문화 사회로 변모하면서 새로운 형태의 사회문제가 발생하고 있다. 건설 및 개인 서비스업과 같은 일부 산업 분야에서는 선주민과 이주민 간의 경쟁과 갈등이 발생하고, 주택, 교육, 안전과 같은 생활영역에서도 이민자가 범죄율을 높이고 지역사회를 게토화한다는 부정적 인식이 확산되는 경향이 있다. 또한 민족과 문화를 다른 이민자들이 거주국의 주류문화에 동화하지 않고 자기들만의 고유한 문화와 정체성을 고집하여 사회를 분열시킨다는 인식이 반이민자 정서와 반이민 운동을 야기하고 있다고 본다. 이민자가 사회의 생산적이고 주체적인 구성원이 되지 못하고 배제되는 상황이 지속된다면 이민자 개인뿐만 아니라 사회 전체의 발전에 장애 요소가 된다.

따라서 이민자가 거주국 사회의 완전한 구성원으로 소속감을 갖고 선주민과 동일하게 사회참여의 기회를 갖고 선주민과 친밀하고 협력적인 관계를 맺는 것은 사회발전을 위해 필수적인 조건이다.

(3) 이민·다문화 사회통합의 추진 전략

한국의 이민사회 통합정책은 외국인과 이주민을 단순히 관리의 대상으로 보지 않고 국가 발전의 동력으로 활용하면서 국민과 함께 조화롭게 공존할 수 있는 사회를 구축하는 데 중점을 둔다. 이를 위해 국가 차원에서 외국인정책 기본계획과 다문화정책 기본계획이 마련되어 단계적으로 추진되고 있다.

외국인정책 기본계획은 외국인의 유입과 체류를 효율적으로 관리하고, 이들의 권익을 보호하며 사회통합을 촉진하는 것을 목표로 한다. 경제 성장에 필요한 인력 유치, 안전한 이민 환경 조성, 인권 보호와 차별 방지, 글로벌 스탠더드에 맞는 행정체계 구축이 주요 방향이다. 특히 현재 시행 중인 제4차 외국인정책 기본계획(2023~2027)은 "국민과 이민자가 함께 도약하는 미래지향적 글로벌 선도국가"를 비전으로 설정하고, 5대 목표(경제·안전·통합·인권·협력/인프라)와 18개 중점 과제를 제시하였다. 이 계획은 지역 수요를 반영한 정책 설계, 사회통합 지표 기반 평가체계, 다부처 협력, 출입국·이민관리청 신설 등 범정부 차원의 추진체계를 강화한 것이 특징이다.

다문화정책 기본계획은 다양한 문화적 배경을 가진 이주민과 국민이 상호 이해와 존중을 바탕으로 함께 살아가는 사회를 만들기 위한 종합 정책이다. 이주민의 사회·경제적 자립 지원, 차별 방지와 인권 보호, 다문화 감수성 제고, 문화적 다양성을 국가 발전의 자원으로 활용하는 것을 목표로 한다. 현재 추진 중인 제4차 다문화가족정책 기본계획(2023~2027)은 "다문화가족과 함께 성장하는 조화로운 사회"를 비전으로 삼고, 다문화 아동·청소년의 동등한 출발선 보장과 다문화가족의 안정적 생활환경 조성을 핵심 목표로 제시하였다. 이를 위해 성장 단계별 맞춤형 교육·진로 지원, 결혼이민자의 정착주기별·가구유형별 지원, 다문화 이해교육 확대 및 수용성 제고, 정책 협력체계 강화 등이 포함되어 있다.

한국의 이민사회 통합정책은 외국인정책과 다문화정책이라는 두 축을 통해 이민자와 국민이 상호 존중 속에서 조화롭게 공존하며, 사회적 갈등을 최소화하고 지속 가능한 발전을 이루는 것을 지향한다. 이는 단순한 동화 정책이 아니라 이주민과 국민이 상호 협력하고 다양성을 사회 발전의 자산으로 전환하는 포괄적이고 체계적인 정책 설계라고 할 수 있다.

3. 지속가능한 발전과 미래 실천 과제

1) 한국 사회의 변화와 미래 예측

한국 사회는 해방 이후 국가 중심의 발전 모델을 통해 압축적 근대화를 이루며 세계적으로도 주목할 만한 경제 성장을 달성했다. 그러나 이러한 성장 과정은 산업화와 민주화를 거치면서도 사회적 갈등과 분열을 심화시키는 양면성을 지녔다. 경제 성과가 곧 국가 발전의 지표로 여겨지는 가운데 빈부격차와 계층 간 불평등, 지역 간 대립은 오히려 확대되었고, 이는 오늘날까지도 한국 사회의 구조적 문제로 남아 있다. 국가가 주도한 발전은 효율성과 속도 면에서 큰 성과를 거두었지만 사회적 다양성과 다원적 가치를 충분히 수용하지 못해 공동체 내의 갈등을 고착화하는 결과를 초래했다. 이제 한국은 과거의 성장 중심적 모델에서 벗어나 시민의 다양성을 존중하고, 참여와 소통을 기반으로 한 새로운 발전 비전을 모색해야 한다. 획일적인 모델을 넘어 다원주의적 가치를 존중하는 사회로 전환하는 것이 미래 한국의 핵심 과제가 되고 있다. 이는 단순히 국가 중심의 발전을 대체하는 것을 넘어 시민 개개인이 공동체의 미래를 함께 설계하고 합의하는 과정을 제도적으로 보장하는 방향으로 나아가야 함을 의미한다.

앞으로 한국이 직면한 구조적 변화는 다섯 가지 주요 과제로 정리된다.

첫째, 인구구조 변화이다. 저출산과 고령화는 이미 고착화된 현상으로 생산가능 인구의 감소와 노동력 부족, 경제 성장 둔화, 복지 지출 확대라는 심각한 문제를 야기한다. 이는 세대 간 갈등과 노인 빈곤 문제를 심화시킬 뿐 아니라 학령인구 감소로 인한 교육정책 변화까지 불러오고 있다. 대학 정원 축소, 교육의 질 향상, 비용 절감 등 새로운 교육 정책이 요구되는 상황이다.

둘째, 저성장의 고착화이다. 수출 중심의 성장 모델은 글로벌 환경 변화와 맞물려 한계에 봉착하고 있다. 미·중 무역 갈등, 보호무역주의 확산 등 외부 변수로 인해 수출 산업의 성장 잠재력은 줄어들고 있으며, 이에 따라 내수와 서비스업, ICT 산업을 기반으로 한 질적 성장 전략이 필요하다. 단순한 양적 성장에서 벗어나 혁신과 친환경적 지속가능 경제로 전환해야 하는 것이다.

셋째, 4차 산업혁명과 기술적 변화이다. 인공지능, 빅데이터, 자동화 기술은 한국 경제와 사회 전반에 새로운 기회를 제공하는 동시에 실업 증가와 격차 확대라는 위험을 내포하고 있다. 기술 혁신이 특정 계층에 집중될 경우 사회적 양극화는 더 심화될 수 있다. 따라서 새로운 일자리를 창출하고 사회 안전망을 강화하는 정책이 병행되어야 한다.

넷째, 기후 위기와 지속가능한 경제 전환이다. 탄소중립을 목표로 한 에너지 전환 과정에서 산업 구조가 재편되고, 일부 지역과 계층은 경제적 충격을 받을 수 있다. 이 과정에서 취약한 지역과 산업에 대한 정책적 지원이 필수적이다.

다섯째, 국제질서 변화와 외교적 도전이다. 미·중 패권 경쟁 속에서 한국은 안보와 경제를 동시에 고려하는 복합적 외교 전략이 필요하다. 안보적으로는 한미동맹을 강화하면서도 경제적으로는 중국과 협력을 유지해야 하는 이중적 과제를 안고 있다. 더 나아가 남북관계, 글로벌 공급망, 국제 규범 경쟁 등 다양한 외교 환경 변화에 유연하게 대응할 수 있는 전략적 사고가 절실하다.

결국 한국의 미래 비전은 공정성과 포용성, 지속가능성을 기초로 삼아야 한다. 불평등과 양극화를 해소하고, 모든 시민이 동등하게 기회를 누리며 삶을 주체적으로 설계할 수 있는 사회를 만들어야 한다. 동시에 4차 산업혁명과 기후 위기에 대응할 수 있는 혁신적이고 친환경적인 경제 구조로 전환하여 새로운 성장 동력을 확보해야 한다. 또한 국제사회 속에서 균형 잡힌 외교 전략을 수립해 외부 변수에 흔들리지 않는 국가 역량을 강화해야 한다. 이러한 과정은 국가 주도의 일방적인 발전이 아니라 시민들의 참여와 합의를 기반으로 이루어질 때 더욱 지속 가능하며, 미래 세대까지 이어지는 비전으로 자리매김할 수 있을 것이다.

2) 지속가능한 발전을 위한 노력

지속가능한 발전은 현대 사회의 핵심적인 과제로, 경제적 성장, 사회적 형평성, 환경 보호를 균형 있게 달성하려는 목표를 포함한다. 한국은 지속가능성을 위한 다양한 정책과 국제적 협력에 주도적으로 참여하며, 세계시민으로서의 책임을 다하고 있다. 이러한 노력은 환경적, 사회적, 교육적 접근을 통해 구체화되고 있다.

환경적 지속가능성을 위해 한국은 탄소중립(Net Zero) 선언을 비롯한 다양한 친환경 정책을 추진하고 있다. 신재생 에너지 기술 개발, 전기차 보급 확대, 스마트 도시 구축과 같은 실질적인 조치는 탄소 배출 감축과 환경 보호를 목표로 한다. 특히 태양광과 풍력 같은 재생에너지를 중심으로 한 에너지 전환은 한국이 지속가능성을 실현하기 위한 구체적인 전략으로 자리 잡았다. 이는 유엔 지속가능발전목표 중 SDG 7(깨끗한 에너지), SDG 11(지속가능한 도시와 공동체), SDG 13(기후행동)의 달성과 밀접히 연결된다.

교육은 지속가능한 사회를 구현하는 데 중요한 요소이다. 지속가능한 발전 교육(ESD)과 세계시민교육(GCED)은 한국의 교육 정책에서 핵심적인 부분이며, 시민들에게 지속가능성의 가치를 내면화하고 세계시민으로서의 역할을 강조한다. [그림 13-1]은 세계시민교육과 지속가능한 발전 교육을 같은 영역으로 보는 관점을 나타내며, 두 교육이 지속가능한 발전을 위한 공동의 목표를 추구하고 있음을 보여준다. 이 관점에서 세계시민교육과 지속가능한 발전 교육은 글로벌 차원에서 지속가능성을 강화하는 통합적인 교육 접근법으로 간주된다. 반면 [그림 13-2]는 지속가능한 발전 교육을 세계시민교육의 하위 범주로 보는 관점을 설명한다. 이는 세계시민교육이 보다 광범위한 교육 철학으로 지속가능한 발전 교육이 환경적, 경제적 지속가능성을 중심으로 하는 구체적인 하위 범주라는 이해를 반영한다. 이러한 접근은 지속가능한 사회를 이루는 다양한 교육적 요소들이 상호작용하며, 글로벌 시민으로서의 책임감을 고취하는 데 기여하고 있음을 강조한다.

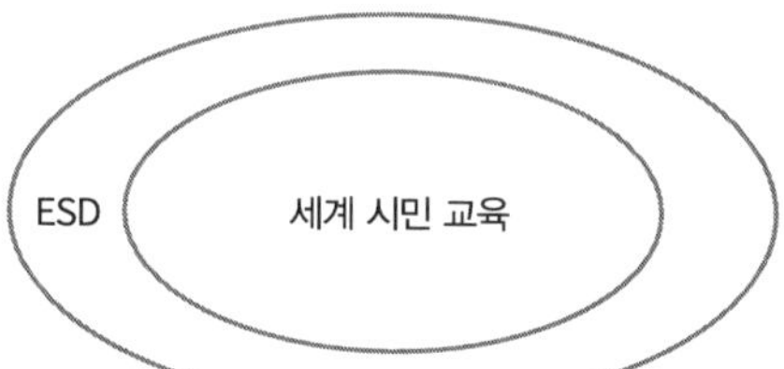

[그림 13-1] GCED와 ESD를 같은 영역으로 보는 관점(김영순, 2021)

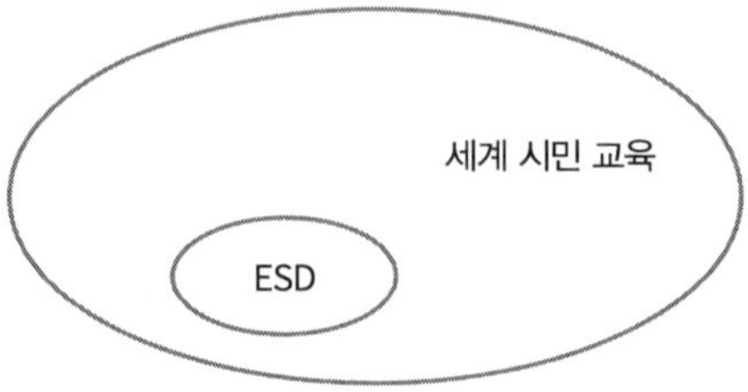

[그림 13-2] ESD를 GCED 하위범주로 보는 관점(김영순, 2021)

한국은 지속가능한 발전 교육과 세계시민교육의 결합을 통해 시민들이 환경 문제, 인권, 평등, 문화적 다양성과 같은 글로벌 이슈를 이해하고 행동할 수 있도록 지원하고 있다. 이는 유엔의 SDG 4(양질의 교육), SDG 5(성평등), SDG 10(불평등 완화)의 달성을 위한 구체적 노력이다. 예를 들어 학교에서는 재활용 캠페인, 에너지 절약 실천, 지역 사회 봉사 활동 등을 통해 지속가능성의 가치를 학생들에게 체화시키고 있다. 이를 통해 교육은 단순한 지식 전달을 넘어 학생들의 가치관과 행동 변화를 이끌어 내는 도구로 기능하고 있다.

한국은 국제적 지속가능성 논의에도 적극적으로 참여하고 있다. 녹색기후기금과 같은 다자간 협력을 통해 개발도상국의 환경 문제 해결을 지원하고, 유엔의 지속가능한 발전 목표(SDGs)를 달성하기 위한 글로벌 파트너십을 강화하고 있다. 이러한 노력은 SDG 17(파트너십 실현)의 구체화이며, 한국이 세계시민으로서의 책임을 다하는 모습을 보여준다.

결론적으로 지속가능한 사회를 위한 한국의 노력은 환경적, 교육적, 사회적 접근을 통해 통합적으로 이루어지고 있다. 세계시민교육과 지속가능한 발전 교육의 조화로운 실행은 한국이 세계시민으로서의 정체성을 강화하고, 글로벌 문제 해결에 기여하는 실질적인 기반을 마련한다. 나아가 한국은 지속가능발전목표(SDGs)를 달성하기 위해 여러 분야에서 종합적인 전략을 추진하고 있다. 먼저 환경과 기후 영역에서는 에너지 전환과 기후 대응을 중심으로 탄소중립을 실현하고자 한다. 교육 영역에서는 모든 사람에게 양질의 교육 기회를 제공하여 평생학습을 확산시키고, 이를 통해 사회적 역량을 강화한다. 성평등을 실현하기 위한 정책도 중점적으로 추진되며, 특히 여성과 취약계층의 권익을 보장하고 참여를 확대하는 데 힘쓴다. 또한 사회 전반의 불평등을 완화하고 사회적 포용을 강화하는 전략을 통해 누구도 소외되지 않는 사회를 지향한다. 노동시장에서는 양질의 일자리 창출과 지속가능한 경제 성장을 연결하여 사회적 안정망을 확충한다. 마지막으로 국제 협력 영역에서는 글로벌 파트너십을 확대하여 국제사회의 공동 목표 달성에 기여하고, 이를 통해 한국의 책임 있는 역할을 수행하려 하고 있다. 이를 통해 한국은 지속가능성과 세계시민의식을 결합하여 미래 세대가 책임감 있는 시민으로 성장할 수 있도록 지원하고 있으며, 국제 사회에서 지속가능한 발전을 선도하는 모델 국가로 자리매김하고 있다.

3) 한국의 미래 실천 과제

한국의 미래 실천 과제는 단순히 현재의 사회 문제를 보완하는 차원을 넘어 국민의 삶의 질을 근본적으로 향상시키고 지속가능한 국가 발전을 이끌어내기 위한 다층적이고 종합적인 전략으로 이해할 수 있다. 이는 보건·복지, 교육·노동, 산업·환경, 정치·외교, 평화·통일 등 사회 전반의 핵심 영역을 아우르며, 상호 연계된 과제를 통합적으로 추진해야 하는 시대적 요구를 반영한다.

무엇보다 건강한 국민과 안전한 사회는 국가 발전의 기본 토대이다.

오늘날 건강은 단순히 질병이 없는 상태를 의미하하는 것이 아니며, 신체적·정신적·사회적 차원을 모두 포함하는 포괄적 개념으로 확장되고 있다. 따라서 한국은 상호 돌봄 체계와 지역사회 기반 건강 돌봄 시스템을 확충하여 개인의 자율적 삶을 보장해야 한다. 아울러 기후위기, 재난, 범죄와 같은 복합적 위험에 대비하기 위해 재난 대응 시스템과 안전망을 정교하게 구축하는 것이 필수적이다.

인간다운 생활 보장은 헌법적 가치이자 사회통합의 기반이다. 이를 위해 주거권 확립, 소득보장 체계의 재구조화, 사회서비스 확충이 필요하다. 특히 청년층·고령층·취약계층을 위한 맞춤형 주거 및 복지 정책을 확대하여 불평등 구조를 완화하고, 모든 국민이 최소한의 생활을 안정적으로 유지할 수 있도록 해야 한다.

교육 영역에서는 4차 산업혁명 시대에 걸맞은 맞춤형 미래 역량 개발이 핵심 과제로 떠오른다. 학습자 중심의 교육체계를 마련하고, 생애주기별 평생학습 지원을 제도화하여 국민 모두가 변화하는 사회와 노동시장에 능동적으로 대응할 수 있도록 해야 한다. 이는 지방정부의 교육 자치를 강화하고, 지역별 특성을 반영한 교육 거버넌스를 구축하는 방향과도 연결된다.

더불어 자치분권과 균형발전은 지역 간 격차 해소와 지속가능한 공동체 형성을 위한 핵심 조건이다. 중앙정부와 지방정부 간의 권한을 재정립하고, 지역 스스로 문제를 해결할 수 있는 자율성과 재정적 기반을 강화해야 한다. 이를 통해 수도권 중심의 편중 현상을 완화하고, 모든 국민이 만족할 수 있는 정주환경을 마련할 수 있다.

노동시장은 고용안전망 강화와 직업 전환 지원이 절실하다. 특히 플랫폼 노동자, 자영업자, 비정규직 등 기존 체계에서 소외된 집단을 포용할 수 있는 고용보험 확대와 직업능력 개발 지원이 요구된다. 아울러 디지털 전환과 기술혁신은 새로운 성장 동력이지만 동시에 격차를 심화시킬 수 있으므로 포용적 디지털 전환을 위한 교육과 지원이 병행되어야 한다.

환경 분야에서는 탄소중립과 녹색 전환이 미래세대를 위한 핵심 실천 과제이다. 온실가스 감축, 재생에너지 산업 육성, 정의로운 전환 정책을 통해 경제적 충격을 최소화하면서도 기후위기에 능동적으로 대응해야 한다. 이는 단순한 환경정책을 넘어 새로운 산업 구조와 일자리 창출로 연결될 수 있다.

산업경제는 전통적 제조업 중심에서 창의와 혁신을 기반으로 한 질적 성장으로의 전환이 필요하다. 4차 산업혁명 기술을 적극적으로 도입하고, 스타트업 및 신산업을 지원하는 규제 혁신을 통해 지속 가능한 성장 모델을 구축해야 한다. 정치적으로는 갈등 조정과 미래 기획 능력을 강화하여 사회통합을 이끌어내는 국회의 역할이 중요하며, 국민의 정치 참여 확대와 협치 기반 마련도 요구된다.

국제적으로는 미·중 패권 경쟁 등 급변하는 국제질서 속에서 스마트 파워 외교 전략이 필수적이다. 다자간 협력을 강화하여 국익을 보호하고, 기후변화·안보·경제와 같은 글로벌 어젠다에 능동적으로 대응해야 한다. 또한 한반도의 평화와 남북한 공동번영을 위한 다자안보협력 및 경제협력을 추진하여 평화경제를 실현하는 것은 한국의 역사적 과제이자 미래 비전이다.

생각해 볼 문제

1. 남북 통일은 분단으로 인한 이산가족 문제, 군사적 긴장, 경제적 비용 등을 해소할 수 있는 기회를 제공하지만, 동시에 체제 통합과 사회적 갈등, 경제 격차 문제 등 새로운 도전을 수반할 수 있다. 남북 통일의 긍정적인 점과 부정적인 점에 대해서 논의하고, 문제 해결을 위한 방안을 모색해보자.
2. 지속가능발전목표(SDGs)는 인류의 보편적 문제(빈곤, 질병, 교육, 여성, 아동, 난민, 분쟁 등)와 지구 환경문제(기후변화, 에너지, 환경오염, 물, 생물다양성 등), 경제 사회 문제(기술, 주거, 노사, 고용, 생산 소비, 사회구조, 법, 대내외경제)를 해결하고자 이행하는 국제적 공동목표이다. 현재 한국 사회에서 가장 시급히 추진해야 하는 목표에 대해 논의해 보자.

✔ 더 읽을거리

김영순(2018). 『공유된 미래 만들기』. 한국문화사.

21세기 교육 현장에서 지속가능발전교육(ESD: Education for Sustainable Development)은 가장 중요한 주제 중 하나로 자리 잡고 있습니다. ESD는 아름다운 지구를 미래 세대에게 물려주기 위한 현세대의 책무로 인식됩니다. 이러한 배경 속에서 『공유된 미래 만들기』는 지속가능발전교육이 교육 현장에 안정적으로 뿌리내릴 수 있는 정책적 제안과 함께, 세계시민교육과의 연계 가능성을 탐색하는 내용을 담고 있습니다. 이 책이 강조하는 "새로운 지속가능발전교육 연구의 프레임"은 두 가지 측면에서 주목할 만합니다. 첫째, 기존의 연구들이 지속가능발전교육의 경향과 이슈, 프로그램 개발과 효과를 다루었음에도 불구하고, 교육 현장에서 실질적으로 적용되기 어려웠다는 점을 인식하고, 실천적인 정책적 아이디어를 제시한다. 둘째, 지속가능발전교육이 사회과에서 진행되던 민주시민교육 및 최근의 세계시민교육과 밀접한 연관성을 가지고 있음을 강조한다.

참고문헌

김영순(2018). 공유된 미래 만들기. 한국문화사.

김영순(2021). 시민을 위한 사회문화 리터러시. 박이정.

박찬석(2003). 통일교육. 인간사랑.

정기섭(2019). 지속 가능한 미래를 위한 교육. 강현출판사.

참고 문헌

고병철·이진구·조현범·박범식·박상증(2022). 고등학교 종교학. 세종특별자치시교육청.

관계기관 합동(2023). 제4차 다문화가족정책 기본계획(2023~2027).

구정화(2023). 청소년을 위한 사회문제 탐구에세이. 해냄.

권중돈·조학래·윤경아·이윤화·이영미·손의성·오인근·김동기(2024). 사회복지학개론. 학지사.

김문조(2013). 한국인은 누구인가. 21세기북스.

김문환·양건열(1998). 한국문화정책 연구의 동향. 한국문화정책개발원.

김세영·이재규(2014). 문화콘텐츠를 활용한 유휴공간의 재생에 관한 연구, 9(3), 17−29.

김순영·염정하·이민정(2022). 한국복식문화사. 전북대학교출판문화원.

김연수 외(2017). 의료사회복지의 이해와 실제. 나눔의집.

김영순(2018). 공유된 미래 만들기. 한국문화사.

김영순(2021). 시민을 위한 사회·문화 리터러시. 박이정.

김영순(2025). 공존의 사회학. 패러다임북.

김영순·오영훈·정지현·김창아·최영은·정소민·최승은·조영철(2016). 처음 만나는 다문화교육. 북코리아.

김영순·이수진·박지연·김소영·임지혜·김재민(2014). 고등학교 인류의 미래사회. 인천광역시 교육청.

김영순·최유성(2020). 사회통합을 위한 결혼이주여성의 상호문화소통 탐색. 현대사회와 다문화, 10(4), 91−126.

김영순·홍배식·정경희·박지연·박서현(2022). 고등학교 사회·문화. 교학사.

김용성(2023). 챗GPT 충격, 생성형 AI와 교육의 미래. 프리렉.

김진영·최 철·나혜영·안효익·김태환(2019). 고등학교 경제. Miraae N.

노정자·박연옥·박주헌·최광수·최영자(2014). 사회복지개론. 창지사.

마이클 샌델·함규진 역(2020). 공정하다는 착각. 와이즈베리.

모경환·원준호·정상우·박정서·황미영·김자영(2019). 고등학교 정치와 법. ㈜금성출판사.

문화산업진흥 기본법 제2조 4항.

박성민·송지훈(2021). 복지로 모두의 인권을 지킨다면. 다른.

박용순·문순영·임원선·임종호(2019). 사회문제론. 학지사.

박찬석(2003). 통일교육, 인간사랑.

박형준·김경모·정석민·장경호·한경도·한진수(2015). 고등학교 경제. ㈜천재출판사.

백순심(2023). 불편하게 사는 게 당연하진 않습니다. 설렘.

법무부 출입국·외국인정책본부(2024). 제4차 외국인정책 기본계획(2023~2027).

삼정 KPMG 경제연구원(2024). 저출생·고령화 인구 대변혁 시대, 기업은 무엇을 준비해야 하는가. 삼정Insight, 제90호, https://kpmg.com/kr/ko/home/insights/2024/07/kr-insight-90.html

설규주(2022). 한국사회의 이해. 학지사.

소냐 니에토(2016). 언어, 문화 그리고 비판적 다문화교육. 북코리아.

안진숙(2021). 한국사회의 다문화현상 이해. 동문사.

안진숙(2024). 다문화사회 교수방법론. 동문사.

앤서니 기든스·김미숙 역(2002). 현대성과 자아 정체성: 후기 현대 사회에서의 자아와 사회. 새물결.

오경석·김희정·이선옥·박흥순·정진헌·정혜실·양영자·오현선·류성환·이희수·강희복(2007). 한국에서의 다문화주의. 한울아카데미.

유종열·이희정·허 균·김응현·김준호·조수용(2022). 고등학교 사회·문화. 비상교육.

이규태(2000). 한국인의 주거문화 2. 신원문화사.

이명진(2021). 한국인의 사회 정체성. 고려대학교출판문화원.

이봉녀(2006). 문화콘텐츠닷컴 콘텐츠를 활용한 초등학교 멀티미디어교수-학습 교재 제작과 활용방안 연구, 14(-), 311-316.

이상은(2022). 사회복지정책론. 학지사.

이영(2023). 그림자를 찾는 사람들. 틈새의 시간.

이진석·허은정·조윤희·황승애·구나나·오승호(2019). 고등학교 비교문화. 부산광역시교육청.

임경순(2009). 한국문화의 이해. 한국외국어대학교출판부.

임경순(2009). 한국어문화교육을 위한 한국문화의 이해. HUFS BOOKS.

임명언·이영범(2023). 글로벌 이주와 다문화의 이해. 보고사.

임영희(2017). 2017 세계시민교육 정책연구학교 자료집.

장 자크 루소, 고봉만 역(2018). 인간 불평등 기원론 주경복. 책세상.

정기섭(2019). 지속 가능한 미래를 위한 교육. 강현출판사.

통계청(2021). 장래인구추계(2020~2070년).

통계청(2022). 2022 고령자 통계 https://kostat.go.kr/board.es?mid=a10301010000&bid=10820&tag=&act=view&list_no=420896&ref_bid

한국고문서학회(2006). 조선시대 생활사, 3: 의식주, 살아있는 조선의 풍경. 역사비평사.

한국국제문화교류진흥원(2025). 2024 한류 생태계 연구.
한국민족문화대백과사전(1991). 한국학중앙연구원.
한국현(2023). 세상을 바꿀 미래기술 12가지. 위키북스.
한상복·이문웅·김광억(2011). 문화인류학. 서울대학교출판문화원.
한양대학교 한국교육문제연구소(2024). 교육복지의 이해. 한양대학교출판부.
황 근(2020). 4차산업혁명과 미디어의 진화. 도서출판 온샘.
Barker, R.L.(1987). The Social Work Dictionary. NASW, Silver Spring, MD.
Romanyshyn(1971). Social welfare: charity to justice, Publisher : Random House.

찾아보기

ㅇ

ㅈ

저자 소개
(대표 논문 및 저서)

김영순 독일 베를린자유대학교 철학박사(문화교육 전공)
인하대학교 다문화융합연구소 소장

- 김영순 외(2022). 다문화사회의 인문학적 시선. 연두.
- 김영순(2021). 시민을 위한 사회 · 문화 리터러시. 박이정.
- 김영순 외(2014). 한국인의 일상과 문화유전자. 스토리하우스.

안진숙 인하대학교 교육학박사(다문화교육, 외국어로서의 한국어교육 전공)
예명대학원대학교 외국어로서의 한국어교육학 교수

- 안진숙 (2024). 다문화사회 교수방법론. 동문사.
- 안진숙 (2023). 중도입국 청소년의 공교육 진입에 관한 질적 사례연구. 문화교류와 다문화교육.
- 안진숙 외(2021). 한국사회의 다문화현상 이해. 동문사.

어경준 인하대학교 교육학박사(다문화교육 전공)
서정대학교 스마트모빌리티학과 교수

- 어경준(2023). 한국 국적 미취득 미얀마 난민의 민족정체성에 관한 질적 연구. 문화교류와 다문화교육.
- 어경준(2021). 한부모 모자가정 결혼이주여성의 자녀양육 경험에 관한 연구. 문화교류와 다문화교육.
- 어경준 외(2018). 슌킨이야기. 민음사.

정경희 인하대학교 교육학박사(사회교육 전공)
인하대학교 다문화융합연구소 연구교수

- 정경희 외(2023). 이야기의 사회과학: 생애사와 내러티브 연구. 패러다임북.
- 정경희 외(2019). 중국계 이주민의 다문화 생활세계 연구. 북코리아.
- 정경희 외(2018). 청소년을 위한 사회 · 문화 핵심키워드 200. 도서출판 두현.

최수안 인하대학교 교육학박사(다문화교육 전공)
건국대학교 미래의일연구소 연구교수

- 최수안(2024). 한국 다문화교육의 질적연구 지식 패러다임 분석: Lather의 분류 방법을 중심으로. 다문화교육연구.
- 최수안 외(2023). 유목적 주체: 결혼이주여성의 이혼과 홀로서기. 북코리아.
- 최수안 외(2022). 비대면 강의 참여 대학생의 상호작용에 관한 학습자 행위자성 사례연구. 교육문화연구.